Max Bosse · Kathrin Bosse-Steinweg

Albanien

Küstenwanderungen, Hirtenpfade und Gipfeltouren

43 Touren

ROTHER
BERGVERLAG

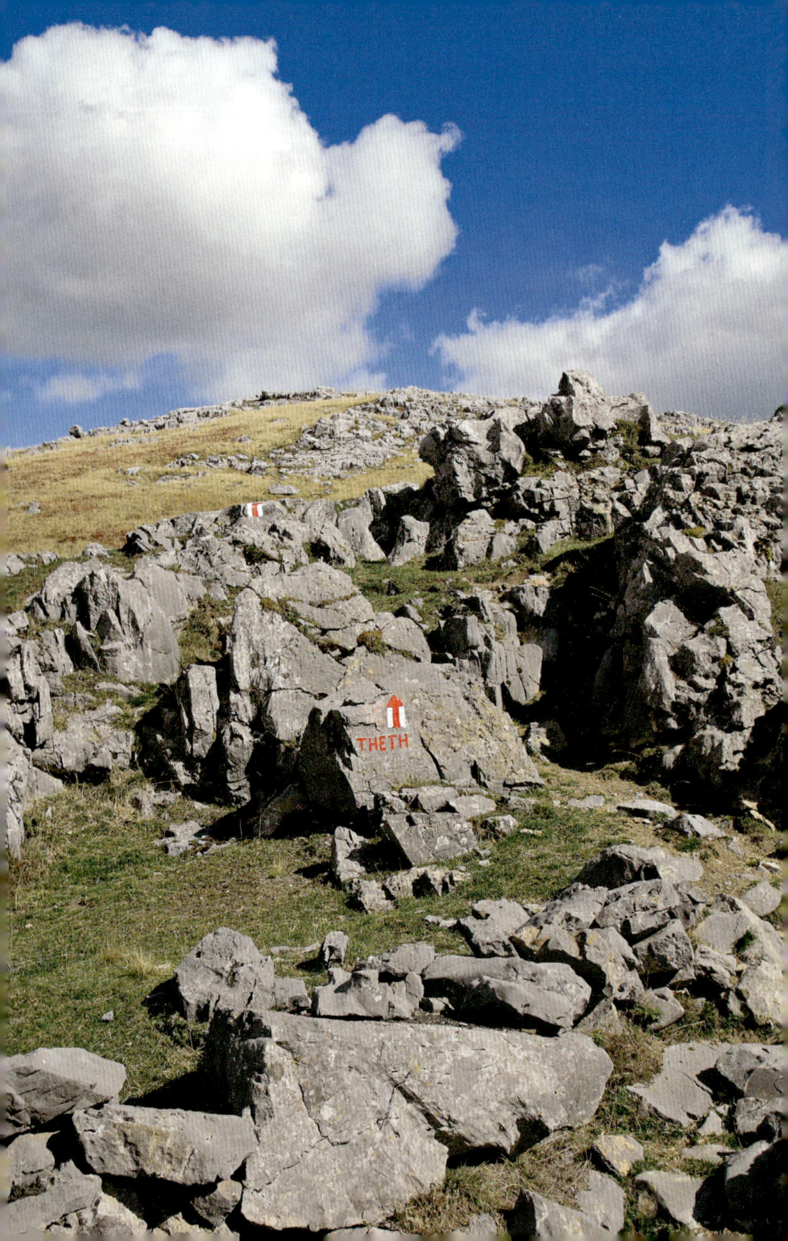
THETH

VORWORT

Albaniens Gebirge sind wild und faszinierend. Sie sind nicht touristisch durcherschlossen wie die Alpen, die vielerorts immer mehr zum Freizeitpark werden. Das macht den Reiz Albaniens aus. Tagsüber am Berg sind wir nicht selten allein, abends in den Herbergen herzlichst umsorgt. Vieles von dem, was wir seit 2014 in diesem kleinen, von der Natur so reich beschenkten Land erlebt haben, lässt sich in einem Wanderführer nicht wiedergeben. Allein aufzuzählen, wo wir welche Köstlichkeit gegessen haben, würde den Buchumfang sprengen. Auch wegen der eindrucksvollen und so abwechslungsreichen Landschaften sowie der allgegenwärtige Gastfreundlichkeit ist Albanien für uns eine Leidenschaft geworden.
Wandern in Albanien birgt auch einen Hauch Abenteuer. Die Kehrseite der Abgeschiedenheit mancher Orte ist die fehlende Wegpflege; Markierungen verbleichen. Der touristische Entwicklungsstand ist sehr unterschiedlich, was sich ebenfalls an den Unterkünften erkennen lässt: Sie reichen von gehobenen Hotels über private Gästezimmer bis zum Sofa im Wohnzimmer – wir wurden nie enttäuscht. Und manch wunderbarer Ort ist immer noch Wanderern mit Zelt im Rucksack vorbehalten. So unterschiedlich die Quartiere sind, so verbindend ist die Herzlichkeit der Gastgeber. Wir haben Köchinnen kennengelernt, die das Beste aus ihren Gärten herausholen, Imker, deren Honig nach Bergblumen schmeckt, und junge Winzer, die aus heimischen Reben hochwertigen Wein keltern.
Wir möchten Sie auf eine Entdeckungsreise nehmen: Entlang der albanischen Riviera mit ihren Nationalparks, Sandstränden und den abgelegenen Dörfern hinter der mächtigen Küstengebirgskette. An einen der letzten naturbelassenen Flüsse Europas, die Vjosa, mit ihren Tälern, Wäldern und Canyons. Und natürlich in die bis zu 2700 Meter hohen Albanischen Alpen im Norden sowie ins Korabgebirge im Osten mit dem höchsten Landesgipfel und eindrucksvollen Abschnitten des High Scardus Trail. Auf dass wie bei uns auf Ihren ersten Besuch viele weitere folgen mögen!

Regensburg, im Sommer 2024 Kathrin Bosse-Steinweg und Max Bosse

Am Übergang von Gras zu Stein: Willkommen in den »Verwunschenen Bergen« in Nordalbanien (Tour 43).

INHALTSVERZEICHNIS

TOP-TOUREN

Rundtour im Llogara-Nationalpark
Durch einen ursprünglichen Bergwald auf den Rücken der Karaburun-Halbinsel, die Adria und Ionisches Meer trennt. Der Blick reicht bis Korfu *(Tour 2, 5.00 Std.)*.

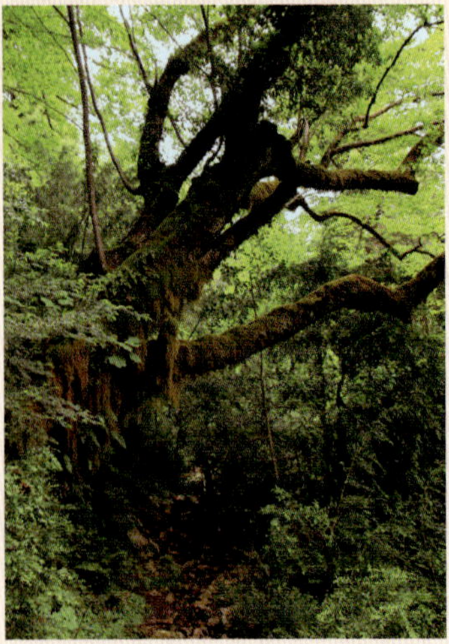

Grama – Palasë
Von einer entlegenen Bucht, die den Römern als Steinbruch diente, entlang des tiefblauen Meeres zu den weißen Steinen des Palasë-Deltas. Mit Badestopp *(Tour 6, 5.00 Std.)*.

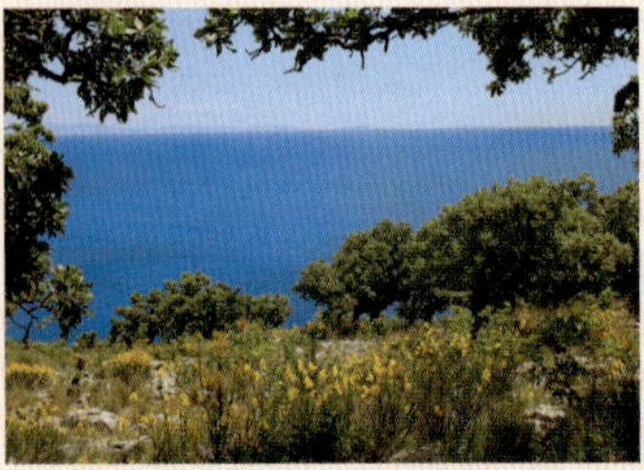

Kallarat – Pilur – Himarë
Aus dem geschichtsträchtigen Hinterland über das Ceraunische Gebirge zu den Stränden der Albanischen Riviera. Fantastische Aussicht in alle Himmelsrichtungen inklusive *(Tour 15, 7.45 Std.)*.

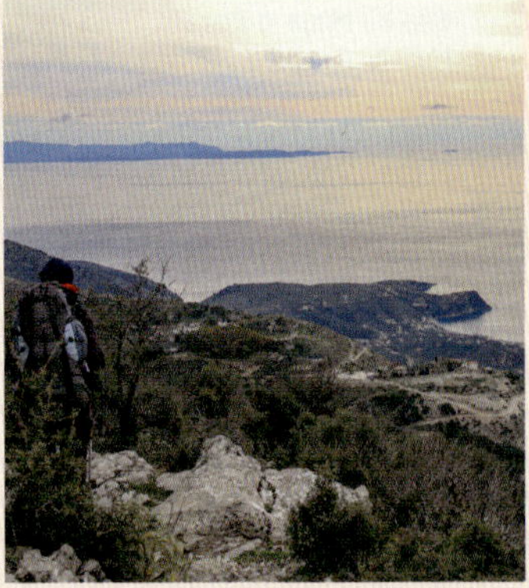

Lëngarica-Canyon
Abwechslungsreiche Rundtour entlang einer 150 m tiefen Schlucht mit einstmals bewohnten Höhlen, osmanischen Brücken und den Thermalquellen von Bënja als finalem Höhepunkt *(Tour 17, 3.45 Std.)*.

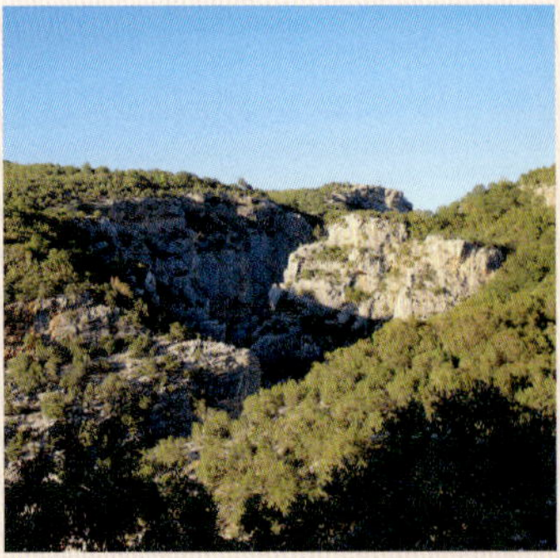

Sheper – Përmet
Aussichtsreiche Überschreitung der Dhëmbel-Nëmerçka-Kette vom Zagoria-Tal zu einem der letzten Wildflüsse Europas – der Vjosa *(Tour 21, 5.30 Std.).*

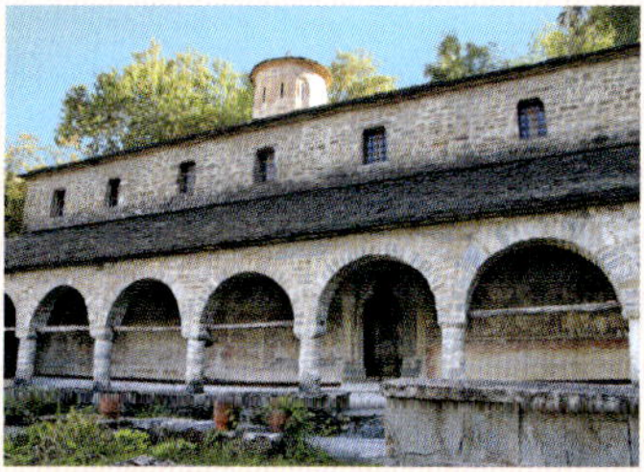

Maja e Vajushes
Zwei-Länder-Gipfel an der Grenze zu Montenegro mit Hängen voller Blaubeeren, die den Aufstieg versüßen, und dem schönsten Rundblick Nordalbaniens *(Tour 40, 5.30 Std.).*

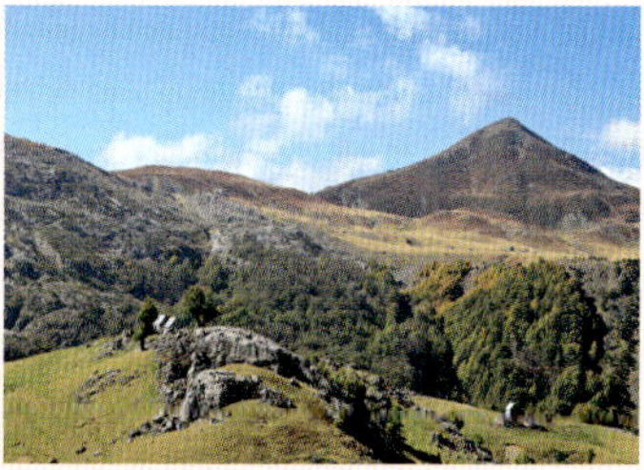

Korab
Auf den höchsten Berg Albaniens und Nordmazedoniens von seiner ruhigen Seite her *(Tour 24, 10.00 Std.).*

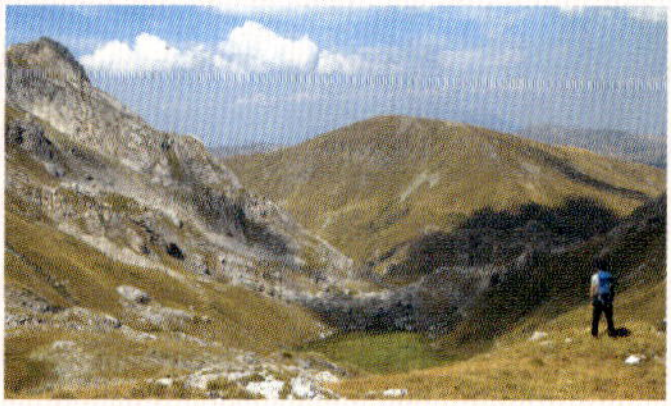

Thethi – Valbona
Beliebteste Wanderung des Landes aufgrund der imposanten Bergketten auf allen Seiten und der weiten Täler *(Tour 34, 6.15 Std.).*

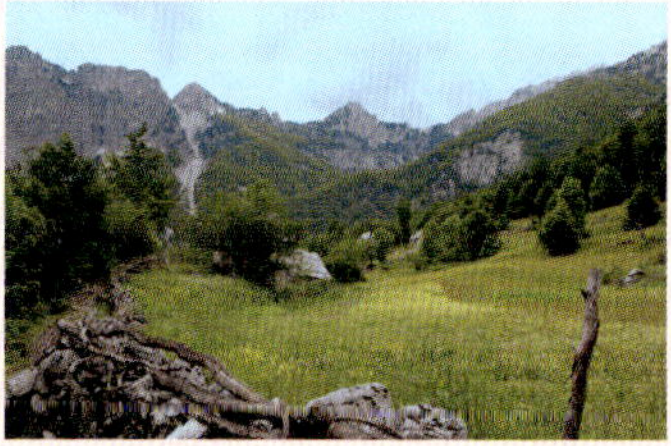

Lëpushë / Qafa e Bordolecit – Thethi
Landschaftlich spektakuläre Querung der »Verwunschenen Berge« (Prokletije / Bjeshkët e Nemuna), die sich hier in all ihrer Wild- und Schönheit präsentieren *(Tour 43, 10.30 Std.).*

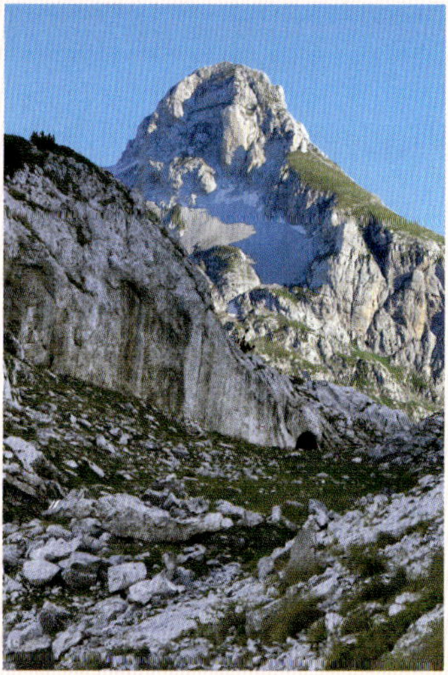

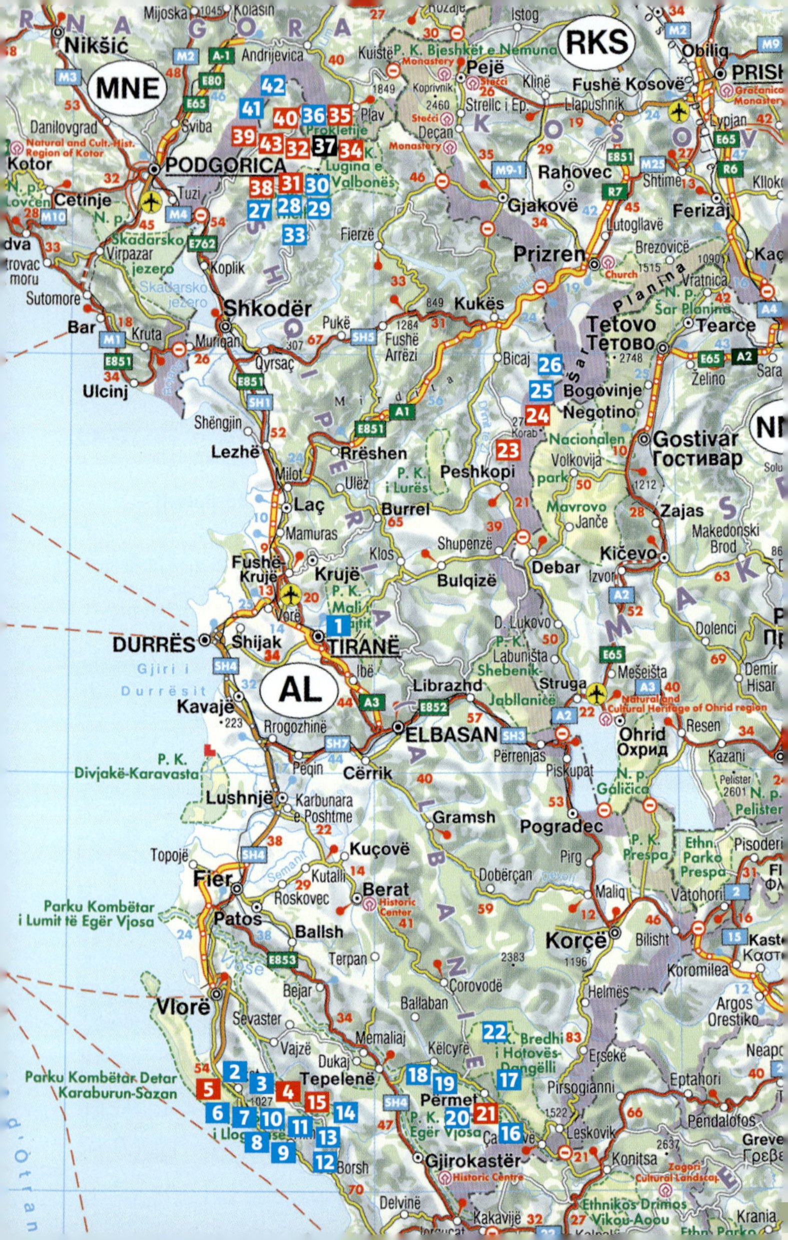

MNE
RKS
AL
Nikšić
Kolašin
Mijoska
Andrijevica
Danilovgrad
Natural and Cult.-Hist. Region of Kotor
Kotor
PODGORICA
Cetinje
Tuzi
N. p. Lovćen
Sviba
Skadarsko jezero
Virpazar
Sutomore
Bar
Kruta
Ulcinj
Koplik
Shkodër
Muriqan
Qyrsaç
Pukë
Fushë Arrëzi
Plav
Prokletije
Lugina e Valbonës
P. K. Bjeshkët e Nemuna
Kuistë
Monastery
Pejë
Koprivnik
Strellc i Ep.
Deçan
Klinë
Istog
Fushë Kosovë
Obiliq
PRISH
Gračanica Monastery
Llapushnik
Lypjan
Rahovec
Gjakovë
Shtime
Ferizaj
Lutogllavë
Prizren
Church
Brezovicë
Vratnica
Šar Planina
N. p. Šar Planina
Tetovo
Тетово
Tearce
Želino
Bogovinje
Negotino
Gostivar
Гостивар
Nacionalen park Mavrovo
Volkovija
Zajas
Jančë
Makedonski Brod
Kičevo
Izvor
Dolenci
Demir Hisar
Mešeišta
Struga
Natural and Cultural Heritage of Ohrid region
Ohrid
Охрид
Resen
Kazani
Pelister
N. p. Pelister
N. p. Galičica
Fierzë
Kukës
Bicaj
Korab
Peshkopi
Shëngjin
Lezhë
Rrëshen
Milot
Ulëz
P. K. i Lurës
Laç
Burrel
Mamuras
Klos
Shupenzë
Debar
Fushë-Krujë
Krujë
Bulqizë
P. K. Mali i Dajtit
Vorë
DURRËS
Shijak
TIRANË
D. Lukovo
P. K. Shebenik-Jabllanicë
Labuništa
Gjiri i Durrësit
Ibë
Librazhd
Kavajë
Rrogozhinë
ELBASAN
Përrenjas
Piskupat
P. K. Divjakë-Karavasta
Peqin
Cërrik
Lushnjë
Karbunara e Poshtme
Gramsh
Pogradec
Topojë
Kuçovë
Fier
Kutalli
Roskovec
Berat
Historic Center
Patos
Ballsh
Terpan
Parku Kombëtar i Lumit të Egër Vjosa
Dobërçan
Pirg
Maliq
Korçë
Bilisht
P. K. Prespa
Ethn. Parko Prespa
Pisoderi
Vatohori
Kastoria
Koromilea
Çorovodë
Ballaban
Bejar
Vlorë
Sevaster
Vajzë
Memaliaj
Dukaj
Këlcyrë
Tepelenë
Përmet
P. K. Bredhi i Hotovës-Dangëlli
P. K. Egër Vjosa
Çarçovë
Parku Kombëtar Detar Karaburun-Sazan
Borsh
Gjirokastër
Historic Centre
Delvinë
Kakavijë
Leskovik
Helmës
Argos Orestiko
Ersekë
Pirsogianni
Eptahori
Pendalofos
Konitsa
Zagori Cultural Landscape
Ethnikos Drimos Vikou-Aoou
Krania
d'Otranto

ALLGEMEINE HINWEISE

Tourenauswahl und -planung

Wandern als Freizeitbeschäftigung ist in Albanien vergleichsweise neu. Viele Bergpfade werden überwiegend von Hirten genutzt. Wir haben Touren ausgewählt, die markiert sind, Übernachtungs- und Verpflegungsmöglichkeiten bieten sowie größtenteils mit öffentlichen Verkehrsmitteln erreichbar sind. Wir aktualisieren die Wegbeschreibungen und Informationen regelmäßig auf Basis von eigenen Begehungen, Auskünften von Ortsansässigen und Bergführern sowie geprüften Leserbriefen. Es ist uns nicht möglich, jedes Jahr alle Touren zu begehen. Insofern freuen wir uns über Rückmeldungen über entscheidende Veränderungen.
Noch gibt es keinen nationalen Bergsportverein oder Tourismusverband, der die einmal markierten Wanderwege instand hält. Entsprechende Strukturen bilden sich gerade erst heraus. Die Folge: Die Wegpflege liegt oft in den Händen einzelner Freiwilliger. Beliebte Touren wie beispielsweise rund um Thethi und Valbona sind ausgetreten. Auf anderen ist im Juli überwuchert, was im Mai noch klar erkennbar war. Ein umgestürzter Baum kann reichen, dass ein Pfad im Dickicht verschwindet. Nicht zuletzt hat die COVID-Pandemie Spuren und Lücken hinterlassen. Wo Wanderer ausblieben, schlossen Unterkünfte und Pfade blieben sich selbst überlassen. Wir empfehlen daher, stets ein GPS-fähiges Gerät für die Wegfindung mitzuführen.

Lächeln am Arapi: Willkommen in Albanien (Tour 38).

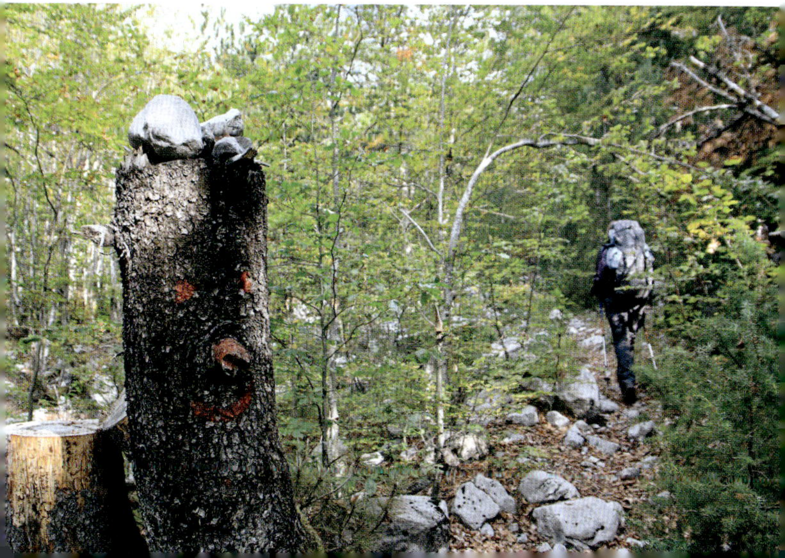

Mit den beschriebenen Touren möchten wir die Vielfalt der albanischen Bergwelt abbilden und bewusst auch weniger besuchte Ziele beschreiben. Denn gerade diese bieten einzigartige Begegnungen und erfüllende Wandererlebnisse. Die Touren sind eine Auswahl, die möglichst vielen Wanderbedürfnissen gerecht wird: anspruchsvolle Gipfelbesteigungen, entspannte Höhentouren oder Wanderungen mit Badepausen. Einige Touren funktionieren nur als Mehrtageswanderungen, da eine direkte Rückkehr an den Ausgangspunkt nicht möglich ist, z. B. Riviera-Hinterland (Touren 12 bis 15), Zagoria-Tal (Touren 18 bis 21) oder High Scardus Trail (Touren 25 und 26). Auf der explizit als Zweitagestour ausgewiesenen Wanderung von Vusanje nach Theti (Tour 37) gibt es keine Einkehr. Die Mitnahme eines Zeltes und weiterer Ausrüstung ist notwendig.

An der Albanischen Riviera im Südwesten des Landes lassen sich Strand- und Wanderurlaub perfekt miteinander verbinden. Auf Küstenwanderwegen zwischen dem Llogara-Nationalpark und dem Badeort Himarë erreichen wir manch versteckte Bucht mit türkisfarbenem Wasser, zugänglich nur zu Fuß oder per Boot; über duftende Bergkräuterhänge geht es auf einem Panoramaweg ins nächste Küstendorf, wo schon fangfrischer Fisch auf dem Grill liegt. Das gebirgige Hinterland ist nicht weniger attraktiv. Auf ein- oder mehrtägigen Touren durch mediterrane Kulturlandschaft mit Oliven-, Zitronen- und Orangenhainen sind einige verschlafene Dörfer sowie atemberaubende Ausblicke auf das aus der Ferne ebenso faszinierende Meer zu entdecken.

Im Inland von Südalbanien bietet das Vjosa-Tal einen Einblick in eine ganz andere Welt. Einer der letzten naturbelassenen Flüsse Europas und seine Zuflüsse prägen die Region um Përmet. Die Stadt ist Ausgangspunkt für Touren über und um das Dhëmbel-Nëmerçka-Gebirge wie beispielsweise eine viertägige Wanderung durch das Zagoria-Tal.

GPS-TRACKS UND KOORDINATEN DER AUSGANGSPUNKTE

Auf **gps.rother.de** stehen zu diesem Wanderführer GPS-Tracks und die Koordinaten der Ausgangspunkte zum kostenlosen Download bereit. Dieser QR-Code führt direkt zum Download.

4. Auflage, Passwort: **453004pep**

Die GPS-Tracks können in die **Rother App** importiert werden. In der App kann man unterwegs stets sehen, wo man gerade ist und wo es langgeht. **Anleitungen dazu: rother.de/gps**

Trotz sorgfältiger Prüfung können wir Fehler und zwischenzeitliche Veränderungen nicht ausschließen. Verlassen Sie sich für die Orientierung niemals einzig und allein auf die GPS-Daten, sondern beurteilen Sie die Verhältnisse vor Ort.

SYMBOLE

Symbole im Tourenkopf

- Mit Bahn/Bus erreichbar
- Einkehrmöglichkeit
- für Kinder geeignet

Symbole im Höhenprofil

- Ort mit Einkehrmöglichkeit
- Gasthaus, Café, Bar, bewirtschaftete Alm, Kiosk
- Übernachtungsmöglichkeit
- Zeltplatz
- Busanschluss
- Seilbahnstation
- Parkplatz
- Gipfel
- Kreuz
- Pass, Sattel
- Brücke, Steg
- Kirche, Kloster
- Moschee
- Höhle
- Aussichtsplatz
- Abzweig links/rechts
- Wasserfall
- Quelle
- Strand, Bademöglichkeit, Thermalquelle

Ganz im Norden wiederum erstrecken sich die Albanischen Alpen. Das auch Prokletije oder Bjeshkët e Nemuna – die »Verwunschenen Berge« – genannte Gebirge bildet den Abschluss und höchsten Teil der Dinarischen Alpen. In dieser an Montenegro und den Kosovo angrenzenden, stark verkarsteten Bergregion laden drei Hochtäler, das Vermosh-Tal, das Valbona-Tal und das Shala-Tal (Thethi) zu ein- oder mehrtägigen Touren ein – vorbei an hochalpinen Steilwänden, durch breite, von Gletschern geformte Trogtäler und weitgehend unberührte Natur. Im wahrsten Sinne des Wortes der

Albanien weist den Korab mit 2754 m aus, Nordmazedonien mit 2764 m (Tour 24).

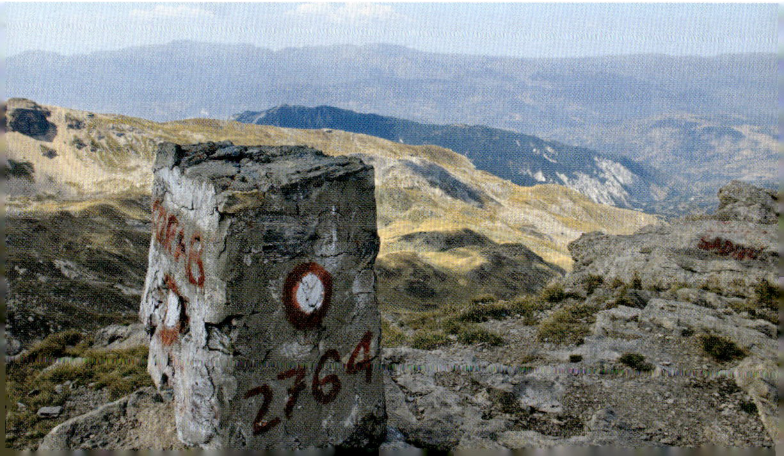

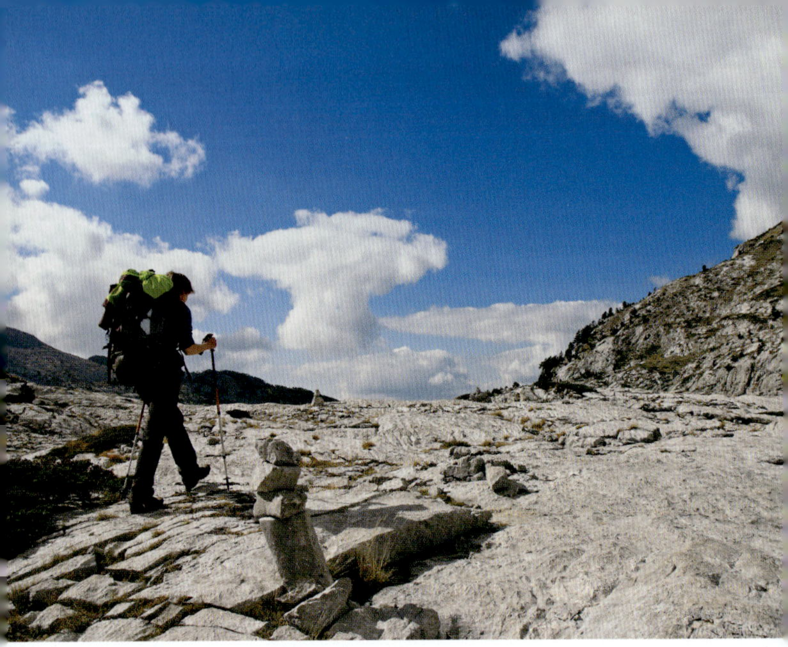

Im »Großen Bergland« helfen auch Steintürmchen bei der Orientierung (Tour 38).

Höhepunkt der Region ist der Jezerca – mit 2694 m einer der höchsten Gipfel Albaniens.
Nicht weniger beeindruckend, aber etwas lieblicher in seiner Anmutung kommt das Korabgebirge im Osten mit seinen breiten Wiesenrücken daher. Angrenzend an den Kosovo und Nordmazedonien führt der High Scardus Trail durch die Region Dibra und ein Abstecher auf den Korab, mit 2754 m der höchste Berg Albaniens und Nordmazedoniens.
Und in der Hauptstadt darf die Besteigung des Hausbergs Dajti nicht fehlen, wobei auch Tirana selbst einige Annehmlichkeiten zu bieten hat.

Gehzeiten und Höhenunterschiede

In den Tourenbeschreibungen sind zur besseren Planung Gehzeiten angegeben. Diese enthalten keine Pausen und orientieren sich am Tempo von sportlichen Freizeitwanderern (ca. 4–5 km/Stunde in der Ebene, ca. 300–400 Höhenmeter/Stunde im Aufstieg). Die Angaben sind als Richtwerte zu betrachten, da das Gehtempo stark von der Wegbeschaffenheit und individuellen Faktoren (Rucksackgewicht, Kondition, Schrittlänge, Fotopausen) abhängt. Die Höhenunterschiede umfassen leicht gerundet die Auf- und Abstiege der beschriebenen Tour. Die Angaben zu Gehzeiten und Höhenunterschieden im Text und in den Profilen können geringfügig von jenen in Karten oder Angaben auf Wegweisern vor Ort abweichen.

Schwierigkeitsbewertung

Die durch Farben angegebenen Schwierigkeitsstufen können sich durch Nässe, Schnee, Nebel oder Wegunterbrechungen wie Muren oder Felsstürze erhöhen. Die Länge einer Tour hat keinen Einfluss auf die Bewertung ihrer Schwierigkeit. Mitunter finden sich auf Schildern vor Ort Schwierigkeitsangaben in den gleichen Farben, die allerdings aufgrund anderer Kriterien von der Einstufung in diesem Buch abweichen können. Die Farben im Wanderführer haben folgende Bedeutung:

SCHWIERIGKEITSKATEGORIEN

■ = Leicht

Einfache Touren über Tal-, Alm- und Forstwege. Diese können steil sein, führen jedoch nicht über ausgesetzte Stellen.

■ = Mittel

Mittelschwere Wanderungen führen über schmale, oft steile Wege durch alpines Gelände. Teilweise ausgesetzte und absturzgefährdete Stellen erfordern Trittsicherheit und Schwindelfreiheit.

■ – Schwierig

Diese Touren durch meist hochalpines Gelände erfordern unbedingt Trittsicherheit und Schwindelfreiheit. Die ausgesetzten und absturzgefährlichen Wege sind oft nur am Verlauf der Markierungen oder durch Steigspuren zu erkennen. Einige Passagen sind nur unter Zuhilfenahme der Hände zu bewältigen.

Markierung

Grundsätzlich sind alle hier beschriebenen Touren markiert, die meisten mit weiß-rot-weißen oder rot-weiß-roten Balken, einige auch mit weiß-roten Punkten oder rot-gelb-roten Streifen. An einigen Stellen ergänzen Steinmännchen die farbigen Hinweise. Die Qualität und Pflege der Markierungen und Wege ist jedoch sehr unterschiedlich. Einige Routen werden auch von Hirten genutzt und sind daher auch ohne Markierung zu erkennen. Andere werden weder von Hirten noch von Wanderern häufig frequentiert und sind dadurch nicht automatisch erhalten. In Albanien gibt es keine organisierte Instandhaltung von Wanderwegen. Wir empfehlen daher unbedingt die Benutzung eines GPS-fähigen Geräts.
Wanderkarten für Albanien sind ebenfalls mit sehr wenigen Ausnahmen mit Vorsicht zu benutzen und aufgrund eines meist großen Maßstabes nur eingeschränkt hilfreich (ergänzendes Kartenmaterial siehe Seite 28).

BEGEGNUNG MIT TIEREN

Herdenschutzhunde: Die Bergregionen sind Kulturlandschaften der Hirten und ihrer Herden. Fast jede Schafherde wird von Schutzhunden begleitet. Diese Hunde sind nicht dafür da, die Herde beisammenzuhalten, sondern sie sorgen für den Schutz vor Raubtieren (Wölfe, Bären) und zweibeinigen Räubern. Daher betrachten sie Wanderer vorrangig als potenzielle Bedrohung. Sobald Sie sich einer Schafherde nähern, werden die Hunde bellen, in Ihre Richtung laufen und Ihnen den Weg versperren. Bleiben Sie ruhig und geben Sie den Hunden Zeit zu kontrollieren, ob Sie eine Gefahr darstellen. Die Tiere werden Sie nicht weiter verfolgen, wenn Sie Abstand zur Herde halten. Vermeiden Sie schnelle, überraschende Bewegungen (auf keinen Fall rennen!). Drohend erhobene (Wander-)Stöcke können helfen, Hunde auf Distanz zu halten, gepaart mit dem Kommando »Shkon!«. Wenden Sie sich von den Hunden ab und setzen Sie Ihren Weg wenn möglich in größerer Distanz zur Herde fort. Sollten Sie weiter auf die Herde zugehen, werden die Hunde die nächste Eskalationsstufe einlegen und Sie mit gefletschten Zähnen stellen. Spätestens nun sollten Sie den Rückzug antreten. Wenn Sie auch jetzt nicht das Territorium verlassen, werden sie beißen. Meist intervenieren aber die Hirten frühzeitig und lassen die Situation gar nicht so weit kommen. Beschwichtigungs- und Bestechungsversuche mit Leckerli sind nicht sinnvoll; die Hunde wachsen mit den Schafen auf und betrachten sie als Familie, die es unter allen Umständen zu schützen gilt.
Kuhherden: Kuhherden haben mit ihrer Leitkuh, erkennbar an einer Glocke, ihren eigenen Wachschutz. Vermeiden Sie, eine Herde zu stören, indem Sie mitten durch die Tiere wandern. Die Herden, die Sie antreffen, sind meist vollständige Verbände inklusive Bullen und Kälbern. Bleiben Sie insbesonders von Kälbern und Jungtieren fern. Sollte die Leitkuh durch lautes Muhen ihre Herde in Alarmbereitschaft versetzen, sollten Sie sich ruhig und langsam von der Herde entfernen.
Kriechtiere: Aufgrund der großen Artenvielfalt leben in Albanien viele Reptilien, darunter die Europäische Hornotter. Die giftigste Schlange Europas ist, wie die meisten Wildtiere, äußerst scheu und tritt in der Regel sofort den Rückzug an, wenn man sich ihr nähert. Hohe Schuhe und lange Hosenbeine bieten den besten Schutz vor Bissen auf Wegen, die durch Lieblingsplätze von Schlangen führen: sonnenbeschienene Steine mit Spalten und etwas Schatten. Sollte es dennoch zu einem Biss kommen: Ruhe bewahren! Prägen Sie sich wenn möglich die Merkmale der Schlange ein (Kopfform, Farbe, Muster), um eine spätere Identifizierung für das Gegengift zu erleichtern. Die Bisswunde auszusaugen, auszubrennen oder aufzuschneiden ist laut Ärzten nicht sinnvoll. Der betroffene Körperteil sollte ruhiggestellt werden, damit sich das Gift nicht so schnell im Körper ausbreitet, und schnellstmöglich ein Arzt konsultiert werden. Gleiches gilt bei den mitunter äußerst schmerzhaften Stichen von Skorpionen.

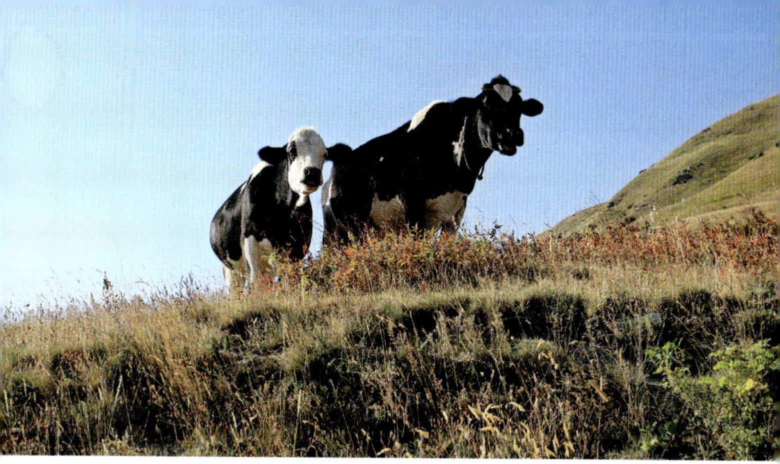

Wo Kühe sind, ist meist auch ein Weg.

Alpine Gefahren

Die Touren führen durch alpines bzw. teilweise hochalpines Gelände und sollten mit sorgfältiger Planung und ausreichend Vorbereitung begangen werden. Insbesondere in den albanischen Alpen im Norden liegt im Mai für gewöhnlich noch zu viel Schnee für passüberschreitende Wanderungen. Da es im Wandergebiet nicht immer möglich ist, den aktuellen Wetterbericht einzuholen, ist das »nicht-digitale Regenradar« umso wichtiger: Behalten Sie die Wetterentwicklung im Laufe des Tages im Auge. Zu Gewittern kommt es häufig am Nachmittag. Es empfiehlt sich, morgens frühzeitig aufzubrechen, um dem Gewitter lieber erst auf dem Abstieg zu begegnen. Eine Bergrettung existiert in Albanien nicht. In einigen Bergdörfern gibt es Versuche, ein ehrenamtliches Rettungssystem aufzubauen. Dieses funktioniert aber noch nicht verlässlich. Da es auch nicht in allen Regionen Mobilfunkempfang gibt, sollten unnötige Gefahrensituationen vermieden werden. Überschätzung des eigenen Leistungsvermögens und schlechte Ausrüstung sind Gefahrenquellen, die man selbst beeinflussen kann und in dieser Region auf ein Minimum reduzieren sollte.

Mehr Spielgefährte als Aufpasser in der Gjipë-Bucht.

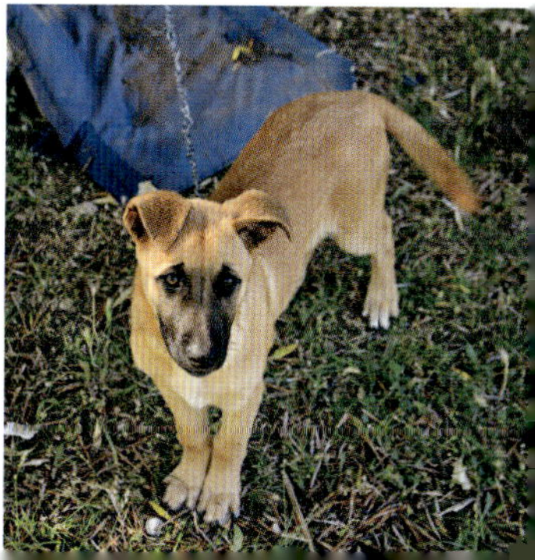

Notrufnummern

- Erste Hilfe/Ambulanz 127/112
- Polizei 129
- Feuerwehr 128
- Verkehrspolizei 126

TIPPS FÜR UNTERWEGS

Ausrüstung

Die Wahl der eigenen Ausrüstung beruht meist auf jahrelangen persönlichen Erfahrungen. Hier noch ein paar für Albanien spezifische Hinweise: Wer vor Mitte Juni unterwegs ist und Übernachtungen in Hirtenhütten einplant, sollte einen Schlafsack und Proviant mitnehmen. Die Hirtenalmen im Norden sind je nach Tauwetter erst ab Mitte Juni bewirtet.
Bis Mitte Juni und ab Anfang September kann es in den Bergregionen Frost und Schnee geben. Mütze und Handschuhe nicht vergessen! Warme Kleidung und Regenschutz für Schlechtwetterphasen und die Stunden nach Sonnenuntergang gehören auch im Hochsommer ins Gepäck.
Alle hier beschriebenen mehrtägigen Wandertouren sind so geplant, dass es am Ende der Tagesetappe eine Herberge gibt – bis auf wenige Ausnahmen (Tour 5, 6, 37), für die man ein Zelt benötigt. Ein Zelt ermöglicht grundsätzlich mehr Flexibilität für eine individuelle Routenplanung – z. B. für Gipfelabstecher zum Jezerca oder Arapi. Zelten ist außerhalb der Nationalparkschutzgebiete erlaubt.

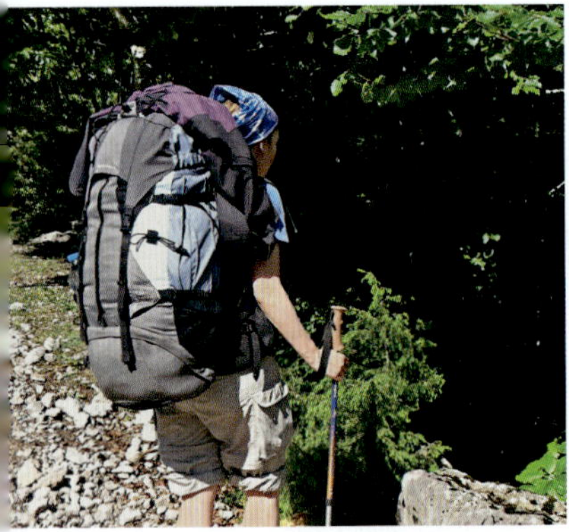

Oben: Gut gepackt ist halb am Ziel.
Unten: Bei Hirtenhütten ist gut trinken.

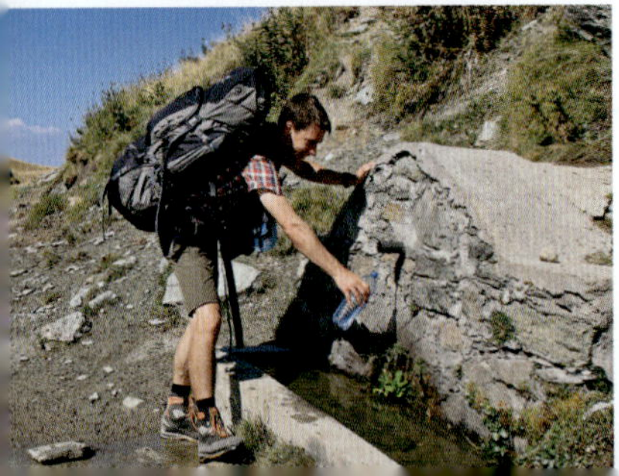

Wasser und Proviant

Die Versorgung mit Trinkwasser ist im Frühsommer kein Problem. In den Tourenbeschreibungen sind Wasserstellen – Quellen und Bergbäche – meist als Wegpunkte markiert. Manche versiegen jedoch im Hochsommer, daher ist es ratsam, mitgeführte Flaschen wenn immer möglich aufzufüllen. In Hirtendörfern gibt es immer eine vor Verunreinigung durch Tiere geschützte Trinkwasserquelle, die die Hirten Ihnen zeigen können. Ein Trinkwasserfilter kann im Hochsommer von Nutzen sein.
Herkömmliche Einkaufsmöglichkeiten (Supermarkt/Minimarket, Bäckereien) finden sich nur in Kleinstädten. In den Bergregionen können Brotzeiten in den Herbergen erworben werden. Auch Hirten versorgen Wanderer mit selbstproduziertem Proviant. Die Almen sind in der Regel

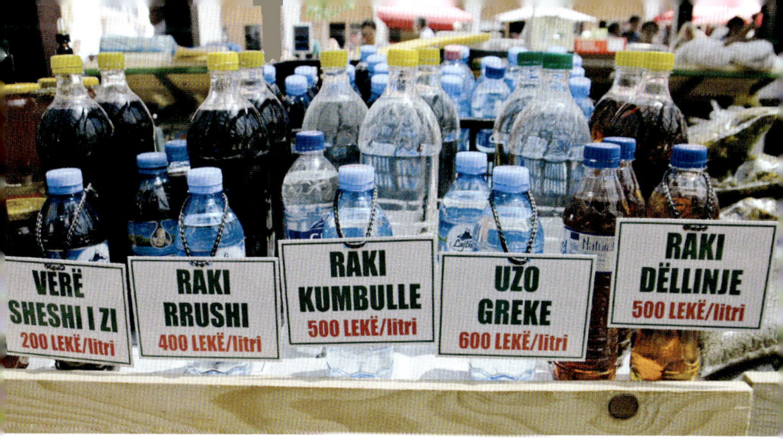

Raki-Vielfalt auf dem Pazari i ri in Tirana.

von Mitte Juni bis Mitte September bewirtschaftet (abhängig vom Tauwetter). Stechkartuschen für Campingkocher sind in jedem Minimarket erhältlich, weil sie auch von vielen Bergbewohnern benutzt werden. Schraubkartuschen sind – wenn überhaupt – nur in größeren Supermärkten erhältlich.
Damit sich der morgendliche Aufbruch nicht verzögert, lohnt es sich in den Unterkünften vorab zu klären, wann es Frühstück und Tagesproviant gibt. In familiären Gasthäusern ist es in der Regel kein Problem, früh aufzubrechen. In Hotels, die eher auf nicht-wandernde Touristen eingestellt sind, ist am frühen Morgen oft noch niemand in der Küche anzutreffen.

Geld

Es ist empfehlenswert, bei mehrtägigen Wanderungen ausreichend Bargeld mitzuführen. Kartenzahlungen sind nicht möglich, Bargeldautomaten gibt es nur in den Städten. In urbanen Gebieten kann man – vor allem größere Beträge – auch in Euro bezahlen.
Kurs: 1 Euro = ca. 100 Lek (Stand: August 2024). Im Buch sind die Preise in jener Währung angegeben, die der jeweilige Anbieter bevorzugt.
Die im Buch angegebenen Preise dienen als Orientierung; sie können sich aufgrund der schnellen touristischen Entwicklung des Landes innerhalb weniger Monate ändern.

Elektrizität

Die Mitnahme von Ersatzbatterien und Solarladern ist ratsam, vor allem wenn Zeltübernachtungen eingeplant werden. Alle im Buch als Etappenorte genannten Dörfer und Städte haben Zugang zu Elektrizität. Dennoch gilt hier der gleiche Tipp wie für Trinkwasser: immer aufladen, wenn möglich – nicht erst wenn nötig. Adapter für Steckdosen benötigt man nicht.

Mobiltelefon

Eine albanische SIM-Karte lohnt sich bereits nach wenigen Tagen, und wenn sie nur dafür dient, Internetzugang zu haben. Das erleichtert die Recherche nach Unterkünften oder anderen Informationen sowie die Kommunikation mit Daheimgebliebenen. Da Albanien nicht zur Europäischen Union gehört, sind Telefonate nach Deutschland, Österreich und in die Schweiz teuer; es empfiehlt sich daher internetgestützte Kommunikation. Die Abdeckung mit schnellem Internet ist in Albanien besser als in Deutschland, nur in manchen Bergregionen im Norden hat man keinen Empfang.
SIM-Karten sind in der Regel kostenlos, ein Guthaben mit 2000 Min., 2000 SMS (beides Inland) sowie 10 GB Internet kostet für einen Monat 1600 Lek/ca. 16 € (z. B. Vodafone). Die SIM-Karten erhält man gegen Vorlage eines Personalausweises in den Geschäften der Mobilfunkanbieter am Flughafen und in den Städten (z. B. Tirana, Shkodra, Vlora, Peshkopia).

Müll

Noch mehr als anderswo sollte man in Albanien daran denken, den eigenen Müll wieder mit ins Tal oder in die nächste Stadt zu nehmen, bzw. ihn auf ein absolutes Mindestmaß reduzieren. Nur in größeren Städten existiert zumindest ein rudimentäres Müllverwertungssystem. Bergdörfer können mit größeren Mengen nicht-organischem Müll nicht umgehen. Müllverwertung bedeutet dort Verbrennen im Kamin oder wilde Müllablageplätze.

Mülleimer gibt es auch am Valbona-Pass nicht (Tour 34). Also: Abfall mit ins Tal nehmen!

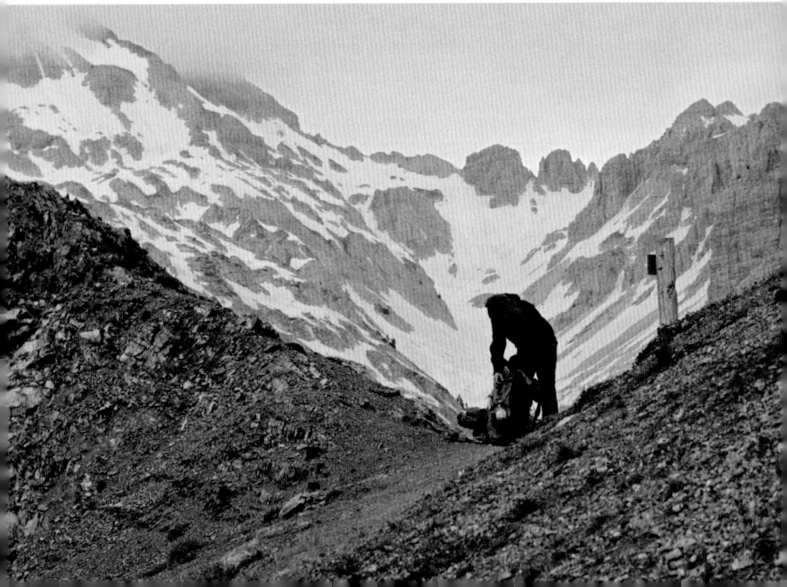

Der Umwelt zuliebe ...

Auch beim Wandern hinterlassen wir einen ökologischen Fußabdruck, aber im Einklang mit der Natur unterwegs zu sein, ist gar nicht so schwer!

VORBEREITUNG UND ANFAHRT

- Sich vorab informieren, worauf in Bezug auf Natur und Umwelt in der jeweiligen Wanderregion besonders zu achten ist.
- Soweit möglich mit Bahn und Bus anreisen, Wander- und Rufbusse nutzen.
- Ist eine Anfahrt mit dem Auto nötig, Fahrgemeinschaften bilden.
- Bei weiten Anfahrten Mehrtagestouren planen oder von einem Quartier vor Ort aus mehrere Touren absolvieren.
- Flugreisen möglichst reduzieren und durch Beiträge zu Klimaschutzprojekten kompensieren.

KLEIDUNG UND AUSRÜSTUNG

- Beim Kauf von Outdoor-Kleidung auf umweltfreundliche und faire Herstellung achten und Kleidungsstücke möglichst viele Jahre nutzen.
- Ausrüstung kann man eventuell auch gebraucht kaufen oder ausleihen.
- Reparieren statt neu kaufen.

VERPFLEGUNG

- Beim Einkauf Bio-Ware, regionale und saisonale Erzeugnisse bevorzugen.
- Hütten und Gasthäuser auswählen, die regionale Produkte verwenden.
- Auf Einwegflaschen und Plastikverpackungen verzichten, stattdessen wiederverwendbare Trinkflaschen und Brotzeitboxen benutzen.

ÜBERNACHTUNG

- Bei lokalen Anbietern buchen, damit Menschen vor Ort profitieren.
- Auf Hütten und in anderen Unterkünften Strom und Wasser sparen.

UNTERWEGS

- Wege benutzen und Abkürzer vermeiden.
- Sperrungen von Wegen und Schutzgebieten respektieren.
- Keine Blumen pflücken und keine Pflanzen entnehmen.
- Waldbrandgefahr beachten.
- Müll wieder mit nach Hause nehmen und dort entsorgen.
- Toilettengänge in freier Natur möglichst vermeiden.
- Lärm vermeiden.
- Hunde an die Leine nehmen.

ROTHER
BERGVERLAG

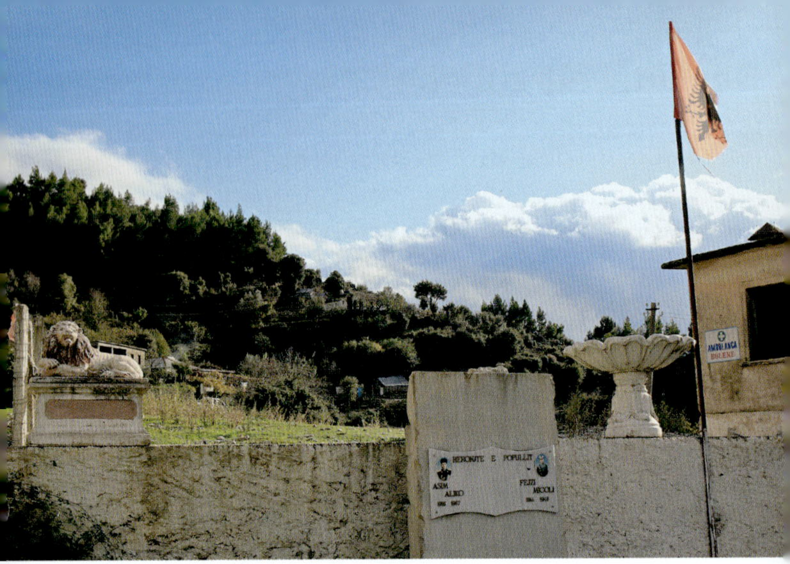

In manchen Bergdörfern findet sich zumindest eine medizinische Grundversorgung.

Medizinische Versorgung

Medizinische Versorgungseinrichtungen finden sich in den Bergregionen nur vereinzelt. Kleinere Städte haben meist eine Apotheke und eine Poliklinik. Bergdörfer wie Thethi, Valbona oder Gusinje verfügen über eine kleine Krankenstation. Eine flächendeckende organisierte Bergrettung gibt es nicht.

Wandern mit Kindern

Manche Wanderungen in Albanien sind für Kinder weniger geeignet. Grund hierfür ist meist nicht die Schwierigkeit, sondern die Weglänge gepaart mit der fehlenden Infrastruktur. Einkehrmöglichkeiten fehlen nämlich oft. Dennoch finden sich in allen vorgestellten Regionen Touren, die für Familien mit Kindern gut machbar und interessant sind. Vor allem an der Albanischen Riviera und im Vjosa-Tal gibt es kürzere und doch reizvolle Touren. Dazu gehören etwa die Küstenwanderung von Palasë bis Himarë, die sich in beliebig viele Abschnitte unterteilen lässt und zahllose Bademöglichkeiten bietet (Touren 7 bis 9), und die abwechslungsreiche Umrundung des Lëngarica-Canyons mit abschließendem Bad in warmen Quellen (Tour 17). Aber auch einige Tagestouren in Thethi und im Këlmend bieten eine gute Mischung aus angemessener Schwierigkeit und Länge sowie Spaß- und Spannungsfaktor. Der Dajti über Tirana (Tour 1) mit Gondelfahrt und diversen Aktivitäten auf dem Plateau kann je nach Alter ebenfalls reizvoll sein.

TOURISTISCHE INFORMATIONEN

Tourismusbüros und Fremdenverkehrsämter

Tourismusbüros gibt es nur in größeren Städten und touristischen Hotspots – und selbst dort finden Wanderer nicht immer hilfreiche Informationen. Zuverlässige Auskunftsquellen und lokale Tippgeber sind in den Regionalkapiteln angegeben. Allgemeine Informationen zu Sehenswürdigkeiten, Reisezielen und touristischen Aktivitäten sowie praktische Reisehinweise und Informationsbroschüren bietet die Webseite der Nationalen Tourismusagentur Agjencia Kombëtare e Turizmit: albania.al (Agjencia Kombëtare e Turizmit, Bulevardi Gjergj Fishta, Pallatet Shallvare A12, Tirana, Tel. +355 42 273778, info@akt.gov.al). Eine Übersicht über touristische Höhepunkte gibt auch die Werbeplattform intoalbania.com.

Reisezeit und Klima

Mit heißen, trockenen Sommern und milden, nassen Wintern herrscht in Albanien klassisches Mittelmeerklima. Doch je nach Höhenlage können Temperaturen und Niederschläge variieren. In der Küstenregion beginnt das Frühjahr zeitig und der Herbst ist noch bis November mild. Bei bis zu 300 Sonnentagen im Jahr an der Küste kann man von Mai bis Oktober im Meer schwimmen. Die heißeste Zeit ist im Juli/August. Während das Thermometer in Tirana und im Inland des Öfteren 40 Grad erreicht, sind es an der Küste mit einer frischen Brise selten mehr als 30 Grad. Im Hochland im Norden und Osten ist von November bis Mai Schnee möglich. Die Hauptstraßen sind inzwischen meist schneefrei. Pässe und Nebenstraßen werden jedoch nicht geräumt und können nicht befahren werden (z. B. der Qafa e Thorës nach Thethi).

Die angenehmste Zeit zum Wandern ist in weiten Teilen des Landes der Frühsommer und Herbst. In den Hochlagen im Norden reicht die Wandersaison je nach Schneelage von Anfang Juni bis Mitte Oktober, im Süden von April bis in den November hinein. In dieser Zeit sind die Temperaturen angenehm, die Vegetation erwacht oder reicht ihre reifen Früchte, und der Trubel in den Küstenorten hält sich in Grenzen. Im Sommer wird es auch in höheren Lagen heiß, wobei die Temperaturen in den Albanischen Alpen in Norden angenehmer sind als im Süden an der griechischen Grenze. Es empfiehlt sich, unbedingt ausreichend Wasservorräte mitzunehmen, da einige Wasserquellen im Sommer versiegen. Im Küstengebiet sollte man während der Sommerferien vorab eine Unterkunft reservieren, was in den Bergen (bisher) nicht unbedingt nötig ist.

Zu Beginn der Wandersaison im Norden und Osten sollte man sich informieren, ob schon alle Pässe frei sind und ob bereits Hirten auf die Almen gezogen sind. Die Hirten ziehen erst dorthin, wenn die Wege frei sind und sie ausreichend Futter für ihre Tiere finden. Wenn man damit plant, bei Hirten zu übernachten und zu essen, sollte man sicherstellen, dass sie ihre Almen bereits bezogen haben.

Sollte im Norden noch viel Schnee liegen, ist es ratsam, lieber südlichere Wandergebiete in Angriff zu nehmen. Für die frühe Wandersaison im Norden empfehlen sich Wanderstöcke für die Querung übrig gebliebener Schneefelder und zusätzliche Ausrüstung zur Selbstversorgung in den Hirtenhütten (Gaskocher und Schlafsack).
Im Süden kann man bis Mitte November milde Tage erleben, die jedoch zunehmend Regen mit sich bringen. Viele Gasthäuser sowohl an der Küste (ab September) als auch in den Bergen schließen in der Nebensaison (Herbst/Winter). Es empfiehlt sich sehr, vor Anreise zu prüfen, ob jemand vor Ort ist, bzw. zu reservieren. Im Norden endet die Wandersaison bereits Mitte/Ende Oktober, wenn der erste Schnee fällt. Einige Bergdörfer sind im Winter von der Außenwelt abgeschnitten, weil die Passstraßen nicht geräumt werden. Winterbergsportarten wie Schneeschuhwanderungen oder Free-Riding stecken noch in den Kinderschuhen. Winteraktivitäten können über Reiseagenturen vor Ort (siehe Seite 26) organisiert werden.

Anreise

Am einfachsten erfolgt die Anreise aus Deutschland, Österreich oder der Schweiz per Flugzeug mehrmals wöchentlich zum »Nënë Tereza«-Flughafen Tirana. Um nach Nordalbanien zu gelangen, kann es günstiger sein, nach Podgorica in Montenegro zu fliegen und von dort mit dem Bus nach Shkodra weiterzureisen. Wer per Zug anreisen möchte, endet ebenfalls in Podgorica. Die Zugstrecke Belgrad – Podgoric ist landschaftlich reizvoll, dauert jedoch recht lang. Nach und innerhalb von Albanien gibt es kaum Zugverbindungen. Dafür fahren Busse und Minibusse (*furgon*) in alle Städte und die meisten Dörfer. Die Taktung der Busse ist am Vormittag höher; ab dem späten Nachmittag fahren kaum noch Busse ab. Autofahrer nehmen die Balkanroute über Ungarn und Serbien oder Kroatien und Montenegro; alternativ über Italien mit der Fähre ab Bari nach Durrës. Eine Anreise mit

Novembersturm in Dhërmi, Stunden später herrscht T-Shirt-Wetter (Tour 7).

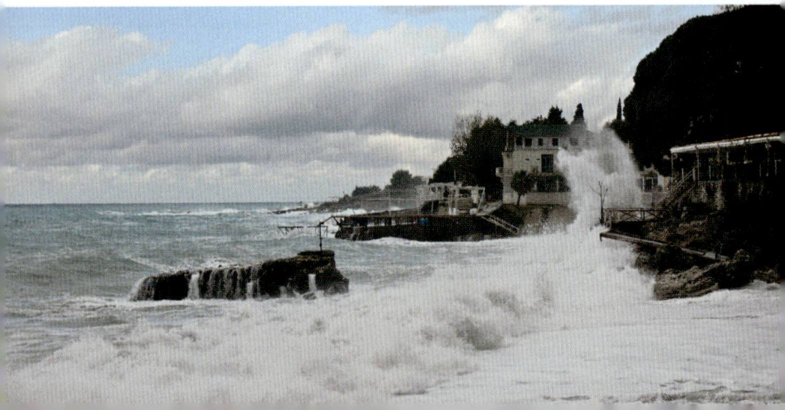

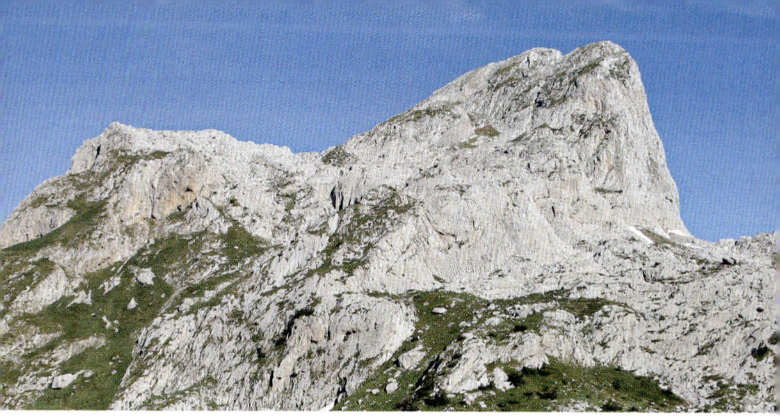

Wie ein Backenzahn: der Arapı am frühen Morgen, von Osten gesehen (Tour 32).

dem Bus dauert je nach Startort in Deutschland, Österreich und in der Schweiz zwischen einem und zwei Tagen.
Die Abfahrtszeiten der Busverbindungen zwischen den Städten finden sich im jeweiligen Regionen-Kapitel in diesem Buch sowie auf etransport.al (auch als Gratis-App fürs Smartphone erhältlich). Auf dieser Seite des Infrastrukturministeriums finden sich Verbindungssuche und Karte mit den Haltepunkten (Zwischenhalte werden nicht angezeigt, sind in den durchfahrenen Dörfern üblicherweise aber auf Zuruf möglich; beim Zustieg anmelden). Da bei der Suche maximal sieben Verbindungen angezeigt werden, hilft für die Planung ein Blick auf die Fahrpläne unter dem Menüpunkt »Lines Network« und dann »Lines and Schedules«: Zum Öffnen der Abfahrtszeiten auf »Details« klicken; einige Strecken werden von mehreren Anbietern befahren und werden getrennt dargestellt. Bei den Städtenamen ist zu beachten, dass sie in der unbestimmten Form gefunden werden: z. B. Tiranë, Shkodër, Vlorë, Himarë.
Darüber hinaus verkehren insbesondere in Dörfern Minibusse (*furgon*; höhere Taktung meist am Vormittag). Es ist ratsam, sich vor Ort über die aktuellen Abfahrtszeiten zu informieren, da sie sich von Jahr zu Jahr ändern und je nach Jahreszeit variieren können. Grundsätzlich funktioniert der öffentliche Verkehr zwischen den Städten zuverlässig.
Haltestellen sind nicht immer als solche gekennzeichnet, in Dörfern fungiert oft ein Café oder eine Tankstelle als Treffpunkt. Am besten vor Ort nachfragen. Gerade die kleineren Busse (*furgon*) halten auch auf Zuruf.

Hilfreiche Verbindungen und Abfahrtsorte in Tirana

- Flughafen–Innenstadt: Luna Travel, Abfahrt stündlich in beide Richtung jeweils zur vollen Stunde (30 Min., Fahrkarten beim Fahrer für 400 Lek, auf Wunsch auch Halt in Tirana bei Terminali i Autobusave të Veriut dhe

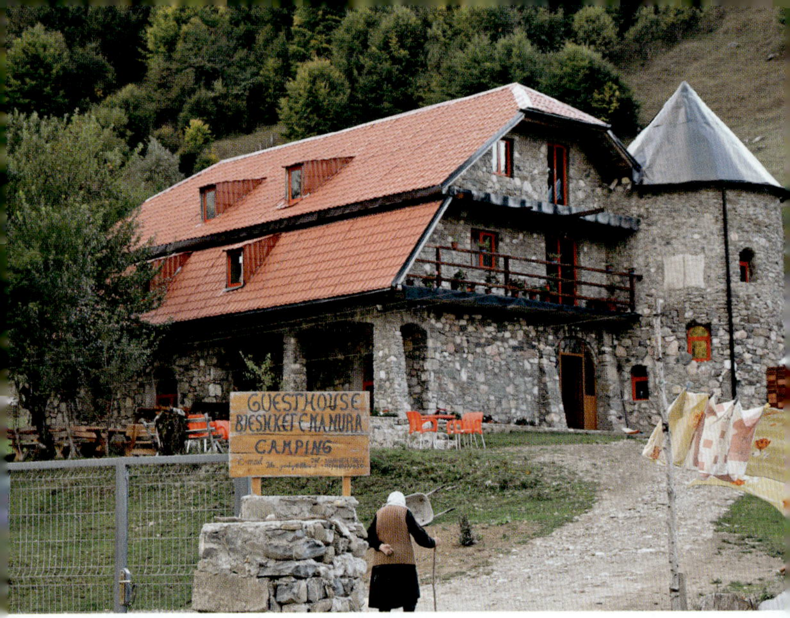

Die Unterkünfte reichen von einfachen Holzhütten bis zu stattlichen Anwesen wie hier in Lëpushë (Tour 40).

Jugut, vom Halt etwa 500 m zu Fuß zum Regionalbusterminal, Ankunft/Abfahrt Innenstadt in Rruga Ludovik Shllaku bei Kulturzentrum/Oper, Mbrapa Pallatit te Kultures – Operas, Tel. +355 69 5727261, +355 69 3794848, luna.al/public-transport-luna-sh-p). Fahrplan und Busverbindungen vom Flughafen nach Durrës, Fier und Vlora unter tirana-airport.com/en//article/15/By-Bus.

- Fernbusse nach Nord- (u. a. Shkodër, Peshkopi) und Südalbanien (u. a. Vlorë, Himarë, Përmet): Terminali i Autobusave të Veriut dhe Jugut (kurz: Veri-Jug), Rruga Kastriotët (Fernstraße SH1) an der Einmündung in die SH2 (Mbikalimi i Kamzës / Rruga 29 Nëntori), Fahrzeiten auf Schildern mit Aufschrift »e zonës veri« (Norden) bzw. »jug« (Süden), auf etransport.al sowie im Tourenteil ab Seite 48.
- Mietwagen gibt es am Flughafen und bei Hotels in Tirana bei den gängigen Autovermietungen. Wir haben gute Erfahrung mit dem kleinen Low-Budget-Anbieter GoRent Albania in Shkodra gemacht (Tel. +355 67 6002009, +355 67 6002019, reservations@gorentalbania.al). Auch über lokale Reiseanbieter können Autos geliehen werden (siehe »Organisiertes Reisen« auf Seite 26). Es ist üblich, dass Kunden an der jeweiligen Unterkunft abgeholt werden oder der Wagen dorthin gebracht wird.

Unterkünfte

Die Zahl und Art der Unterkünfte variiert sehr stark je nach Destination. Eine Auswahl geben wir jeweils im Einführungsteil der Wanderregionen beziehungsweise bei den Touren an.

An der Albanischen Adria ist das Angebot sehr groß, von Ferienwohnungen bis Zimmern in Pensionen und inzwischen schicken Hotels ist fast alles dabei, allerdings schließen viele Unterkünfte hier schon im September. Daher ist es ratsam, vorher zu überprüfen, welche Hotels noch Gäste empfangen; in der Hochsaison im Sommer empfiehlt es sich, vorab zu reservieren.

In den Bergregionen reicht die Auswahl vom einfachen Matratzenlager bei Hirten, einem einfachen Holzhäuschen über familiär geführte einfache Gästezimmer *(bujtina)* bis zum 3-Sterne-Hotel. Da der Wandertourismus teils noch in den Kinderschuhen steckt, steht in manchen Orten nicht viel Auswahl zur Verfügung. Mit der erst in den letzten Jahren wachsenden Zahl von Wanderern entstehen aber an vielen Orten neue Übernachtungsmöglichkeiten. In Thethi beispielsweise bietet inzwischen fast jede Familie Übernachtungen an, Gäste haben die Wahl zwischen familiären Bleiben und großen Gästehäusern. Im Hinterland der Küste und im Korabgebirge ist die Auswahl hingegen nach wie vor eingeschränkt.

In allen in diesem Wanderführer besuchten Dörfern gibt es aber inzwischen Elektrizität (manchmal vom Solarpanel vom Dach) und meist heißes Wasser. Reservierungen im Voraus sind in der Regel nicht nötig bzw. teilweise nicht möglich (wegen fehlendem Mobilfunknetz). Letzteres sollte keinesfalls ein Grund zur Beunruhigung sein. Das lokale Verständnis von Gastfreundschaft gebietet es, für jeden Gast eine Übernachtungsmöglichkeit zu finden – notfalls im eigenen Wohnzimmer.

Mehr und mehr Unterkünfte sind auf Portalen wie booking.com und airbnb.com zu finden; auch die Webseite hotels-al.com/de bietet eine gute Auswahl. Viele Gästehäuser, Hotels und Restaurants haben öffentli-

Abend am Mull I Grunës: Zelten ist außerhalb von Nationalparks erlaubt (Tour 23).

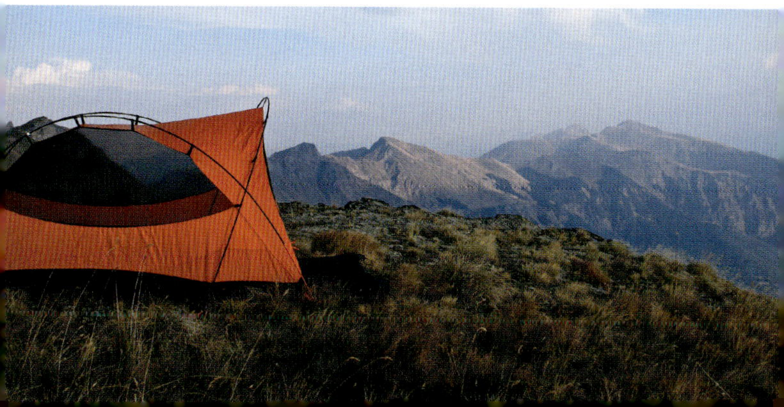

che Facebook-Seiten, die auch ohne Anmeldung oder eigenen Facebook-Account eingesehen werden können. Wir haben soweit bekannt die direkten Facebook-Links oder die zielführenden Suchbegriffe (Großschreibung beachten) angegeben (bei komplizierten Links). Auch finden sich viele der angegebenen Unterkünfte auf Google Maps, was die Suche in den oft ausgedehnten Bergdörfern erleichtert.

Organisiertes Reisen

Es gibt einige lokale Reiseanbieter, die von einer komplett organisierten Rundreise mit Reiseführung und Gepäcktransport, der Organisation einzelner Touren bis zu einzelnen Übernachtungsmöglichkeiten oder Transfers (z. B. Shkodra–Thethi) anbieten. Einige organisieren auch weitere Aktivitäten wie Mountainbiken, Reiten oder Kajakfahren.

- Zbulo! (Ricardo Fahrig und Endrit Shima, Tel. +355 69 6731932, +355 69 212 1612, welcome@zbulo.org, zbulo.org) (Deutsch).
- Nord Albania Travel Agency (Roza Rupa, Tel. +355 68 2003393, rorupaog@yahoo.com) (Deutsch).
- Outdoor Albania (Tel. +355 42 227121, info@outdooralbania.com, outdooralbania.com).
- Albania Adventure (Tel. +355 68 2010515, contact@albania-adventure.com, albania-adventure.com).
- Sondor Travel (Tel. +355 4 2225063, info@sondortravel.com, sondortravel.com).
- Kultur-, Natur- und Kulinarikreisen: Albanian Trip (Elton Caushi und Gjergji Mihali, Tel. +355 68 4058529, +355 67 4053333, contact@albaniantrip.com, albaniantrip.com), auch Mietwagen.
- Albanien Reisen (Tel. +41 44 5862018, info@albanienreisen.ch, albanienwandern.com).

Auch Skitourengeher finden dank lokaler Guides ihr Glück.

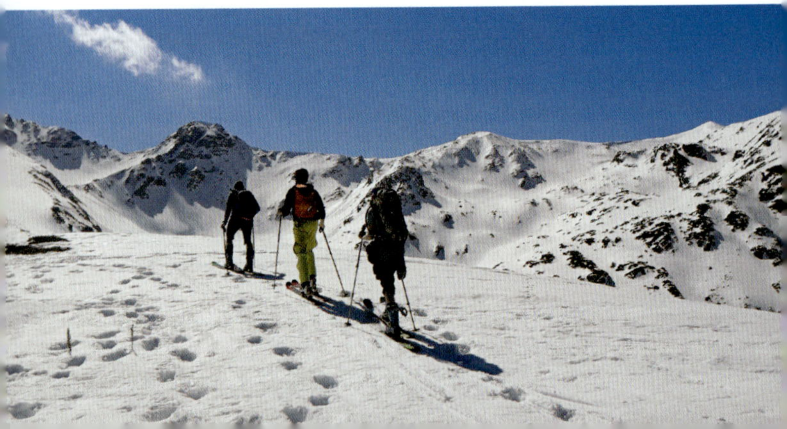

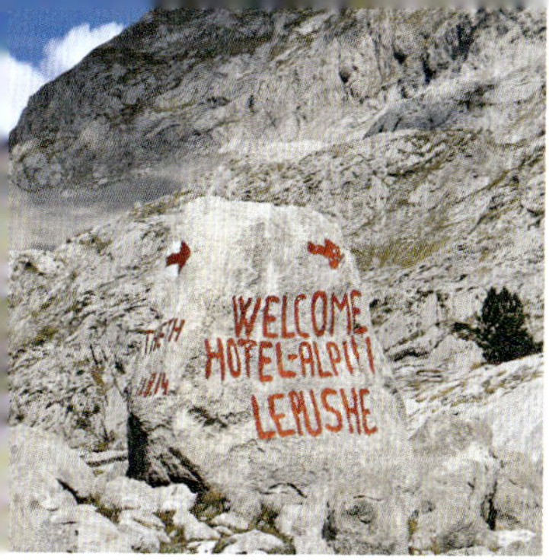

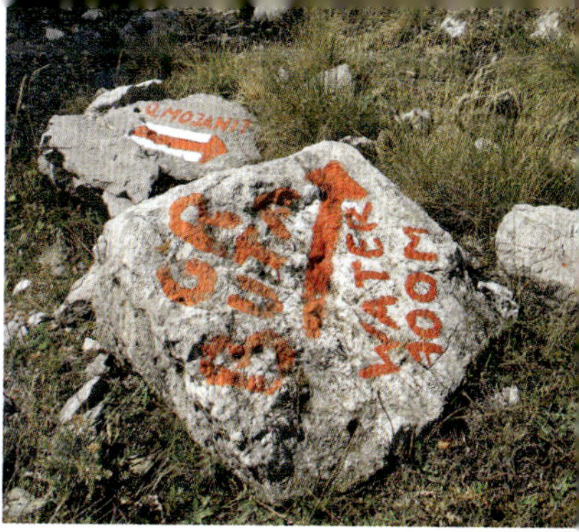

Wer Felsen hat, braucht keine Schilder.

Bergsport

- Mountainbike: Ride Albania Mountain Biking (Tobi Gessler, Tel. +355 69 2847018, tobi@ride-albania.com, ride-albania.com) (Deutsch); Zbulo!, Xplore Albania, Outdoor Albania, Albania Adventure, Sondor Travel (siehe »Organisiertes Reisen«).
- Klettern, Canyoning, Kajak: Albania Adventure (siehe »Organisiertes Reisen«).
- Rafting: Vjosa Explorer (Tel. +355 68 6303487, +355 69 5715374, +355 69 8545234, infovjosaexplorer@gmail.com, vjosaexplorer.com); Albania Rafting Group (info@albrafting.org, albrafting.org).
- Windsurfen, Segeln: Albanian Water Sports (Tel. +355 68 2021123, info@albanianwatersports.com, albanianwatersports.com).
- Paragliding: Sky Sports (Tel. +355 68 2001900, Info@skysports.al, skysports.al).
- Skitouren und Schneeschuhwandern: Zbulo!, Outdoor Albania, Albania Adventure, Sondor Travel (siehe »Organisiertes Reisen«).
- Klettern: Climbing Albania (climbingalbania.com), Herausgeber des »Climbing Guidebook Tirana« mit mehr als 300 Routen rings um die Hauptstadt (Online zu kaufen); Rock Tirana, Boulderhalle in Tirana (Tel. +355 68 2697564, rocktiranagym@gmail.com, rocktirana.com, Rruga Ali Visha 18).

Notfallnummern

- Botschaft der Bundesrepublik Deutschland, Rruga Skënderbeg 8, Tirana (Tel. +355 4 2274505, info@tira.diplo.de, Bereitschaft außerhalb der Dienstzeiten Tel. +355 68 2029109).
- Österreichische Botschaft, Rruga Xibrakëve 4, Tirana (Tel. +355 4 2274855, +355 4 2274856, tirana-ob@bmeia.gv.at; Notrufnummer der Telefonbereitschaft: 8.30–17.00 Uhr Tel. +355 4 2274855, 17.00–8.30 Uhr Tel. +355 69 2023051).

- Schweizer Botschaft, Rruga Ibrahim Rugova 3/1, Tirana (Tel. +355 4 2256535, +355 4 2234888, +355 4 2240102, +355 4 2253182, tirana@eda.admin.ch, Notrufnummer-Telefonbereitschaft: Tel. +41 800 247365, +41 58 4653333).
- Erste Hilfe 127 oder Tel. +355 4 2222235 (englisch), Feuerwehr 128, Polizei 129 oder Tel. +355 4 2226801 (englisch), Medizinische Versorgung Tel. +355 68 5004559.

Karten

- Hiking Map Northern Albania, Thethi – Kelmendi, 1:50.000 (Huber Kartographie GmbH, 2. Auflage 2018), 9,90 €. Erhältlich in Reisebuchhandlungen und im Internet sowie vor Ort in Shkodra und Thethi (bei Roza Rupa/Nord Albania Travel Agency).
- Peaks of the Balkans, cross border hiking Albania–Kosovo–Montenegro, 1:60.000 (Huber Kartographie GmbH, 2021), 9,80 €.
- Albania hiking & biking, Tourguide 1 bis 9, 1:50.000 (Huber Kartographie GmbH), 8,90 €, aufgrund von Ungenauigkeiten nur bedingt hilfreich.
- Für die Gegend um Peshkopia (Dibra) gibt es im Peshkopi Backpacker Hostel Wanderkarten zum Abreißen.
- Albanien, Autokarte 1:150.000, Freytag-Berndt/Artaria KG, Auflage: 2019, 12,90 €.

Tipp nicht nur für Regentage: Fotoarchiv »Fototeka Kombetare Marubi« in Shkodra.

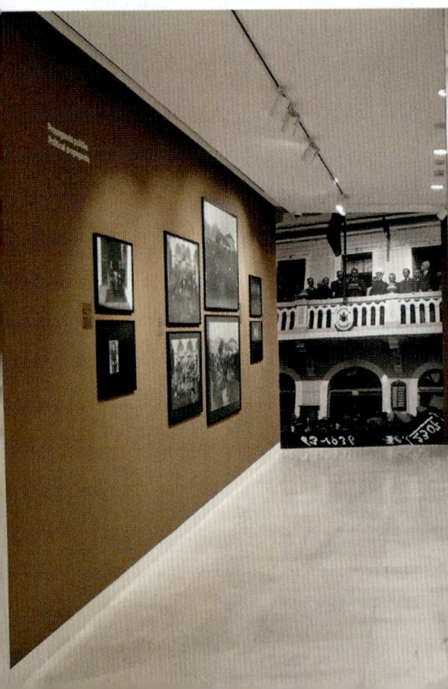

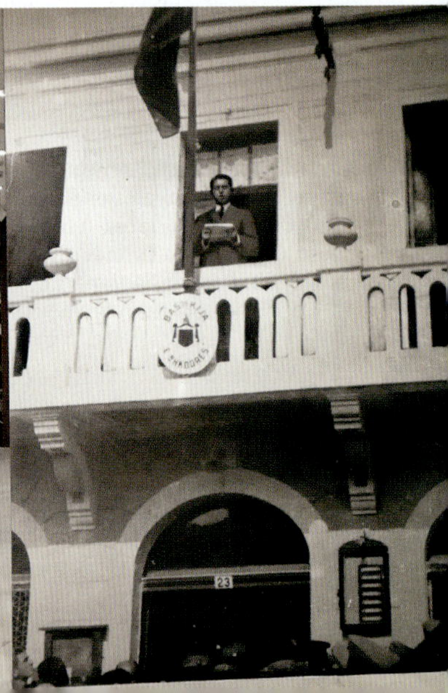

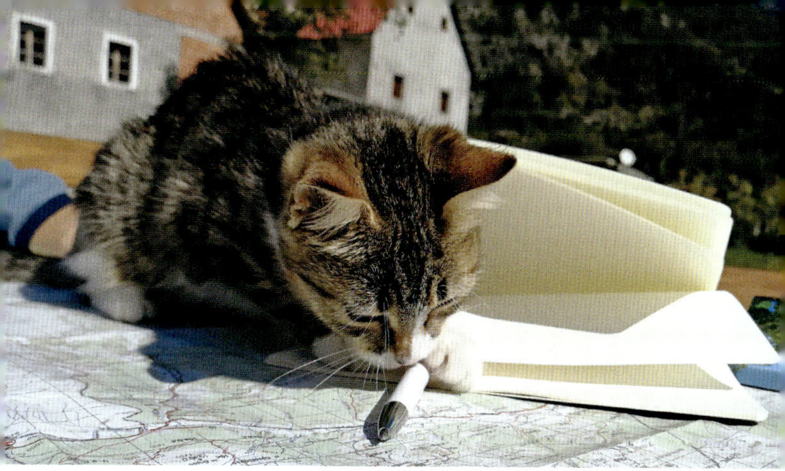

Haben wir eine Notiz vergessen? Diese freundliche Katze in Thethi bessert nach.

Reiseführer und Literatur

- Ismail Kadare: Der zerrissene April (Fischer Taschenbuch, 2007).
- Anila Wilms: Das albanische Öl oder Mord auf der Straße des Nordens (Transit Verlag, 2012).
- Edith Durham: Albania and the Albanians. Selected articles and letters 1903–1944 (IB Tauris, 2005).
- Robert Elsie (Hrsg.): Der Kanun – Das albanische Gewohnheitsrecht (OEZ Berlin-Verlag, 2014).
- Maike Gutzweiler: Albanien – Reiseführer für individuelles Entdecken (Reise Know-How Verlag, 4. Auflage 2022).
- Christine Zucchelli: Europa erlesen – Albanien (Wieser Verlag, 2013).
- Karl Steinmetz: Bergwanderungen in Albanien 1903–1905 (Center for Albanian Studies, London, 2016).
- Frank Dietze/Alite Shkëlzen: Albanien: Mit Tirana, Berat, Gjirokastër, Riviera und Albanischen Alpen (Trescher Verlag, 6. Auflage 2024).
- Jan Dohren: Peaks of the Balkans (Conrad Stein Verlag, 2015).
- Max Bosse/Katrin Bosse-Steinweg: Peaks of the Balkans – Albanien, Kosovo und Montenegro – Dreiländerrundweg und Tageswanderungen (Rother Bergverlag, 4. Auflage 2023).
- Broschüren der Gesellschaft für Internationale Zusammenarbeit (GIZ) über Agrotourismus in Albanien sowie Wanderwege und Dörfer an der Südküste: issuu.com/southcoastal.
- Christiane/Axel Jaenicke: Albanisch – Wort für Wort, Kauderwelsch Band 65 (Reise Know-How Verlag, 15. Auflage 2012).
- Bledar Kola/Ursula Heinzelmann: Die neue albanische Küche – Mediterran, Modern, Mullixhiu (Insel Verlag, 2019).

KLEINER SPRACHFÜHRER

Deutsch	Albanisch
Guten Morgen!	Mirëmëngjes!
Guten Tag!	Mirëdita!
Guten Abend!	Mirëmbrëma!
Gute Nacht!	Natën e mirë!
Danke (schön)	Faleminderit
Auf Wiedersehen!	Mirupafshim!
Hallo	Përshëndetje
Prost!	Gëzuar!
Guten Appetit!	Ju befte mir!
Wo ist …?	Ku ështe …?
Wie geht es Ihnen/dir?	Si jeni je?
Entschuldigung	më falni
ja/nein	po/jo
gut/schlecht	mirë/keq
Wasser	ujë
Milch	qumësht
Bier	birrë, -a
Wein	verë
Brot	bukë
Gurke	kastravec
Tomate	domate
Kartoffel	patate
Oliven	ulliri
Granatapfel	shegë
Feige	fiqtë
Honig	mjaltë
Walnuss	arrë, -a
Fisch/Fleisch	peshk/mish
Salbei	sherebela
Berg/Gipfel	mal, -i/majë, -a
Hügel, Ufer, Küste	breg, -u
Pass	qafë, -a
Tal, Senke, Kessel	lugë, -a; gropë, -a
Ebene, Feld	fushë, -a
Weg, Steig, Pfad	shteg, -u
Wald	pyll, -i
Wiese, Lichtung	livadh, -i
Höhle	shpellë, -a
See	liqen, -i
Wasserfall	ujëvarë, -a
Canyon	grykë, -a
Fluss/Bach	lumë, -i/perroi
Quelle	burim, -i
Brücke	urë, -a
Alm	stan
Kirche/Moschee	kishë, -a/xhamia
Haus	shtëpi
Turm	kullë, -a
Schule	shkollë, -a
Gästehaus	bujtinë, a
Pfad/Straße/Weg	rrugë, -a
Wetter	mot
Regen	shi
Schnee	bor
Sonne	diell
heiß/warm	nxehtë grohtë
kalt	ftohtë
Karte	hartë, -a
links/rechts	majtas/e drejtë
geradeaus (weiter)	drejt (përpara)
Minibus	furgon
Norden	veri
Süden	jug
Westen	perëndim
Osten	lindje

Aussprache Albanisch

c	z (wie in Zinn)
ç	tsch
dh	wie stimmhaftes englisches th
ë	ö (manchmal wie offenes e)
gj	dsch (wie in Dschungel)
nj	nj (wie in Tanja)
q	tsch (wie in Matsch)
sh	sch
th	wie stimmloses englisches th
v	w
xh	dsch (wie Dschungel)
z	s (wie in Silber)

Hinweis zur Namensschreibung

Orts- und Personennamen werden in bestimmter und unbestimmter Form verwendet. Die Endungen sind daher unterschiedlich und variieren im Nominativ zwischen Konsonant und i/u (männlich) oder ë und a (weiblich, z. B. Tiranë – Tirana). Die Schreibweise in diesem Buch orientiert sich an der Verwendung auf Schildern und Broschüren und kann vom Gebrauch vor Ort abweichen.

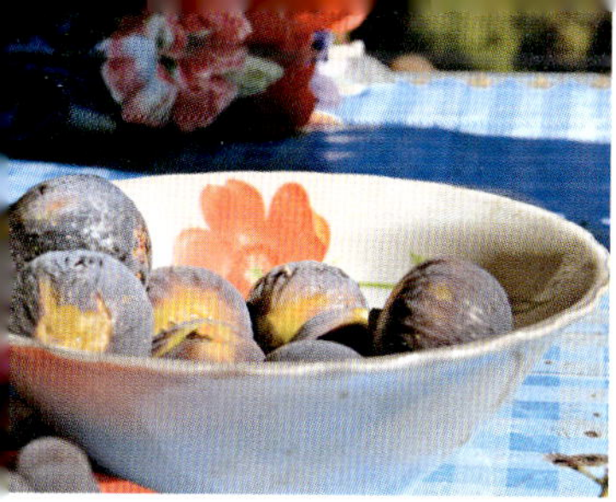

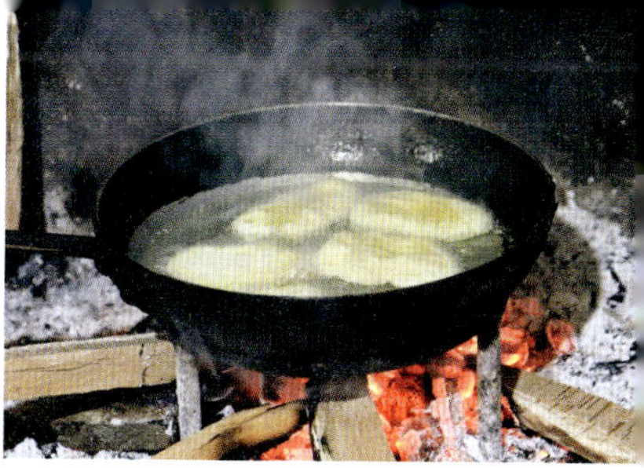

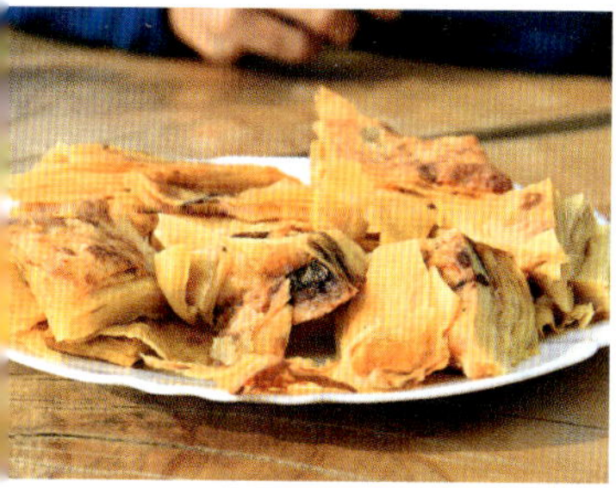

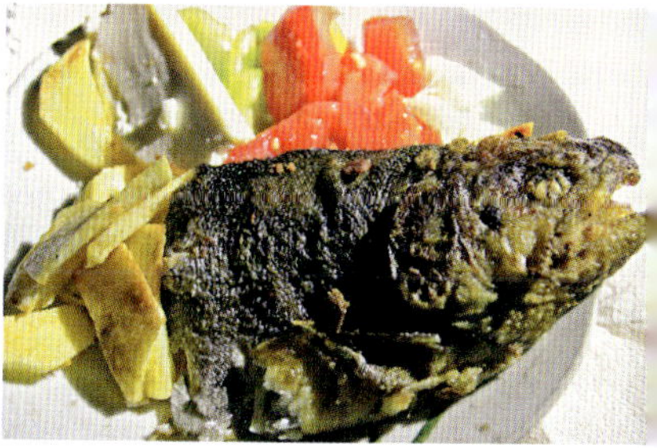

Von links oben im Uhrzeigersinn: Feigen (fiqtë), Petulla, Fisch (peshk) aus dem Meer, Fli.

ALBANISCHE SPEZIALITÄTEN

Byrek: herzhaftes Blätterteiggebäck, mit Käse oder Spinat gefüllt
Diath (i bardhe): (weißer) salziger Käse aus Kuh-/Schafsmilch
Fergesë e Tiranës (e melçi): Käseauflauf mit Paprika (Leber)
Fli: geschichtete Crêpes mit herzhafter Käse-Schmand-Füllung
Jufka: gefüllte Teigtaschen
Kaçimak: vollwertiges Gericht aus Buchweizen- oder Maismehl mit Käse (ähnlich wie Polenta)
Kaçkavall (zgare): (gegrillter) gelber Kuhmilchkäse
Kafe turka: Mokka, türkisch-arabischer Kaffee
Kajmak: Schichtsahne aus Kuhmilch
Kastravec me kos teritodh: Gurkensalat mit Knoblauchjogurt
Kos: Joghurt
Patëllxhan të mbushur: gefüllte Aubergine
Perime në zgarë: gegrilltes Gemüse
Petulla: in Öl gebackene Krapfen, süß (mit Honig oder Marmelade) oder herzhaft (mit Feta und Oliven) serviert
Pilaf: Reis mit Fleisch, Rosinen, Mandeln
Raki: meist selbst gebrannter Schnaps aus Pflaumen (kumbulle), Trauben (rrushi), Maulbeeren (mani), Kirschen (qershi) oder Quitten
Salcë kosi: saure Sahne (sour cream)
Speca me gjizë: langsam gebratene grüne Spitzpaprika in Schmand
Sultjah: Milchreis
Tave Kosi: Auflauf mit Joghurt, Lammfleisch, Eiern, Mehl, Reis und Butter
Tlyn me djath: warme Butter-Käse-Knoblauch-Sauce mit Brot
Troftë: Forelle

LAND UND LEUTE

Geografie

Im Südwesten der Balkanhalbinsel gelegen, grenzt Albanien im Süden an Griechenland, im Osten an Nordmazedonien, im Nordosten an den Kosovo und im Norden an Montenegro. Die natürliche Westgrenze bilden auf 362 km Länge das Adriatische und das Ionische Meer. Albanien erstreckt sich über 28.748 km² und ist damit etwas kleiner als Belgien. Große Teile des Landes sind hügelig oder bergig; die durchschnittliche Höhe beträgt 700 m über dem Meeresspiegel.

Hochgebirgsregionen finden sich in allen Landesteilen, jedoch auf kleiner Fläche. An der Grenze zu Nordmazedonien erhebt sich die Korabi-Kette. Der höchste Gipfel ist der Korab, 2754 m, der an der albanisch-nordmazedonischen Grenze liegt und für beide Länder der höchste Berg ist. Auch das albanisch-griechische Grenzgebiet ist von schwer erschließbarem Gebirgsland geprägt. Größere Siedlungen entstanden vor allem in den Flussebenen, beispielsweise des Drin oder der Vjosa. Die Albanischen Alpen (oder Prokletije-Gebirge) im Norden sind ein gut erschlossenes Wandergebiet. Sie sind der südlichste und höchste Ausläufer der Dinarischen Alpen, die sich entlang der Adria über Montenegro, Bosnien-Herzegowina und Kroatien über 1000 km bis nach Slowenien und Italien erstrecken. Auch in den Kosovo und nach Serbien ragen sie hinein. Beeindruckender Abschluss dieses Gebirges ist der Jezerca, 2694 m, der höchste vollständig in Albanien liegende Berg.

Mühlsteine auf dem sanierten Dorfplatz von Kudhës (Touren 12 und 13).

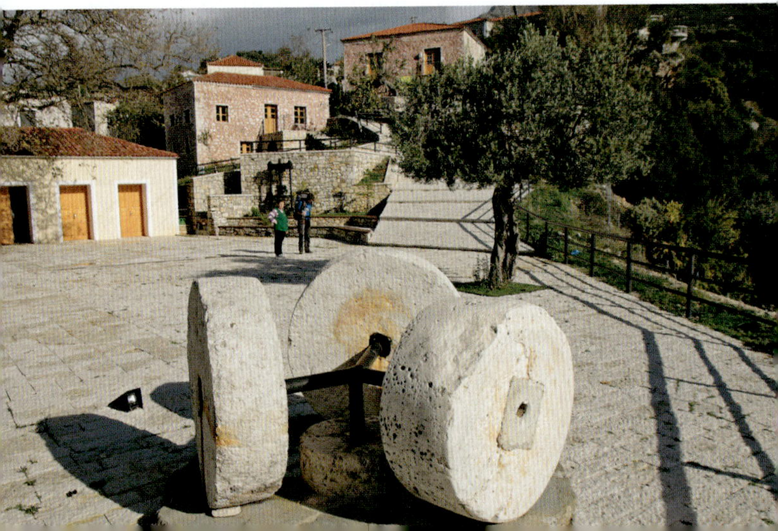

Flora und Fauna

Wanderungen durch unberührte Buchenwälder, über Wiesen voller intensiv duftender Bergkräuter, vorbei an Kiefern, an denen frische Kratz- und Fraßspuren von Braunbären leuchten, oder durch Karstwüsten, während über den Wandernden ein Steinadler schwebt – Flora und Fauna sind neben der Gastfreundlichkeit der Menschen die wichtigste Zutat für das Abenteuer »Wandern in Albanien«. Durch die natürliche Unzugänglichkeit der Landschaft und damit verbunden die Tatsache, dass alpine Regionen schlecht oder gar nicht an das Straßennetz angeschlossen sind, haben sich in vielen Teilen des Landes nahezu unberührte Natur und naturnahe Kulturlandschaften erhalten.

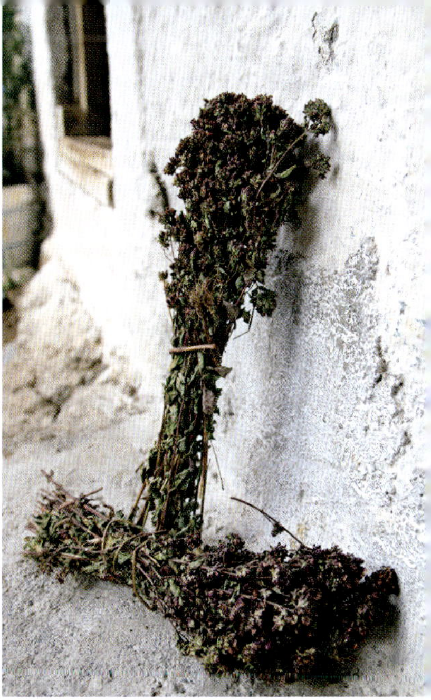

Für Bergtee (Çai i Malit) – hier wilder Thymian.

Der Großteil der Bevölkerung lebt in der Küstenebene, vor allem im Dreieck Tirana – Durrës – Elbasan. Industrielle Strukturen sind auch überwiegend in dieser Region angesiedelt. Der Tourismus konzentriert sich in Form von Strandurlaubern auf die Küstenstädte und -dörfer. Im Hinterland sind dadurch verhältnismäßig ungestörte Lebensräume für Pflanzen und Tiere mit einer großen Artenvielfalt erhalten geblieben. Ein einzigartiges Ökosystem besteht beispielsweise an den Ufern und Überschwemmungsgebieten der Vjosa im Süden des Landes, eines der letzten wilden Flüsse Europas (siehe Infobox auf der nächsten Seite).

Streng geschützte Zonen finden sich in den 14 Nationalparks Albaniens. Der älteste ist der Dajti-Nationalpark, der 1960 auf der Fläche von 29.216 Hektar östlich von Tirana eingerichtet wurde. 1966 entstanden der Nationalpark Thethi (2630 Hektar) und der Llogara-Nationalpark (1010 Hektar). Viele weitere wurden nach Ende des Kommunismus eingerichtet, beispielsweise der Nationalpark Valbona (1996). Seit 2009 gibt es mit dem Prokletije/Bjeshkët e Nemuna-Nationalpark eine grenzüberschreitende Schutzzone mit Montenegro und seit 2010 das erste Meeresschutzgebiet um die Halbinsel Karaburun und die Insel Sazan.

Albanien ist jedoch keine Insel des glückseligen Naturschutzes. Die lange Geschichte der Nationalparks und die Einrichtung neuer Schutzzonen sind vielmehr Ausdruck eines ständigen Kampfes für einen umfangreichen Naturschutz. Eine ernsthafte Bedrohung für Flora und Fauna sind illegaler Holzschlag und Jagd. Der Bestand von Balkanluchsen und Braunbären wurde in den letzten Jahrzehnten dramatisch dezimiert. Seit 2014 gilt daher ein dauerhafter Jagdbann mit drakonischen Strafen. Im Februar 2016 erließ die Regierung ein zehnjähriges Abholzungsverbot.

VJOSA – EINER DER UNGEZÄHMTEN FLÜSSE EUROPAS

Auf 270 Kilometern, von ihrem Ursprung in Nordgriechenland bis zur Mündung in die Adria, bahnt sich die Vjosa frei ihren Weg. Nach jedem Frühlingshochwasser verändert sich der Flusslauf durch den aus dem Gebirge angeschwemmten Kies. Auf immer wieder neu entstehenden Inseln wachsen Tamarisken und Strauchplatanen, in den Lehmwänden der Flussränder nisten Uferschwalben und Bienenfresser, in Altarmen und Nebengewässern wuseln Kaulquappen, junge Fische und Libellen.

Die breiten Kiesbänke, schroffen Canyons und lieblichen Grashügel bilden ein komplexes Ökosystem mit einer weitgehend unerforschten Artenvielfalt. Biologen und Geologen konnten unter anderem folgende streng geschützte Arten nachweisen: Europäische Sumpfschildkröte, Große Sägeschrecke (eines der größten Insekten Europas), Wechselkröte, Panzerschleiche, Griechische Landschildkröte, Finte, Meerneunauge, Schneider und Steinfliege. Dazu Wanderfische wie der Europäische Aal, der Ohrid-Steinbeißer und die Pindus-Bachschmerle.

Ein von der albanischen Regierung bereits genehmigtes Wasserkraftwerk ausländischer Investoren bei Poçem mit acht Dämmen und weiteren Dämmen in den Zuflüssen der Vjosa brachte dieses einzigartige Ökosystem in Gefahr. Tier- und Pflanzenwelt sowie Dörfer, die von Fischerei und Weidewirtschaft auf den fruchtbaren Überschwemmungsflächen leben, waren bedroht. Angeführt von Anwohnern, Bürgermeistern und der Umweltschutzgruppe EcoAlbania kämpften mehr als 30 nationale und internationale Organisationen über zehn Jahre dagegen an, zwischendurch meldete sich sogar Schauspieler Leonardo DiCaprio zu Wort. Der Patagonia-Chef Ryan Gellert demonstrierte vor dem Büro des albanischen Präsidenten Edi Rama und versprach umgerechnet 3,8 Millionen Euro für Forschung, Ranger-Ausbildung und umweltverträglichen Tourismus. Der Lohn der gemeinsamen Anstrengung: Erst widerrief ein albanisches Verwaltungsgericht die Baugenehmigung, Investoren sprangen ab, und seit März 2023 bildet die Vjosa mit ihren Zuflüssen Drino, Bença und Shushica Europas ersten Wildfluss-Nationalpark. Dass nun 400 ursprüngliche Flusskilometer unter Schutz stehen, ist einzigartig in Europa.

Weitere Informationen unter:
Kampagne Rettet das Blaue Herz Europas – balkanrivers.net

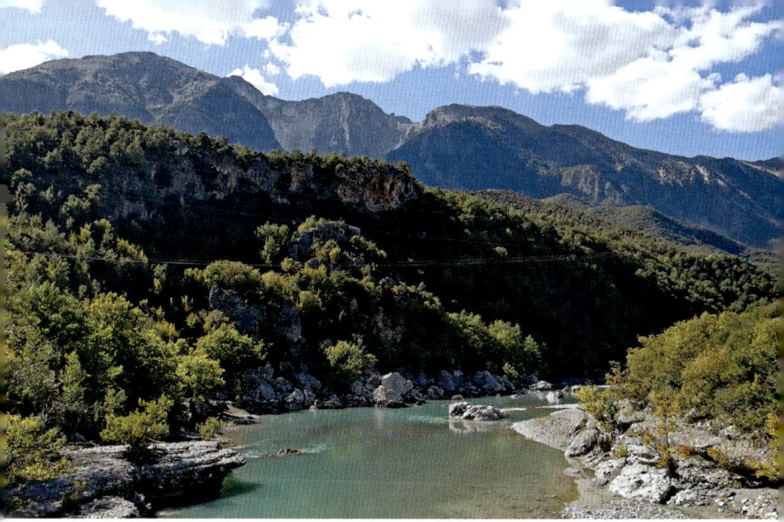

Blick flussabwärts auf die nahe der griechischen Grenze noch kleine Vjosa, die auf Griechisch Aoos heißt (Tour 16).

Da die Kontrollmechanismen staatlicher Behörden in entlegenen Landesteilen aber begrenzt sind, gibt es begründete Zweifel an der Wirksamkeit dieser Maßnahmen. Beispielsweise genehmigt die Regierung in Valbona ein Wasserkraftwerk in einem bereits bestehenden Nationalpark und lässt damit jegliche Ernsthaftigkeit und den politischen Willen zum Schutz der wertvollen Natur vermissen. In der Bevölkerung regt sich massiver Widerstand gegen das Projekt in Valbona und Pläne in anderen Landesteilen (z. B. an der Vjosa). Die Identifikation der Albaner mit ihrem Land und seinen natürlichen Schätzen ist sehr hoch. An der Verbundenheit mit der Natur und dem Bewusstsein für ihren Schutz mangelt es jedenfalls nicht.

Pflanzen

Mit 3250 Arten besitzt das Land im Verhältnis zu seiner geringen Fläche eine überaus große Pflanzenvielfalt. Durchschnittlich wachsen in Albanien elf verschiedene Arten pro Hektar, das liegt weit über dem europäischen Durchschnitt von weniger als einer Art pro Hektar. Diese hohe Diversität ist einerseits in der Unberührtheit der Natur, andererseits aber auch in der geografisch bedingten Vielzahl unterschiedlicher Ökosysteme begründet. In den Küstenebenen findet sich Mittelmeervegetation, d.h. Pflanzen, die große Hitze und Trockenheit im Sommer und im Winter leichte Fröste überstehen. Typisch sind hier Oliven-, Zitrus-, Kaki-, Pfirsich-, Feigen- und Granatapfelbäume. In südlichen Regionen trifft man an feuchten Standorten auf Lorbeerwald (z. B. am Lëngarica-Canyon).

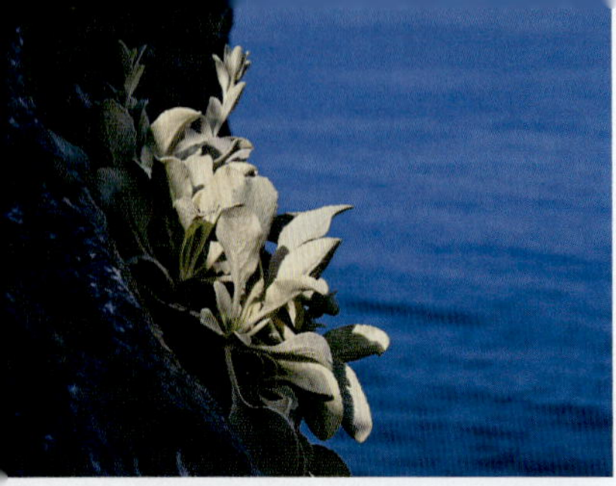

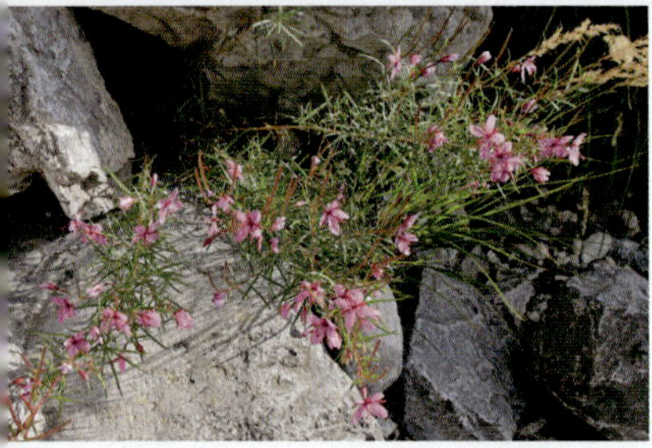

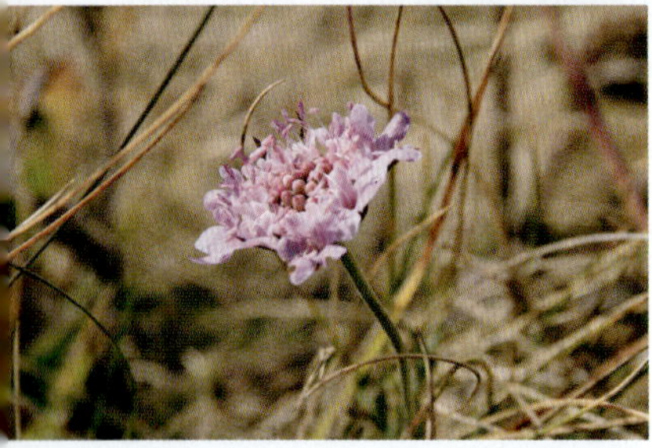

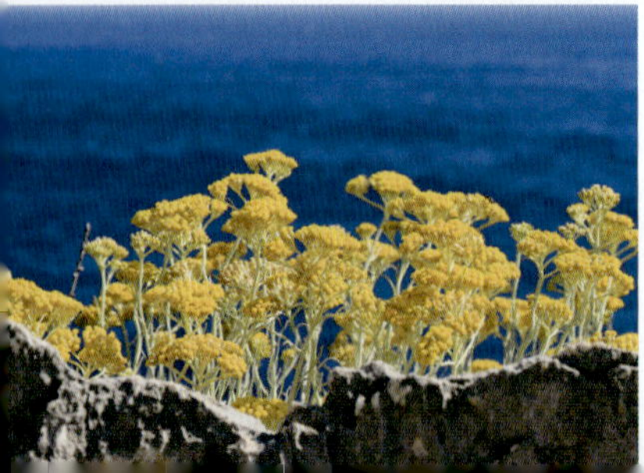

Charakteristisch für mittlere Höhenlagen bzw. Mittellagen sind Buchenwälder. Durch den Schutz des Baumbestandes in Nationalparks wandert man an einigen Stellen durch Primärwälder. Beispielsweise im Tal der Shala in Nordalbanien finden wir diese weitgehend naturbelassenen Wälder, die sich durch ein ausgeglichenes, intaktes Ökosystem auszeichnen, in dem sich eine merklich vielfältige Flora und Fauna erhalten hat. Etwas höher finden sich Kalkbuchenwälder mit Tannen. Hier gesellen sich meist Weiß-Tannen oder Schwarzkiefern zu Rotbuchen. An einigen Standorten wachsen Zitterpappeln und Berg-Ahorn. Nahe der Baumgrenze auf 1700 m treffen wir auf Bergkiefer-Dickichte und Fichtenwälder. Das Prokletije ist eines der südlichsten Verbreitungsgebiete der Gemeinen Fichte. Auch typische endemische Baumarten wie die Schlangenhaut-Kiefer und die Mazedonische Kiefer, Relikt-Arten aus der Eisflora, finden sich hier. Ein besonders beeindruckendes Exemplar einer Schlangenhaut-Kiefer steht am Qafa e Pejës.
In Kalkgebieten (z. B. im Prokletije) blühen verschiedene Orchideen. Ab 800 m Höhe wachsen wilder Thymian, Rosmarin und Salbei sowie Sideritis (Bergtee, albanisch Çai i Malit).

Tierwelt

Wie die Flora zeichnet sich auch die Tierwelt durch große Artenvielfalt aus. Besonders viele Insekten sind Endemiten, kommen also

Eindrücke von der Vielfalt der albanischen Pflanzenwelt.

ausschließlich im westlichen Balkan, teilweise sogar in einem noch enger abgegrenzten Gebiet vor. Eine endemische Reptilienart ist die Prokletije-Gebirgsechse *(Dinarolacerta montenegrina)*. Die Nordalbanischen Alpen sind das südlichste Verbreitungsgebiet des Alpensalamanders, der wie der Bruder des Feuersalamanders aussieht, nur ohne gelbe Flecken. Nach Regenschauern und an feuchten Stellen sieht man oft Feuersalamander; an warmen, schattigen Plätzen Smaragdeidechsen. Ebenfalls häufig anzutreffen sind die Karettschildkröte und die Griechische Landschildkröte. Erwähnenswerte Arten sind auch die giftige Hornviper, die Kreuzotter und verschiedene Skorpionarten.
Unter den Säugetieren sind Reh, Fuchs, Dachs und Gämse, in den Küstengebieten auch der Goldschakal verbreitet. Die waldreichen Hochlagen im Norden sind die Heimat des Europäischen Braunbären und des Eurasischen Wolfes. Sie zählen zu den größten Raubtieren Europas. Während sie in anderen Regionen schon ausgestorben sind, ist ihr Bestand in Albanien stark gefährdet. Der Balkanluchs (noch 30–50 verbleibende Exemplare) und die Wildkatze haben im Prokletije-Nationalpark ein letztes Rückzugsgebiet gefunden.
Zu den größten vorkommenden Vögeln gehört das Wappentier der Republik Albanien, der Steinadler. Aktuell gibt es rund 100 Paare. Auch ihre Existenz ist durch illegale Jagd bedroht. Er ist im Norden und Osten des Landes zu beobachten. Weitere beeindruckende Vertreter der Vogelwelt sind Schlangenadler, Uhu sowie verschiedene Falken und Milane. Besonders zu erwähnen ist die Population der Krauskopfpelikane in der Karavasta-Lagune. Die Küstenebene ist ein wichtiger Rastplatz für Zugvögel.

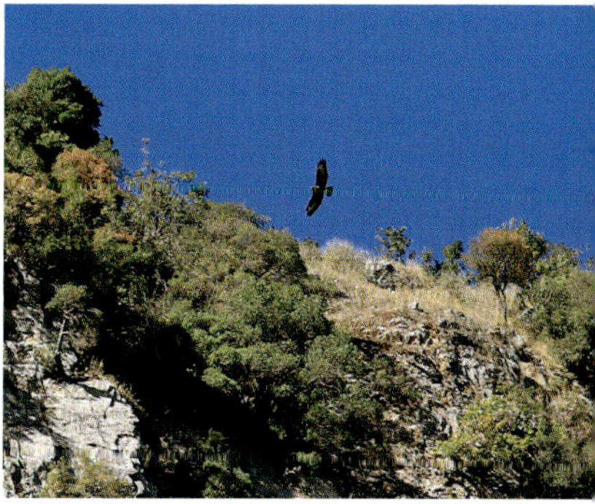

Adler über dem Gryka e Kelcyres (Tour 18).

Albaniens Vergangenheit und Gegenwart

Anhand von Felszeichnungen und archäologischen Funden kann man nachvollziehen, dass das heutige Albanien schon vor 8000 Jahren besiedelt war. In der Bronzezeit (2100–1000 v. Chr.) entwickelte sich aus den Völkern, die am Ägäischen Meer lebten, der Stamm der Illyrer, die als Urahnen der heutigen Albaner bezeichnet werden. Ende des 5. bis ins 3. Jahrhundert v. Chr. erlebte das Reich der Illyrer seinen Höhepunkt. Shkodra war die Hauptstadt und kulturelles Zentrum, die Rozafa-Burg Sitz der illyrischen Könige. Ausgrabungen in der Burg haben Schmuck aus Silber und Kupfer sowie Münzen mit Symbolen aus der Seefahrt ans Licht gefördert.

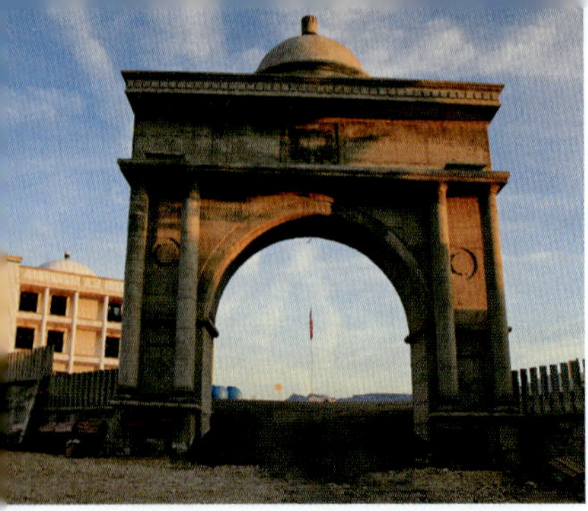

Der Bektaschi-Tekke Alipostivan bei Përmet leuchtet im Abendlicht.

Die Illyrer fanden bei griechischen und später auch römischen Geschichtsschreibern Erwähnung. Mit den Griechen trieben sie Handel, der aufstrebende Stadtstaat Rom betrachtete ihre ebenfalls betriebene Piraterie aber zunehmend als Bedrohung. Als die Römer ihr Reich nach Osten ausdehnen wollten, begannen sie 231 v. Chr. einen Krieg gegen die Illyrer und eroberten 168 v. Chr. die Rozafa-Burg. Der letzte illyrische König Gent ergab sich und besiegelte das Schicksal des illyrischen Reiches.

Die albanische Küstenebene wurde zu dieser Zeit bereits als Handelsweg Richtung Süden und Osten genutzt. Die Römer bauten schon vorhandene Wege in ihrer Provinz Illyricum aus und befestigten die Via Egnatia vom heutigen Durrës entlang des Flusses Shkumbin über 395 km bis nach Konstantinopel. Nach dem Ende des Römischen Reiches war Albanien lange Grenzland zwischen dem West- und dem Oströmischen Reich und vielfältigen Einflüssen ausgesetzt. So ist es kein Zufall, dass in Nordalbanien (insbesondere im Bergland) römisch-katholische Kirchen stehen, während im Süden vor allem orthodoxe Kirchen zu finden sind.

1354 landeten die Osmanen auf der Balkanhalbinsel. Nachdem das osmanische Heer 1398 gegen ein Bündnis aus Serben, Ungarn, Bulgaren, Bosniern und Albaniern auf dem Amselfeld siegte, stand weiteren Eroberungen nur wenig entgegen. 1417 nahmen sie Vlora, Berat und Gjirokastër ein. Einzig das schwer zugängliche nordalbanische Bergland, das Malësi e Madhe (Großes Hochland) mit seinen mächtigen Stämmen, den Këlmendi, Dukagjini und Shala, leistete nennenswerten Widerstand.

1450 eroberte Skanderbeg die Stadt Krujë zurück und wurde zum Nationalhelden. Nachdem er als Jugendlicher an den Hof des Sultans entführt worden und in die osmanische Armee eingetreten war, wo er es zum General brachte, nutzte er eine günstige Gelegenheit, um zu desertieren. 1443 gelang es ihm bei einem Treffen, das als »Liga von Lezhë« in die Geschichte einging, alle Clans gegen die Osmanen zu vereinen. Zum ersten Mal kämpften unterschiedliche Stämme geeint unter der roten Flagge mit dem schwarzen Doppelkopfadler, die heute die Nationalfahne ist. Skanderbeg gilt als Vater der nationalen Einheit und wird bis heute mit Reiterstandbildern, Plätzen oder deftigen Fleischgerichten, die nach ihm benannt sind, geehrt. Bereits 1466 wurde Krujë wieder von den Osmanen zurückerobert. Der Legende von Skanderbeg und seinen mutigen Männern hat das aber nicht geschadet.

1479 eroberten die Osmanen Shkodra von den Venezianern und schlossen das Gebiet um die heutigen Städte Shkodra, das kosovarische Peja sowie die montenegrinischen Städte Podgorica und Plav für die nächsten 400 Jahre zu einer Verwaltungseinheit zusammen, dem Sandschak Shkodra. Solange die Oberhoheit der Zentralregierung (die »Hohe Pforte«) in Istanbul

RELIGIONEN IN ALBANIEN: VORBILD IN EUROPA

Der Vater von Artur Kuko sorgte sich. Um seine Karriere, um sein Leben und um das Wohl seiner Angehörigen. Deshalb scheute er den Gang in die Kirche, um seinen Neugeborenen zu taufen. Es war das Jahr 1962 im kommunistischen Albanien, fünf Jahre bevor der Diktator Enver Hoxha alle religiösen Institutionen verbieten ließ. 302 Geistliche – ob Christen oder Muslime – wurden zum Tode oder zu Haftstrafen verurteilt, Tausende Gebetshäuser zerstört. Ein halbes Jahrhundert später ist es ausgerechnet das von Hoxha zum »ersten atheistischen Staat der Welt« ausgerufene Albanien, das Europa in Zeiten von religiösem Extremismus ein Vorbild sein will. »Wir können etwas sehr Wichtiges anbieten«, sagt Kuko und meint das Miteinander von Sunniten, alevitischen Bektaschi, römisch-katholischen sowie orthodoxen Christen und die Rolle, die der Staat dabei spielt. 2011 bekannten sich in einem Zensus knapp 60 Prozent der Bevölkerung zum Islam, die christlichen Minderheiten leben vor allem im Norden (Katholiken) und Süden (Orthodoxe).

Von 2014 bis 2023 war Artur Kuko der Botschafter der Republik Albanien in Berlin. Ebenfalls 2014 wählte Papst Franziskus das kleine Land aufgrund der religiösen Harmonie als Ziel seiner ersten Europareise, die er für eine Grundsatzrede gegen den Missbrauch von Religion nutzte. Die friedliche Zusammenarbeit der unterschiedlichen Glaubensgemeinschaften, »diese wunderbare Eigenschaft Albaniens«, sende ein kraftvolles Signal in die Welt, befand das katholische Kirchenoberhaupt.

Einen nicht zu verachtenden Anteil daran haben die Bektaschi. Der muslimische Sufi-Orden verbietet weder Alkohol noch fordert er Verschleierung. Obwohl die Zahl der Anhänger heutzutage gering ist, hat der Orden großen Anteil an der Toleranz, mit der sich die Glaubensgruppen in Albanien begegnen. Religiöse Mischehen sind normal, die Verfassung garantiert das Recht, die Konfession frei zu wählen und zu wechseln.

Während des Ramadan in Tirana wird Raki ausgeschenkt, nichts ist zu spüren von der angespannten, drückenden Trägheit, die etwa Kairo während des Fastenmonats erfasst. Die Cafés sind voll. Anders als in Bosnien konnten in Albanien auch fundamentalistische Stiftungen aus Saudi-Arabien oder Katar kaum an Einfluss gewinnen. Nach dem Ende der Isolation halfen sich die albanischen Muslime und Christen beim Wiederaufbau ihrer zerstörten Gotteshäuser lieber gegenseitig, als Geld von den Fremden anzunehmen.

KANUN

Der Kanun ist das alte, mündlich überlieferte albanische Gewohnheitsrecht und regelt das Leben der Großfamilie. Sein Ursprung reicht zurück ins Mittelalter, vielleicht auch in vorrömische Zeit. Es gibt verschiedene regionale Varianten. Die am besten dokumentierte und als erste kodifizierte Version ist der Kanun des Lekë Dukagjini aus Nordalbanien. Er enthält Vorschriften zum Schuldrecht, Ehe- und Erbrecht, Strafrecht sowie Kirchen-, Landwirtschafts- und Jagdrecht. Das Verständnis von Ehre spielt eine zentrale Rolle. Mit ihr sind untrennbar zwei weitere zentrale Werte verbunden: Besa, grob zu übersetzen mit »Versprechen«, und Mikpritje, die Gastfreundschaft. Individuelle Ehre hängt davon ab, ob eine Person ihre Versprechen hält; die soziale Ehre davon, ob Gäste zuvorkommend behandelt werden. Im Zuge der Modernisierungspolitik von Enver Hoxha wurde das Gewohnheitsrecht Ende der 1960er-Jahre wie viele andere Traditionen weitgehend verdrängt. Nach dem Zusammenbruch des kommunistischen Regimes gewann die Gesetzessammlung vor allem in den ländlichen Gebieten wieder an Bedeutung, wo die zentrale Staatsmacht begrenzt war. In Abwesenheit eines zentralen Strafrechts wurden Streitigkeiten auf Versammlungen der Familienoberhäupter eines Dorfes oder Stammes geregelt. Dazu zählte auch die Blutrache (Gjakmarrja), für die der Kanun berühmt und berüchtigt ist. Nach Schätzungen des Nationalen Versöhnungskomitees, einer albanischen Nichtregierungsorganisation, waren seit 1991 ca. 20.000 Männer von Blutrache betroffen, 9500 wurden seither im Namen der Blutrache getötet. Die Bedeutung von Blutrache nimmt aber ab und damit die Zahl der Betroffenen. Auch Befürworter des Kanuns kritisieren die Praxis: Meist gehe es nur um einfache Racheakte oder kriminelle Absichten, die Einhaltung der strengen Vorschriften zur Blutrache (Blutgeld, 30-tägige Schonfrist, Vermittler) sowie des Kanun im Allgemeinen werde vernachlässigt. Es kommt weiterhin zu Konflikten von Kanun und staatlichem Recht, etwa bei der Umsetzung von Gesetzen, die mit der Errichtung von Nationalparks einhergehen.

anerkannt und regelmäßig Steuern errichtet wurden, verfügten die Verwaltungseinheiten über weitgehende Autonomie.

Im 19. Jahrhundert breiteten sich die Ideen der Romantik aus Westeuropa auch in Albanien aus: Bei dem Treffen »Liga von Prizren« (heute Kosovo) entwickelte sich erstmalig die Idee einer albanischen Nation. Die Rilindja-Bewegung (*rilindja* = Wiedergeburt) besann sich auf illyrische Ursprünge und entwickelte eine nationale Identität (u. a. mit Einführung des bis heute gültigen albanischen Alphabets). Mit dem Zerfall des Osmanischen Reiches war die Unabhängigkeitserklärung 1912 in Vlora vergleichsweise unspektakulär.

Mit der Intervention der westeuropäischen Großmächte brachen turbulente Zeiten an: Einer kurzen Episode mit einem deutschen Prinzen als albanischem König (literarisch verarbeitet in »Das verflixte Jahr« von Ismail Kadaré) folgten der Erste Weltkrieg, die Verwandlung der Region in geopolitische Verhandlungsmasse sowie ein Ministerpräsident und selbsternannter König Achmed Zogu (1925).

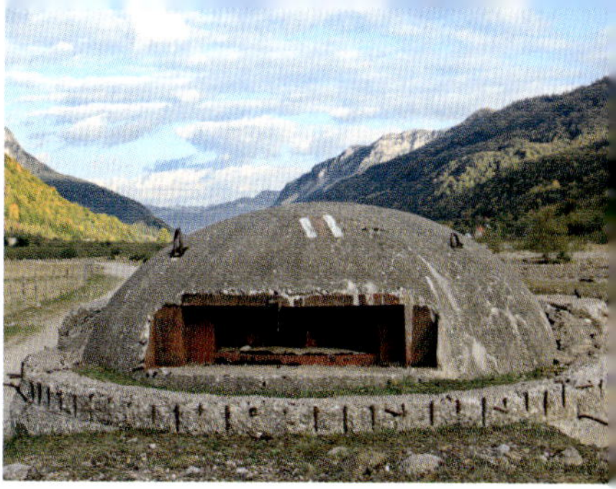

Erhaltene Bunker sind zu Wegweisern geworden – wie hier im Vermosh-Tal (Tour 42).

Kommunismus unter Enver Hoxha

Mit der italienischen Besetzung 1939 fanden die Unabhängigkeitsbestrebungen vom Anfang des 20. Jh. ein vorläufiges Ende. Hoxha, damals Generalsekretär der Kommunistischen Partei (KP), stand dem Antifaschistischen Nationalen Befreiungskomitee vor, das den Kampf der Partisanen gegen die italienischen und ab 1943 deutschen Truppen koordinierte. 1945 wurde die KP Wahlsiegerin und Hoxha Premier-, Außen- und Verteidigungsminister. 1946 rief er die Sozialistische Volksrepublik Albanien aus und stärkte die Verbindung zur Föderativen Volksrepublik Jugoslawien unter Josip Broz Tito.

Als das Kominform (Informationsbüro der Kommunistischen und Arbeiterparteien) Jugoslawien 1948 aus ideologischen Gründen ausschloss, been-

ENVER HOXHA

Enver Hoxha (geb. 1908 in Gijrokastra, gest. 1985 in Tirana) regierte Albanien von 1944 bis zu seinem Tod. Ähnlich wie in vielen anderen kommunistischen Regimen beruhte seine Herrschaft auf Gewalt und Repression, ausgeführt vom Geheimdienst Segurimi (»Für das Volk, mit dem Volk«). Im Laufe der Jahre entwickelte er eine ausgeprägte Paranoia gegen Verrat und Intrigen. So veranlasste er aus Angst vor einem Angriff ausländischer Kräfte 1967 den Bau von Hunderttausenden Bunkern im gesamten Land. Er ließ viele seiner langjährigen Begleiter und Vertrauten ermorden, z. B. 1981 seinen Stellvertreter und geplanten Nachfolger Mehmet Shehu. Literarisch verarbeitet wurde dessen Schicksal vom albanischen Nobelpreisträger Ismail Kadare in »Der Nachfolger«. Die Pyramide am Rande des Stadtteils Blloku in Tirana ist eines der letzten Relikte des Personenkults um Enver Hoxha. Geplant von seiner Tochter, wurde der Bau 1988 als Museum mit allerlei Reliquien eröffnet. Seit 1991 wird er als internationales Kulturzentrum genutzt.

dete auch Hoxha alle Verbindungen zum Nachbarstaat. Die Grenzen zu den Teilrepubliken Mazedonien, Montenegro und der autonomen Provinz Kosovo blieben für mehr als 40 Jahre hermetisch geschlossen. Viele Familien wurden voneinander und von ihrem Grundbesitz getrennt; die sich mit Nationalfahnen deutlich zu Albanien bekennende Bevölkerung von Vusanje (heute Montenegro) zeugt bis heute davon.
Mit der engen Verbindung zur Sowjetunion unter Stalin folgte die wirtschaftlich erfolgreichste Zeit. Gesellschaftlich bedeutete diese Phase Gleichschaltung und Verfolgung oppositioneller Gruppen (z. B. religiöse Verfolgung). Chruschtschows Reformkurs ab 1956 führte zum Bruch, als er die Versöhnung mit Tito anstrebte. Selbstbewusst beendete Hoxha 1961 die diplomatischen Beziehungen. Vom Freund wurde die UdSSR zum revisionistischen, imperialistischen Feind. Wie schon 1948 folgte eine Säuberungswelle in den Reihen der KP, die vielen Kadern Gefängnis, Arbeitslager oder den Tod brachte.
Von 1968 bis 1978 wurde China zum Verbündeten, das ebenfalls mit der UdSSR gebrochen hatte. Hoxha versuchte hiermit u. a. den Ausfall von Wirtschaftshilfen zu kompensieren; den Verfall der albanischen Industrie konnte dies aber nicht aufhalten. In der Reformzeit nach Maos Tod 1976 entschied sich Hoxha abermals für einen Bruch und führte Albanien ab 1978 in die Isolation. Wirtschaftliche Aktivitäten begrenzten sich auf Landwirtschaft und den Bunkerbau für den erwarteten »Volkskrieg«. In der Folge verarmte die Bevölkerung, während die Kader im segregierten Stadtteil Blloku in Tirana in verhältnismäßigem Luxus lebten.
Nach Hoxhas Tod 1985 setzte Ramiz Alia dessen Politik bis Ende der 1980er-Jahre fort.

Post-Kommunismus ab 1992 und Gegenwart

Angesichts der Entwicklungen in anderen kommunistischen Ländern beendete Alia ab 1989 die Isolation des Landes. Nach Protesten ermöglichte er auch persönliche Freiheiten: Politische Gefängnisse schlossen, Pässe wurden ausgestellt, die Ausübung von Religion erlaubt. Dies verhinderte nicht, dass der Unmut sich in gewaltsamen Unruhen entlud und kommunistische Symbole zerstört wurden. Anfang 1991 folgten freie Wahlen, die die Kommunistische Partei gewann. Die neue Regierung unter Ramiz Alia beschloss eine Verfassung, die einen demokratischen Rechtsstaat beruhend auf sozialer Gleichheit, Freiheit und Menschenrechten garantierte, sowie die Umbenennung in »Volksrepublik Albanien«. Es folgten radikale Wirtschaftsreformen, die die weitreichende Armut aber nicht beendeten. Vermutlich trugen sie eher dazu bei, dass das Land 1997 am Rande eines Bürgerkriegs stand. Viele Menschen legten ihre Ersparnisse bei dubiosen Investoren an, die bis zu 25 % Zinsen versprachen. Dieses System brach zusammen und mit ihm die staatliche Ordnung. Nur mit einer UN-Mission gelang es, diese wiederherzustellen. Das Vertrauen in das politische System ist bis heute

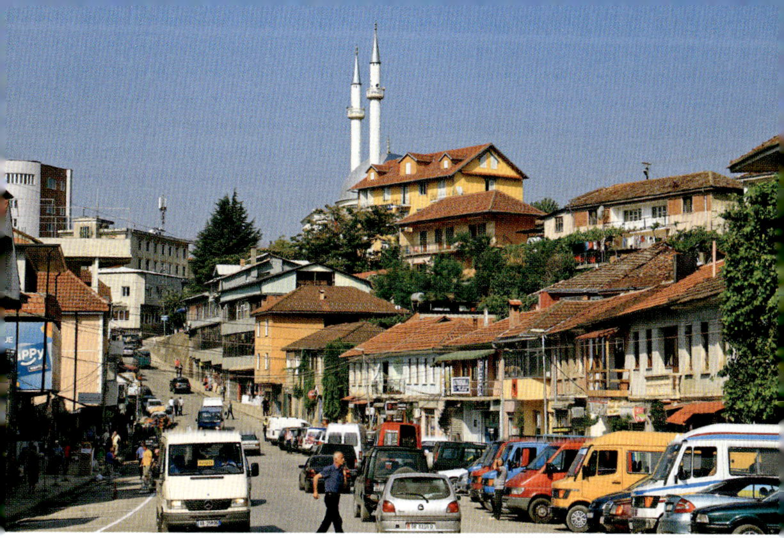

Die Region Dibra mit Peshkopia als Zentrum ist eines der kulturellen Herzen Albaniens.

erschüttert. Wie bereits nach 1990 löste die Krise eine Auswanderungswelle aus. Seit Ende der 1980er-Jahre sind 1,7 Millionen Albaner emigriert, vor allem nach Griechenland, Italien, USA. Obwohl sich die politische und wirtschaftliche Lage Albaniens inzwischen stabilisiert hat, sehen 75 % der jungen, gut ausgebildeten Menschen bessere Lebensperspektiven im Ausland.

Kulinarische Köstlichkeiten

Bis vor ein paar Jahren fanden sich albanische Köche vorwiegend in internationalen Restaurants (oft fern der Heimat). »Aber inzwischen kehren viele zu unserer traditionellen Kochkunst zurück, die so reich ist«, sagt Sokol Prenga. Er ist der bekannteste Fernsehkoch des Landes und fügt an: »Wir haben guten Boden und gutes Wetter, um das wundervollste Gemüse zu produzieren. Als ein armes Land haben wir immer noch kleine Bauernhöfe, die jeden Tag frische Produkte liefern.« Vor allem in den Bergen hat jede Familie ihre kleinen Äcker und Gärten voller Obst und Gemüse, meist auch eine Kuh oder ein paar Ziegen und Schafe für allerlei Milchprodukte. Wer gut essen wollte, war und ist daher in den Gästehäusern am besten aufgehoben; in den Familien werden Großmutters Rezepte von Generation zu Generation weitergereicht.

2015 präsentierte Prengas Kollege Armand Kikino auf der Expo das neue kulinarische Traditionsbewusstsein unter dem Namen »Cucina povera« – Arme-Leute-Küche. Das gefiel zwar der heimischen Regierung nicht so, weil es wenig glamourös klingt. Aber es schmeckt hervorragend. Traditionell wird

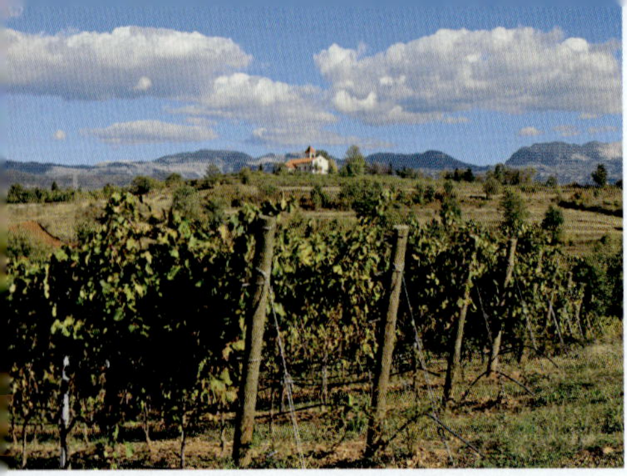

Weinberg der Kantina Arbëri in Rrëshen im Herbst nach der Lese.

viel mit Gemüse gekocht, wobei mit zunehmendem Wohlstand – und für Gäste sowieso – gerne Fleisch gereicht wird; häufiger Lamm und Ziege als Kalb und Rind. »Es war zu arbeitsaufwendig, eine Kuh aufzuziehen. Um ein Kalb zu töten, musste es ein großes Ereignis in deiner Familie oder deinem Stamm geben, denn damit ernährst du hundert Menschen«, sagt Prenga. Mittlerweile haben die frischen Produkte und das Wissen aus den Wohnküchen der Familien in den Restaurants des Landes Einzug gehalten, 21 Köche bilden derzeit die Slow-Food-Allianz mit Përmet im Vjosa-Tal als einem der Zentren – der aktuelle Stand findet sich hier: fondazioneslowfood.com/en/nazioni-alleanza/albania-en. Ju bëftë mirë – Guten Appetit!

Weinland Albanien

Schon in vorrömischer Zeit war Albanien ein Weinland; unter der osmanischen Herrschaft wurde die Weinherstellung ab dem 15. Jahrhundert dann eingeschränkt. In abgelegenen Dörfern retteten Christen das Wissen der Vorfahren ins 20. Jahrhundert. Es gibt unzählige heimische Rebsorten, die meisten kommen als Tafeltrauben auf den Tisch. Oder als Raki. Der Tresterbrand ist einfach in der Herstellung, auch wenn jede Familie aus dem eigenen Rezept ein Geheimnis macht.

Die klimatischen Voraussetzungen sind ideal, und die auf der Welt sonst nirgends existierenden Reben ein Geschenk für die inzwischen etwa zehn ambitionierten Weingüter. Zur Weinproduktion eignen sich sieben autochthone Arten, wobei drei von ihnen als rote und weiße Traube vorkommen (Shesh, Debine, Serine). Junge Winzer versuchen mit dem Wissen aus ihrem Studium in Italien, das Beste aus ihnen herauszuholen.

Die Kantina Çobo hat sich auf die seltenen Reben Puls und Vlosh spezialisiert, die Kantina Arbëri in Rrëshen auf Kallmet, und Flori Uka aus Tirana auf Ceruja. Weitere Weingüter sind Kokomani, Nurellari, Bardha, Kallmeti, Lundra, Skenderbeu und Medaur Miqesia. Aber auch Hauswein kann schmecken. In Shkodra keltert der Vater Florian Kalo bald schon seit einem halben Jahrhundert Wein, das Ergebnis seines wohlgehüteten Geheimnisses gibt es im Gästehaus des Sohns (Florian Guesthouse) zu trinken. Auch in Vermosh, auf dem Llogara-Pass und in Përmet kann man Wein aus eigener Herstellung verkosten.

DAS GEHEIMNIS DER HEIMISCHEN REBEN

Flori Uka war Anfang 20, als sich sein Vater an eine Traube erinnerte, die ihm in den 80er-Jahren irgendwo im albanischen Hinterland gereicht worden war. Die Form ähnelte einem Maiskolben – die kleinen Beeren schmiegten sich dicht aneinander. Und vor allem: Sie waren sehr süß. Der Sohn war elektrisiert und machte sich auf die Suche. Stolz lässt er ein Jahrzehnt später in seinem Restaurant Uka-Farm eine golden schimmernde Flüssigkeit in die Gläser strömen. Einen Weißwein, wie es ihn nirgends auf der Welt gibt: Ceruja. Harte Schale, süßer Saft, zu finden bei Burrel – in den Bergen 100 Kilometer nordöstlich von Tirana. »Sie wurde von den Menschen angebaut, um Schatten zu spenden«, sagt Uka. An etwa 30 Häusern rankt die Rebe; hochwertige Trauben, die er zu Wein verarbeiten kann, findet er daran nicht jedes Jahr. Sieben Tonnen sammelte er 2012 ein. »Mit dem Pferd im tiefsten Hinterland«, erzählt er. Fünf Jahre später schenkt er sein kostbares Gut aus. Anders als die meisten Weißweine kann Ceruja altern, dank des hohen Tanningehalts.

Während Ceruja die Geheimnisvolle aus den Bergen ist, ist Kallmet eine Diva – und das Aushängeschild der Kantina Arbëri. Sie ist überall gerne gesehen, gedeiht in Nordalbanien auf verschiedenen Böden und in verschiedenen Lagen. Jedoch: Ihr wahres Wesen offenbart sie nur dem, der sie richtig hegt und pflegt. »Es hat fünf Jahre gedauert, bis wir einen guten Kallmet hatten«, sagt Juniorchef Rigers Kaçorri. Schon sein Großvater kelterte Wein, ehe alles verstaatlicht wurde. »Im Kommunismus begann eine neue Ära«, sagt Kaçorri. Staatsbetriebe und Genossenschaften wurden gegründet, die Anbaufläche verzehnfachte sich bis zu den 1980er-Jahren auf etwa 20.000 Hektar. »Leider haben die Menschen die Weingärten dann zerstört«, fügt er an. Nach dem Ende des Kommunismus lagen die Anbaugebiete in den 90er-Jahren brach oder wurden abgebrannt und mit Häusern bebaut. 2003 wagte Kaçorri mit seinem Vater den Neustart. Arbëri setzt auf heimische Reben; die Jahresproduktion liegt bei 100.000 Flaschen. Für den hochwertigen Lagerwein kommen lediglich die Weinstöcke im Landesinneren in einer Höhe von 550 bis 650 Metern infrage. Nur der Wein aus den besten Trauben von dort wird in Eichenfässern ausgebaut. »Es ist eine komplizierte Sorte«, sagt Rigers Kaçorri. Aber gerade deshalb auch eine mit viel Potenzial. Das Bouquet ist elegant mit einem leichten Kirschduft, die Tönung rubinrot mit violetten Reflexionen. Spielt das Klima nicht mit, fällt auch mal ein Jahrgang aus. So war es im Jahr 2014, da hat es in der Reifephase geregnet.

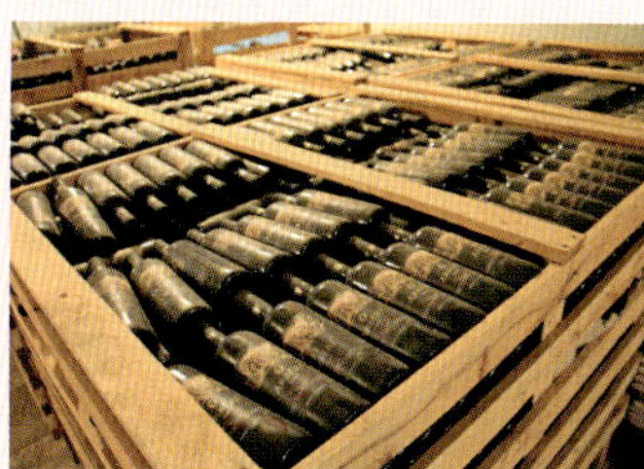

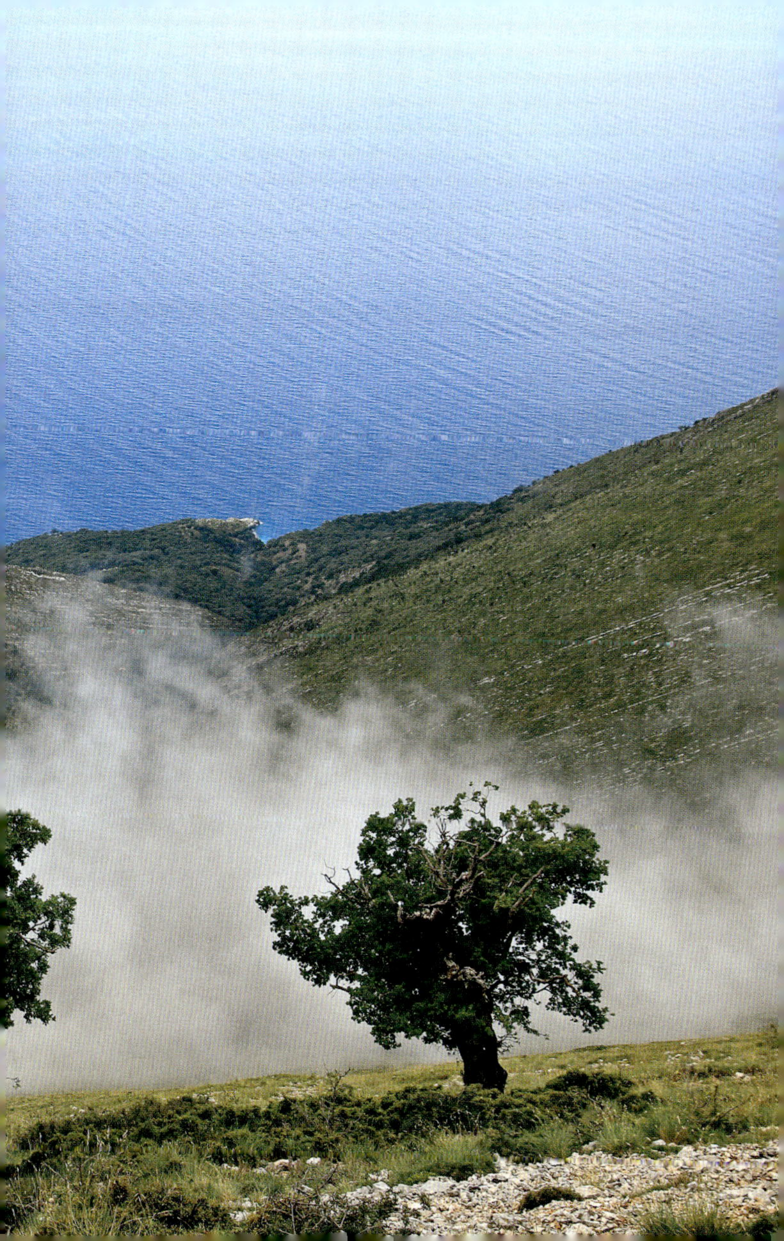

Tirana

Fast ein Fünftel der Landesbevölkerung wohnt in der Hauptstadt Tirana, in der Metropolregion mit der nur 30 km entfernten Hafenstadt Durrës sogar ein Drittel. Dabei war Tirana lange unbedeutend; bis der Ort 1920 zur Hauptstadt ernannt wurde, lebten hier nur wenige Tausend Menschen, obwohl die Geschichte der Stadt weit zurückreicht. Am heutigen Hausberg und Nationalpark Dajti wurden Spuren prähistorischer Siedlungen gefunden, im Stadtgebiet stammen die ältesten Funde aus der Römerzeit. Unübersehbar sind heute architektonische Einflüsse Italiens, so wurden etwa die Ministerien im Stil der Neorenaissance am Skanderbeg-Platz (Sheshi Skënderbej) mit Unterstützung des Nachbarn von der anderen Adriaseite gebaut.

Seit der jüngsten Umgestaltung ist der zentrale Skanderbeg-Platz eine Fußgängerzone mit einer Besonderheit. Die Steinplatten zwischen Historischem Museum, Kulturzentrum/Oper, Et'hem-Bey-Moschee, Skanderbeg-Statue und Nationalbank wurden aus allen Gebieten Albaniens hergebracht, um die nationale Einheit zu symbolisieren. Nicht missen sollte man den Gang über den östlich des Skanderbeg-Platzes gelegenen Markt Pazari i ri bei Sheshi Avni Rustemi. Seit der Markt in den vergangenen Jahren hergerichtet wurde, erstrahlen die Häuser im alten Stadtviertel um die Kokonozi-Moschee aus dem 18. Jahrhundert in neuem Glanz.

Wer sehen und gesehen werden will, sucht das ehemalige Villenviertel Blloku südlich des Flusses Lana auf. Einst der politischen Führung vorbehalten, reihen sich hier heutzutage Cafés, Bars, Restaurants und Boutiquen aneinander. Von hier sind es noch wenige Schritte bis in den großen Stadtpark (Parku i madh i Tiranës), der wegen des künstlichen Sees auch See-Park (Parku i Liqenit) genannt wird. Das etwa 230 Hektar große hügelige Gelände ist ein Ort der Erholung und des Sports. Am Nordufer findet sich das Restaurant Mullixhiu von Bledar Kola, einem im berühmten Noma in Kopenhagen ausgebildeten Koch, der in seine Heimat zurückgekehrt ist, um mit Mitstreitern die heimische Küche unter dem Begriff »Cucina povera« (»Küche der Armen«) zu Ruhm zu führen. Kola vertraut dabei auf das Wissen und die Rezepte der Großmütter.

Und wer wie wir bei all den Entdeckungen in der Stadt die Augen nicht von dem Berg lassen kann, der Tirana im Osten überragt, dem empfehlen wir natürlich die Besteigung des 1613 m hohen Dajti (siehe Tour 1).

Unterkunft und Verpflegung

In Tirana gibt es zahllose Hotels, Hostels und private Bleiben aller Art, die sich auf den einschlägigen Portalen finden lassen.

Unser Tipp: Tirana Backpacker Hostel, Rruga e Bogdaneve 3 (tiranahostel.com, tiranabackpacker@hotmail.com, Tel. +355 68 4682353, Bett im 6er-Zimmer ab 18 €, Doppelzimmer ab 30 €). Der Eigentümer Ilyr Hysa ist selbst Bergsteiger und setzt sich mit der Outdoor Albania Association seit 2005 für den Erhalt von Albaniens Naturräumen und die Entwicklung von Ökotourismus in Zusammenarbeit mit lokalen Organisationen ein. Zudem werden Fahrradkarten erarbeitet (Bike Albania). Neben dem Tirana Backpackers betreibt Hysa mit Partnern auch das Vuno Shkolla Hostel und das House in the Village Hostel (Pellumbas).

Restaurant-Tipps: Restaurant und Weingut Uka-Farm im Vorort Laknas (Flori Uka, facebook.com/ukafarm, Tel. +355 67 2039909); Restaurant Mullixhiu (Bledar Kola, mullixhiu.al, Tel.+355 69 6660444).

Transport

- Flughafen–Innenstadt: Luna Travel, Abfahrt stündlich in beide Richtung jeweils zur vollen Stunde. (Ankunft/Abfahrt Innenstadt in Rruga Ludovik Shllaku bei Kulturzentrum/Oper, Mbrapa Pallatit te Kultures – Operas, Fahrkarten beim Fahrer, 400 Lek, Fahrzeit 30 Min.).
- Nahverkehr: Mehrere Linien, pro Fahrt 40 Lek (Ticketverkäufer im Bus).
- Fernbusse nach Nord- (u. a. Shkodra, Peshkopia) und Südalbanien (u. a. Vlora, Himarë, Përmet): Terminali i Autobusave të Veriut dhe Jugut, Rruga Kastriotët (Fernstraße SH1) an der Einmündung in die SH2 (Mbikalimi i Kamzës/Rruga 29 Nëntori).
  Abfahrtszeiten: Siehe jeweiliges Regionen-Kapitel und etransport.al.

Tiranas Flaniermeile: Skanderbeg-Platz mit Uhrturm, Et'hem-Bey-Moschee und namensgebender Statue.

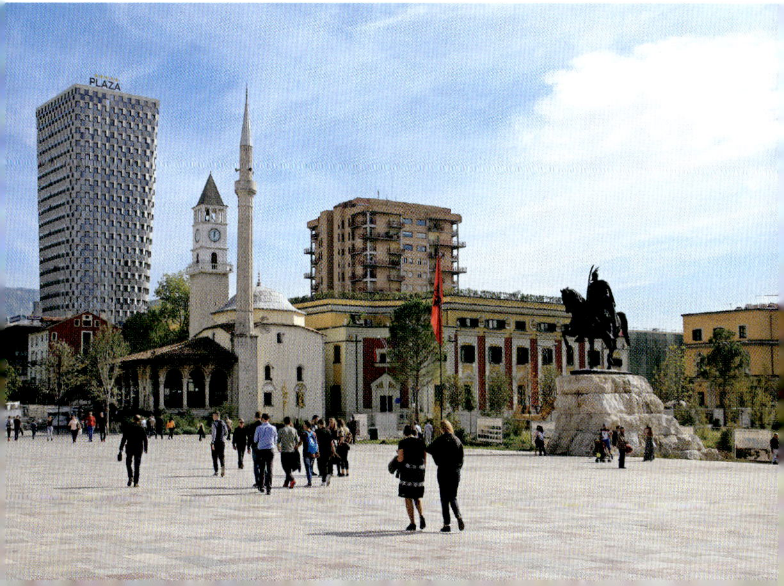

↗ 780 m | ↘ 780 m | 9.1 km

1 Dajti, 1613 m

3.15 h

Gipfelbesteigung für Stadttouristen

Seit 2005 führt eine Gondelbahn auf den Hausberg von Tirana, der die Hauptstadt nach Osten abschließt. Natürlich ist es auch möglich, den Aufstieg unten in der Stadt zu beginnen, aber warum sich nicht mal zurücklehnen und auf den 1000 m hohen »Balkon von Tirana« schweben und die Aussicht genießen? Dem Trubel um die Bergstation herum entfliehen wir schnell in den unter Naturschutz stehenden Wald. Der leicht zu erreichende Nebengipfel Maja e Tujanit bietet eine gute Aussicht. Um diese auch vom Hauptgipfel Maja e Dajtit zu genießen, muss zum Abschluss auf den letzten 150 Metern ein unwegsames Steilstück überwunden werden. Vor der Rückkehr in die vibrierende Stadt empfiehlt sich die Einkehr in einem der Restaurants.

Der Dajti-Nationalpark leuchtet im Abendlicht.

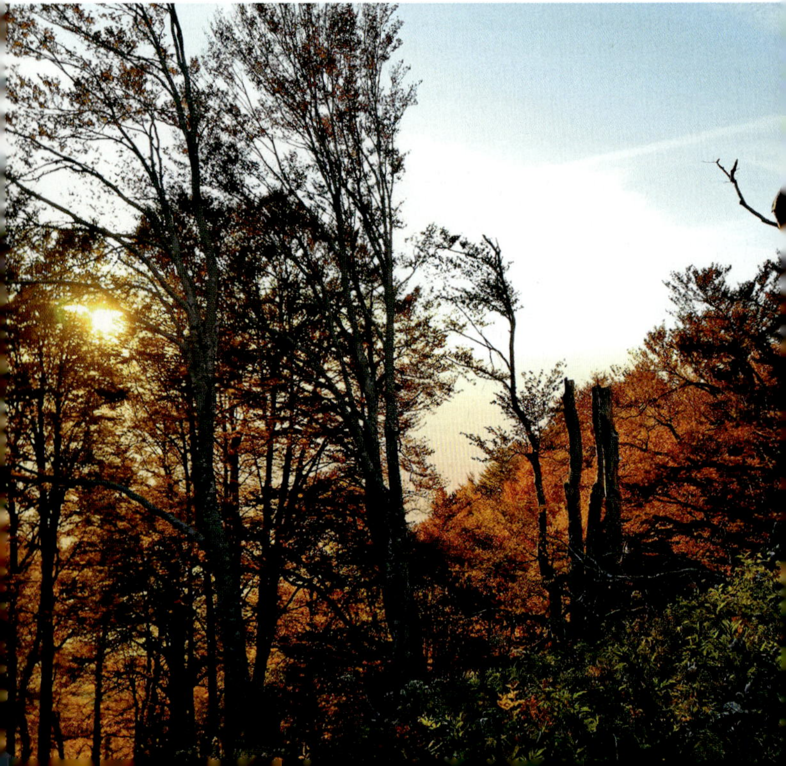

Ausgangspunkt: Parkplatz an der Bergstation des Dajti Ekspres im Nationalpark, 1050 m. – Mit der Gondelbahn (jährliche Preissteigerung, mind. 14 € für Berg- und Talfahrt, Dauer jeweils 15 Min.): Betriebszeiten 9–17.30 Uhr, Sa bis 18 Uhr (Hauptsaison bis 19.30 Uhr, Sa/So bis 20 Uhr möglich), Di Ruhetag (Ausnahme Feiertag). Vor Anreise aktuelle Infos prüfen: dajtiekspres.com. Die Talstation erreicht man mit zwei Bussen: entweder blaue Linie Qender–Porcelan, Abfahrt vom Uhrturm (Kulla e Sahatit) bis Endhaltestelle Teleferiku, von hier zu Fuß 5 Min., oder orange Linie Kombinat–Qender–Kinostudio: Der Bus hält im Zentrum bei der Nationalbank, Ausstieg an der Endhaltestelle I.K.V. Von hier mit dem Dajti Ekspres Minibus zur Gondel (alle 30 Min.). – Mit dem Auto (25 km ab Stadtzentrum bis Bergstation, asphaltierte Straße): Die Einfahrt in den Nationalpark kostet 100 Lek pro Auto (inkl. Fahrer) plus 50 Lek für jede weitere Person.
Anforderungen: Der Waldpfad zum Pass ist gut markiert (weiß-rot-weiß), beide Gipfel sind dank eines Fahrwegs leicht zu erwandern. Nur die letzten Meter auf den Maja e Dajtit verlaufen steil zwischen Felsen.
Einkehr: Restorant Qefalia (am Parkplatz), Ballkoni Dajtit (bei der Bergstation); unterwegs keine.
Unterkunft: Dajti Tower Hotel Belvedere. Weitere Restaurants und Hotels an der Straße vom Nationalparkeingang zum Parkplatz.

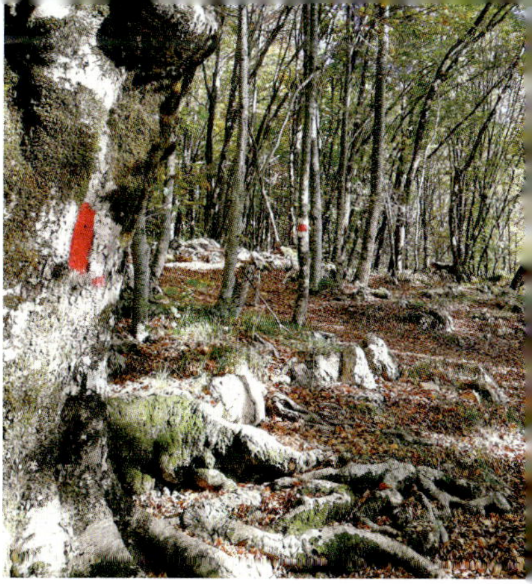

Teile des Waldes stehen schon seit 1966 unter Schutz.

Variante: Nur Besteigung des Tujani (4,7 km, 520 Hm, 2 Std.) oder des Dajti (6,9 km, 570 Hm, 2.30 Std.).
Hinweis: Laut Infotafel gibt es die verlockend scheinende Möglichkeit einer Rundtour, die aber womöglich nicht (mehr) existiert: Vom Dajti geht man in der letzten Wegkehre vor der Funkstation 5 nach rechts auf den Kamm und diesen nach Südosten entlang (markiert). Ehe man den Maja e Cem Rrumit, 1571 m, umrundet, müsste man den Kamm nach rechts verlassen und in Richtung Kalaja e Dajtit (Überbleibsel einer römischen Befestigungsanlage) absteigen. Diesen Abzweig im Wald haben wir jedoch nicht entdeckt.

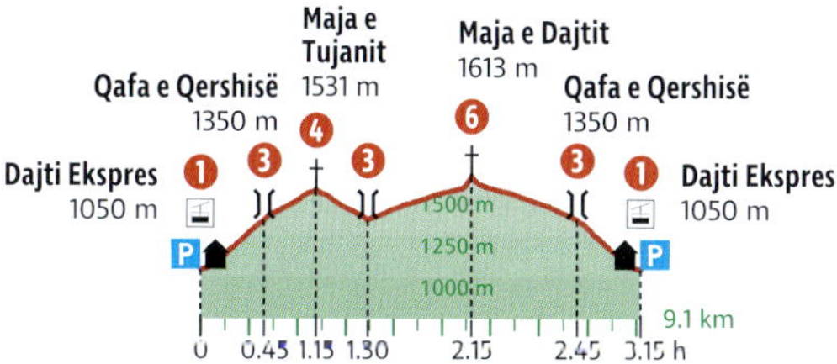

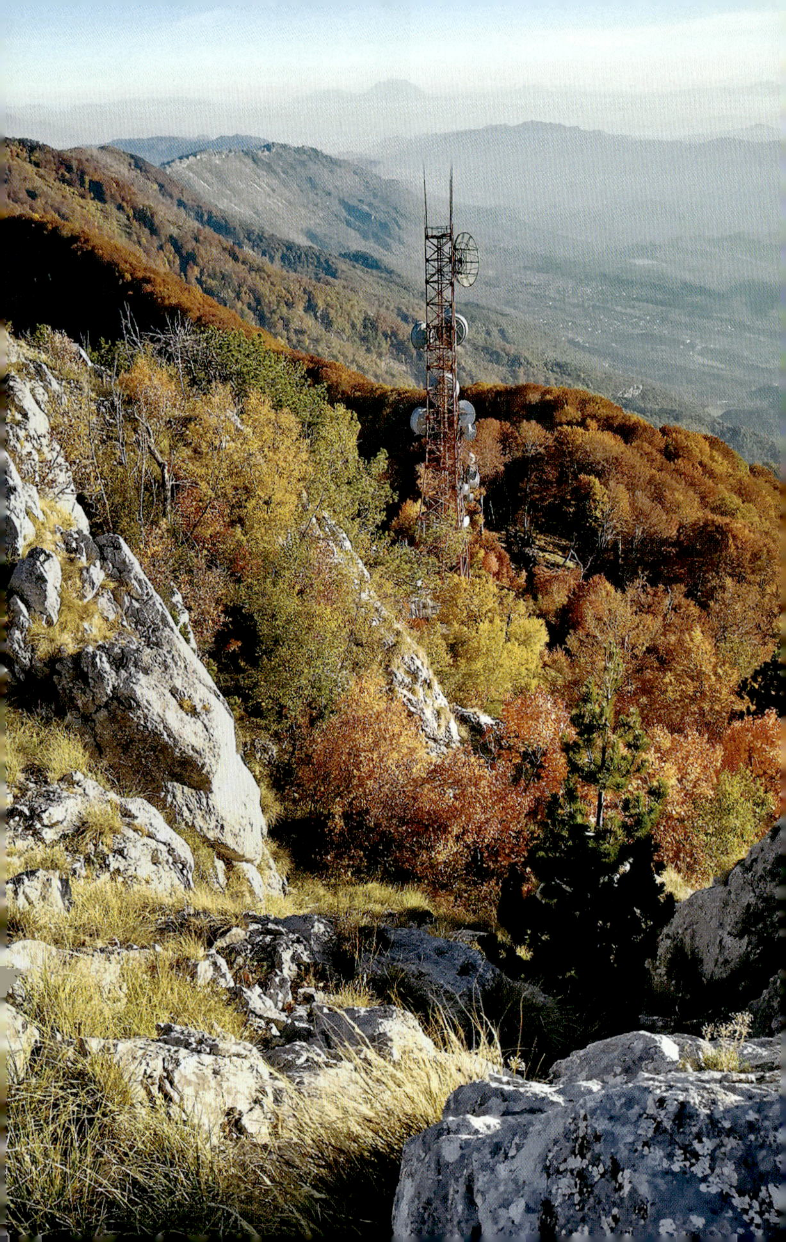

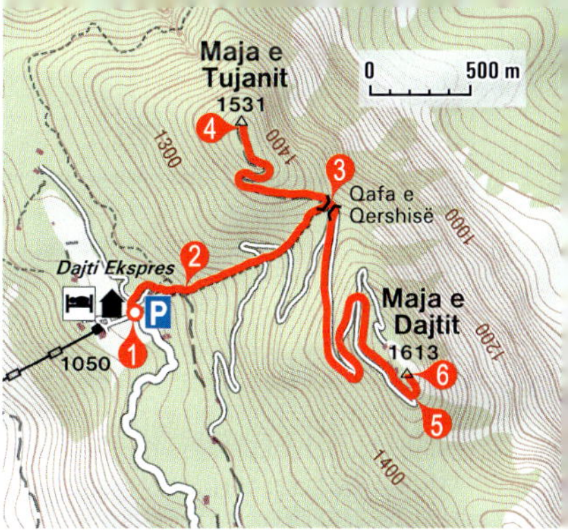

Wir starten am **Parkplatz 1** hinter der Bergstation des **Dajti Ekspres**. Das Freizeitangebot hier oben umfasst unter anderem Hochseilgarten, Minigolf, Reiten und Quadfahren. Der Beginn des Aufstiegs (Hinweisschild »Qafa e Qershisë«) ist von dort nicht zu übersehen: Er wird von zwei weiß-rot-weiß markierten Betonstelen gesäumt, dahinter steht ein großes gelbes Gebäude. Hinter dem ehemaligen Hotel beginnen zwei markierte Pfade, die nach links in den Wald führen. Wir wählen den zweiten und gelangen so bald an einen asphaltierten Weg und einen **Wegweiser 2**. Von hier gehen wir in ziemlich direkter Linie aufwärts zum Pass. Die englische Aufschrift auf einem großen Baum weist uns an, »immer der Liebe« zu folgen, alternativ helfen die eng gesetzten Markierungen auch weiter. Nach einer Wiese, an deren Ende wir uns links der Senke halten, erreichen wir den Wegweiser am **Qafa e Qershisë 3**.
Nach links gehen wir gut 1 km auf dem Fahrweg auf den **Maja e Tujanit 4**, 1531 m. Wenn man den Hauptgipfel des Dajiti aufgrund der steilen Schlussmeter auslässt, hat man von hier die bessere Aussicht als von den Funkmasten unterhalb des Maja e Dajtit.
Um auf den Hauptgipfel zu gelangen, gehen wir zunächst zurück zum Wegweiser am **Qafa e Qershisë 3** und kürzen am Pass eine Wegkehre ab, indem wir den markierten Pfad nach links (Nordosten) nehmen und nach wenigen Metern nach rechts hoch auf den Fahrweg zurückkehren. Auf diesem spazieren wir gemütlich gen Funkstation, sehen von einer spitzen Linkskehre aus das Meer und nehmen in der nächsten Rechtskehre den rechten Weg, ebenso bei der folgenden Gabelung.
In der letzten Linkskehre vor der Funkstation zweigt nach rechts an einer Markierung der **Kammpfad 5** ab (siehe Hinweis). Zum 50 m höher gelegenen Gipfel gelangen wir auf einem unmarkierten, schmalen Pfad: Wir gehen die Stufen unter dem Funkmast nach rechts am ersten Haus vorbei, hinter dem Haus nach links die Leitung entlang und nach knapp 50 m unter ihr durch. Danach steigen wir auf dem Wiesenband aufwärts und dann rechts ein paar Meter steil hoch zur Scharte. Der **Maja e Dajtit 6**, 1613 m, ist links, etwa 200 m sind es vom Fahrweg bis hier.
Über den **Qafa e Qershisë 3** erreichen wir wieder auf der Aufstiegsroute den **Parkplatz 1**.

Der Maja e Dajtit war lange militärisches Sperrgebiet, der steile Gipfelzugang liegt versteckt hinter einem Funkmast.

Albanische Riviera

Schon die Busfahrt aus Tirana oder Vlora über den Llogara-Pass und dann die Südküste Albaniens entlang ist ein landschaftlich spektakuläres Ereignis. Gerade einmal fünf Kilometer trennen die bis zu 2000 m hohen Gipfel des Ceraunischen Gebirges vom türkis-klaren Wasser des Ionischen Meers. Die Ausläufer der Berge bilden weite Buchten, tiefe Canyons und versteckte Strände. Besonders eindrucksvoll ist das Aufeinanderprallen von Berg und Meer auf der Karaburun-Halbinsel mit ihren idyllischen Stränden, die nur zu Fuß oder per Boot zu erreichen sind. Hoch oben schützt der Llogara-Nationalpark den magisch von Sonnenlicht durchfluteten Bergwald aus Kiefern, Tannen und Eschen, und auch Meer und Küste unten stehen unter Naturschutz: 2010 wurde der Marine-Nationalpark Karaburun-Sazan gegründet.
Bekannt ist die Albanische Riviera für ihre an den langen Sandstränden gelegenen Badeorte, im August wird hier oft dicht gedrängt gebadet, gefeiert und »gechillt«. Ihren Reiz entfalten die Küste und das dahinterliegende Bergland jedoch in der Nebensaison. Von April bis in den November hinein ist die Region eines der lohnendsten Wanderziele des Landes. Tagestouren zu abgelegenen Stränden und auf den Çika, mit 2045 m der höchste Ceraunische Gipfel, sind ebenso möglich wie Mehrtageswanderungen die Küste entlang und Entdeckungsreisen in das Untere Kurvelesh – jenes mythische Bergland, dessen Unzugänglichkeit den Bewohnern jahrhundertelang Schutz bot. Malerisch liegt etwa Qeparo hoch über dem Meer, ein Dorf wie eine Burg. Die es hier übrigens tatsächlich gab, einen Hügel weiter Richtung Kudhës: Die Burg Karos hat prähistorische Ursprünge.
In der Region entwickelte sich eine einmalige Tradition. Wenn moderne Musikclips mit Heimatliebe untermalt werden sollen, werden die weißen Kostüme mit der roten Schärpe gezeigt. Der hier heimische folkloristische iso-polyphone (mehrstimmige) Gesang wurde 2005 ins UNESCO-Weltkulturerbe aufgenommen; dass die Dörfer ein Quell des Freiheitskampfes waren, zeigt sich auf dem Pfad der Partisanen zwischen Kuç und Bolenë. Übernachtet werden kann in den Bergdörfern bei Familien, neben der Herzlichkeit der Menschen kommt man unter anderem in den Genuss von Granatapfellikör, und manchmal wird für Gäste sogar ein Schaf geschlachtet.
So wie das Meer und die Berge aufeinanderprallen, treffen Wanderer und junge Einheimische aufeinander. Erstere suchen die eindrucksvolle Einsamkeit der Natur und ein bisschen Abenteuer, die anderen eine berufliche Perspektive und ein bisschen Unterhaltung. An der Südküste Albaniens wurde in den vergangenen Jahren einiges versucht, damit beide Seiten zusammenfinden und voneinander profitieren. Einerseits kommen beständig neue Wanderpfade hinzu, auch gibt es markierte Mountainbiketrails. Andererseits lässt die Instandhaltung zu wünschen übrig, weshalb ein GPS-fähiges Gerät ins Gepäck sollte. Seit Anfang 2019 informiert ein Besucherzentrum am Llogara-Pass über die Besonderheiten der Region.

Schon im Frühjahr sind die Temperaturen perfekt für Touren, der heiße Sommer sollte – auch wegen der vielen Strand(party)touristen im Juli und August – gemieden werden. Dafür kann man bis in den November hinein im T-Shirt wandern und Orangen und Mandarinen pflücken. Wenn doch mal ein Herbstregen niedergeht, laufen im Wohnzimmer der Gastfamilien bestimmt ein paar albanische Freiheitsfilme aus den 1960er-Jahren. Außerdem werden im Oktober und November die Olivenplantagen abgeerntet, weshalb man unbedingt mit einer leeren Wasserflasche in der Olivenölfabrik von Himarë vorbeigehen sollte. Das reicht dann für einen langen Winter zuhause.

Unterkunft und Verpflegung

Die Hotels am Llogara-Pass sind ganzjährig geöffnet, jene an den Stränden nur in den Sommermonaten. Ausnahme: Hotel/Restaurant Luciano in Dhërmi (Mitte März bis Oktober) und das Himarë Hostel (mit Kochmöglichkeit). Im Hinterland erfolgt die Unterbringung bei Familien, eine vorherige Reservierung ist sinnvoll. Die jeweiligen Unterkünfte sind in den Tourenbeschreibungen aufgeführt. Supermärkte gibt es in den Küstenorten.

Anreise

Fahrplände auf etransport.al. Die Anreise von Tirana erfolgt vom Flughafen nach Vlora um 0.45, 3.30, 11.00, 12.30, 14.00, 16.00, 18.00, 20.00, 22.15 Uhr (Fahrzeit 3 Std.). Von der Busstation Terminali i Autobusave të Veriut dhe Jugut (Kreuzung der Fernstraßen SH1 und SH2): Busse nach Vlora verkehren im 30-Minuten-Takt (5.00–17.30 Uhr), die Fahrt dauert 3 Std. und kostet 500 Lek. Ein direkter Bus nach Himarë fährt um 5.30, 7.30, 9.00, 11.00, 13.00, 15.30, 18.00 Uhr; ebenfalls ist die Fahrt mit den Bussen nach Saranda/bregdet (= Küste) möglich, wenn sie die Route an der Küste (nicht über Gjirokaster) nehmen (6.15, 21.00 Uhr); Fahrzeit bis Dhërmi 3.30 Std., bis Himarë 4 Std. (1400 Lek). Zwischen Vlora und Himarë fahren Busse vom Terminal in der Rruga Demokracia um 6.00, 8.00, 10.00, 12.00, 12.30, 16.00, 17.00 Uhr (Fahrzeit bis Dhërmi etwa 1 Std., bis Himarë 1.30 Std.). Ein Taxi von Vlora bis Llogara kostet etwa 20 €, nach Dhërmi 30 €.

Ende Mai lassen sich in der Grama-Bucht einsame Stunden genießen (Tour 5).

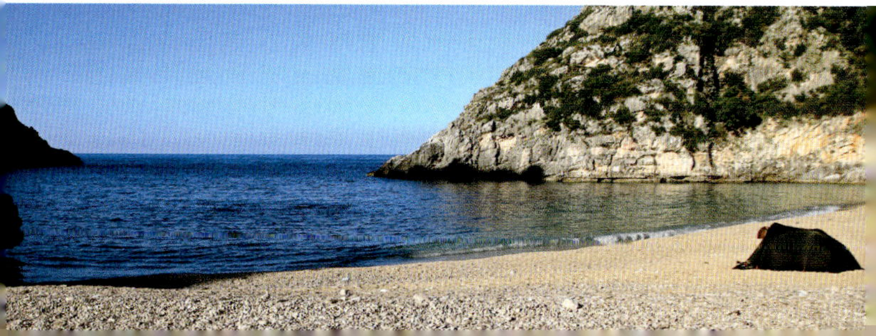

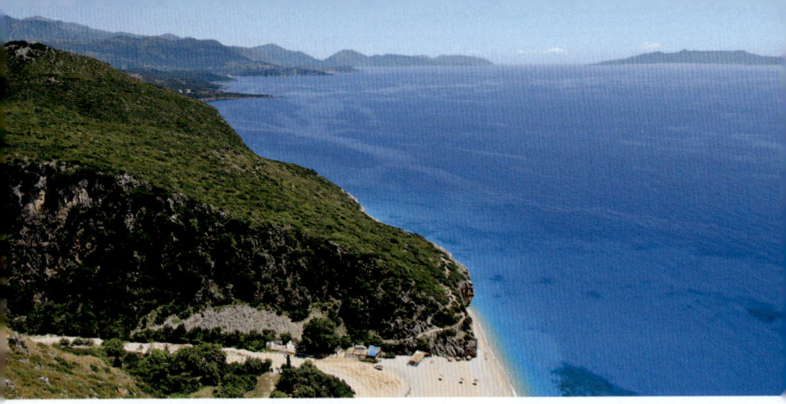

Hinter dem Gjipë-Canyon erstreckt sich die Albanische Riviera in Richtung Griechenland.

Wichtiger Hinweis: Im Juli 2024 wurde der 6 km lange Llogara-Tunnel eröffnet. Die Busse halten seither nicht mehr am Llogara-Pass, sondern nehmen die schnellere Route durch den Tunnel. Gäste der Hotels am Llogara-Pass können auf Zuruf oberhalb von Dukat vor der Einfahrt in den Tunnel aussteigen. Das Hotel/Restaurant Alberti zum Beispiel holt Gäste gratis von dort ab und bringt sie auch wieder zur richtigen Zeit für eine mögliche Weiter- oder Rückfahrt dort hin. Seit 2021 ist ein Flughafen in Vlora im Bau.

Mehrtagestouren

- Vier- bis fünftägige Küstenwanderung: Llogara – Grama-Bucht – Palasë – Dhërmi – Gjipë – Himarë (Touren 5–9), deren Einzeletappen teils auch als Tagestouren gegangen werden können. Wer ohne Zelt unterwegs ist, kann am Strand von Palasë nach Himarë starten (zwei bis drei Tage) oder einen langen ersten Tagesmarsch (18 km, 670 Hm Aufstieg, 1480 Hm Abstieg) absolvieren: Von Llogara über den Qafa e Thelle zur Gjiri i Shën Andreut absteigen und ohne Abstecher zur Grama-Bucht den zweiten Teil der Wanderung von Grama nach Palase anhängen (siehe Tour 6). Auch kombinierbar mit den Touren von Gjipë nach Ilias (10) oder von Vuno (11).
- Vier- bis fünftägige Entdeckungsreise durch das Untere Kurvelesh: Qeparo – Kudhës – Kuç – Bolenë/Kallarat – Pilur – Himarë (Touren 12–15).
- Die Küstentouren zwischen Palasë und Himarë leiden unter dem Bau von Hotelanlagen entlang der Küste. Beschaulicher geht es auf den später markierten Pfaden entlang des Meers von Himarë bis Nivicë zu. Wir konnten die Wege noch nicht in Gänze begehen. Beschreibungen finden sich hier: issuu.com/southcoastal/docs/hiking_trails.

Information

- facebook.com/llogaravisitorcenter, issuu.com/southcoastal

↗ 730 m | ↘ 730 m | 12.9 km

5.00 h

TOP **2**

Rundtour im Llogara-Nationalpark

Mit Weitsicht über der Albanischen Riviera

Dieser gut markierte Rundweg führt uns mitten hinein in den 1966 gegründeten Llogara-Nationalpark. Die moosbewachsenen Baumriesen dort sind genauso beeindruckend wie oberhalb der Waldgrenze die Aussicht auf die Adria im Norden und das Ionische Meer im Süden. Vom 1446 m hohen Maja e Gjipalit reicht der Blick bis Korfu, das weiß leuchtende Palasë-Delta liegt tief unter uns, und die steilen Ausläufer der Karaburun-Halbinsel tauchen in das tiefblaue Meer ein.

Ausgangspunkt: Llogara-Nationalpark, Parkplatz gegenüber den Hotels Alpin und Sofo, 800 m. Busse aus Tirana und Vlora halten am Tunneleingang oberhalb von Dukat. Hotels am Llogara-Pass holen Gäste von dort ab.
Anforderungen: Die Tour ist markiert. Teilweise sind die weiß-rot-weißen Striche nicht mehr erkennbar. Anfangs führt ein breiter Pfad durch Wald, das Gelände oberhalb auf dem Kamm ist teils pfadlos, aber nur mäßig steil. Der Kamm ist breit und nicht ausgesetzt.
Einkehr: Hotels und Restaurants am Ausgangspunkt, z. B. Hotel/Restaurant Alberti (Tipp: hausgemachte Ravioli mit Spinat und Orange-Zimt-Sauce und Wein aus eigenem Anbau in Dukat); Cafés am Qafa e Llogarasë.
Unterkunft: Beim Ausgangspunkt Hotel Alpin (Tel. +355 69 2055936, ÜF 25 €), Hotel Hamiti (hotel-hamiti.al, Tel. +355 69 6417833, Bungalow mit 4 Betten 2500 Lek), Hotel/Restaurant Alberti (Tel. +355 67 2691635, +355 69 5798406), Hotel Sofo (Tel. +355 68 2091931), Tourist Village (llogora.com, Tel. +355 69 3344400, DZ ab 80 €) und weitere; Zelten z. B. beim Hotel Hamiti auf einer großen Wiese, aber auch bei anderen Unterkünften.
Information: Nationalpark-Besucherzentrum gegenüber dem Hotel Alpin.

Empfang bei den Hirten mit Kaffee und Flötenmusik.

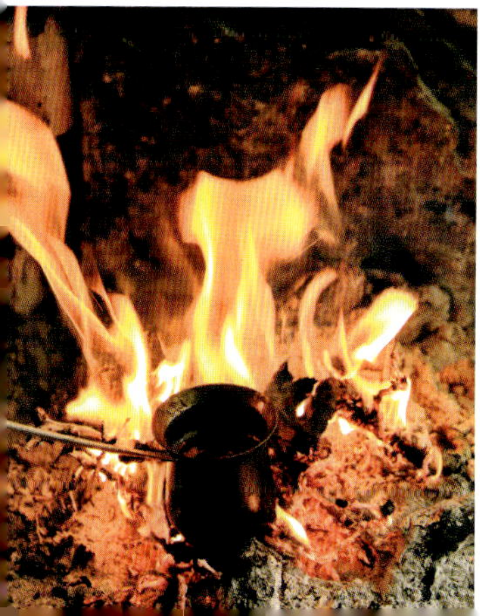

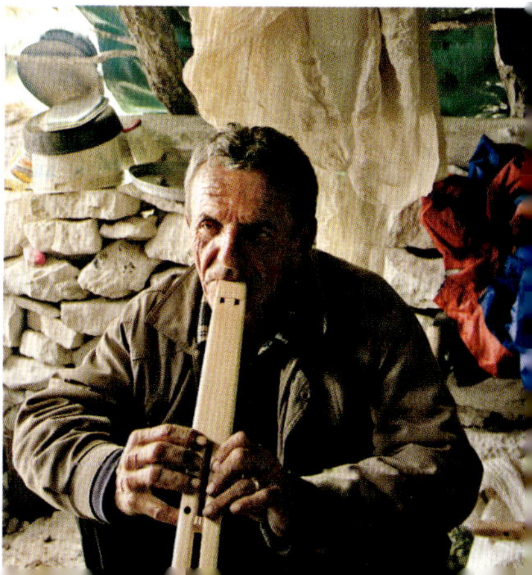

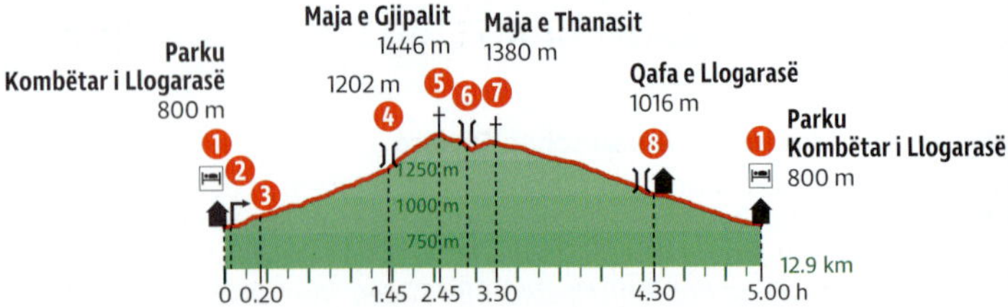

Wir starten unsere Rundtour am **Parkplatz** ❶ gegenüber den Hotels Alpin und Sofo und gehen etwa 150 m die Straße aufwärts in Richtung Pass bis zu dem **gelben Schild** ❷, an dem unsere Tour mit »Qafa e Llogarasë« angeschrieben ist. (Vom Hotel Hamiti sind es hierher etwa 200 m die Straße abwärts.) Der gut angelegte, weiß-rot-weiß markierte Pfad ist anfangs gepflastert, später steinig. Im Wald geht es an eindrucksvollen alten, moosbewachsenen Bäumen vorbei aufwärts, an einer ersten Gabelung nach einer Wiese halten wir uns **rechts** ❸. An den nächsten beiden Abzweigen (am zweiten geht es zur Gropa e Pirit und nach Dukat i Ri) bleiben wir auf dem ansteigenden Pfad.

Nach etwa 1 Std. erreichen wir die Waldgrenze und folgen dem Talverlauf aufwärts. Auf dem Weg zum Qafa e Thelle passieren wir betonierte Wasserbassins auf deren linker Seite und danach eine Hirtenhütte. Wenn die Hirten nicht gerade mit ihren Herden über die Berghänge ziehen, gibt es hier Kafe Turka zu trinken und Käse zu kaufen.

Etwa 50 m nach der Hütte und 100 m vor dem Pass **Qafa e Thelle** steigen wir nach **links** ❹ auf dem Ausläufer des Maja e Gjipalit wenig steil und zunehmend pfadlos zum Kamm auf. Die ursprünglich sehr eng gesetzten

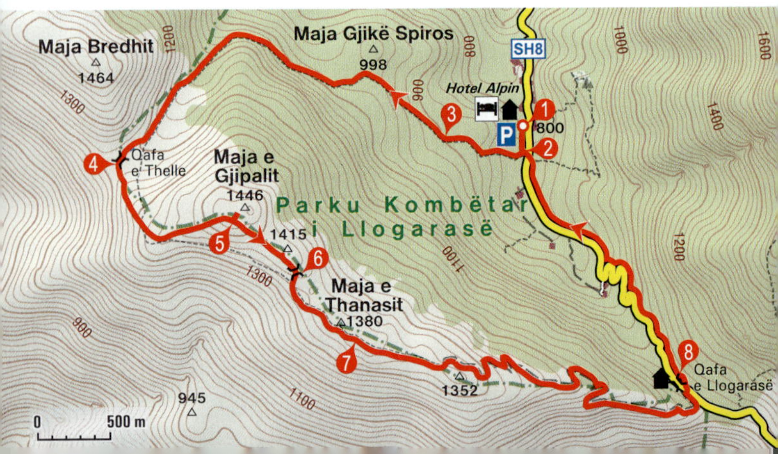

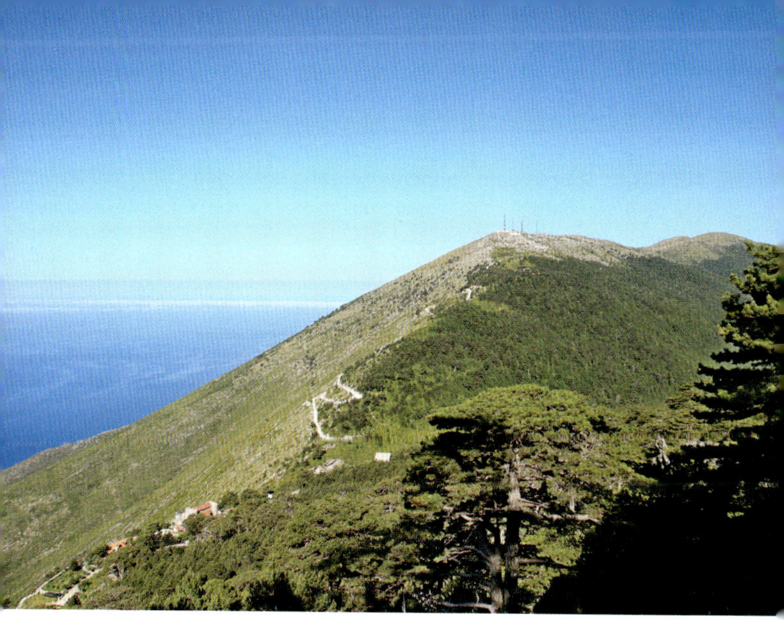

Blick über den Llogara-Pass auf Maja e Thanasit und dahinter Maja e Gjipalit.

Markierungen sind leider nicht mehr zu sehen. Dichte Wolken können sich hier oben innerhalb von Minuten bilden, allerdings auch schnell wieder aufreißen und den grandiosen Weitblick bis Korfu freigeben.
Auf dem Kamm angekommen gehen wir auf diesem nach links, ein quer laufendes Felszackenband überschreitend, zum **Maja e Gjipalit** 5, 1446 m. Von dem markierten Felshaufen auf dem Gipfel folgen wir dem leicht abfallenden Kamm nach Südosten auf die Funkmasten zu. Die Markierungen sind nun etwas rechts des Kamms. Vor einem kleinen **Sattel** 6 knicken sie nach rechts, die Vegetation ist hier buschig. Wir passieren den Sattel auf seiner rechten Seite und gelangen wieder leicht ansteigend auf einen Fahrweg.
Der Weg bringt uns vorbei an dem Sendemast auf dem **Maja e Thanasit** 7 und den weiteren Funkmasten am Beginn der Serpentinen zügig zum Wegweiser am **Qafa e Llogarasë** 8 an der Passstraße. Hier bietet sich ein Abstecher (200 m) nach rechts zu den Cafés an, wo die Aussicht mit vielen motorisierten Llogara-Pass-Bezwingern geteilt wird.
Die letzten 2 km Abstieg vom Wegweiser zu den Hotels verlaufen leider auf der Straße, lassen sich jedoch an einem der Stände mit dem Kauf des formidablen Berghonigs versüßen. Auch liegen an der Straße einige Restaurants, bevor wir am **Parkplatz** 1 ankommen.

↗ 200 m | ↘ 200 m | 3.4 km
1.00 h

3 Qafa e Qesarit und Burimi i Ponaces

Auf Cäsars Spuren dem Sonnenuntergang entgegen

Ehe sie hinter der Karaburun-Halbinsel im Meer versinkt, taucht die Sonne die Sazan-Insel, die Vlora-Bucht, Orikum und das Tal mit den Weinbergen von Dukat in ein magisches Licht. Ein herrlicher Anblick, der sich im Jahr 48 v. Chr. auch Gaius Julius Cäsar geboten haben soll, als er nach Norden in den Kampf gegen Pompeius zog. Qafa e Cezarit oder im hiesigen Dialekt Qafa e Qesarit heißt der Ort. Zwar herrscht bei Historikern Uneinigkeit, ob der römische Konsul wirklich in Palasë an Land ging und die Berge an exakt dieser Stelle überquerte oder doch in einer Bucht etwas nördlicher anlandete (z. B. Grama). Am Ausgang der kriegerischen Unternehmung gibt es jedoch ebenso wenig Zweifel wie an der Schönheit des Cäsar-Passes. In der Schlacht von Dyrrhachium siegte die Armee von Pompeius.

Ausgangspunkt: Llogara-Nationalpark, Parkplatz gegenüber den Hotels Alpin und Sofo, 800 m. Busse aus Tirana und Vlora halten am Tunneleingang oberhalb von Dukat. Hotels am Llogara-Pass holen Gäste von dort ab.

Spaziergang im Herzen des Llogara-Nationalparks.

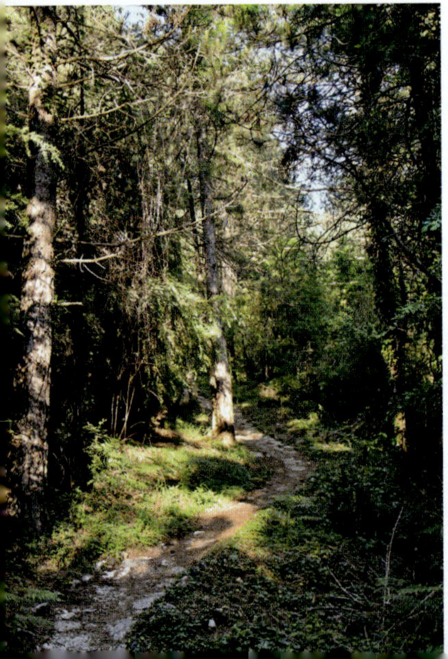

Anforderungen: Ein gepflasterter Weg führt bis zum Cäsar-Pass hoch. Dort beginnt ein vorwiegend ebener Pfad durch den Wald vorbei an der Ponace-Quelle. Er ist ebenfalls weiß-rot-weiß markiert.

Einkehr: Am Ende der Rundtour finden sich an der Straße mehrere Restaurants.

Unterkunft: Siehe Tour 2.

Tipp: Der erste Teil der Tour bis zum Cäsar-Pass eignet sich bestens für einen kurzen Sonnenuntergangsspaziergang. Der insgesamt etwa halbstündige Spaziergang (ca. 1,5 km) kann im Anschluss ideal verbunden werden mit einem Abendessen in einem der vielen Restaurants an der Straße sowohl unterhalb als auch oberhalb des Parkplatzes.

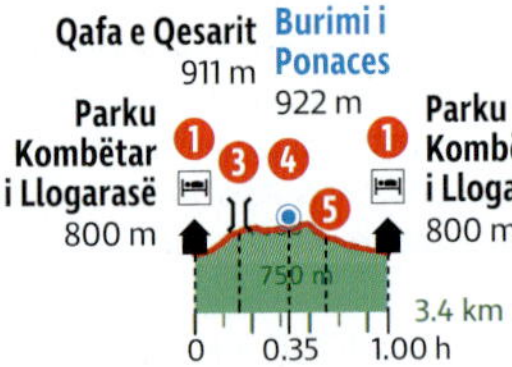

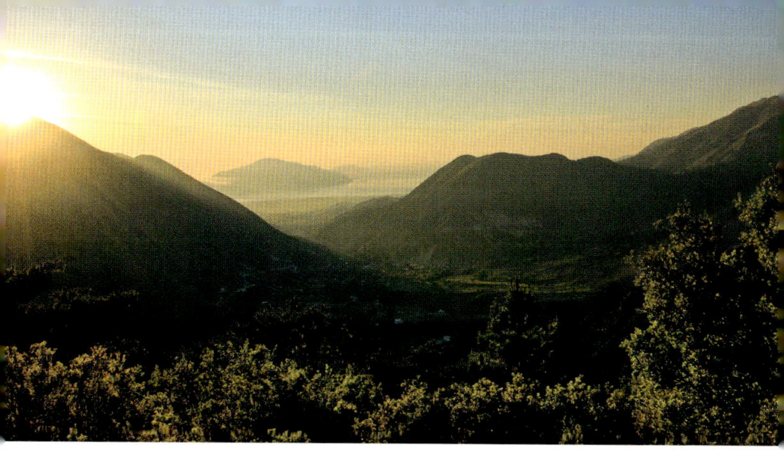

Der Cäsar-Pass ist ein perfekter Ort für Liebhaber letzter abendlicher Sonnenstrahlen.

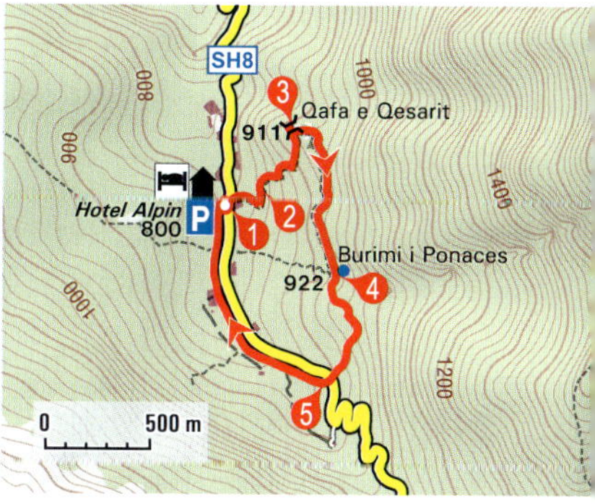

Vom **Parkplatz** ❶ gehen wir zwischen den Hotels Alpin und Sofo auf einem Wiesenweg in den Wald. Der mit Steinen ausgelegte und mit Stufen versehene **Weg** ❷ hinauf zum Cäsar-Pass zweigt dann nach rechts ab. Auf der Ebene führt ein erdiger Pfad die letzten Meter vom Waldrand zu der gemauerten Terrasse am **Qafa e Qesarit** ❸.

Von hier können wir eine Schleife durch den herrlichen Wald mit Pinien, Schwarzkiefern, Bulgarischen Tannen, Eiben und Europäischen Hopfenbuchen machen. Wir sind hier im Herzen des Nationalparks, der auch Wölfe und Steinadler beheimatet. Der Weg vom Aussichtspunkt in den Wald über die buschbewachsene Ebene wird freigeschnitten, kann aber je nach Jahreszeit leicht übersehen werden: 50 m vor der Terrasse geht es nach Osten, auf den Gipfel des Qorre zu, nach etwa 75 m dreht der Pfad nach Süden in Richtung Wald.

Auf einem schmalen Waldpfad geht es nun vorwiegend eben am Hang entlang. Nach 700 m kommen wir an die **Burimi i Ponaces** ❹. Sie ist die einzige Trinkwasserquelle und versorgt die unterhalb gelegenen Hotels. Ein roter Pfeil auf einem Felsen weist uns den Weg: Wir klettern eine Leiter hinauf und gehen dann sachte bergan, ehe wir nach etwa 350 m nach Südwesten zur **Straße** ❺ absteigen. Zu unserem **Parkplatz** ❶ sind es abfallend nach rechts auf der Straße 1,1 km.

↗ 1700 m | ↘ 1700 m | 20.9 km

4 Maja e Çikës, 2045 m

10.15 h

Auf der Spitze des Ceraunischen Gebirges

Die anspruchsvolle, weil lange Tour führt uns auf die mächtige Bergkette des Çika, die sich nur 5 km vom Meer entfernt 2000 m hoch erhebt. Schon Ptolemäus schrieb über diese »von Blitzen gespaltenen Gipfel«, so die Bedeutung des Namens »Ceraunisches Gebirge«. Aufgrund ihrer eindrucksvollen Aussichtspunkte in alle Himmelsrichtungen ist die Tour auch ohne Gipfelbesteigung sehr lohnend und dementsprechend guten Gewissens kürzbar. Besonders ambitionierte Bergsteiger können zusätzlich den Qorre, 2018 m, erklimmen oder auf dem Grat des Gebirgszuges weiter gen Süden streben (siehe Varianten).

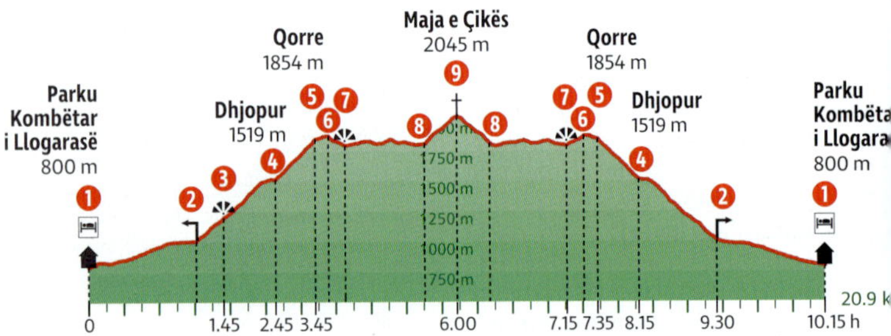

Ausgangspunkt: Llogara-Nationalpark, Parkplatz gegenüber den Hotels Alpin und Sofo, 800 m. Busse aus Tirana und Vlora halten am Tunneleingang oberhalb von Dukat. Hotels am Llogara-Pass holen Gäste von dort ab.
Alternativer Ausgangspunkt: Llogara-Pass. Bis hierher kann man mit dem Auto fahren und bei den Cafés/Restaurants auf der Südseite des Passes parken (spart 6 Km Asphalt und 230 Hm Auf- und Abstieg).
Anforderungen: Die Tour ist lang und entsprechend anstrengend. Wichtig ist, ausreichend Wasser mitzunehmen, da es unterwegs keine Quellen gibt. Zudem sollte die Wettervorhersage beachtet werden: Aufgrund der exponierten Lage in Meeresnähe fungieren die Berge als Wetterscheide, auf dem Kamm können starke Winde herrschen, Wolken bilden sich hier schnell und schränken die Sicht ein. Es ist ratsam, auch bei guten Wetterbedingungen früh aufzubrechen, da sich der Çika nachmittags häufig in Wolken hüllt – selbst wenn es an den Stränden 2000 m tiefer herrlich sonnig ist.
Einkehr: Cafés am Qafa e Llogarasë.
Unterkunft: Mehrere Hotels in der Nähe des Ausgangspunkts, siehe Tour 2.
Varianten: 1. Das Plateau 7 auf dem Kamm südöstlich des Qorre ist ein lohnendes Ziel und bietet daher eine gute Möglichkeit, die Tour zu verkürzen, indem man nur bis hierher wandert. Von hier hat man einen tollen Blick ins Hinterland, die Aussicht auf das Ionische Meer und die Vlora-Bucht lassen sich

schon beim Aufstieg genießen. Von den Hotels sind es hin und zurück insgesamt 14,9 km und 1220 Hm Auf- und Abstieg, vom Pfadbeginn am Llogara-Pass 2 8,7 km und 980 Hm.

2. Von 5 kann man den Qorre, 2018 m, besteigen. Der steile Anstieg nach Norden auf den 150 m höher gelegenen Gipfel ist auf einem Fels mit Pfeil angeschrieben, aber nicht markiert und meist pfadlos. Der Wiesenhang ist mit zahllosen Steinen und Baumstümpfen durchsetzt, unser GPS-Track dient als Orientierungshilfe, man muss aber selbst nach dem besten Aufstieg suchen. Oben angekommen, überschreitet man den Gipfel nach Osten und steigt dann den Südosthang pfadlos ab, bis man bei 6 auf den südlich um den Qorre herumführenden markierten Pfad zum Çika trifft. An dieser Stelle ist der Pfad nicht sehr deutlich, die weiß-rot-weißen Markierungen sind aber zu finden. Wer auch den Çika in Angriff nimmt, kommt insgesamt auf eine Tourlänge von 21,8 km und 1810 Hm. Wer direkt den markierten Pfad entlang des Südhangs zurück zum Llogara-Pass wählt, hat am Ende 14,3 km und 1270 Hm geschafft.

Hinweis: Eine markierte, jedoch sehr anspruchsvolle Route ist die Begehung des Küstenkamms vom Çika aus. Weiter bis Vali i Bufit, einer Hirtenalm mit der einzigen Wasserquelle auf dem Weg, sind es vom Gipfel 5,5 km, 220 m Auf- und 670 m Abstieg. Von dort kann man auf dem Kamm weiter nach Pilur wandern oder nach Ilias an der Küstenstraße absteigen. Der Abstieg (1300 Hm) ist 7,5 km lang. In Ilias ist es möglich, mit dem Bus zurück zum Llogara-Pass zu fahren (Kosten 300 Lek) oder in die andere Richtung nach Vuno oder Himarë, wo es Unterkünfte gibt. Wichtig: Vorab den Fahrplan erfragen, um nachmittags nicht ohne Verbindung dazustehen. Nicht weit von Ilias ist die Gjipë-Bucht, wo gezeltet werden kann. Die Länge (insgesamt 23,7 km, 1770 m Aufstieg, 2250 m Abstieg), manch erodierte Passage und die dem Wetter extrem ausgesetzte Lage machen diese Route zu einer Option, die nur sehr erfahrene Wanderer in Betracht ziehen sollten.

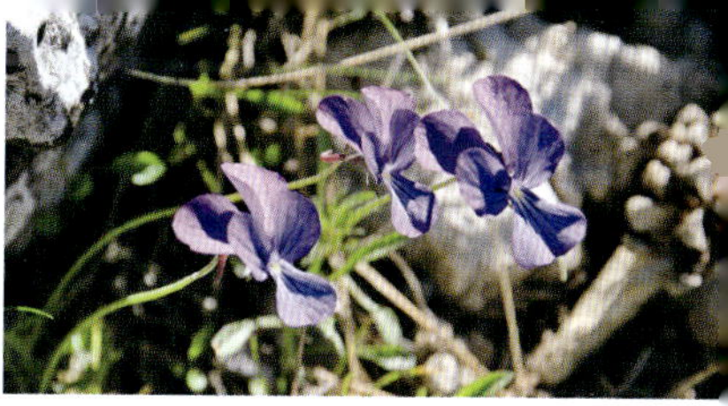

Wildes Stiefmütterchen am Qorre.

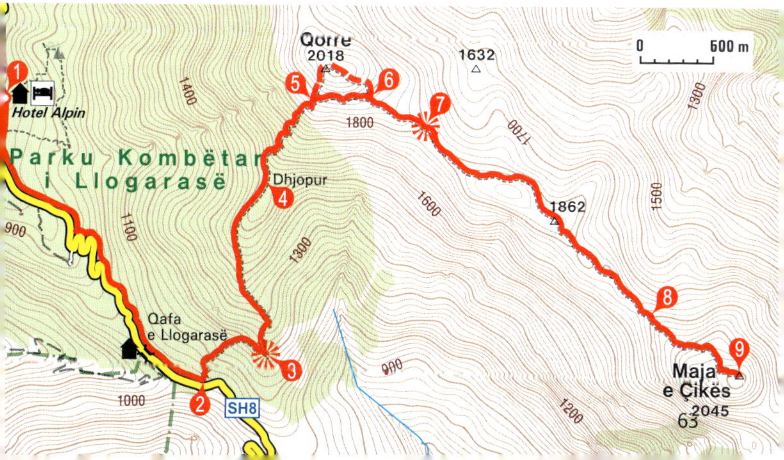

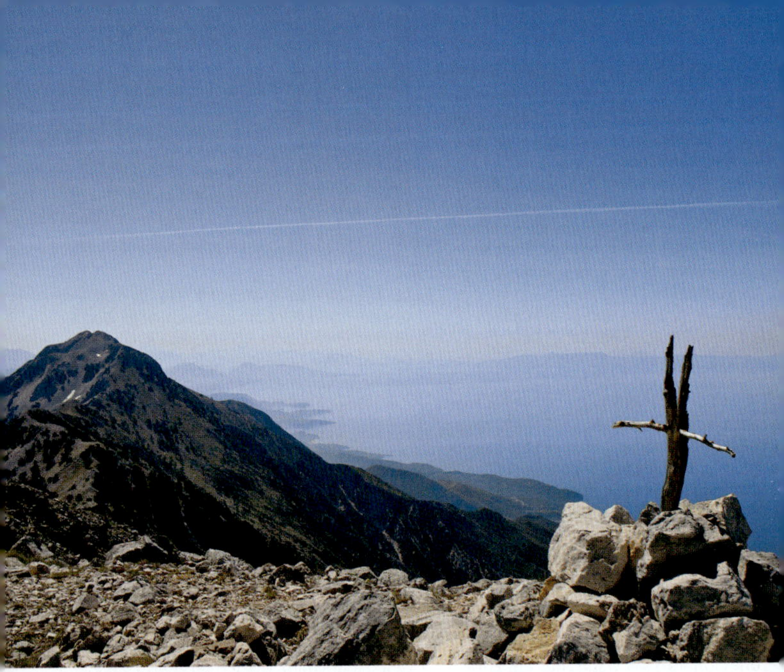

Beste Sicht vom Qorre auf den Maja e Çikës und das Ionische Meer.

Vom **Parkplatz** ❶ an den Hotels gehen wir die Straße 3 km aufwärts zum **Llogara-Pass**. Bis hierher kann man auch mit dem Auto fahren. Nach den Restaurants zweigen wir an einem gelben **Wegweiser** ❷ von der Straße nach links in den Wald ab. Irritierend ist, dass das große grüne Hinweisschild »Mount Çika« mit Übersichtskarte weiter südlich an der Straße steht. Die Besteigung des Çika beginnt jedoch am gelben Wegweiser, die Markierungen sind weiß-rot-weiß gestreift. Wir steigen auf dem erdig-felsigen Bergpfad schnell an, queren einen Pfad, schlüpfen unter einem riesigen umgefallenen Baum durch und erreichen einen ersten **Aussichtspunkt** ❸ mit Blick nach Süden. Von nun an gehen wir nicht ausgesetzt auf dem Ausläufer des Qorre aufwärts, oft etwas links vom Grat und dadurch – wie auch von Bäumen – vor der Morgensonne geschützt.
Vom nächsten Aussichtspunkt blicken wir auf Orikum, die Halbinsel Karaburun und die Vlora-Bucht mit der Insel Sazan. Wir halten auf dem Rücken geradewegs auf den Gipfel vor uns zu, den Qorre, und kommen an einer Hirtenhütte, **Dhjopur** ❹, vorbei. Nach dem kleinen Sattel wird es etwas steiler, der Pfad führt uns wieder auf eine freie Stelle des Ausläufers mit Blick nach Süden. Hier müssen wir gleich wieder links in den Wald zurück.

Die Markierung auf dem Felsen ist leider erst von oben zu sehen. Weiter geht es links des Grats in Serpentinen, ehe wir erneut die Aussicht nach Süden genießen können, wo zahllose Ausläufer der Bergkette ins Meer tauchen und so Canyons und Buchten formen. 100 m weiter ist der **Abzweig »M. Qorre«** ❺ mit einem Pfeil markiert (siehe Variante 2, Besteigung des Qorre).

Wir lassen den Qorre links liegen und queren seine Südflanke auf einem guten Pfad ohne viel weiteren Höhengewinn, vorbei an abgestorbenen Bäumen, bis wir auf den Südostausläufer des Qorre treffen. Wer den Qorre überschritten hat, kehrt hier auf den markierten **Pfad** zurück ❻. In Serpentinen steigen wir zum welligen Plateau unter uns ab, entlang der Bäume auf der rechten Seite, und erreichen eine schöne **Raststelle** ❼, 1798 m, mit Aussicht in das Shushica-Tal und das bergige Hinterland. Hier kann man die Tour guten Gewissens enden lassen und auf der Aufstiegsroute zum Llogara-Pass zurückkehren (siehe Variante 1).

Wir wollen aber auf den Çika und folgen daher dem Kammverlauf nach Südosten. Bald schlängelt sich der Pfad auf der landeinwärts gerichteten Seite am Kamm entlang. Wir queren zwei Geröllfelder, bevor wir wieder auf den Kamm kommen und nach einem Sattel nun auf der Meerseite weiterwandern, unter uns das Palasë-Delta. Etwas unübersichtlich ist kurz darauf die Stelle, an der wir zurück auf den Kamm steigen: An einem extrem zum Hang geneigten Baum müssen wir nach links ein sehr kurzes pfadloses Stück (35 m) auf der felsdurchsetzten Wiese hoch zum **Grat** ❽. Unterhalb des Baums ist eine vertikale Markierung, neben dem Baum ein Steinmännchen.

Den Vorgipfel umgehen wir dann auf der linken Seite, queren ein Geröllfeld, lassen das Kar rechts liegen und steigen links davon weiter an. Oberhalb des Kars kehren wir an einer Zisterne vorbei auf den Kamm zurück. Noch einmal narrt uns der Berg, denn die Spitze vor uns ist wieder nicht der Gipfel. Der liegt aber wenige Meter dahinter, und wir können endlich vom **Maja e Çikës** ❾, 2045 m, auf das Ionische Meer blicken.

Der Abstieg erfolgt auf der Aufstiegsroute zurück zum **Parkplatz** ❶.

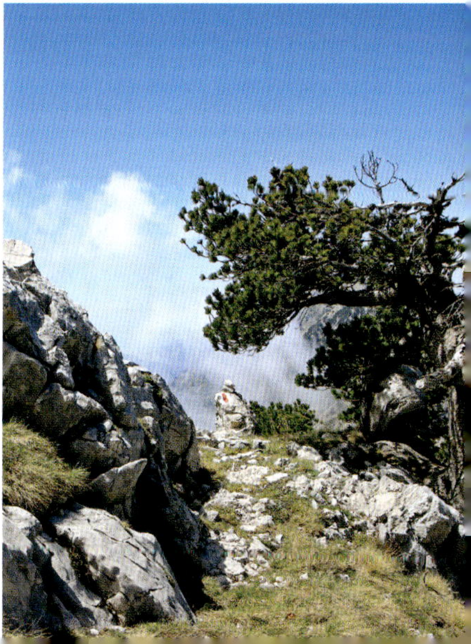

Kammwandern für Genießer.

↗ 620 m | ↘ 1420 m | 14.3 km

5 Llogara – Grama-Bucht

6.30 h

Durch den Nationalpark zu einer versteckten Bucht

Ein geheimer Ort ist die Grama-Bucht nicht. Schon im 6. Jahrhundert v. Chr. wurde hier Kalkstein aus den steilen Felswänden geschlagen – für die antiken Städte Apollonia, Oricum und Durrës. Davon zeugen die Inschriften und Steinbecken, in denen Regenwasser gesammelt wurde. Versteckt vor dem Massentourismus ist die Gjiri i Gramës dennoch, denn die Bucht ist nur per Boot oder eben zu Fuß zu erreichen, und es gibt keine Unterkünfte (außer dem eigenen Zelt).

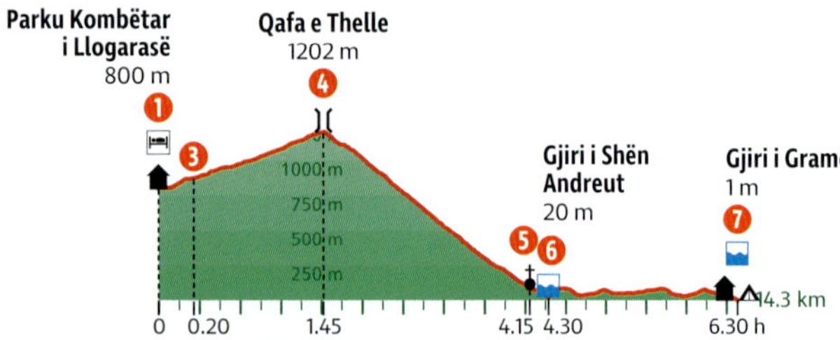

Ausgangspunkt: Llogara-Nationalpark, Parkplatz gegenüber den Hotels Alpin und Sofo, 800 m. Busse aus Tirana und Vlora halten am Tunneleingang oberhalb von Dukat. Hotels am Llogara-Pass holen Gäste von dort ab.
Endpunkt: Gjiri i Gramës, 1 m. Wer nicht hier zelten und mit Tour 6 weiterwandern will, kann sich von verschiedenen Unterkünften oder Tourismusanbietern entlang der Küste eine Abholung per Boot organisieren lassen, z.B. vom Hotel Restaurant Luçiano in Dhërmi (Tel. +355 69 7986560, l.vangjeli@yahoo.com, lucianodhermi.al).
Anforderungen: Die Tour ist ohne besondere Schwierigkeiten, der Abstieg vom Qafa e Thelle kann überwachsen sein. Wir empfehlen lange Hosen und GPS-Navigation.
Einkehr: Siehe Unterkunft.
Unterkunft: In der Grama-Bucht kann man am Strand zelten. Kristo Kashuri (Tel. +355 67 4785480) bietet von Juni bis September Verpflegung in seiner Bar. Eine Wasserquelle und Strom sind nicht vorhanden.
Varianten: 1. Route über Dedehiles, nur mit GPS-Navigation gehen (enthalten in den GPS-Tracks zu diesem Buch): Vom Qafa e Thelle 4 kann man entlang der Bergkette nach Nordwesten bis zu den Wasserbassins Burimi i Dedehiles wandern und von dort auf Hirtenpfaden hinab zur Grama-Bucht absteigen. Der Abschnitt bis Dedehiles war vor wenigen Jahren noch markiert, wird aber nicht instandgehalten. Der Pfad ist an mehreren Stellen nicht gut zu erkennen. Beim Abstieg auch bei den Hirtenhütten unterhalb von Dedehiles auf den Pfaden bleiben, auch wenn das mitunter unangenehmen Kontakt mit Hütehunden mit sich bringt! Den Canyon unbedingt meiden, da er meterhohe Stufen hat, nach denen es kein Zurück gibt. Ab

Ausgangspunkt insges. 15,1 km, 620 Hm Aufstieg, 1420 Hm Abstieg.
2. Von der Sankt-Andreas-Bucht kann man in etwa 3 Std. (8 km, 250 Hm Auf- und Abstieg) die Küste entlang nach Palasë wandern (siehe Tour 6).

Hinweise: 1. Erste Etappe der Mehrtageswanderung Tour 5–9.
2. Den Abschnitt vom Pass Qafa e Thelle bis zur Sankt-Andreas-Bucht sind wir nicht selbst begangen. Da unsere ursprüngliche Route, die jetzige Variante, aber inzwischen stellenweise überwachsen ist, durch ein Hirtendorf mit freilaufenden Hunden führt und Markierungen nicht mehr sichtbar sind, haben wir uns entschieden, die an der Straße zum Llogara-Pass auf Wegweisern der nationalen Behörde für Schutzgebiete AkZM (etwas ungenau) abgebildete Route zur »Gjiri e Sh. Andreut« bzw. »Trail of Three Parks« zu beschreiben. Wir nutzen hierfür einen GPS-Track, den wir von der lokalen Schutzgebietsverwaltung, AdZM Vlora, zur Verfügung gestellt bekommen haben. Die Hänge sind mit Gräsern, Büschen und Blumen bewachsen. Daher empfehlen wir lange Hosen und GPS-Navigation.
3. Die Bucht liegt bereits am frühen Morgen im Sonnenschein. Am spätesten erreichen die Strahlen die (Richtung Meer gesehen) linke Seite unter dem antiken Steinbruch, am Nachmittag bietet die Felswand auf der rechten Seite Schatten. Nur auf etwa 3 m^2 scheint die Sonne nie. In der Mitte ist der Strand am sandigsten und weichsten, allerdings pfeift hier in der Nacht aufgrund des Canyonausgangs auch der Wind am stärksten.

Vom **Parkplatz** ❶ gegenüber den Hotels Alpin und Sofo gehen wir etwa 150 m die Straße aufwärts in Richtung Pass bis zu dem **gelben Schild** ❷, an dem unser erstes Zwischenziel, der Qafa e Thelle, angeschrieben ist. Wer von den oberhalb an der Straße gelegenen Hotels kommt, von denen es

Freundliche Begegnung am Qafa e Thelle.

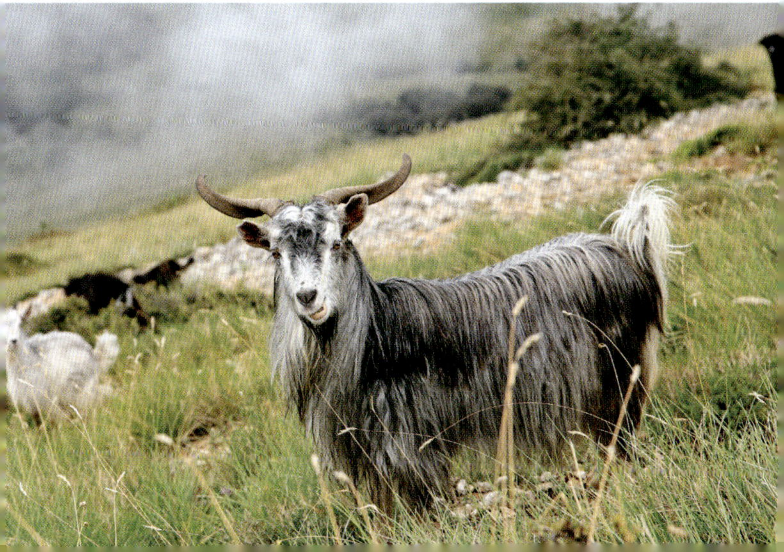

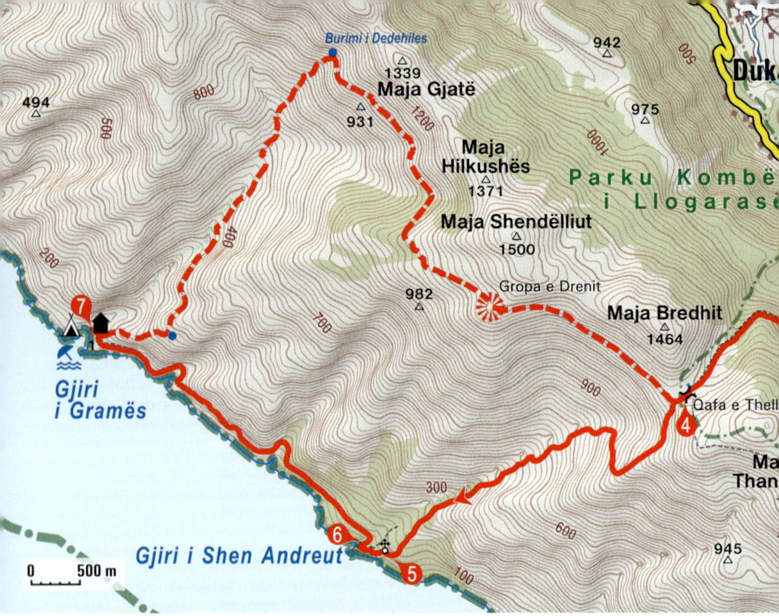

zum Pfadbeginn kaum weiter ist, darf sich nicht von dem grünen Hinweisschild zur Gjiri i Shën Andreut irritieren lassen. Der Pfad zur Bucht des heiligen Andreas und zur Grama-Bucht ist bis zum Thelle-Pass identisch mit der Llogara-Rundtour und beginnt hier am gelben Wegweiser.
Zunächst steigen wir im Nationalparkwald an, nehmen an der ersten Gabelung den rechten (rot-weiß-rot markierten) **Pfad ❸** und bleiben an den beiden nächsten Abzweigen auf dem besseren, ansteigenden Weg. Nachdem wir aus dem Wald getreten sind, folgen wir dem Talverlauf aufwärts, passieren eine betonierte Tiertränke, ein Wasserbassin und schließlich eine Hirtenhütte. Den Abzweig zur Llogara-Rundtour nach der Hütte lassen wir links liegen und gehen noch knapp 100 m geradeaus zum **Qafa e Thelle ❹**. Vor uns liegt das karartige Tal, an dessen Ende wir 1200 Höhenmeter unter uns die Sankt-Andreas-Bucht erkennen.
Den folgenden Abschnitt bis zur Sankt-Andreas-Bucht sind wir bislang noch nicht selbst begangen (siehe dazu »Hinweise« in den Kurzinfos). Es geht in südlicher bis südwestlicher Richtung abwärts, wir orientieren uns am linken Rand des Taltrichters. Nach etwa einem Kilometer biegen wir nach rechts ins Kar hinein und gelangen in einem großen Linksbogen in die Trichtermitte. Hier steigen wir weiter ab, wieder in südwestlicher Richtung. Wir halten uns dabei immer links der baumbestandenen Rinne. Das Kerbtal wird enger und wir verlassen es entlang des Baumbestands und die

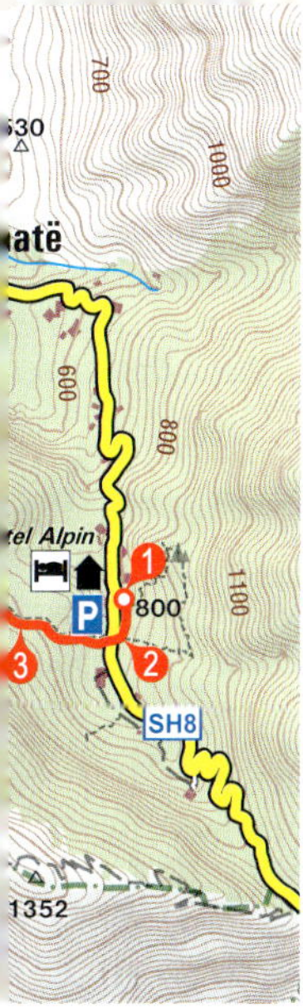

herablaufenden Felsbänder querend nach links. Es geht nun nur noch sehr gemächlich abwärts, weiterhin nach Südwesten. Der Baumbestand wird allmählich dichter. Auf einer Freifläche keine 150 Höhenmeter über dem Meer passieren wir Grundmauern und etwa 150 m weiter ein Bassin. Noch mal etwa 150 m weiter steht eine orthodoxe **Kapelle** 5. 150 m weiter westlich erreichen wir die erste von drei Serpentinen, die uns in die **Sankt-Andreas-Bucht** 6 bringen. Zeit für ein erstes Bad!

Vom Strandeingang geht es dann wieder hinaus aus dem Canyon, schnurstracks nach Nordwesten. Auf dem Plateau zu Beginn ist der Pfad nicht immer eindeutig, aber nach der Querung einer kleinen Rinne am nun steileren Berghang wieder besser zu erkennen. Die Richtung ist ohnehin durch die Küstenlinie vorgegeben: Es geht immer nach Nordwesten, unterbrochen nur von zwei tief eingeschnittenen kleinen Buchten. Nach gut 4 km erreichen wir verfallene Barracken zwischen Felsen auf einer ebenen Fläche. Nun müssen wir nur noch nach rechts hinunter in die **Gjiri i Gramës** 7, ehe wir unser wohlverdientes Bad im Meer genießen können.

Das allabendliche Farbenspiel in der Grama-Bucht ist Wanderern mit Zelt vorbehalten.

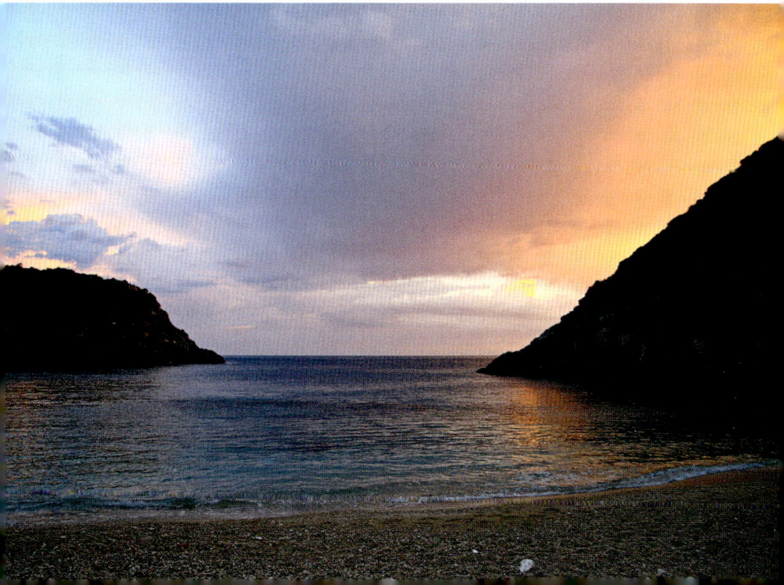

TOP

6 Grama – Palasë

↗ 400 m | ↘ 400 m | 12.7 km

5.00 h

Der Karaburun-Sazan-Meeresnationalpark von seiner schönsten Seite

Diese herrliche Wanderung entlang der Karaburun-Steilküste ist die eindrucksvollste und zugleich einsamste an der Albanischen Riviera. Denn die meisten Tagesbesucher der malerischen Buchten Grama und Sankt Andreas mit ihren einladenden Sandstränden kommen mit dem Boot, die blühenden Wiesen und urwaldartigen Wälder dazwischen sind ganz den vereinzelten Fußgängern überlassen. Immer knapp über dem Meeresspiegel wandern wir durch die Heimat der Bienen, deren Honig oben am Llogara-Pass verkauft wird, passieren orthodoxe Kapellen und so manchen Canyon, der von den 1500 m hohen Gipfeln in das seit 2010 unter Naturschutz stehende einmalige Ökosystem hinabführt.

Ausgangspunkt: Gjiri i Gramës, 1 m. Erreichbar zu Fuß (in Verbindung mit Tour 5) oder per Boot: Verschiedene Unterkünfte und Tourismusanbieter entlang der Küste von Dhërmi bis Himarë organisieren Fahrten zur Grama-Bucht, zum Beispiel Hotel Restaurant Luçiano in Dhërmi (Tel. +355 69 7986560, l.vangjeli@yahoo.com, lucianodhermi.al).
Endpunkt: Restaurant Shpella, 9 m. An der 2,2 km entfernten Kreuzung der asphaltierten Strandzufahrt mit der Küstenstraße halten Busse nach Vlora und nach Himarë via Dhërmi, Vuno, Jalë. Fahrzeit bis Vlora etwa 50 Min., bis Himarë etwa 30 Min. Abfahrtszeiten in Vlora und Himarë siehe Seite 55 und 80.
Anforderungen: Leichtes Auf und Ab auf einem guten Pfad. Bis zur Sankt-Andreas-Bucht nicht markiert, aber gut zu finden, danach weiß-rot-weiße Streifen.
Einkehr: Unterwegs keine. Restaurant Shpella; schönes Ambiente in der namengebenden Höhle und gutes Essen (frische Fische), Camping möglich.
Unterkunft: Zelten beim Rest. Shpella (Duschkabinen am Strand); Hotels in **Drymades** (siehe Tour 7, Gehzeit 1 Std.).
Variante: Um ohne die beschwerliche Bergüberschreitung (siehe Tour 5) zu den Buchten zu gelangen, kann man die Tour von Palasë aus in umgekehrter Richtung gehen. Der Wanderweg beginnt etwa 100 m vor dem Nordende des Strands an einem umgestürzten Strommast unterhalb eines buschbewachsenen Kliffs, hinter dem eine Kapelle liegt. Bis zur Gjiri i Shën Andreut sind es 8,5 km und etwa 250 Hm.
Hinweis: Zweite Etappe der Mehrtageswanderung Tour 5–9.
Tipp: Im hinteren Teil der Sankt-Andreas-Bucht spenden Bäume Schatten, vorne am Strand eine Höhle. Hier kann auch gut gezeltet werden.

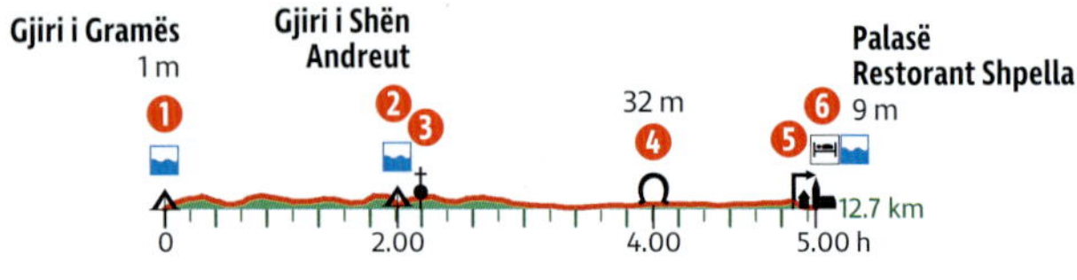

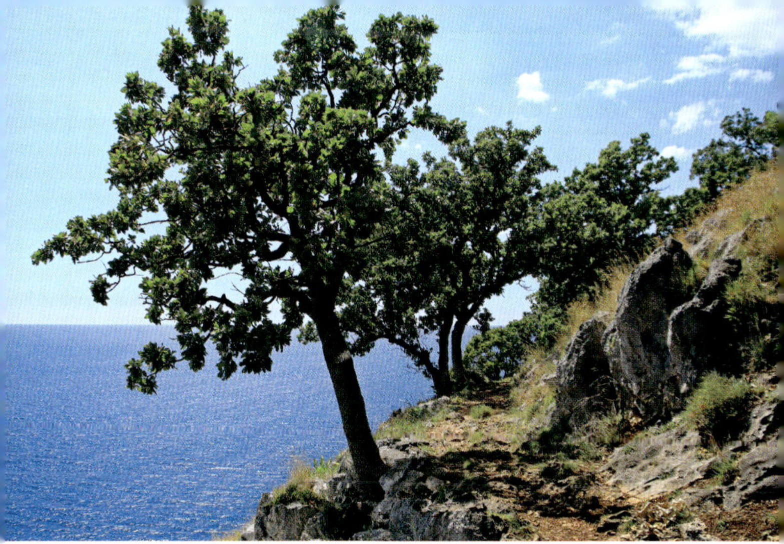

Nah, aber unerreichbar – das Meer am Klippenfuß.

Von der **Grama-Bucht** ❶ steigen wir auf das kleine Plateau im Süden und gehen dort an den Ruinen vorbei, um dann auf dem herrlichen Küstenpfad etwa 50 m über dem hier tiefblauen Ionischen Meer nach Südosten gen Palasë zu wandern. Oft weht uns eine Brise den Duft von Blumen und Kräutern in die Nase, Eichen spenden später Schatten. Bei der zweiten tief eingeschnittenen Bucht, die wir umschreiten und an die sich ein Canyon anschließt, kann man eine Höhle entdecken.

Im weiteren Verlauf entfernen wir uns etwas von der Küste, überqueren eine kleine Rinne und gelangen so auf ein Plateau. Hier ist der Pfad mitunter nicht ganz klar zu erkennen, die Orientierung aber unproblematisch: Wir gehen weiter in südöstlicher Richtung, und schon 400 m weiter beginnt der nicht zu übersehende Abstieg in die Andreas-Bucht. Vor uns erkennen wir schon die dachlosen Klosterüberreste. Unten am Strandeingang steht ein Baum mit einer Markierung am Stamm. Nach 2 Std., in denen uns die steilen Felskliffe vom Meer getrennt haben, ist die türkisklare **Gjiri i Shën Andreut** ❷ ein traumhafter Ort für eine Badepause.

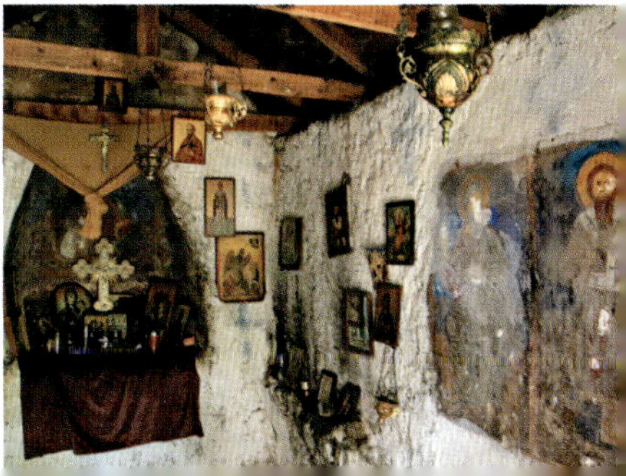

Die orthodoxe Kapelle am Wegesrand.

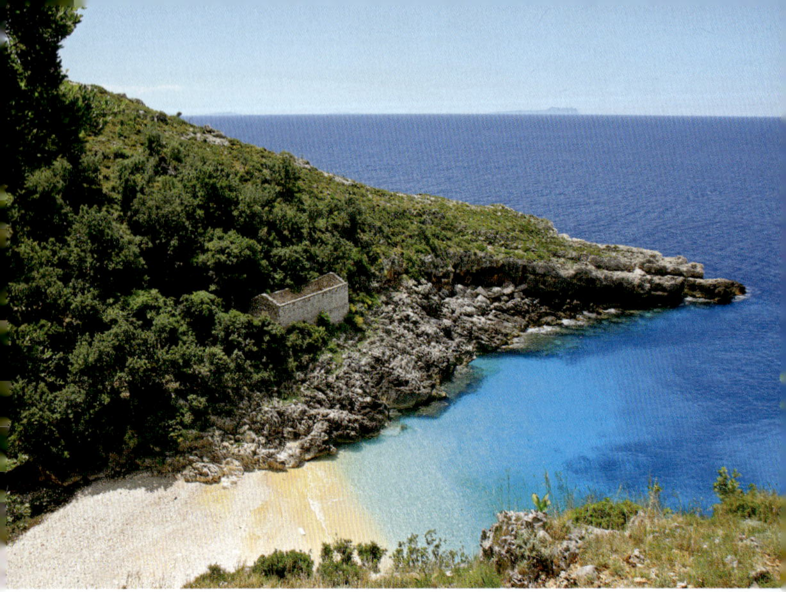

Von Mönchen verlassen, bei Badenden beliebt: Andreas-Bucht.

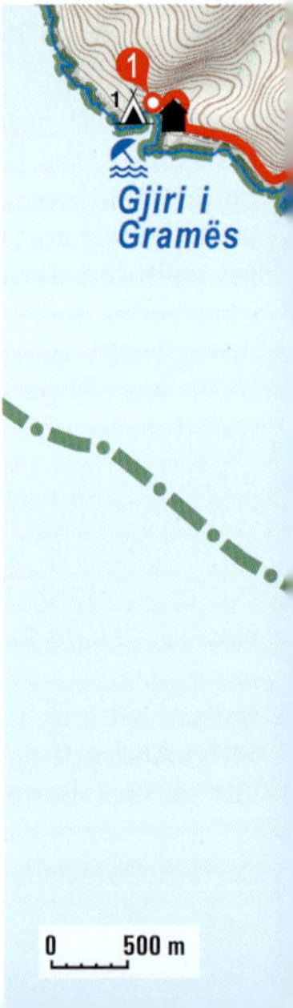

Von dem markierten Baum steigen wir aus der Bucht auf, von nun an ist der Pfad mit weiß-rot-weißen Streifen markiert. Wir lassen das Kloster rechts liegen, bewegen uns kurz auf den Gjipalit-Gipfel und den Qafa e Thelle zu, zu dem ein Pfad geradewegs aufwärtsführt. Wir wenden uns an dem Abzweig jedoch nach rechts und erklimmen auch die letzten Meter auf die Klippen. Nun ist Aufmerksamkeit geboten: Wir gehen zunächst nicht direkt an der Küste entlang, sondern etwa 150 m landeinwärts nach Osten, ehe der Pfad nach Süden dreht und uns in dem lichten Eichenwald an einer **orthodoxen Kapelle** ❸ vorbeiführt.

Nach der Kapelle mit ihren bunten Wandbildern hangeln wir uns im Wald zunächst in südöstlicher, dann östlicher Richtung von Markierung zu Markierung (leider sind sie aus der Gegenrichtung besser zu erkennen als in unserer Richtung), bis der Pfad 300 m nach der Kapelle wieder zu einem perfekten Wanderweg mit geringem Höhenunterschied wird. Dicke türkise Eidechsen rascheln am Wegesrand, Schlangen nehmen Reißaus.

3 km nach der Sankt-Andreas-Bucht können wir erstmals bis Dhërmi sehen und das Kloster Sankt Theodor hoch oben auf der Landzunge erkennen. Nach weiteren 2 km kommt das Palasë-Delta und das neue monströse Green Coast Luxus Ressort ins Blickfeld. In der Kehre über der Bucht nach diesem Aussichtspunkt liegt hinter dem Fels eine kleine windgeschützte **Höhle** 4.

Auf dem letzten Stück bis Palasë gibt es keine Schatten spendenden Bäume mehr. Wir passieren große, in den Berg gebaute Bunker und folgen dann dem Fahrweg, der nach den Bunkern beginnt. Sollte die Passage an den Bunkern vorbei nicht möglich sein, weil die Höhlenbunker als Stallungen genutzt werden und der Bereich davor abgesperrt ist, muss man zum 10 m höher gelegenen turmartigen Bunker ansteigen (der auf der Südseite eine Markierung trägt) und von dort auf einem Pfad wieder bergab zum Fahrweg. Diesen verlassen wir schon bald in der großen **Linkskehre** 5 mit Blick auf die Neubauten nach rechts hinunter Richtung Meer an einem großen Baum vorbei. Hinter einer Kapelle erreichen wir den Strand und beenden unsere Wanderung vor dem zum Ressort gehörigen Strandteil beim **Restaurant Shpella** 6. Über die asphaltierte Zufahrt (2,2 km) kann man zur Küstenstraße gelangen, wo Busanschluss besteht. Die Tour kann auch bis Drymades (Tour 7) verlängert werden, wo sich Hotels und Campingplätze finden.

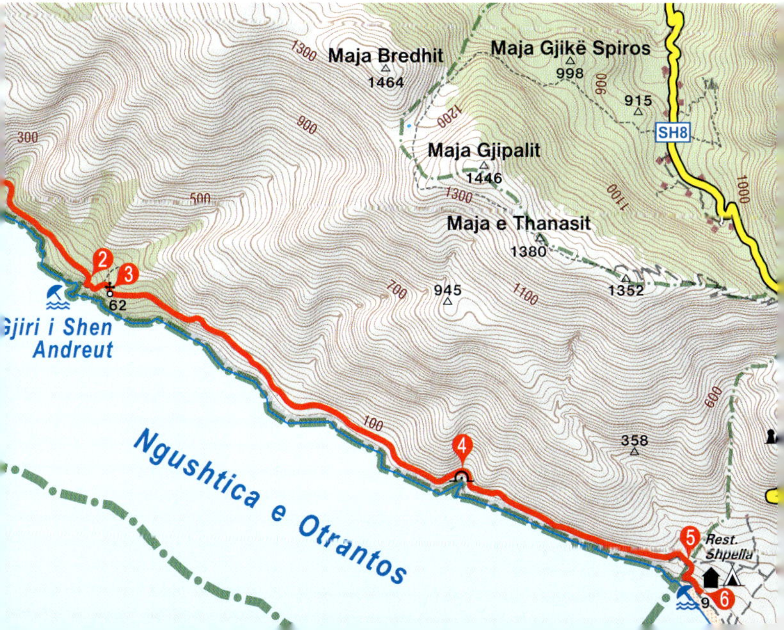

↗ 90 m | ↘ 90 m | 6.0 km

7 Palasë – Dhërmi

1.45 h

Von Strand über Strand zu Strand

Aufgrund der umgebenden Bergkette und der somit erschwerten Zugänglichkeit wurde Albaniens Südküste nicht industrialisiert. Folglich ist das Ionische Meer im Hochsommer das populärste Ausflugsziel der Albaner. Inzwischen entdecken aber auch mehr und mehr internationale Touristen die Badedestinationen mit dem paradiesisch klaren Wasser. Auf dieser kurzen Wanderung, die Zeit genug lässt für ausgedehnte Schwimmpausen, lernen wir gleich drei beliebte Sandstrände und dazu ein paar kleine versteckte kennen: Vom Naturdenkmal Palasë-Delta geht es via Drymades nach Dhërmi. Drymades ist übrigens einfach nur das griechische Wort für Dhërmi – und dient der Unterscheidung der beiden großen Strände.

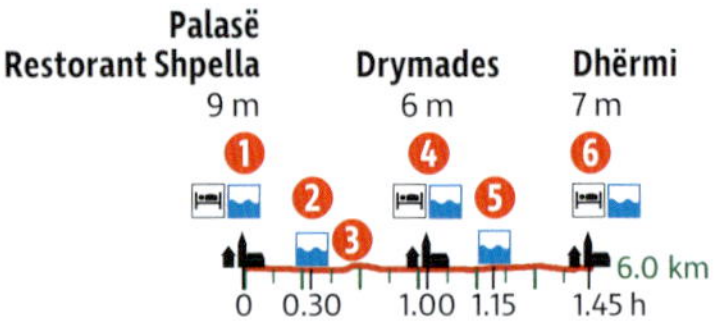

Kunst statt Krieg: moderne Bunkernutzung bei Dhërmi.

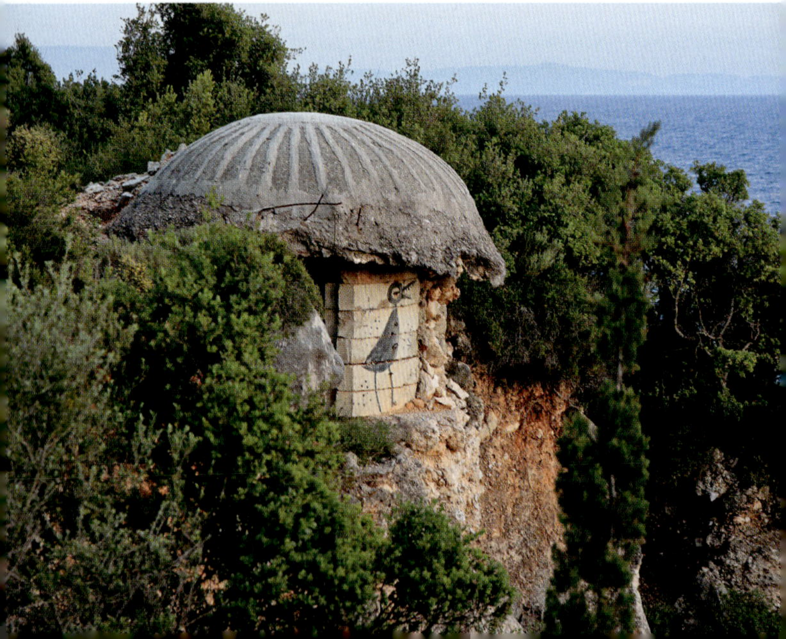

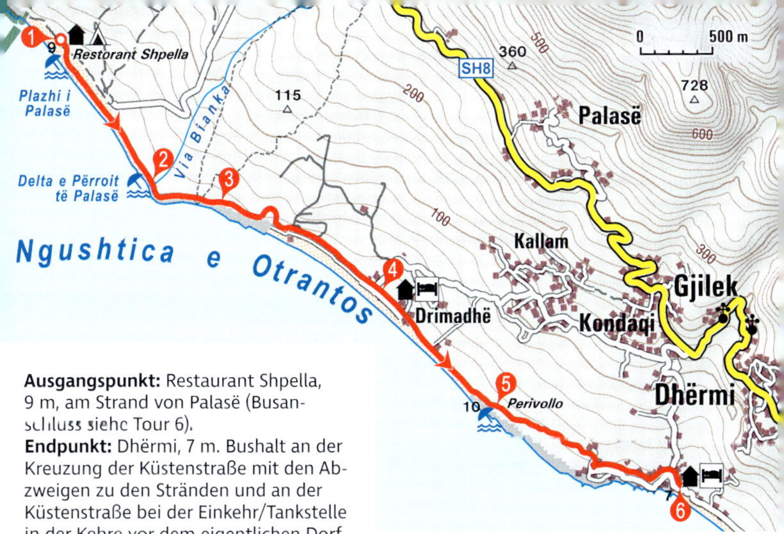

Ausgangspunkt: Restaurant Shpella, 9 m, am Strand von Palasë (Busanschluss siehe Tour 6).
Endpunkt: Dhërmi, 7 m. Bushalt an der Kreuzung der Küstenstraße mit den Abzweigen zu den Stränden und an der Küstenstraße bei der Einkehr/Tankstelle in der Kehre vor dem eigentlichen Dorf Dhërmi. Fahrzeit bis Vlora etwa 1 Std., bis Himarë etwa 30 Min. Abfahrtszeiten in Vlora und Himarë siehe Seite 55 und 80.
Anforderungen: Anfangs weglos über Sand- und Kiesstrand, insgesamt leicht. Nicht markiert.
Einkehr: Verschiedene Restaurants und Bars an der Strandpromenade Drymades.
Unterkunft: Drymades: Verschiedene Hotels, Bungalows und Campingmöglichkeiten, u. a. Drymades Inn (Tel. +355 69 2074004, info@drymadesinn.al, drymadesinn.al), Morina Palace (facebook.com/morina.beach). – **Dhërmi:** Hotel Restaurant Luçiano (Tel. +355 69 7986560, l.vangjeli@yahoo.com, Mitte März bis Ende Oktober, Vierbett-Zimmer 4000 Lek/ 30 € [Nebensaison] bis 9000 Lek/70 € [Hauptsaison], Frühstück 500 Lek, Pizzaofen, eigener Fischfang, Bootstouren u. a. zur Grama-Bucht). – Weitere Hotels für beide Orte auf hotels-al.com/de, booking.com, Tripadvisor und anderen Portalen.
Einkauf: Supermarkt in Drymades (am Strand) und Dhërmi (50 m die Straße aufwärts in Richtung Küstenstraße).
Hinweis: Dritte Etappe der Mehrtageswanderung Tour 5–9.
Tipp: Was für die Region als Ganzes gilt, trifft auf diese Tour besonders zu: Im Hochsommer sollte man sie meiden. Zum einen ist es zu heiß, zum anderen sind die Strände Palasë, Drymades und Dhërmi überaus gut besucht. Im Mai sowie September/Oktober badet es sich ungestörter.

Vom **Restaurant Shpella** ❶ gehen wir zunächst am Strand von **Palasë** am Meer entlang in Richtung Südosten. Das **Palasë-Delta** ❷ gilt als Naturdenkmal, die leuchtend weißen Steine sind Geröll vom Maja e Çikës, in der Brandung steht ein umgedrehter Bunker. Nach dem kleinen bewachsenen Kap liegen die Steine bis ans Wasser, dann folgt noch einmal ein Sandstrand. Von diesem führt ein **Fahrweg** ❸ nach links hoch über das

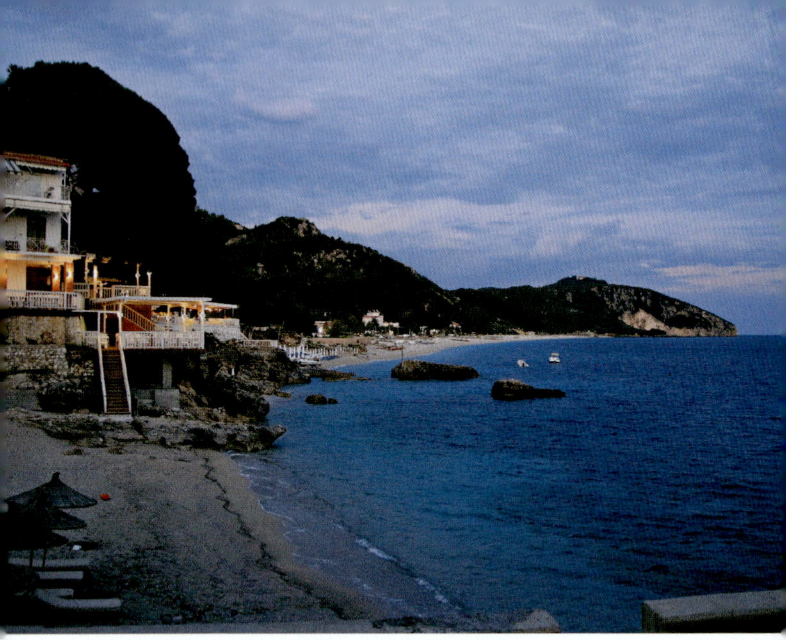

Dhërmis Strände und Terrassen laden zum Verweilen ein.

Kliff zum Drymades-Strand, den wir am Summer Dream Hotel (zu diesem gehört der Strand hinter dem Felsentor) erreichen, um dann auf dem Fahrweg am Strand entlangzuspazieren.

Drymades ❹ bietet diverse Unterkünfte von Camping und Bungalows bis zum Luxushotel, am Straßenkreisel befinden sich ein Supermarkt und Geldautomat. Beim Hotel Drymades Inn endet die asphaltierte Straße, wir gehen auf Sand am Morina Palace vorbei bis zu den Felsen am Strandende. Links oberhalb der Steine ist ein Bunker, an dem ein Pfad beginnt. Er führt uns etwa 10 m oberhalb der Küste durch Wald und Büsche, immer wieder laden die kleinen, felsumfassten Strände von **Perivollo** ❺ zum Baden ein. Dem Pfad weiter folgend passieren wir zwei Mauern, an der zweiten beginnt ein erdiger Fahrweg. So gelangen wir zwischen dem Splendor Hotel & Spa und dem Empire Ressort auf die Straße und gehen nach rechts in Richtung Meer. Vor dem Hotel Dhërmiu wenden wir uns nach links und treffen schließlich auf die Straße, die von der Küstenstraße abführt. An dieser 50 m aufwärts ist ein Supermarkt auf der linken Seite. Wir biegen jedoch nach rechts ab und beenden unsere Tour am Parkplatz am Beginn der Strandpromenade von **Dhërmi** ❻ beim Wegweiser. Hier befindet sich das Hotel/Restaurant Luçiano.

↗ 180 m | ↘ 190 m | 4.7 km

1.30 h

Dhërmi – Gjipë

8

Ein Strand abseits der Massen

Grillen zirpen, Glühwürmchen funkeln wie Sterne über dem Zeltplatz – der Gjipë-Canyon mit seinen steilen Felswänden und dem breiten Sandstrand ist ein besonderer Ort. Mit Ausnahme der Geländewagen der Bar- und Campingplatzbetreiber ist er nur zu Fuß zu erreichen. Vom touristischen Dhërmi sind es keine zwei Stunden bis zu diesem Kleinod, das mit Routen für Sportkletterer aufwartet. Nach etwa zwei Drittel der Strecke erreicht man das jüngst restaurierte Kloster Shën Theodhorit mit wunderbarem Ausblick.

Ausgangspunkt: Am Beginn der Strandpromenade von Dhërmi, 7 m, beim Hotel Luçiano. Von der Küstenstraße kommend, wo der Bus hält, sind es hierher 1,3 km. An der ersten Kreuzung links – rechts geht es nach Drymades – und kurz vor dem Meer noch mal links. Fahrzeit bis Vlora etwa 1 Std., bis Himarë etwa 30 Min. Abfahrtszeiten in Vlora und Himarë siehe Seite 55 und 80.
Endpunkt: Gjipë, 12 m, Busverbindung ab Ilias (2,8 km Fußweg), siehe Tour 10.
Anforderungen: Leicht, größtenteils gut markiert, zu Beginn und am Ende auf breitem Weg, dazwischen auf Pfaden.
Einkehr: Strandbars in Gjipë.
Unterkunft: Gjipë: Gjipë Eco Campground (Tel. +355 69 9305002, facebook.com/GjipeVisitorsPage, Luan: Tel. +355 68 4297705), Zeltplatz unter Schatten spendenden Bäumen mit WC, Dusche, Brunnen, Solarpanel und Leihzelten (für zwei Personen und größer – inklusive Decken). Weitere Unterkünfte in Vuno (siehe Variante Tour 11).
Hinweise: 1. Vierte Etappe der Mehrtageswanderung Tour 5–9.
2. Sollten im canyonartigen trockenen Bachlauf am Strandende von Dhërmi ❷ noch alte Markierungen zu sehen sein: Dieser Weg ist aufgrund des Hotelneubaus mittlerweile nicht mehr zugänglich.
Tipps: Im Gjipe-Canyon gibt es gut 40 mit Bohrhaken ausgerüstete Routen für Sportkletterer. Topos: 27crags.com/crags/gjipe (kostenpflichtiges Monats- oder Jahresabo!). Deutsche Infos: alpine-kompetenz.com/albanien-gjipe-beach; englische Infos: climbingalbania.com/climbing %20spot/gjipe und thecrag.com/climbing/albania/area/954183093.

In der Hauptsaison geht es am Strand von Dhërmi nicht ganz so friedlich zu.

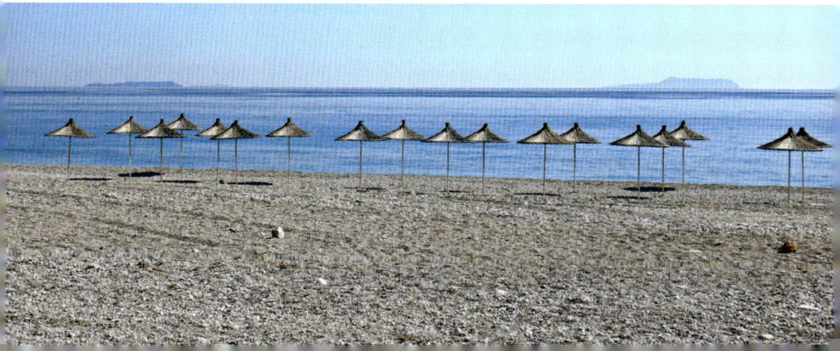

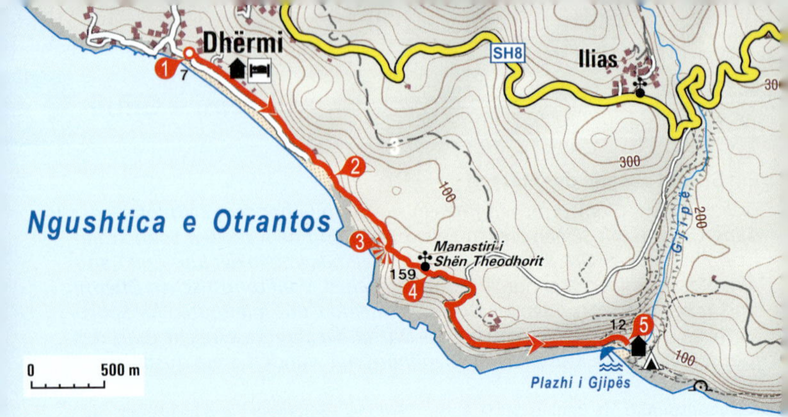

Nächtliche Fanganalyse im Restaurant Luçiano.

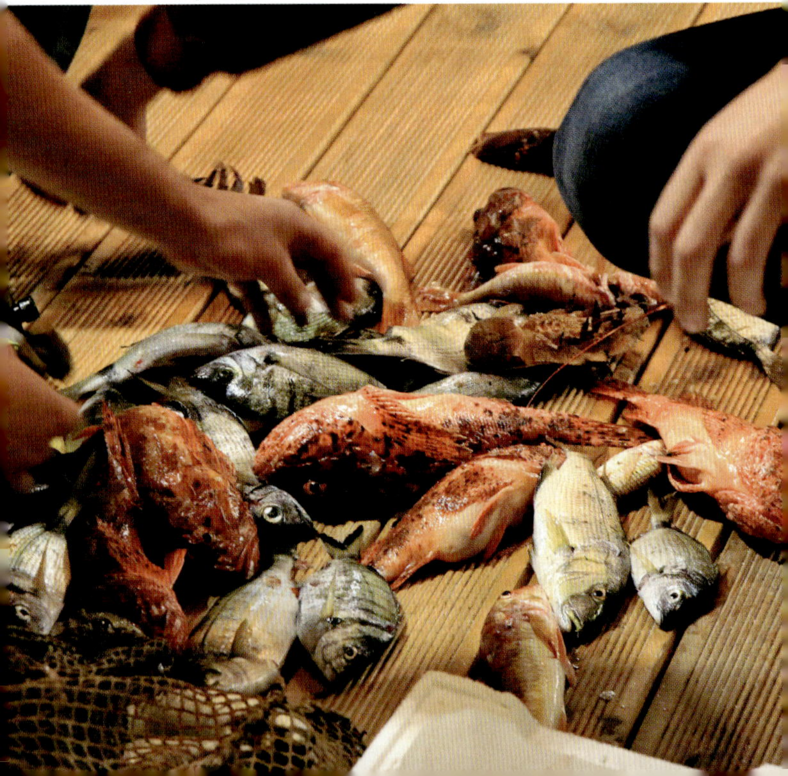

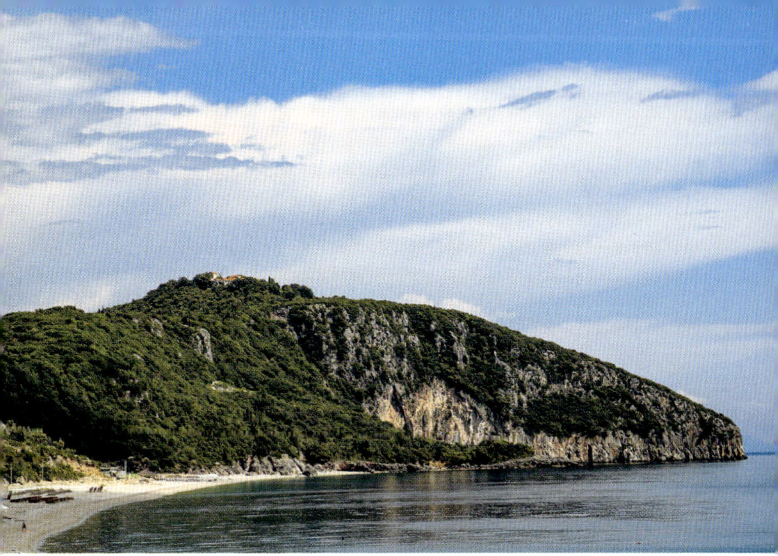

Das Manastiri i Shën Theodhorit liegt auf einem Hügel gut 150 m über dem Meer.

Wir spazieren an der Strandpromenade von **Dhërmi** ❶ entlang bis hinter das Palladium Hotel Dhermi, wo ein trockenes Bachbett zwischen Mauern auf den Strand mündet. Wir bleiben weitere 50 m am Strand und passieren ein umzäuntes Grundstück. An dessen Ende wenden wir uns nach links und treffen am **Waldrand** ❷ auf einen Pfad. Wir folgen ihm entlang von Bunkern bergan. Nach etwa 600 m erreichen wir das obere Ende der Steilküste und genießen kurz darauf die herrliche **Aussicht** ❸ bis zum Llogara-Pass. Hier folgen wir dem Weg nach Südosten landeinwärts.

Nach knapp 200 m, an einer gern als Parkplatz genutzten Freifläche, wechseln wir nach rechts auf einen Pfad und gehen dann nach einem Gatter in zwei ausladenden Serpentinen zum Kloster hinauf. Auch wenn die Markierungen vorgeben, das Kloster links zu umwandern, ist dies nicht zu empfehlen, da der bei den Renovierungsmaßnahmen angefallene Schutt dort abgeladen wurde. Besser geht es rechts herum bis zum Parkplatz und von dort auf dem gepflasterten Weg nach links zum Eingang des **Manastiri i Shën Theodhorit** ❹.

Die gepflasterte Zufahrt bringt uns abwärts zu einer Kreuzung. Die Straße links führt zur Küstenstraße, wir wählen hier den erdig-felsigen Fahrweg nach rechts aufs Meer zu und dann die Küste entlang hinab zum **Plazhi i Gjipës** ❺.

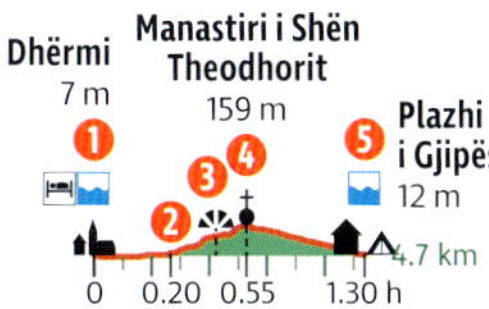

↗ 300 m | ↘ 300 m | 9.7 km

9 Gjipë – Jalë – Himarë

3.45 h

Steilküstenwanderung mit Badepause im Aquarium

Die ersten 2,5 Kilometer sind sogleich die imposantesten: Wir wandern die wilde, nach Thymian und Meeresluft duftende Steilküste entlang. Im Herbst peitscht der Wind manchmal die Gischt über die Felsen, ein beeindruckendes Naturspektakel. Im Anschluss laden die Strände von Jalë und Livadh zum Baden ein – und dazwischen eine versteckte kleine, kreisförmige Felsbucht, die den Namen »Aquarium« trägt.

Ausgangspunkt: Gjipë, 1 m. Busverbindung nach Ilias (2,8 km Fußweg), siehe Tour 10.
Endpunkt: Himarë, 1 m. Busse nach Tirana, Vlora und Saranda; die Haltestellen finden sich an der Straße SH 8 bei der Tankstelle »Malpos« (auf Googlemaps als »Himarë« eingezeichnet) und beim »Big Market« (Googlemaps: »Himara Station«). Abfahrten nach Tirana um 5.15, 7.00, 10.00, 14.00, 15.00, 18.00 Uhr, nach Vlora um 6.00, 8.00, 10.00, 10.10, 12.00, 12.30, 16,00, 17.00 Uhr, nach Saranda um 5.30, 7.00, 8.30., 9.30, 10.30, 11.30, 13.00, 16.00 Uhr. (Jeweils mit Möglichkeit, in anderen Küstenorten auszusteigen.)
Anforderungen: Anfangs Pfad durch teils dichte Macchia, am Ende der Steilküste vor Jalë pfadlos zur Straße. Im Anschluss wandert man meist auf breiten, flachen Wegen. Unmarkiert, aber größtenteils ist die Orientierung denoch problemlos.
Einkehr: Bars, Restaurants in Jalë, Livadh und Himarë.
Unterkunft: Verschiedene Hotels in **Jalë** und **Livadh**. – **Himarë:** Himara Hostel (Milto Gjezo: Tel. +355 69 5171901, contact@Himarahostel.com, Himarahostel.com); diverse weitere Hotels.
Einkauf: Himarë: Supermarkt an der Hauptstraße.
Hinweis: Fünfte Etappe der Mehrtageswanderung Tour 5–9.

Hotelfreie Zone: Gjipë.

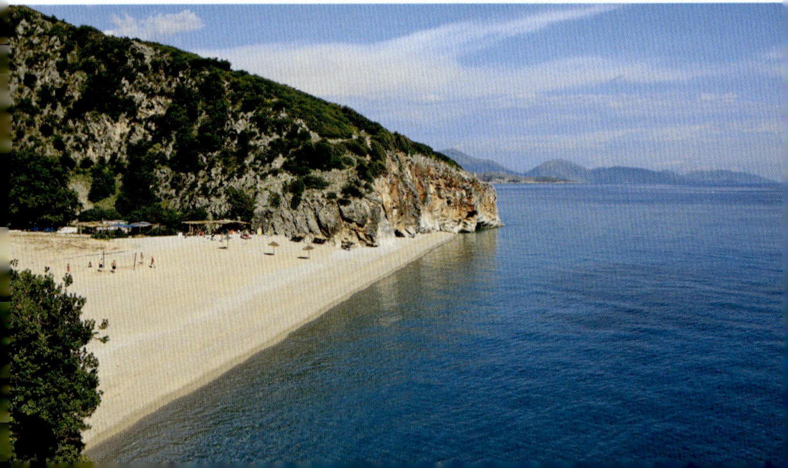

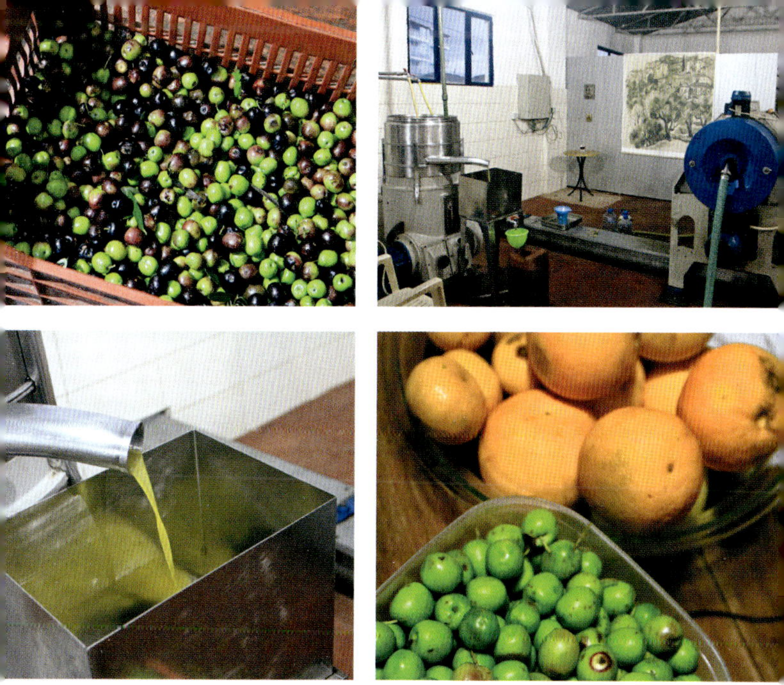

Die Novemberernte wird in der kleinen Olivenölfabrik von Himarë zu feinstem Öl. Das Abfüllen einer mitgebrachten 1,5-Liter-Flasche kostet umgerechnet etwa 10 Euro.

Das Schild am Pfadanfang bei der Bar an der Südseite des Canyons am **Plazhi i Gjipës** ❶ ist trügerisch. Bis Jalë sind es nicht 7 km, sondern nur 2,5 km. 7 km sind es bis Livadh. Wir steigen auf die Küstenfelsen, wo es dann zwei parallele Pfade gibt: Der rechte verläuft direkt an der Steilküste an Bunkern vorbei, nach knapp 400 m müsste man aber zum oberen Pfad ansteigen, da die Felsen steil zu einem Strand mit Höhle abbrechen. Deshalb wählen wir von Beginn an den oberen Pfad. Dieser ist zwar anfangs rot-weiß-rot markiert, die Markierungen kennzeichnen jedoch den nach 100 m nach links abzweigenden Pfad gen Vuno.

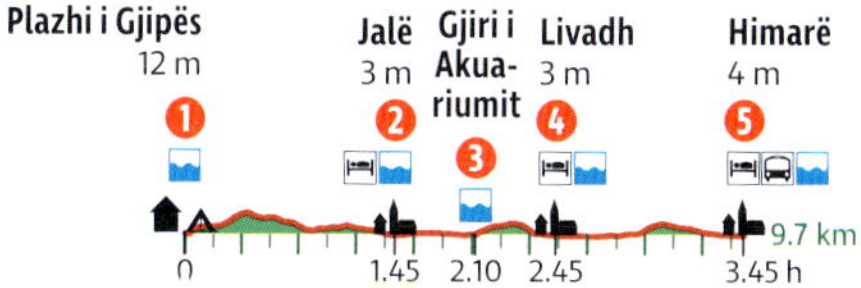

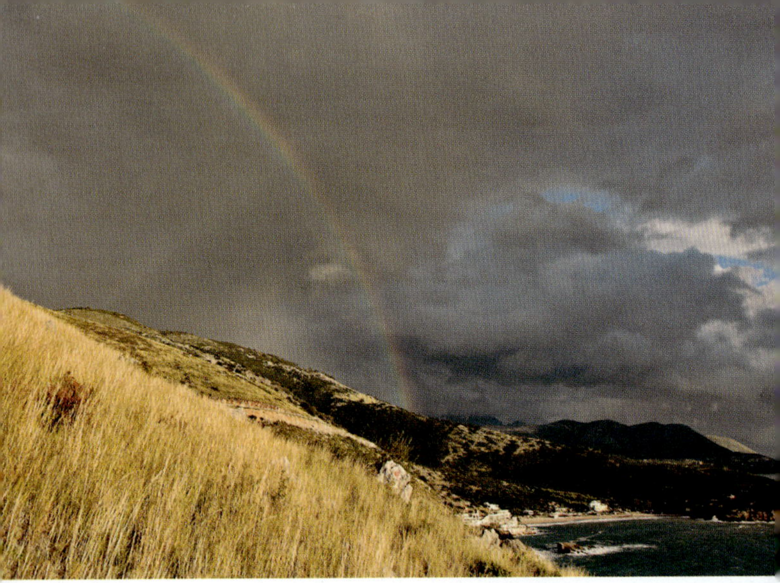

Der Regenbogen weist den Weg über Jalë hinweg nach Himarë.

Wir hingegen folgen dem Küstenverlauf. Die Spuren verzweigen sich immer mal wieder, ab dem Baumbestand oberhalb des Strands mit der Höhle ist der Pfad dann eindeutig. Im Anschluss wird der Bewuchs lichter, schließlich wandern wir durch kniehohes Gras.
Hin und wieder entdecken wir alte Kreismarkierungen, Striche oder auch ein Steinmännchen. Vor uns sehen wir Jalë, wo der Pfad abrupt endet, weil hier für ein Hotel eine Zufahrt in den Hang gefräst wurde. Hier müssen wir pfadlos, aber unproblematisch etwa 100 m aufwärtsgehen, ehe wir an einem Wasserrohr entlang zur Hotelzufahrt absteigen können. Oder man geht noch ein paar Meter weiter hoch direkt auf die Straße. Auf dieser gelangen wir dann im Bogen um die Hotels an den Strand von **Jalë** ❷.

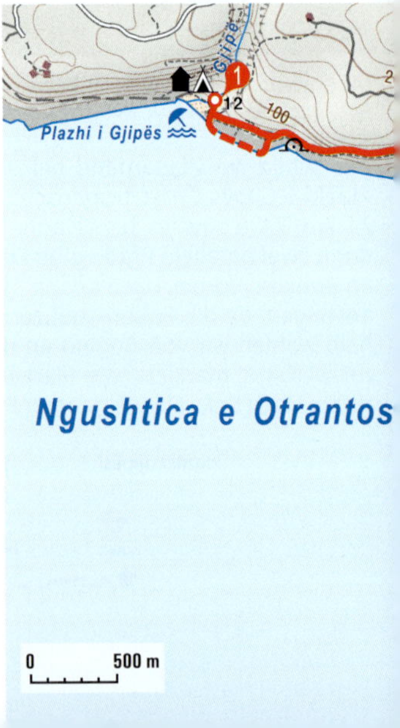

Am Kreisverkehr am Südende des Strands beim Social Camping geht es nach links weiter, am blaufarbenen Hotel Nuanti nehmen wir wieder den linken Weg. Er ist nun nicht mehr asphaltiert und bringt uns zu zwei nebeneinander gelegenen Kiesstränden, der zweite von ihnen wird **Gjiri i Akuariumit** ❸ genannt, auf Deutsch »Aquariumbucht«. Wir steigen hier vor dem umzäunten Gelände auf dem Fahrweg nach links an und gehen oberhalb des Zauns an Terrassen mit Olivenbäumen entlang auf einen Sendemast zu. 30 m nach dem Mast zweigt nach rechts ein nicht markierter Pfad ab, der uns auf das Kap Lara bringt, wo wir nach links abbiegen und direkt am Meer unterhalb von überhängenden Felsen am Strand von **Livadh** ❹ ankommen.

Wir spazieren am Strand entlang, an dessen Ende ein Steg um die Klippe herum auf den kleineren Apelistra-Strand führt. An dessen Südostende wiederum steigt ein Pfad durch den bewaldeten Hang auf. Oben angekommen befinden sich rechts Ruinen, ein schöner Aussichtspunkt. Wir wandern nach links ins Landesinnere und an der nächsten Kreuzung des Fahrwegs geradeaus leicht abfallend weiter. So erreichen wir in einem Rechtsbogen Himarë, gehen am Fußballplatz vorbei und links hinunter zur Hauptstraße. Zum Himarë Hostel müssen wir auf der Hauptstraße 80 m nach links und dann rechts in die Seitenstraße, zum Strand von **Himarë** ❺ mit den Hotels geht es auf der Hauptstraße nach rechts am Supermarkt vorbei und dann gleich wieder rechts bis zur Post und der Promenade.

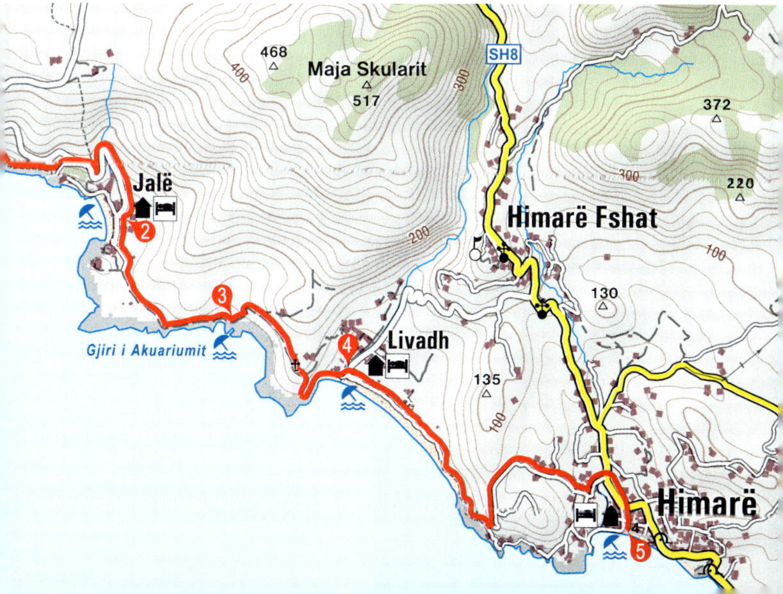

↗ 370 m | ↘ 370 m | 9.3 km

10 Rundtour Ilias – Klosterruine – Gjipë

3.00 h

Zu Sankt Theodor und an den Strand

Diese Panorama-Rundtour führt uns zum sehenswerten Manastiri i Shën Theodhorit und bietet ein erfrischendes Bad im Meer. Der Rückweg mit luftigen Aussichtsplattformen über dem Canyon ist auch für all jene bestens geeignet, die vom Gjipe-Strand schnell hinauf zur Straße wollen, um per Bus in einen der Küstenorte und zu fahren.

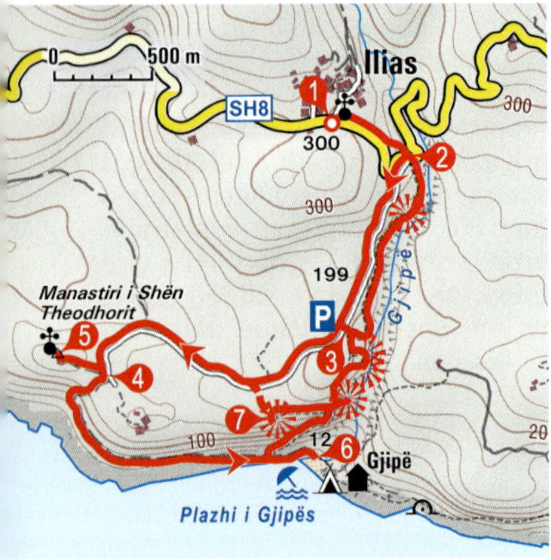

Ausgangspunkt: Ilias, 300 m. Busse aus und nach Vlora, Tirana, Himarë und Saranda halten bei der Kirche. Fahrzeit bis Vlora etwa 1 Std., bis Himarë etwa 30 Min. Abfahrtszeiten in Vlora und Himarë siehe Seite 55 und 80. Grundsätzlich immer vorab in Unterkünften über die aktuellen Fahrpläne informieren.
Anforderungen: Bis Gjipë Straße bzw. Fahrweg, dann breiter Pfad ohne Markierungen, aber mit Holzwegweisern »Gjipë« und »Panoramic Views« ausgestattet.
Einkehr: Strandbars in Gjipë.
Unterkunft: Gjipë: Gjipe Eco Campground (Tel. +355 69 9305002, facebook.com/GjipeVisitorsPage, Luan: Tel. +355 68 4297705).
Varianten: 1. Wer mit dem Auto anreist, kann am Park- und Rastplatz ❸ starten und die Tour so um ca. 1 Std. und 100 Hm. verkürzen.
2. Wer auf die Abstecher zu den abseits gelegenen Aussichtspunkten verzichtet, verkürzt den Rückweg um 1 km und 50 Hm. Mit zügigem Schritt ist Ilias so von Gjipë in 1 Std. zu erreichen (2,8 km, 300 Hm).

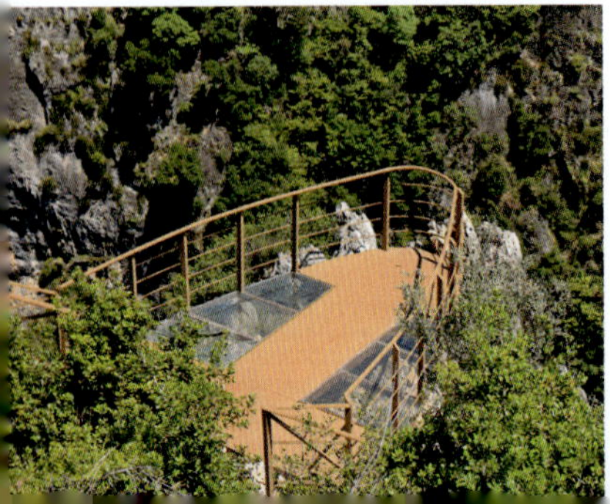

Wir beginnen unsere Wanderung an der Kirche in **Ilias** ❶ und gehen auf der linken Straßenseite abwärts. Die erste Kehre schneiden wir ab, indem wir nach links einem Pfad durch den Wald folgen. Wieder an der Straße überqueren wir diese und gehen an der **Kreuzung** ❷ nach rechts. Nun

Plattformen bieten spektakuläre Tiefblicke in den Canyon.

geht es zügig an der Straße in Richtung der sehenswerten Ruine vom Sankt- Theodor-Kloster. Nach knapp 1 km passieren wir einen **Park- und Rastplatz** ❸ mit betonierten Tischen. Nach weiteren 1,5 km entlang der Straße erreichen wir den **Abzweig** ❹ zum Kloster. Bis zum **Manastiri i Shën Theodhorit** ❺ sind es auf dem gepflasterten Weg nach rechts etwa 350 m.
Wir kehren zum **Abzweig** ❹ zurück und wählen den erdig-felsigen Fahrweg nach rechts aufs Meer zu und dann die Küste entlang hinab zum **Plazhi i Gjipës** ❻.
Der Aufstieg zurück nach Ilias beginnt etwa 200 m westlich vom Gjipë-Strand am Fahrweg. Hier geht es nach rechts aufwärts, teils über Stufen. Schnell steigen wir über die Bucht auf, immer wieder bieten mit Holzzäunen versehene Aussichtspunkte Anlass zum Innehalten. Zum größten und eindrucksvollsten **Aussichtspunkt** ❼, von dem aus der Blick bis in die Bucht vom Himarë reicht, kommen wir mit einem kleinen Abstecher nach links. Von hier könnte man auch direkt hinauf zur Straße gehen (ca. 200 m), die von der Küstenstraße zum Kloster Sankt Theodor führt.

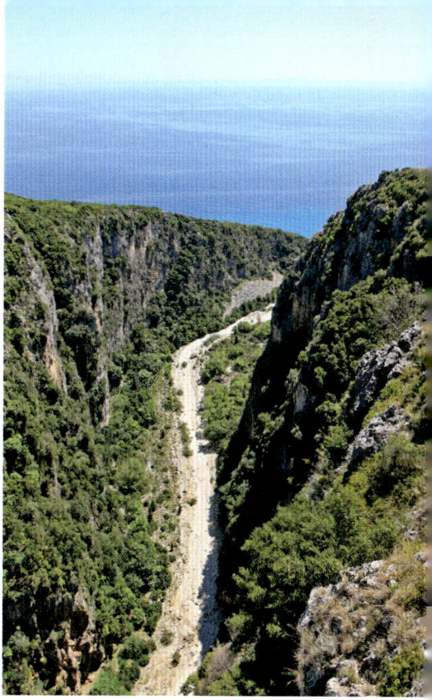

Die Wände des Gjipë-Canyons sind mit Sportkletterrouten bestückt.

Wir gehen nach unserem Abstecher aber zurück zum Canyon und kommen zu drei Aussichtspunkten direkt am Kliff. Danach entfernen wir uns etwas vom Canyon und gelangen wieder an den **Park- und Rastplatz** ❸, den wir schon auf dem Hinweg passiert haben. Wir folgen jedoch bereits 10 m vor dem Parkplatz nach rechts dem Pfad wieder in Richtung Canyon und halten zwischen Canyon und Straße auf die Bergkette zu.
Nach einem weiteren ein paar Meter abseits gelegenen Aussichtspunkt endet der Pfad genau an der **Kreuzung** ❷ von Küstenstraße und Zufahrtsstraße zum Kloster, die wir vom Hinweg kennen. Das letzte Stück zurück nach **Ilias** ❶ geht es nun auf dem bekannten Weg.

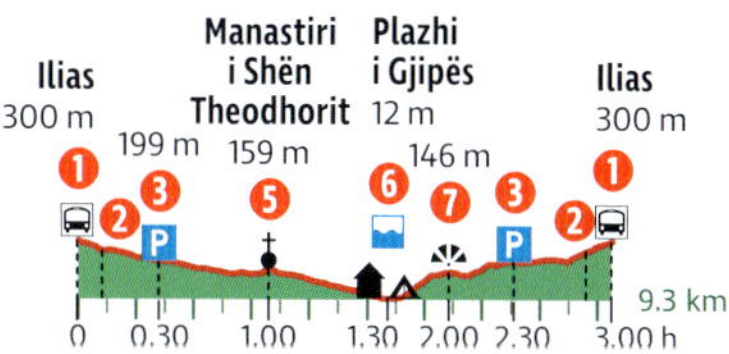

↗ 20 m | ↘ 350 m | 4.0 km

11 Vuno – Gjipë

1.15 h

Ein Spaziergang ans Ionische Meer

Dank des Engagements der Outdoor Albania Association wurde die Schule von Vuno 2008 wieder eröffnet, schloss aber aufgrund von Schülermangel ein Jahr später wieder. Genutzt wird das Gebäude dennoch: als Hostel. Hirten aus dem Dorf versorgen Gäste mit allen erdenklichen Milchprodukten, Früchten und Kräutern, die sie von ihren Wanderungen von den Weiden mitbringen. Keine Frage, hier lässt es sich aushalten. Dass die beeindruckende Gjipë-Bucht mit ihrem feinen Sandstrand nur einen gut einstündigen Marsch durch Olivenhaine entfernt liegt, macht die Bleibe in Vuno, was »Berg« bedeutet, zu einem der schönsten Orte an der Albanischen Riviera.

Ausgangspunkt: Vuno, Sheshi i Lapidarit, Bushalt, 337 m. Fahrzeit bis Vlora etwa 1.15 Std., bis Himarë etwa 15 Min. Abfahrtszeiten in Vlora und Himarë siehe Seite 55 und 80.
Endpunkt: Gjipë, 1 m, Busverbindung ab Ilias (2,8 km Fußweg), siehe Tour 10.
Anforderungen: Einfach. Ab Shkolla Hostel eindeutig markiert (rot-weiß-rot), flach bis zum sehr gut angelegten Abstieg in die Bucht.
Einkehr: Cafés und Restaurants in Vuno; Gjipë siehe Tour 8.
Unterkunft: Vuno: Shkolla Hostel (Tel. +355 69 2864198, shkollavuno@hotmail.com, tiranahostel.com/south-hostel, facebook.com/shkollavunohostel, Ü 14 €, Zelten April bis November). – **Gjipë:** siehe Tour 8.
Einkauf: Minimarkets in Vuno.
Variante: Küstenwanderer, die am Ende der Tour Einkäufe machen, einen Kaffee trinken oder einfach das alte Bergdorf mit seinen 25 Kirchen bestaunen wollen,

Die Gipfel des Ceraunischen Gebirges überragen das Bergdorf Vuno.

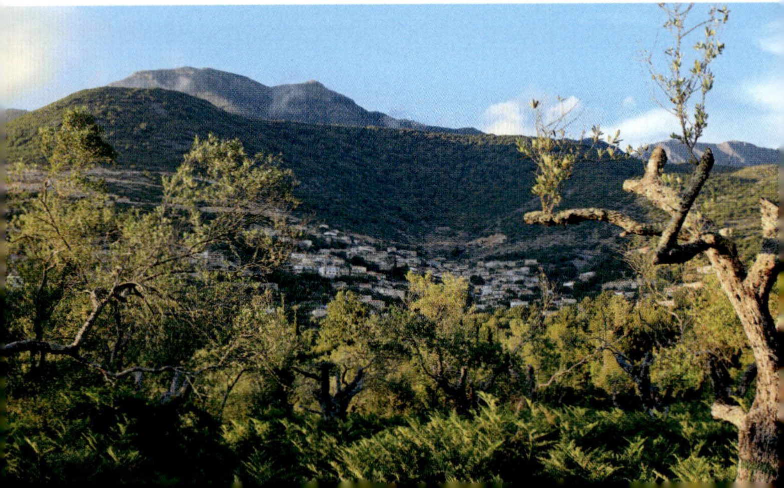

können die Strecke auch problemlos in umgekehrter Richtung gehen: Vom Strand hinauf auf die Klippe und dann nach links auf der Ostseite des Canyons bergan auf dem vermutlich engstmarkierten Pfad Albaniens. Aufmerksamkeit ist nur beim Erreichen eines Farnfelds geboten. Vor diesem muss man nach links, um die meterhohen Farne ❸ zu umgehen. Danach hält man immer auf Vuno zu und folgt dem Wegweiser zur »shkolla«. Zwischen der Kirche und dem Shkolla Hostel führt dann ein gepflasterter Weg hoch zur Küstenstraße. Dauer etwa 1.45 Std.

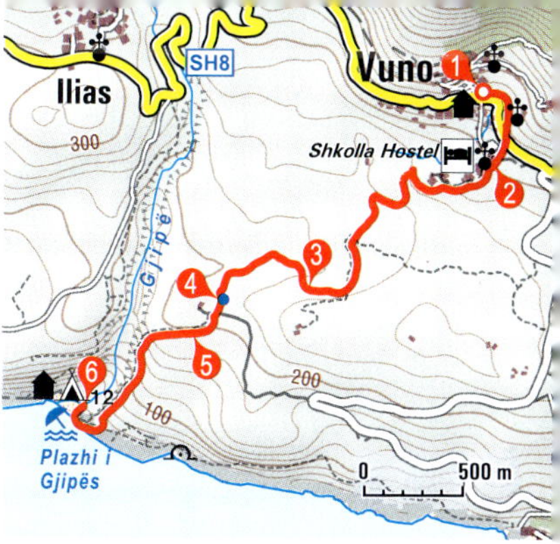

Am **Sheshi i Lapidarit** ❶, wo die Busse halten, gibt es Cafés und einen Minimarket. Wir folgen der Küstenstraße in Richtung Himarë (Osten). Kurz nach der Straßenkehre nach rechts bzw. nach insgesamt etwa 200 m gehen wir die Steintreppen nach rechts hinunter, vorbei am Friedhof. Rechts von uns steht die Kisha e Shën Spiridonit, links das **Shkolla Hostel** ❷.
Wir gehen rechts und sofort links, um an der kleineren Kisha e Shën Mihalit vorbei nach Südwesten zwischen den Häusern aufs Meer zuzuhalten. Nach 300 m verlassen wir den Fahrweg bei ungedeckten Häusern nach links. Wir schauen auf ausgedehnte Olivenhaine unter uns, dahinter verbirgt sich die Gjipë-Bucht. Am Wegweiser biegen wir nach links ab und erreichen die Ebene mit den Olivenbäumen, wo wir nach rechts und am Ende des umzäunten Geländes nach links gehen.
In gleichbleibender Richtung (Südwest bis Süd) wandern wir erst auf einem Wiesenweg, dann auf einem Pfad und schließlich auf einem guten Schotterfahrweg. Diesen verlassen wir nach 250 m nach rechts und treffen auf ein großes Feld mit meterhohen **Farnen** ❸. Wir umgehen es am rechten Rand, wenden uns nach einem Bachbett wieder nach Südwesten (hier aufgrund des Farnbewuchses seltenere Markierungen), ehe wir auf der gegenüberliegenden Seite des Farnfelds nach rechts in einen Weg einbiegen. Bald schon zweigen wir nach links ansteigend ab, und an der Mauer am Ende einer kleinen Ebene mit einer **Quelle** ❹ öffnet sich der Blick aufs Meer. Vor uns liegt eine Freifläche mit einem **Wegweiser** ❺. Nach diesem und den im weiteren Verlauf sehr häufigen Markierungen müssen wir Ausschau halten, um dem Erdpfad nach rechts (und nicht etwa geradeaus) durch das Buschland zu folgen. Vor uns taucht der Canyon auf, an dem entlang wir mit Aussicht auf Meer und Kletterfelsen absteigen, bevor wir unten an der Steilküste rechts hinunter den Strand von **Gjipë** ❻ erreichen.

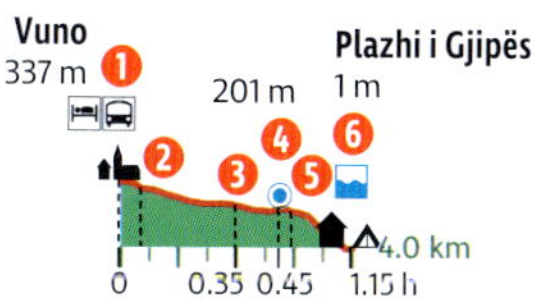

↗ 510 m | ↘ 220 m | 7.4 km

12 Qeparo – Kudhës

3.00 h

Aufbruch in das geheimnisvolle Kurvelesh

Wir verlassen die Küste in Richtung Hinterland, die schwer zugängliche Berggegend Kurvelesh. Sie gehört zur historischen Region Labëria, deren kulturelle Eigenheiten und Traditionen sie zu einem wichtigen Quell der albanischen Identität machen. Das auf einem Hügel hoch über dem Meer gelegene Dorf Qeparo i Sipërm (»Ober-Qeparo«), das wir durchqueren, ist mit seinen alten Steinhäusern von allen Seiten eine Augenweide. Auf einem Berg abseits des Weges zeugen die Überreste der prähistorischen Karos-Burg davon, dass hier Menschen schon vor Jahrtausenden Zuflucht und Schutz suchten. Diese Tour ist der Auftakt einer viertägigen Rundwanderung (gemeinsam mit den Touren 13–15).

Qeparo i Sipërm liegt malerisch umgeben von Olivenhainen über dem Meer.

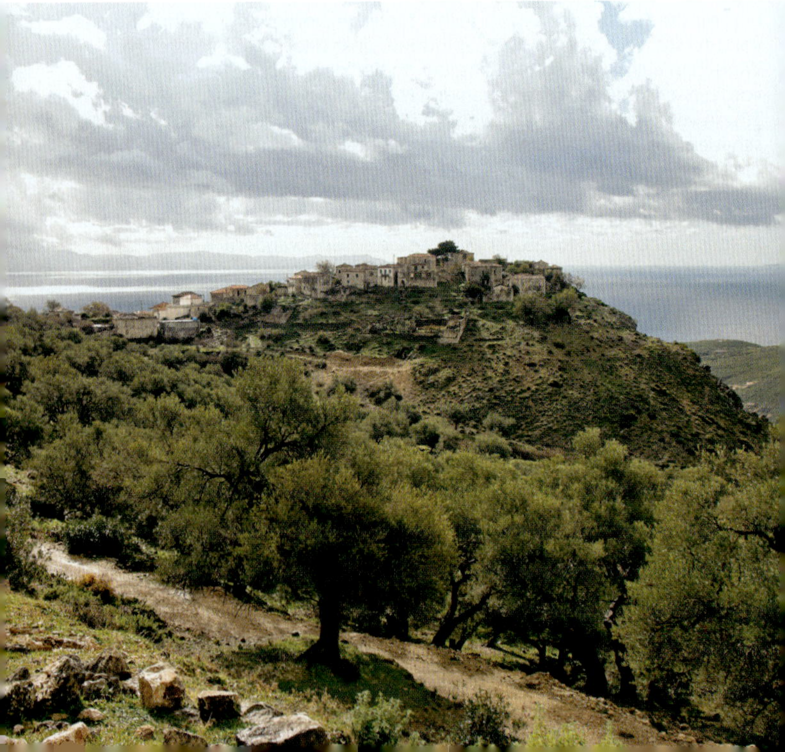

Ausgangspunkt: Ortseingang von Qeparo, 1 m, an der Kreuzung nach Kudhës. Hier hält der Bus von Himarë (15 Min. Fahrzeit). Fahrzeiten des Busses Richtung Saranda siehe Seite 80.
Endpunkt: Kudhës, 287 m. Wer nicht die Rundwanderung am nächsten Tag fortsetzen will, kann entlang der Straße durch Olivenhaine zurück nach Qeparo wandern; ca. 6 km, 300 Hm Abstieg.
Anforderungen: Gut markierter, meist breiter Weg ohne schwierige Passagen.
Einkehr: Café in Ober-Qeparo (Qeparo i Sipërm).
Unterkunft: Kudhës: Drita Çani (Tel. +355 68 5041730), südlich direkt unterhalb des Dorfplatzes, Zugang am Geländer. In der Broschüre über Wanderwege im »Mysterious South« (issuu.com/southcoastal) finden sich zwei weitere Gästehäuser.
Hinweise: 1. Erste Etappe der Mehrtageswanderung Tour 12–15.
2. Von Ober-Qeparo führt ein markierter Wanderpfad nach Borsh und weiter die Küste entlang über Lukovë nach Nivicë bzw. Kakome.
3. Von Kudhës gelangt man nach Pilur (auf Tour 15 gelegen). Mehr Infos: issuu.com/southcoastal/docs/hiking_trails.
Tipp: Auf halbem Weg von Himarë nach Qeparo liegt die Bucht Porto Palermo. In ihrer Mitte steht auf einer Halbinsel die Festung von Ali Pasha von Tepelena aus dem frühen 19. Jahrhundert. Im Norden der Bucht bildet das dunkle Betontor in den Felsen den Eingang zu einem unterirdischen U-Boot-Hafen, den Diktator Enver Hoxha in den 1960er-Jahren anlegen ließ (siehe Infobox auf Seite 91).

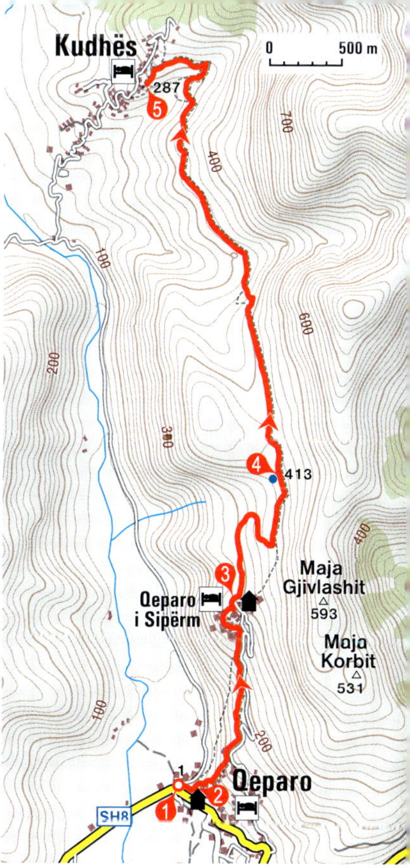

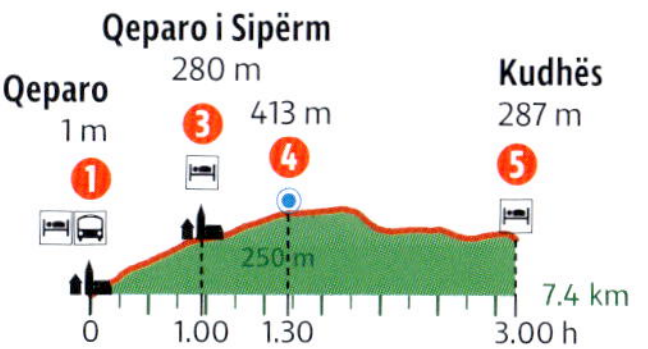

An unserem Startpunkt in **Qeparo** **1**, an der Straßenkreuzung nach Kudhës, befindet sich eine Tourismusinformation und ein Minimarket. Hier nicht vom gelben Wegweiser täuschen lassen, der uns nach Kudhës und Pilur auf die abzweigende Straße schicken will! Wir gehen stattdessen auf der Hauptstraße ortseinwärts bis zum Hinweisschild für die Kisha e Shën Dhimitrit (ca. 50 m). Ne-

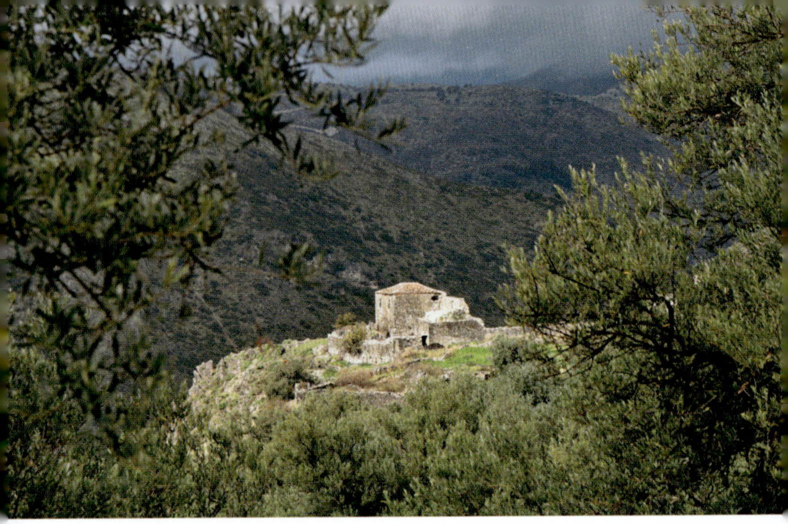

Der Ali-Pasha-Turm ist auch heute noch bewohnt.

ben dem Schild beginnt links eine Treppe. Wir gehen die gepflasterte Gasse rechts der Treppe hinauf und an der Kirche vorbei. Nach etwa 150 m steigen wir nach **links** ❷ zwischen Mauern auf einem mit Steinen befestigten Weg weiter an. Wir verlassen den Ort und können auf die Bucht blicken.
Bei den Neubauten treffen wir nach etwa 30 Min. auf die Straße und folgen ihr nach links auf Ober-Qeparo zu. An der ersten Kehre zweigen wir auf einen Pfad unter Olivenbäumen ab, kommen wieder auf die Straße und verlassen diese in der nächsten Rechtskehre erneut nach links. Weiß-rot-weiße Markierungen führen uns entlang eines Bächleins ins Dorf. Wir können nun entweder geradeaus zum Gedenkstein mit Blumen an der Straße gehen oder nach links eine kleine Runde durch das malerische Dorf drehen. Die leer stehenden Häuser zeugen von der Abwanderung. Einmal müssen wir auf unserer Besichtigungsrunde nach rechts abbiegen, um zur gepflasterten Straße und auf dieser nach links zum Dorfplatz von **Qeparo i Sipërm** ❸, auch Qeparo Fshat (Dorf) genannt, zu kommen.
Im Ort gibt es einen Minimarket und typische Bars/Cafés. Am Dorfplatz steht ein Wegweiser; die Markierungen sind jetzt deutlich. Wir nehmen den Weg – einen Schotterweg – nach rechts aus dem Dorf in Richtung Berge. Links von uns liegt der Ali-Pasha-Turm aus dem 18./19. Jahrhundert. An der ersten Gabelung und auch am nächsten ansteigenden Abzweig gehen wir rechts. Hinter einer Hütte mit eingefallenem Dach kommen wir an eine übermauerte **Wasserquelle** ❹, den höchsten Punkt unser Wanderung.
Von hier gehen wir immer in gleichbleibender Richtung, erst auf den Wiesensattel zu, über dem links die Kapelle Shën Thanasi liegt (und – nicht zu

sehen – auf dem Bergrücken oberhalb die Reste der Karos-Burg), dann auf dessen rechter Seite weiter auf eine terrassenartige Wiesenfläche und dort bis zu einem Hirtenunterstand mit Höhlen im Felsen. Hier beginnt der Pfad leicht abzufallen, durch kniehohes dorniges Gestrüpp geht es zu einem Weg links unter uns. Zu diesem Weg kann man, wenn man ihn entdeckt und keine Herde im Weg ist, auch schon eher absteigen, zum Beispiel vom Wiesensattel.

Auf dem Weg gehen wir geradewegs auf die vor uns liegenden Häuser von Kudhës zu, passieren einen Bildstock und wandern schließlich zwischen Olivenbäumen auf angelegten Terrassen auf gleichbleibender Höhe an einer Ruine vorbei und am Ende der Terrassen um den Bergausläufer herum. Auf einem schönen Wanderweg steigen wir nach Kudhës ab. Unterhalb des Weges liegt nochmal eine Wasserquelle, ehe wir in einem Linksbogen das Dorf erreichen. Zum Dorfplatz von **Kudhës** 5 geht es von dem Strommast mit den zwei Markierungen nach links hinunter und nach der (von oben kommend nur an der Auswölbung zu erkennenden) Kirche nochmal nach links.

PORTO PALERMO

Ali Pasha von Tepelena, wegen seines siegreichen Angriffs auf die christlich-orthodoxen Sulioten in Himarë auch »Löwe von Ioannina« genannt, wurde Mitte des 18. Jahrhunderts in der Nähe von Tepelena geboren und beherrschte später das osmanische Südalbanien, Epirus, Thessalien und das südwestliche Mazedonien. Ab 1807 war der albanischstämmige Pascha quasi unabhängig vom Sultan in Konstantinopel, er soll eine 100.000 Mann starke Armee befehligt haben. Aufgrund seines Pakts mit griechischen Unabhängigkeitskämpfern wurde er von einer osmanischen Armee angegriffen und 1822 bei einem Treffen mit osmanischen Abgesandten getötet, ebenso wie seine drei Söhne. Die Festung auf der Halbinsel in der Bucht Porto Palermo wurde Anfang des 19. Jahrhunderts vermutlich auf mittelalterlichen Bauten errichtet. Sie diente als Militärgarnison, das Schlafgemach Ali Pashas und der Harem mit drei Steinstühlen können heute noch besichtigt werden. Die vorgelagerte christlich-orthodoxe Kirche ließ der Bektaschi-Muslim für die Trauung mit seiner 40 Jahre jüngeren griechischen Frau Vasiliki errichten. Die Heirat, die nicht seine erste Ehe war, gilt als Symbol der interreligiösen Harmonie in Albanien. Etwa 145 Jahre nach dem Tod von Ali Pasha ließ Albaniens Diktator Enver Hoxha einen 650 Meter langen und zwölf Meter hohen Tunnel in die Küstenfelsen am Nordende der Bucht sprengen. Dieser diente als unterirdischer Hafen für die vier U-Boote der Whiskey-Klasse. Hoxha hatte sie sich angeeignet, als die Sowjetunion auf sein Verlangen hin 1960/61 ihre Militärpräsenz in Albanien aufgab. Anders als von der Küstenstraße und der Festung ist die Anlage vom Meer aus nicht zu sehen.

↗ 700 m | ↘ 430 m | 10.7 km

4.30 h

13 Kudhës – Kuç

Auf alten Hirtenpfaden ins Shushica-Tal

Oberhalb eines nahezu unberührten Tales wandern wir durch dichte Wälder und über Wiesenebenen, die Begegnungen beschränken sich hier meist auf Hirten mit ihren Herden und Hunden. Unser Ziel Kuç liegt am Oberlauf der Shushica. Das Shushica-Tal war in der Antike ein kulturelles Zentrum, am Unterlauf wurden in Höhlen auch menschliche Spuren aus der Steinzeit gefunden. Eine Besonderheit der Region ist der iso-polyphone Gesang, den die UNESCO seit 2005 als immaterielles Weltkulturerbe listet (siehe auch Seite 54). Mit ein wenig Glück kann man den mehrstimmigen Folkloregesang in Kuç hören.

Ausgangspunkt: Dorfplatz von Kudhës, 287 m. Keine Busanbindung.
Endpunkt: Kuç, 559 m. Von Kuç mehrmals täglich Minibusse nach Vlora.
Anforderungen: Bis zur Flussquerung vor Kuç sehr gut markierter (weiß-rot-weiß) Hirtenpfad, von dort eindeutiger Weg. Keine schwierigen Passagen.
Einkehr: Kuç: Forellenlokal von Gramoz Balilaj, knapp 1 km vom Ortsausgang von Kuç in Richtung Kallarat; Café/Bar von Sabri Balilaj am nördlichen Ortsende; Bar Kaço am Dorfplatz.
Unterkunft: Kuç: Sabri und Lindita Balilaj (Tel. +355 68 2827577); Gramoz Balilaj (Tel. +355 68 2912362). Die Häuser stehen nebeneinander an der Hauptstraße etwa 1 km vom Dorfplatz nach Norden in der Nähe der Tankstelle. In der Broschüre über Wanderwege im »Mysterious South« (issuu.com/southcoastal/docs/giz_hiking_trails_himare) findet sich auf Seite 56 ein weiteres Guesthouse (ohne Gewähr).
Einkauf: Minimarket im Café von Sabri und Lindita Balilaj mit Billardtisch, am Ortsausgang gen Kallarat.
Hinweis: Zweite Etappe der Mehrtageswanderung Tour 12–15.
Tipp: Holz- oder Wanderstöcke können helfen, die Hirtenschutzhunde auf Distanz zu halten. Ein drohend erhobener Stock sollte als Mahnung reichen, aggressive Bewegungen sind zu vermeiden. Am besten ist es, auf sich aufmerksam zu machen, sobald man Glocken hört. Die Hirten vertreiben ihre Hunde mit Stock und Stein.

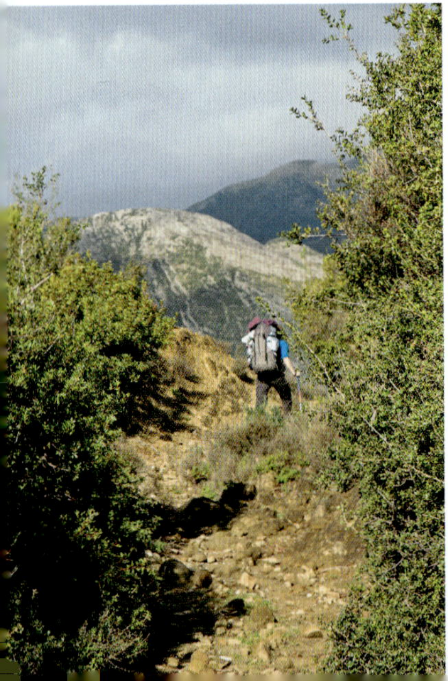

Schritt für Schritt ins bergige Kurvelesh.

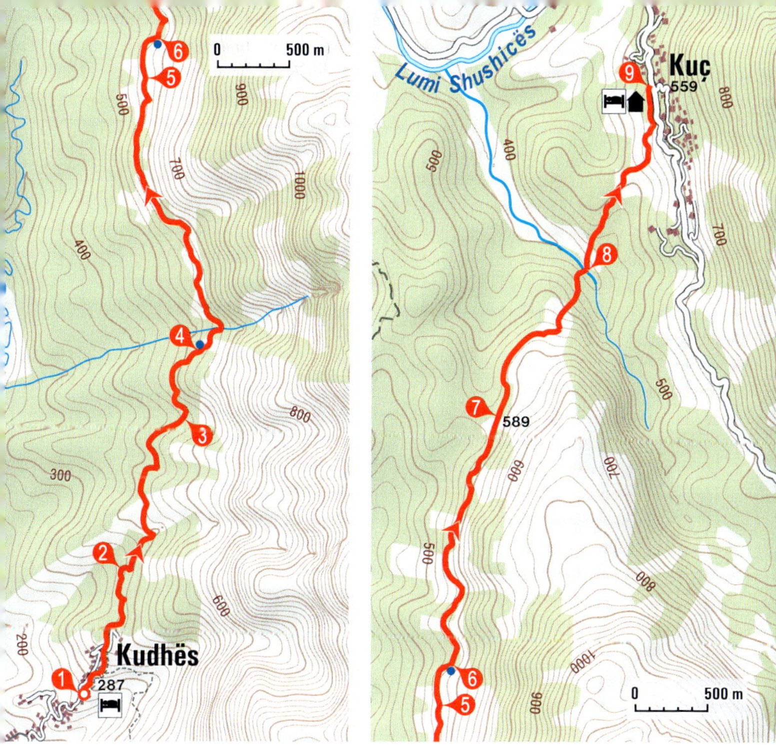

Von Dorfplatz in **Kudhës** ❶ gehen wir die Treppe hoch, am Denkmal vorbei, nach der Kirche rechts und dann am Abzweig nach Qeparo vorbei unter Weinreben nach Norden zur Straße und einem Wegweiser. Gute 100 m folgen wir der Straße und verlassen sie auf der Kuppe am Ortsende geradeaus auf einen erdigen Weg, auf dem wir Bienenstöcke, einen Bildstock und eine Wasserquelle passieren.

Von nun an wandern wir knapp 8 km den Hang auf der rechten Talseite in nördlicher Richtung entlang, zunächst auf einem etwa 1 m breiten Weg

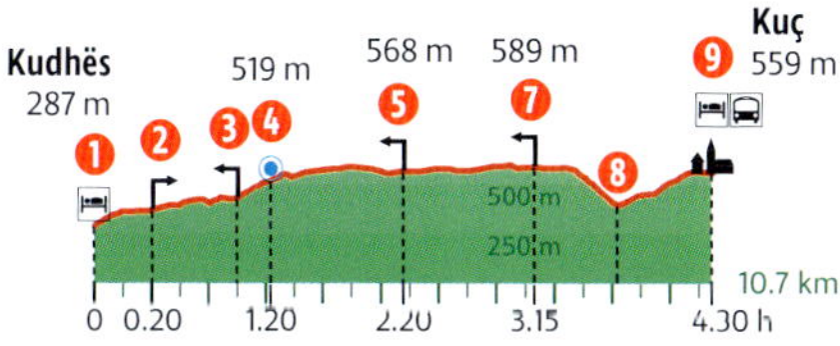

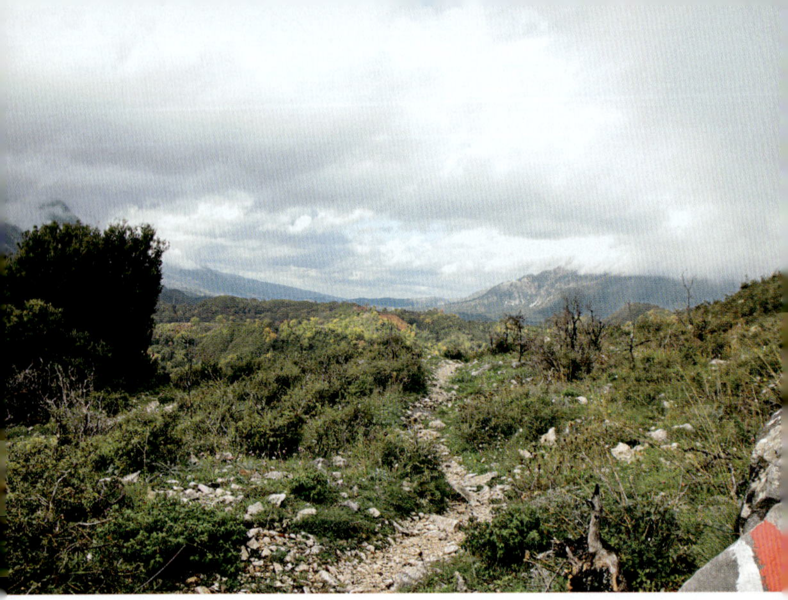

Das Shushica-Tal war schon in der Steinzeit bewohnt.

zwischen Bäumen und Lorbeerbüschen. Es ist ein leichtes Auf und Ab, die Markierungen sind regelmäßig gesetzt. Im Zweifel nehmen wir immer den breiteren, besseren Weg. So auch bei der ersten **Gabelung** ❷; hier steigen wir nach rechts leicht an. Im weiteren Verlauf queren wir mehrere von Laubbäumen gesäumte Bachläufe. Beim dritten nehmen wir den **linken Abzweig** ❸. Kurz darauf öffnet sich der Blick auf Terrassen mit einer Ruine, und wir erreichen ein Plateau mit zwei großen Ahornbäumen und daneben einer **Wasserquelle** ❹. Links von der Quelle steigen wir schräg bergan und gelangen nach dem nächsten Bacheinschnitt zur Ruine, an der wir rechts vorbei weiter den Hang entlanggehen. Etwa 500 m weiter liegen hinter einer Kehre Hirtenhütten. Generell ist es sinnvoll, auf sich aufmerksam zu machen, sodass die Hirten ihre Hunde zurückhalten können.

Der Hang ist jetzt nicht mehr bewaldet, hinter uns sehen wir das Meer und die Insel Korfu. Am nächsten **Abzweig** ❺ gehen wir **links**, wie die vorherigen ist er gut markiert. Der Pfad wird gesäumt von niedrigen Farnen und Eichen. Wir passieren eine links des Pfads liegende Ruine und sehen vor uns nach dem nächsten Geländeeinschnitt eine weitere Hirtensiedlung. Bevor wie sie erreichen, können wir unsere Flaschen an einer **Wasserleitung** ❻ auffüllen. An den Hütten gehen wir dann unterhalb vorbei.

Auf den mit Farn bewachsenen Terrassen gut 1 km weiter kann die Orientierung je nach Jahreszeit und Bewuchs schwierig sein. Wir halten uns in

gleichbleibender Richtung am rechten Rand. Aus Ästen errichtete Zäune trennen die Terrassen von einer Hirtenhütte und kappen den Pfad, auf den wir knapp 200 m später zurückkehren, um im Wald weiterzugehen. Kurz darauf stehen links des Wegs weitere Hirtenhütten mit Stallungen, 50 m danach gabelt sich der Pfad. Wir gehen **links** geringfügig **abwärts** 7, hier gibt es keine Markierung. Der eigentliche Abstieg beginnt 500 m weiter. Es geht steil in Serpentinen auf einem Schotterpfad hinunter. An einem Baum mit zwei Stämmen befindet sich rechts eine Quelle.
Unten angekommen, queren wir den **Fluss** 8 und steigen auf der Gegenseite links des einmündenden Bachs an. Der Pfad ist nicht markiert, aber breit und besser gangbar, als dem Fluss entlang zur Straße zwischen Kallarat und Kuç zu folgen. Je nach Wasserstand können dort nämlich mehrere Querungen nötig sein. Stattdessen steigen wir, wie es auch die Hirten aus Kuç machen, nach Nordosten aufwärts. Unter der Stromleitung hindurch erreichen wir eine Anhöhe. Vor uns sehen wir die von Fterra und Borsh kommende Straße. Um ein paar Höhenmeter zu sparen, gehen wir noch ein Stück unterhalb der Straße auf das Dorf zu, vor uns links auf dem Berghang sehen wir den Friedhof. Auf der Straße gelangen wir schließlich abwärts zum Dorfplatz von **Kuç** 9 mit Café, Denkmal und Wegweiser.
Die Gästehäuser von Gramoz und Sabri liegen 1,1 km abwärts an der Hauptstraße nach Kallarat, kurz nach der Tankstelle.

Nebel bedeckt nach einem herbstlichen Regenschauer die Berghänge bei Kudhës.

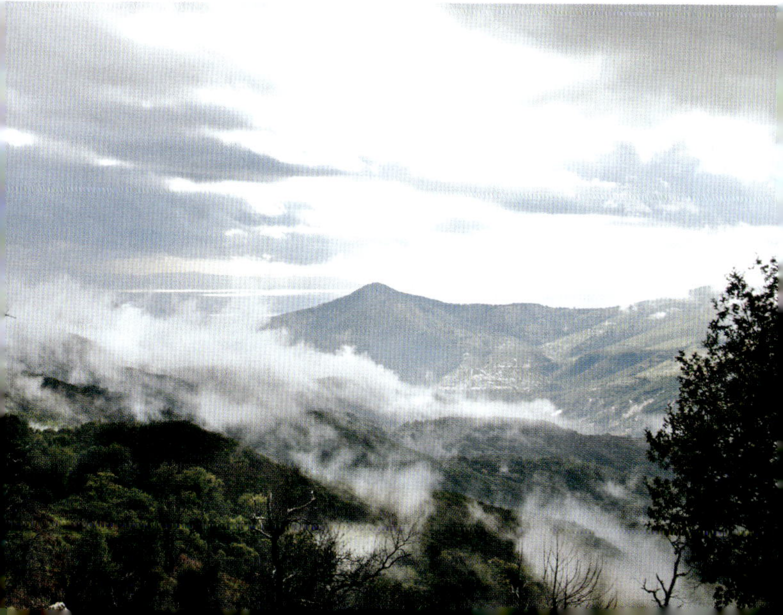

↗ 430 m | ↘ 480 m | 13.2 km

4.00 h

14 Kuç – Bolenë

Den Partisanen auf der Spur

Auf dieser Tour gewinnen wir schnell an Höhe und werden dann fast durchgehend mit einer herrlichen Aussicht über das Shushica-Tal verwöhnt, im Westen überragt vom Ceraunischen Gebirge. Die Bevölkerung des Unteren Kurvelesh war äußerst aktiv in der albanischen Unabhängigkeitsbewegung. Daran erinnern die Partisanen-Denkmäler entlang des Pfades. Heutzutage ist manch einer im bewusstseinserweiternden Sektor tätig, weshalb Wanderer auf dem markierten Pfad bleiben sollten, um nicht auf einer im Wald versteckten Marihuana-Plantage zu landen. Kleiner Wermutstropfen dieser schönen Wanderung: Von Bolenë, wo es keine Unterkunft gibt, ist noch kein direkter Abstieg nach Kallarat markiert; auf der Straße abwärts sind es weitere 10,5 Kilometer.

Wald und Weide wechseln sich entlang des Shushica-Tals ab.

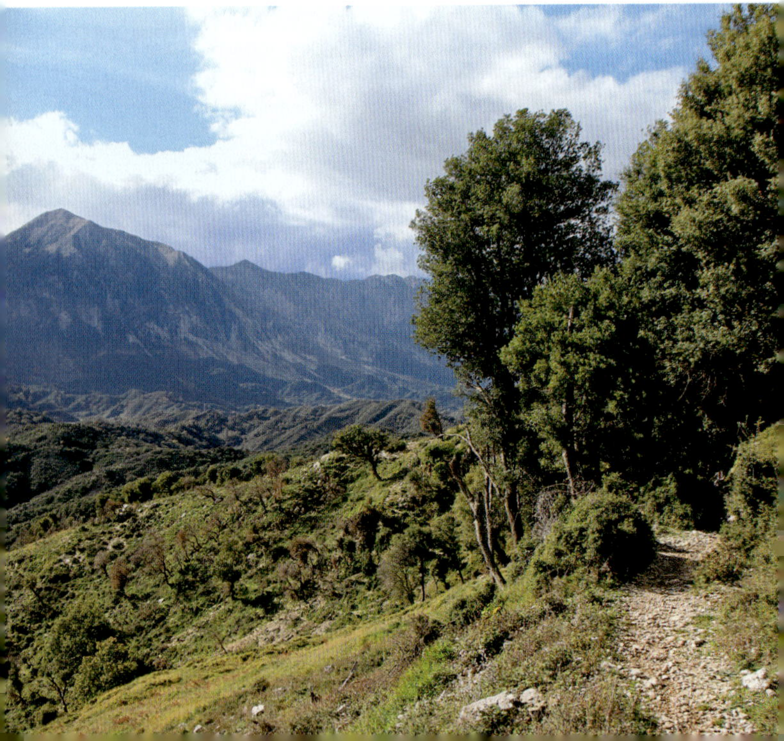

Abendsonne über dem Ceraunischen Gebirge.

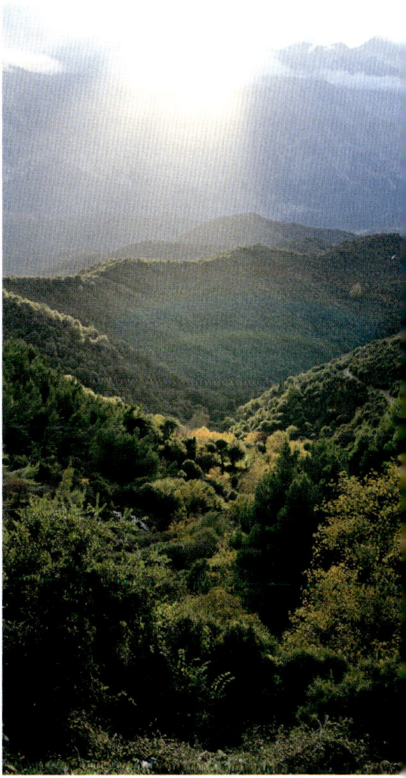

Ausgangspunkt: Dorfplatz von Kuç, 561 m. Minibusse von Vlorë nach Kuç (7.00, 12.00, 13.00 Uhr, aktuelle Infos auch bei den Gastgebern).
Endpunkt: Bolenë, 510 m, bzw. Kallarat, 258 m, oder Vranisht, 315 m, wo es Quartiere gibt. Gehzeit dorthin jeweils ca. 2–2.30 Std. Von Kallerat und Vranisht mehrere Furgons täglich nach Vlora. Infos bei Gastgebern.
Anforderungen: Sehr gut markierter Berg- und Waldpfad ohne besondere Herausforderungen. Sollten plötzlich keine Markierungen mehr zu sehen sein, überprüfen, ob man nicht einen falschen Abzweig genommen hat.
Einkehr: Keine.
Unterkunft: Kallarat: Blerim Xhaferraj (Tel. +355 68 2738865, spricht Englisch); Bejo Xhaferraj (Vater von Blerim, Tel. +355 68 3103392), roter Stern in Gittertür am Eingang, von Bolenë kommend etwa 150 m vor dem Dorfplatz mit dem Fußballfeld auf der linken Seite. In der Broschüre über Wanderwege im »Mysterious South« (issuu.com/southcoastal/docs/giz_hiking_trails_himare) finden sich auf Seite 57 zwei weitere Gästehäuser (ohne Gewähr). – **Vranisht:** Laut der oben genannten Broschüre diverse Unterkünfte.
Hinweise: 1. Dritte Etappe der Mehrtageswanderung Tour 12–15.
2. Von Vranisht gibt es einen markierten Wanderweg über Tërbaç nach Dukat (nördlich unterhalb des Llogara-Passes), insgesamt etwa 20,5 km und 1200 Hm. Mehr Informationen in der erwähnten Broschüre »Mysterious South«, Seite 10–15.
Tipp: In Bolenë vom Gastgeber abholen lassen oder nach Kallarat trampen. Zumindest nach dem Abstieg zur Hauptstraße im Tal stehen die Chancen gut.

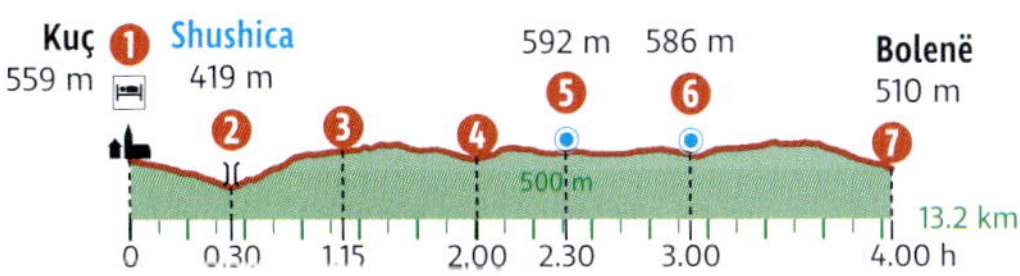

Wir starten in **Kuç** ❶ am Dorfplatz mit der Statue von Zenel Hito Gjoleka, der in der ersten Hälfte des 19. Jahrhunderts gegen die Osmanen kämpfte, und gehen auf der Hauptstraße abwärts nach Norden ins Shushica-Tal. Wer bei Sabri oder Gramoz nächtigt, kann sich den ersten Kilometer natürlich sparen. Unten im Tal verlassen wir die Straße sogleich an einem Denkmal nach rechts und folgen einem Fußpfad zum Fluss **Shushica** ❷. Wir überqueren ihn dank einer schmalen Holzbrücke und können uns im weiteren Verlauf größtenteils auf weiß-rot-weiße Markierungen verlassen. Auf der anderen Flussseite gehen wir nach links einen steinigen Pfad aufwärts an Häusern und Gärten vorbei, steigen über ein dickes Wasserrohr, passieren ein weiteres Denkmal und treffen oberhalb auf einen Höhenpfad. Auf ihm gehen wir 10 m nach rechts, um dann nach links zwischen Büschen anzusteigen. Nach einer Bachquerung erreichen wir die Westhänge der Kurvelesh-Bergkette und wandern nun auf einer Höhe mit schöner Aussicht auf das Shushica-Tal, Vranisht und den Mali i Çikës.

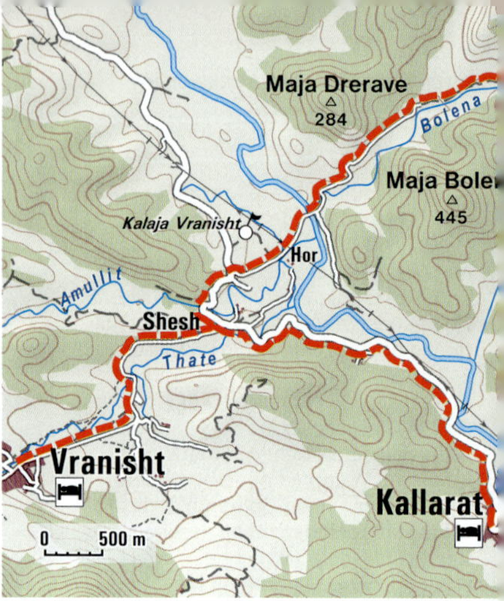

Nachdem wir unterhalb von uns ein weiteres Partisanendenkmal sehen konnten, kommen wir auch auf unserem Weg an einem solchen vorbei. Beim **Bächlein** ❸ danach leiten Hirten mit einem Schlauch Wasser für ihre tiefer gelegenen Hütten ab. Bei den nächsten zwei kurz aufeinander folgenden Gabelungen, inzwischen im Wald, halten wir uns rechts, bei der dritten links; die Markierungen sind regelmäßig. Wir verlieren nun ein wenig an Höhe, ehe wir an einem ausgewaschenen Einschnitt ein paar Meter ansteigen, danach geht es aber wieder leicht abwärts.

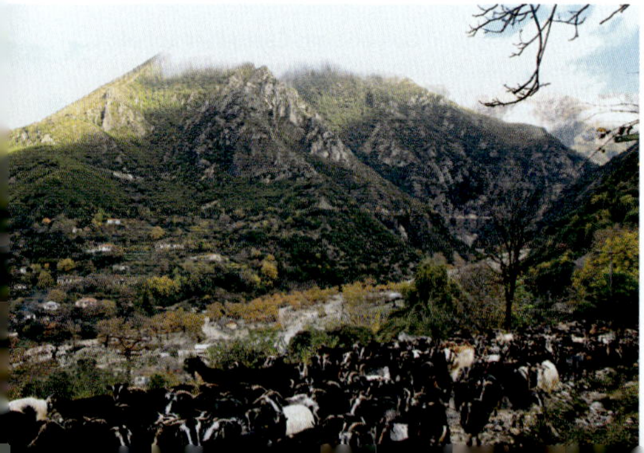

Gegen den Herdentrieb in Kuç.

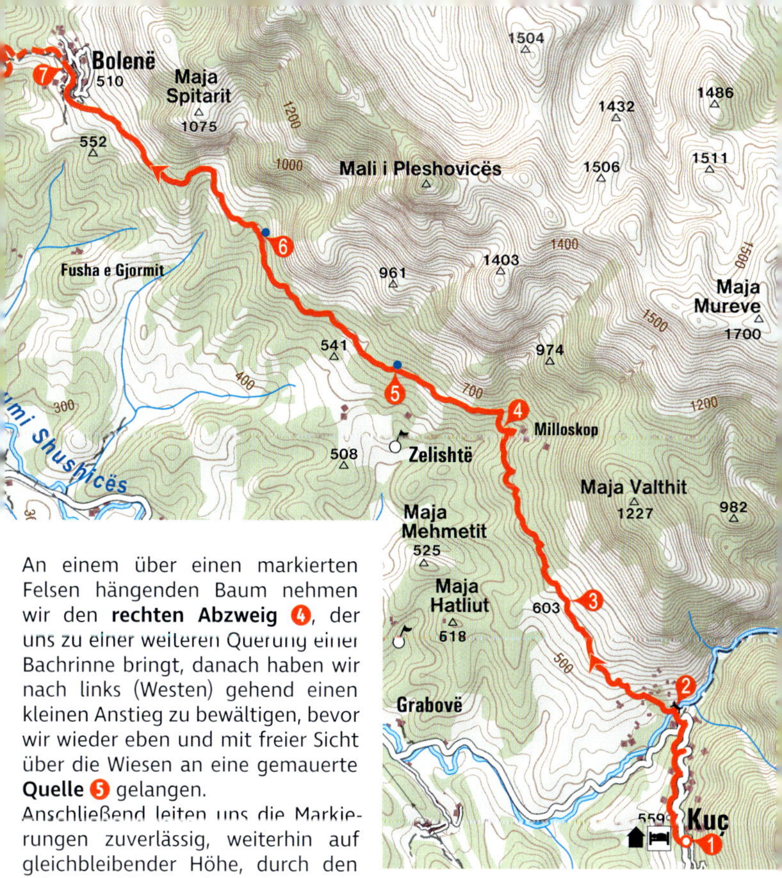

An einem über einen markierten Felsen hängenden Baum nehmen wir den **rechten Abzweig** **4**, der uns zu einer weiteren Querung einer Bachrinne bringt, danach haben wir nach links (Westen) gehend einen kleinen Anstieg zu bewältigen, bevor wir wieder eben und mit freier Sicht über die Wiesen an eine gemauerte **Quelle** **5** gelangen.

Anschließend leiten uns die Markierungen zuverlässig, weiterhin auf gleichbleibender Höhe, durch den lichten Wald mit vielen Eichen. In der Folge wird der Weg immer breiter und nach einer weiteren gemauerten **Quelle** **6** schließlich zu einem Schotterfahrweg, auf dem wir ohne Markierungen Bolenë rasch näherkommen. Oberhalb des Dorfes macht der sich gabelnde Fahrweg ein paar Kehren. Wir verlassen ihn vorher nach links auf einen schottrigen Fußpfad, links unterhalb von uns sehen wir bald den Friedhof und erreichen den Dorfplatz von **Bolenë** **7**. Auch auf dem Fahrweg (an der erwähnten Gabelung) kommt man natürlich ins Ziel, man läuft dabei nur ein wenig weiter.

Bis zu den Nächtigungsmöglichkeiten in Kallarat sind es auf der Straße ins Shushica-Tal 6 km und dann an der Kreuzung bei einer Tankstelle nach links auf der Hauptstraße weitere 4,5 km, also insgesamt 10,5 km.

TOP

15

Kallarat – Pilur – Himarë

↗ 1200 m | ↘ 1450 m | 19.3 km

7.45 h

Über die Ceraunischen Berge auf den Balkon der Albanischen Riviera

Zu Beginn entdecken wir ein zerstörtes Dorf: Oberhalb von Kallarat lagen einst mächtige Behausungen aus Stein, die Ruinen zeugen von früherer Größe. Den anschließenden anstrengenden Anstieg auf die Ceraunische Gebirgskette überstehen wir dann im Wissen, was oben auf uns wartet: eine grandiose Rundumsicht von den Buchten der Albanischen Riviera und Korfu über das Shushica-Tal und Nëmerçka im Landesinneren bis nach Griechenland. Klar wird später auch, warum Pilur den Namen »Balkon der Albanischen Riviera« trägt. Beim Abstieg von dem malerisch gelegenen Dorf wächst die Vorfreude auf das Bad im Meer mit jedem Schritt. Schließlich liegt die Bucht von Himarë mit ihrem glitzernden Wasser direkt vor uns.

Ausgangspunkt: Dorfplatz von Kallarat am Sportplatz, 258 m. Erreichbar mit Furgon von Vlora.
Endpunkt: Himarë, 1 m. Busverbindung nach Tirana, Vlora und Saranda (siehe Seite 55 und 80).
Anforderungen: Der Anstieg bis zur Hochweide Valja i Mesit ist anstrengend, aber sehr gut gangbar und markiert (weiß-rot-weiß). Insgesamt gibt es keine besonderen Schwierigkeiten oder ausgesetzte Passagen.
Einkehr: Pilur: Café/Minimarket am Dorfplatz.
Unterkunft: Pilur: Vila Çipa (Tel. +355 69 2610859, facebook.com/Vila-Cipa-1625076084476188, airbnb). – **Himarë:** Himara Hostel (Milto Gjezo: Tel. +355 69 5171901, contact@himarahostel.com, himarahostel.com); diverse Hotels.
Hinweise: 1. Vierte Etappe der Mehrtageswanderung Tour 12–15.
2. Von Pilur führt ein markierter Wanderpfad nach Kudhës, Startpunkt von Tour 13 (siehe issuu.com/southcoastal/docs/hiking_trails).
Tipp: Ausflug auf den Balkon der Albanischen Riviera (Pilur) von Himarë aus: Vom Zentrum/Strand kommend die Hauptstraße nach Norden gehen, an der Tankstelle nach rechts (Hinweisschild: »Monastir« und Fahrradweg) und an der Olivenfabrik vorbei. Nach 800 m am ersten Abzweig von der Umgehungsstraße nach links auf den Schotterweg (Markierung auf Bordstein mit Pfeil), dann sofort dem rechten, zunächst betonierten Weg folgen bis zu einem Strommast mit Pfeil. Hier geht es nach links durch das trockene Bachbett und dann auf dessen linker Seite an Olivenbäumen entlang leicht aufwärts. Nach einem Bunker und Hirtenhütten schwenkt der Weg vom Canyon weg. Genau hier verlässt man ihn und geht am Pfad entlang des Canyons weiter, bis die Wiese anzusteigen beginnt. Hier hält man auf Bäume auf der linken Wiesenseite zu, wo ein eindeutiger Pfad nach Pilur ansteigt. Hin und zurück sind es insgesamt 12,5 km und 700 Hm. (Zur Kisha e Athalisë geht es unten am Strommast mit Pfeil nach rechts über eine Wiese und dann die Treppen hoch.)

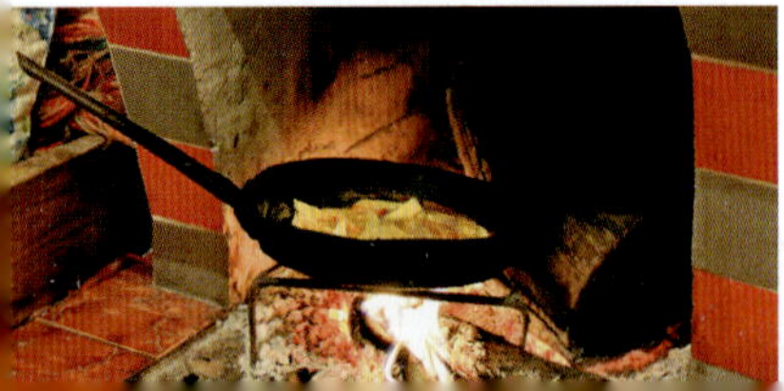

Für leckere Pommes braucht es Kartoffeln aus dem Garten, Feuer und viel Fett.

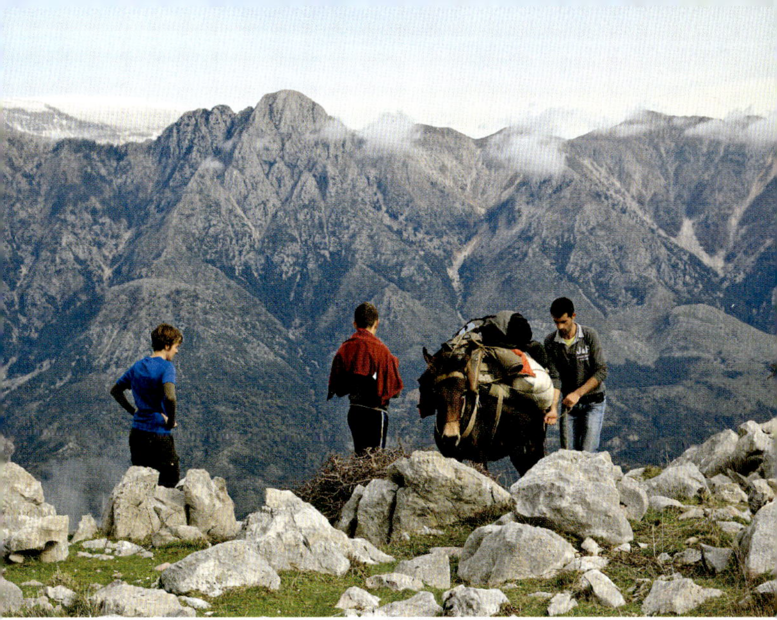

Spontaner Freundschaftsdienst auf dem Weg.

Vom Dorfplatz mit zwei Cafés verlassen wir **Kallarat** ❶ nach Süden am Denkmal und dem Sportplatz vorbei. Die weiß-rot-weißen Markierungen leiten uns dann auf der linken Seite des Bachbetts nach oben. Dort, wo der Weg quer durch das Bachbett führt, verlassen wir ihn nach links und steigen zwischen verkohlten Baumstümpfen in Falllinie an. Mehrmals schneiden wir den sich in Serpentinen hinaufwindenden Weg.

Nach der letzten Wegkehre folgen wir dem Weg nach links auf die ersten Ruinen zu, zweigen jedoch bereits nach 50 m wieder nach rechts ab, um erneut in Falllinie kurzzeitig pfadlos auf Schotter nach Süden aufwärtszugehen. Ein Pfad führt dann zwischen den teils mächtigen Häusern des im Ersten Weltkrieg von griechischen Truppen **zerstörten Dorfs** ❷ nach Südosten auf eine Senke zu, die von dem Berghang und bewachsenen Felsen gebildet wird. Wenige Schritte vor diesem Sattel halten wir uns leicht rechts und steigen weiter an. Wir blicken nun auf Kuç und den Partisanenweg – unsere gestrige Route –, der das Dorf mit Bolenë verbindet.

Kurz bevor wir einen trockenen Bachlauf erreichen, nehmen wir den oberen **Pfad nach rechts** ❸ und queren den Bachlauf 20 Höhenmeter oberhalb. Bald nach einem Wäldchen, das auf dem Geröll wächst, beginnt der steile Anstieg in einer Einkerbung. Diese teilt sich weiter oben, der Pfad windet sich der linken Rinne folgend in Serpentinen bergan.

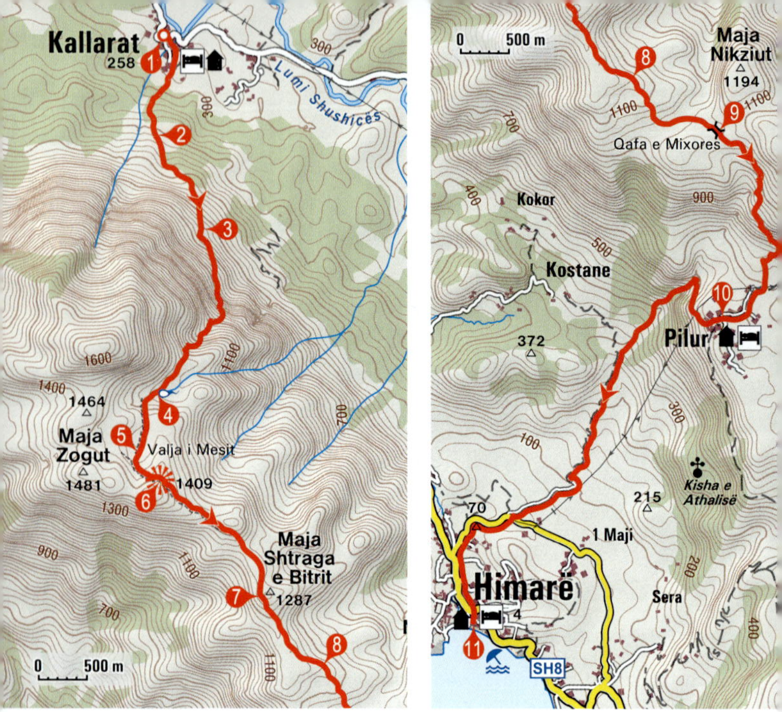

Auf der Anhöhe angekommen, bleiben wir auf der rechten Seite der Ebene und gehen nach Südwesten zu einer Hirtenhütte. Links von der Mauer vor der Hütte ist eine Wasserquelle, rechts der Mauer geht es weiter bergan und an einer weiteren **Wasserquelle** 4 vorbei. So erreichen wir **Valja i Mesit** 5. Der Talkessel mit Büschen erinnert an die Winnetou-Filme, auch wenn diese in Kroatien gedreht wurden. Am Ende der Ebene gehen wir rechts an der Hütte vorbei, oberhalb ist ein Pfad in beide Richtungen markiert: nach rechts mit »VB« (Valja i Bufit) und nach links hinauf auf den Kamm. Wir halten uns hier links und haben von dem mit knapp über 1400 m höchsten Punkt unserer Tour eine traumhafte **Rundumsicht** 6. Auf der linken Seite des Kammes gehen wir an einer Senke vorbei zu einem Joch hinunter, bei dem wir auf die rechte Kammseite wechseln und weiter zu dem Wiesenrücken vor uns absteigen. Von nun an wandern wir direkt auf dem Kamm. Den nur wenig höheren **Maja Shtraga e Bitrit** 7 umgehen wir auf seiner rechten Seite und sehen die Buchten von Jalë und Himarë. Danach öffnet sich der Blick ins Landesinnere auf Kuç, etwas später können wir auch Qeparo erkennen. Bei all der eindrucksvollen Aussicht müssen wir

darauf achten, den **Pfad** zwischen den dornigen Büschen nicht zu verlieren, und nach **rechts** 8 entlang eines Einschnitts zu dem Talkessel mit Hirtenhütten abzusteigen.
Hier geht es nach links zwischen den Hütten das Tal entlang und dann nach rechts (Südost) das Seitental mit vielen Mauern und terrassierten Wiesen hoch zum **Qafa e Mixores** 9. Sollten die Wachhunde diesen Weg nicht zulassen und keine Hirten in der Nähe sein, kann man pfadlos auf die Hügel rechts des Kessels steigen und auf der Kuppe nach Osten zum Pass wandern. Die Hunde bleiben für gewöhnlich bei den Hütten.
Von Pass blicken wir auf Pilur und verstehen, warum der Ort »Balkon der Albanischen Riviera« genannt wird. Auf einem sehr guten Bergpfad erreichen wir abwärts den Fahrweg, der leicht ansteigend nach **Pilur** 10 führt. Wir gehen am Dorfplatz links vorbei und verlassen die Straße 10 m nach dem Platz nach rechts in eine nicht befahrbare Gasse. In dieser liegt nach 150 m die Vila Çipa. Über die Kuppe am Dorfrand gehen wir auf den neuen großen Strommast zu, in der Kehre unterhalb von diesem verlassen wir die Straße nach links. Etwas oberhalb des alten rostigen Strommasts beginnt der Abstieg, der uns zunächst zu einem Canyon bringt.
Auf dem sandigen, durch eine Mauer gegen das Tal abgesicherten Grund kann man ein paar Meter in den Canyon hineinspazieren. Wir wechseln an der Mauer auf die andere Seite und steigen auf dem sehr guten Pfad entlang des Canyons ab, bleiben am Beginn des Wiesenhangs zunächst am Waldrand, ehe wir im Flachen auf dem Pfad am Canyonrand einen Fahrweg erreichen. Dieser führt an Hirtenhütten vorbei und durch Olivenhaine. An einem Hügel mit Ruine gabelt sich der Weg, vereinigt sich aber wieder; links ist es etwas kürzer. Nach ein paar Häusern queren wir das Bachbett, gehen an der Kreuzung nach rechts und gelangen an die Umgehungsstraße von Himarë. Wir folgen ihr nach rechts Richtung Stadt und passieren dabei die Olivenölfabrik. An der Kreuzung bei der Tankstelle gehen wir nach links. Nach 200 m liegt links das Himarë Hostel, zum Strand von **Himarë** 11 mit den Hotels sind es noch weitere 500 m auf der Hauptstraße am Supermarkt vorbei und dann nach rechts zur Promenade.

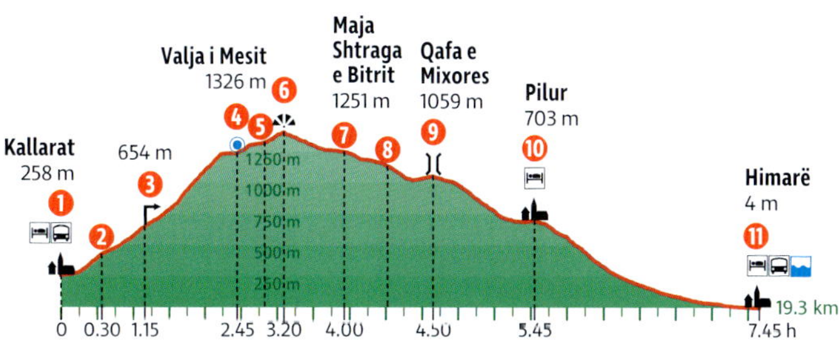

Vjosa-Tal

Das Vjosa-Tal ist wahrlich einzigartig, denn der namensgebende Fluss, der Südalbanien in einer Länge von 190 km durchfließt, ist einer der letzten ungezähmten Ströme Europas. Keine Begradigungen, keine Dämme. Deshalb bietet er für Wissenschaftler so etwas wie eine Blaupause: So wie hier war es einst überall und ist es nun fast nirgends mehr. Die Feuchtzonen am Rand und die Strömung bieten einer einmaligen Artenvielfalt Schutz und Heimat, darunter den vom Aussterben bedrohten Aalen. »Die Vjosa hat eine eigene Stimme, die klingt wie die unserer Mütter«, sagt ein Bewohner aus dem Dorf Kutë in einer Arte-TV-Dokumentation.

Die Region um die nur 30 km von der Grenze mit Griechenland entfernten Stadt Përmet ist seit wenigen Jahren dabei, sich zu einem Eldorado für Wanderer und Mountainbiker zu entwickeln. Unter Führung der italienischen Non-Profit-Organisation CESVI wurden und werden Pfade und Trails markiert, etwa im Nationalpark Bredhi i Hotovës-Dangëlli, einem der größten Waldschutzgebiete des Balkan. Nicht minder eindrucksvoll ist die Wanderung zum Fuß des Nëmerçka und dem dortigen Sopotit-Wasserfall, und die Rundtour um den Lëngarica-Canyon endet mit einem Bad in den warmen Quellen. Ein besonderer Genuss – im wahrsten Wortsinn – ist die Mehrtagestour im Zagoria-Tal, denn sie wird dank der Kochkünste der Gastgeberinnen zur kulinarischen Entdeckungsreise.

Auch in der Hauptstadt Përmet lässt sich gut speisen, fast alle Restaurants werben mit dem Prädikat Slow Food. Eine lokale Spezialität ist Gliko: Verschiedene Früchte und Gemüse werden 80 Minuten in ein Wasser-Zitronen-Gemisch getränkt, ehe sie mit Zucker vermischt eine Stunde in einem Kupfertopf gekocht werden. Die beliebteste Variante wird aus grünen Walnüssen hergestellt. Wein wird hier ebenfalls im Familienbetrieb gekeltert, aus den hier heimischen Debine-Trauben.

Ihren Namen hat die vormals unter dem Namen »Tryfilia« bekannte Stadt angeblich von einem Helden Namens Premt, der sich von dem 42 m hohen Stadtfelsen gestürzt haben soll, um nicht in den Händen der nahenden Feinde zu sterben. Im Zweiten Weltkrieg gehörte die Stadt aufgrund des Widerstandskampfes kommunistischer Partisanen zu den ersten Gebieten ohne fremde Besatzung. Vom 24. bis 28. Mai 1944 fand hier der Kongress von Përmet statt, der ein Übergangsparlament

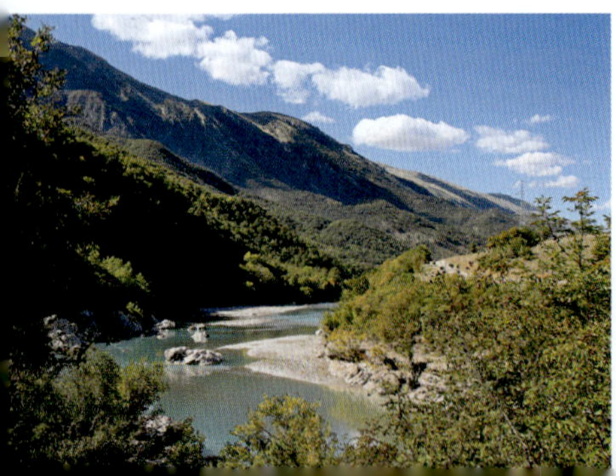

Noch wild und ursprünglich: die Vjosa.

wählte, welches die kommunistische Herrschaft in Albanien begründete. Heute erinnert am Stadtplatz ein graues Gebäude an den von Enver Hoxha erzwungenen Atheismus. Für den kommunistischen Bau wurde eine Kirche abgerissen; die Revanche: Nun findet sich in dem atheistischen Bau wieder ein orthodoxer Gebetsraum.

Anreise

- Per Bus aus Tirana vom Terminali i Autobusave të Veriut dhe Jugut (Kreuzung der Fernstraßen SH1 und SH2 nach Përmet, Abfahrt um 5.30, 6.30, 7.30, 8.15, 9.00, 11.30, 12.30, 14.00, 15.30, 17.00 Uhr, 1200 Lek, 4.30 Std.
- Nach Tirana von der Busstation Juli Travel neben dem Restaurant Familjari, Abfahrt um 4.00, 5.00, 7.00, 9.00, 10.00, 10.30, 12.00, 13.00, 14.30 Uhr, 1200 Lek, 3.30 Std.; bis zur Ura e Peshtanit am Eingang des Zagoria-Tals 150 Lek, 0.30 Std.
- Fahrpläne auf etransport.al.

Unterkunft und Verpflegung

- Përmet: Funky Hostel (Niki: Tel. +355 67 4667795, 25 € ÜF im DZ); Hotel Alvero, Hotel Ana, Hotel Përmeti, Hotel Vjosa und weitere; Eco Camp Përmet.
- Bual: Traditional GuestHouse Permet (Kristaq Cullufe: Tel. +355 69 2819270, +355 69 7913447) mit Heimatmuseum.

Restaurants: Trifilia, Familjari, Mengjezore und weitere.

- facebook.com/Slow-Food-Përmet-Albania-1494441540857498

Information

- Internetseite: permet.al
- CESVI: Büro im Qëndra Kulturore Multifunksionale am Park beim Stadtplatz, Shëtitorja Odise Paskali, 1. und 2. Stock (Tel. +355 81 323725).
- Lokaler Tourenanbieter: Vjosa Explorer (Tel. +355 68 6303487, +355 69 5715374, +355 69 8545234, vjosa.explorer@gmail.com, im Aufbau: vjosa-explorer.business.site, facebook.com/Vjosa-Explorer-453388901739746/?modal=admin_todo_tour), Rafting, Wandern, Klettern, MTB, Jeep-Fahrten.
- Zbulo! (Ricardo Fahrig, Tel. +355 69 6731932, +355 69 2121612, welcome@zbulo.org, zbulo.org), Wandertouren (die Agentur ist auch an der Erschließung der Wege beteiligt).
- Ride Albania Mountain Biking (Tobi Gessler, Tel. +355 69 2847018, tobi@ride-albania.com, ride-albania.com), Erschließung von mehr als 300 km MTB-Strecken.

Mehrtagestour

- Viertageswanderung durch das Zagoria-Tal von Peshtan über Limar und Hostheve nach Përmet (Touren 18–21).

↗ 290 m | ↘ 290 m | 5.2 km

16 Sopotit-Wasserfall

1.45 h

Zu Füßen des Nëmerçka

Diese kurze schöne Wanderung führt uns zum Sopotit-Wasserfall, der in Stufen in einem engen Felskorsett hinabstürzt. Auch der Blick über das Vjosa-Tal ist lohnend, ebenso wie die Erfahrung zu Füßen des Maja e Dritës: Vor den mächtigen Felswänden des Nëmerçka-Massivs wird der Mensch zum Zwerg.

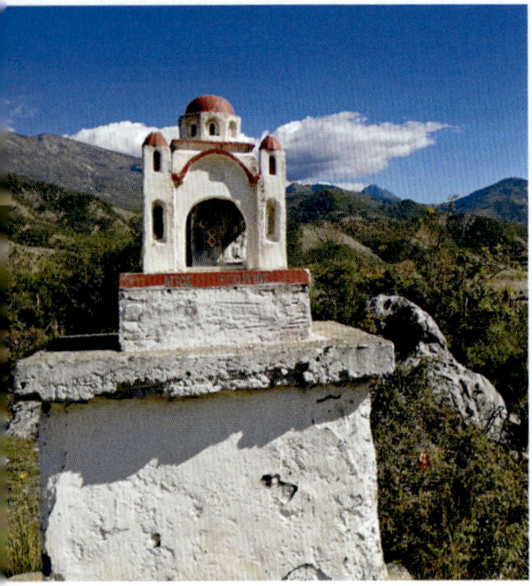

Orthodoxer Bildstock bei Strëmbec.

Ausgangspunkt: Strëmbec, 478 m, unterhalb des Dorfs beim Wegweiser, Parkmöglichkeit. Mit dem Auto von Përmet dauert die Fahrt 30 Min., die letzten 3 km von der Hauptstraße bis Strëmbec sind ein Schotterfahrweg.
Anforderungen: Einfache Wanderung auf einem guten Bergpfad, das letzte Stück führt über Schotter (sehr ausgetreten). Die Markierungen sind weiß-rot-weiß.
Einkehr: Keine.
Unterkunft: Keine.
Variante: An der Brücke über die Vjosa parken. Man verlässt den Fahrweg bereits nach 150 m nach rechts, passiert einen orthodoxen Schrein und trifft schließlich wieder auf den Fahrweg. Auf diesem bis zum eigentlichen Ausgangspunkt. Inklusive Rückweg sind so 4 km und knapp 200 Hm mehr zu absolvieren.

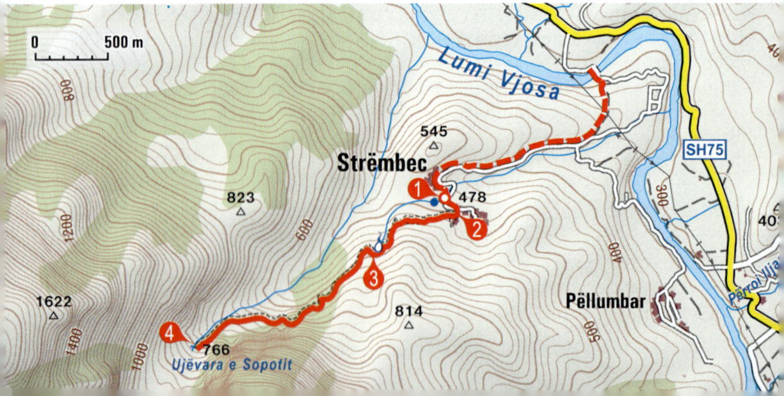

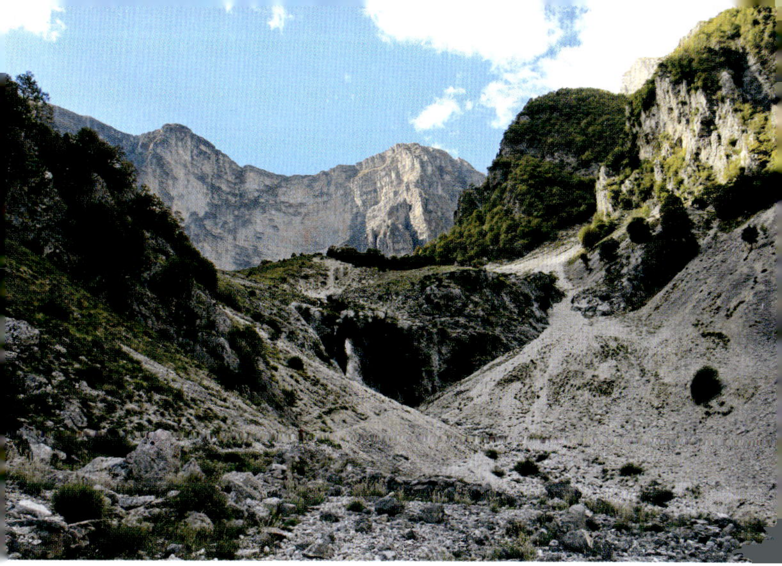

Erfrischung: der Sopotit-Wasserfall vor dem Nëmerçka-Massiv.

Am Wegweiser von **Strëmbec** 1, 470 m, ist ein Wasserhahn an einem Walnussbaum. Wir gehen hoch zum Dorf, nehmen am Denkmal den rechten Weg und halten uns beim nächsten **Abzweig** wieder **rechts** 2. Nach 300 m steigen wir die mit Walnuss- und Feigenbäumen bewachsenen Wiesenterrassen bergan und steuern stets auf die mächtige Ostwand zu.

Der nur bei den Wiesenterrassen nicht ganz eindeutige Weg gabelt sich später einmal: Der rechte, untere Pfad führt uns an einer **Quelle** 3 vorbei und dann zurück auf den oberen Pfad. Die riesigen Ahornbäume hinter uns lassend blicken wir bald erneut auf den höchsten Gipfel des Nëmerçka (Maja e Papingut bzw. Maja e Dritës, 2485 m) und nach der Wiese mit der eindrucksvollen Aussicht nähern wir uns entlang einer teils mit großen Steinplatten abgedeckten Wasserleitung dem Schotterfeld, das uns noch vom **Ujëvara e Sopotit** 4 trennt. Der Pfad im Schotter ist sehr ausgetreten, Zitronenmelisse, wilde Minze, Oregano und andere Kräuter duften intensiv.

Links vom Wasserfall könnte man noch steil im Zickzack auf Schotter ansteigen (unmarkiert, steil, rutschig), um den Kessel am Fuß der Steilwand zu erreichen. An seinem Eingang findet sich ein Steinkreis. Vom Wasserfall kehren wir auf demselben Weg zu unserem Ausgangspunkt in **Strëmbec** 1 zurück.

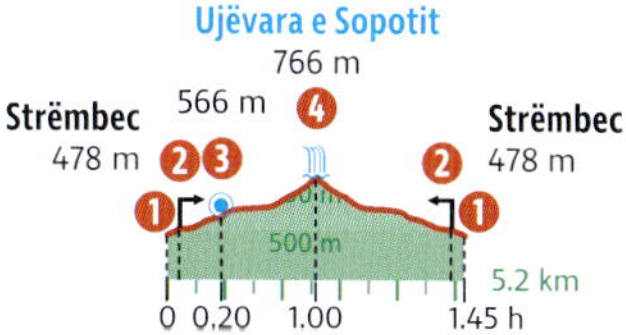

TOP

17 Lëngarica-Canyon

↗ 560 m | ↘ 560 m | 11.4 km

3.45 h

Rundtour mit Tiefblick vor dem Bad im warmen Schwefelwasser

Ohne einen einzigen Meter gewandert zu sein, können wir schon die ersten Sehenswürdigkeiten bewundern: Höhlen, von denen zumindest eine in der Kupfersteinzeit bewohnt war, die osmanische Steinbrücke Ura e Kadhiut aus dem 18. Jahrhundert, die den Karawanen den Weg nach Voskopoja ermöglichte, und die sechs Thermalquellen (Llixhat) von Bënjë. Mit 25 bis 30 Grad tritt das schwefelhaltige Wasser hervor. Bevor wir uns ein heilsames Bad genehmigen, umrunden wir aber die über 100 m tiefe und teils nur 3 m breite Lëngarica-Klamm. Nach einem kurzen Anstieg blicken wir erstmals in die Tiefe, ehe wir später teilweise direkt entlang der spektakulären Schlucht wandern.

Ausgangspunkt: Parkplatz an den Thermalquellen Banjat e Bënjës, 323 m. Von Përmet sind es mit dem Auto Richtung Südosten bis zum kurz vor Petran gelegenen Abzweig nach Bënja etwa 10 Min. und 10 weitere bis zum Parkplatz.
Anforderungen: Aufgrund zumindest einer unübersichtlichen Stelle zwischen dem feinschottriges Felsband ❷ und der trockenen Bachrinne ❸ ist die Verwendung eines GPS-fähigen Gerätes empfehlenswert, da (noch) keine Markierungen vorhanden sind. Der (in weiten Teilen breite) Weg wird aber instandgehalten und ist ansonsten gut zu finden.
Einkehr: Bar/Restaurant an den Thermalquellen.
Unterkunft: Keine.
Tipp: Badesachen nicht vergessen und die Höhlen am Canyoneingang erkunden.

Thermalbad mit Aussicht: die Ura e Kadhiut am Eingang des Lëngarica-Canyons.

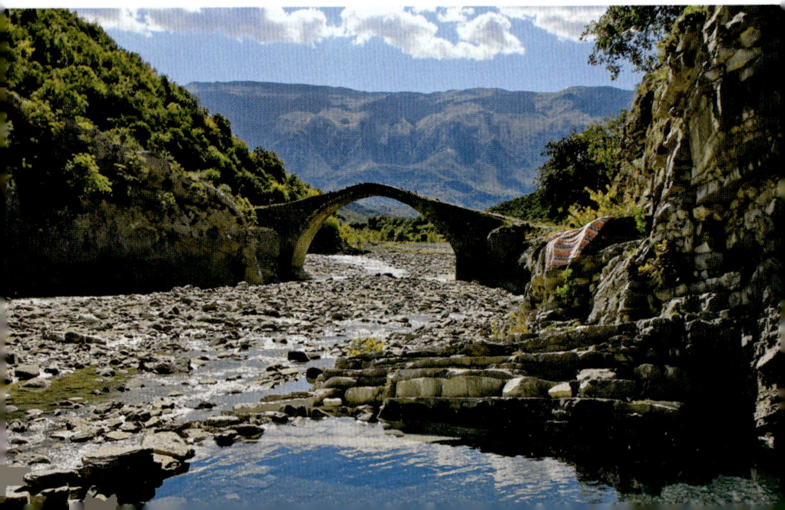

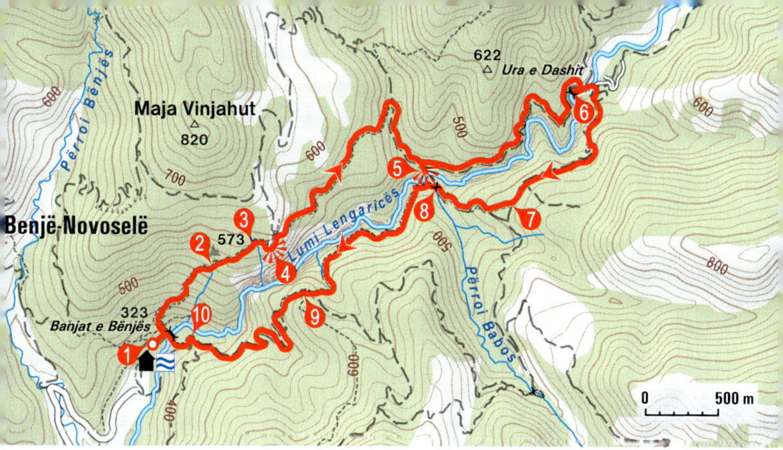

Vom Parkplatz der **Banjat e Bënjës** ❶ gehen wir zur alten osmanischen Brücke (Ura e Kadhiut) und wenden uns dort nach links, um auf einem Pfad aufzusteigen. Nach knapp 100 m ist rechts von uns eine Freifläche, sodass wir auf den Canyon blicken. Wir gehen hier geradeaus weiter bergan und dann am linken Rand der Steinplatten. An deren Ende queren wir den trockenen Bachlauf nach rechts. Der meist deutliche Weg verläuft zwischen Erdbeerbäumen (*Arbutus unedo*, alter Name »Meerkirsche«) und Lorbeerbüschen, anfangs immer wieder über freigewaschene Steinplatten und zwischendurch ein feinschottriges **Felsband** ❷ 50 m aufwärts, ist aber nicht zu verlieren, bis wir nach 1 km Anstieg ein Flachstück erreichen. Hier ist die Orientierung schwieriger, da viele Pfade kreuzen. Wir gehen fortan auf gleichbleibender Höhe in nordöstlicher Richtung und queren nach gut 100 m eine trockene **Bachrinne** ❸. Nochmal 100 m weiter gehen wir nach rechts zu einem **Aussichtspunkt** ❹ über dem Canyon.
Vom Aussichtspunkt wandern wir nach Norden, nach 150 m (am Ende der herausragenden Felsen zu unserer Rechten, auf ihnen ist ein weiterer Aussichtspunkt) treffen wir auf den Beginn eines Fahrwegs: Hier nehmen wir den schmalen Pfadeingang nach rechts, um in Serpentinen abzusteigen – wie in einem Tunnel aus Bäumen. Nach der Querung eines trockenen Bachs 100 Hm tiefer geht es eben im Wald dahin. Nach etwa 700 m wird der Pfad zum Weg, der abfällt und in einen anderen Weg mündet: Wir gehen hier

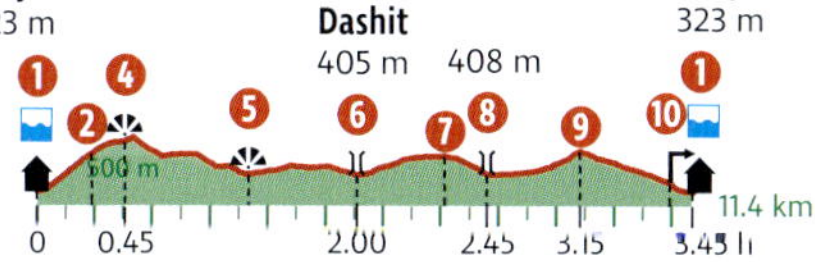

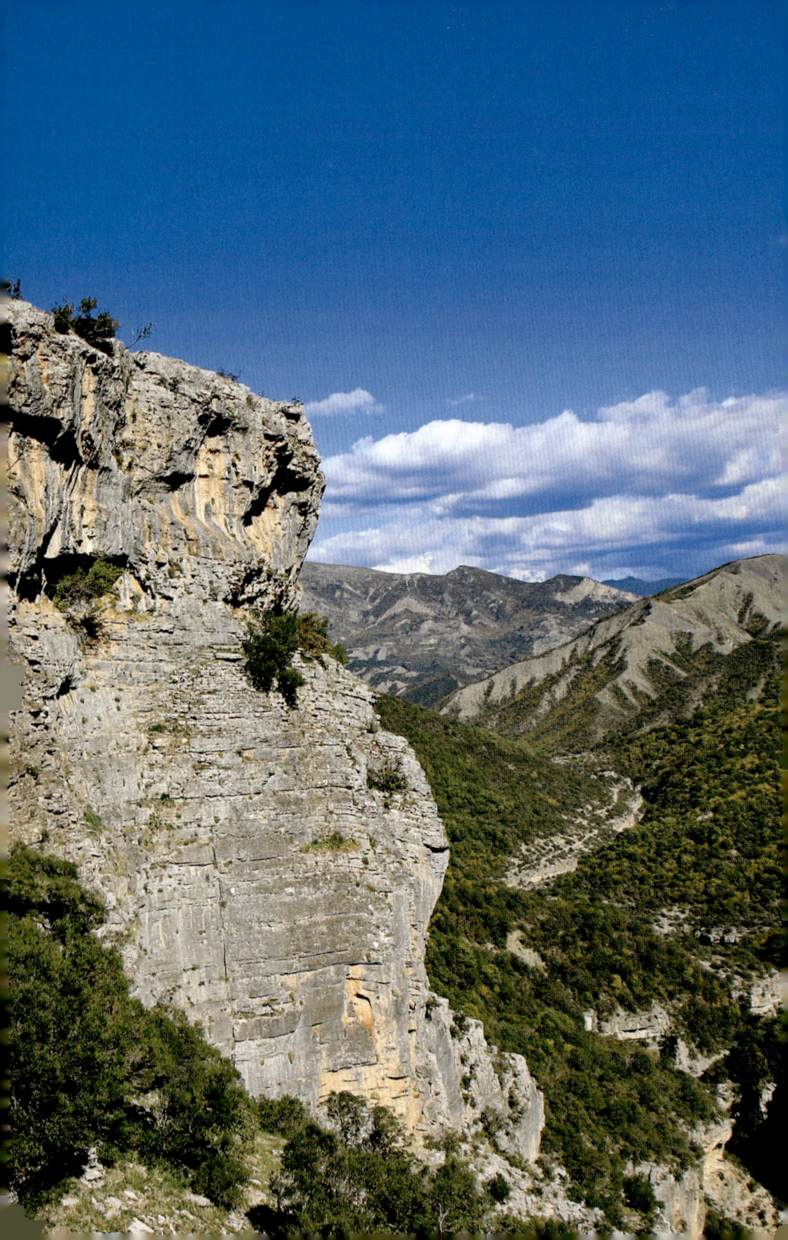

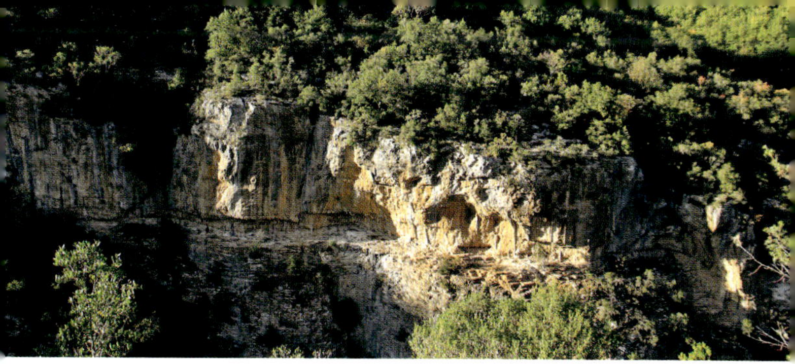

Suchbild: Wer findet die Ziege bei ihrer abendlichen Klettereinheit?

rechts und erreichen so den Kanioni i Lëngarices. Dank einem weit in den Canyon hineinreichenden **Aussichtspunkt** 5 können wir wahrlich tiefe Einblicke gewinnen. Wenige Meter weiter gibt auf der gegenüberliegenden Seite eine kleine Steinbrücke ein eindrucksvolles Zeugnis osmanischer Baukunst. Wir werden sie später noch zu schätzen wissen.
Auf dem breiten Weg wandern wir nun am Rand des spektakulären Canyons entlang, bis wir vor uns den 2011 errichteten Staudamm sehen und nach rechts zur kleinen Brücke **Ura e Dashit** 6 hinuntergehen. Hier steht ein Schild mit einer Nationalparkkarte. Nach der Brücke gehen wir an der ersten Kreuzung rechts, in der ersten Linkskehre verlassen wir den Fahrweg nach rechts, um eine Serpentine abzukürzen. Danach folgen wir wieder dem Fahrweg, bis wir eine Wiesenebene erreichen und diese, den **Fahrweg** verlassend 7, nach Westen queren. Am gegenüberliegenden Rand der Wiese führt nach einem Zaun ein Pfad an einem Steinmäuerchen abwärts, wir sehen vor uns den zweiten Aussichtspunkt des Hinwegs (Wegpunkt 5), und gelangen nach einer Hirtenhütte an die **osmanische Brücke** 8, die wir von der anderen Seite erspäht hatten.
Nach der Brücke wandern wir auf einem schönen Pfad mit weiteren Aussichtspunkten den Canyon entlang, ehe wir uns langsam von ihm entfernen und einen trockenen Bachlauf queren. Nach rechts geht ein steiler Ziegenpfad hinauf, wir nehmen lieber den linken Pfad, der noch ein Stück auf der rechten Seite entlang der Rinne und dann in einem Bogen aufwärtsführt. Oben treffen wir auf den **Fahrweg** 9, verlassen ihn bereits nach 100 m wieder nach rechts, um abzukürzen, und gehen dann auf ihm rasch bergab, bis wir die Thermalquellen unter uns sehen. In einer Linkskehre zweigen wir auf einen **Pfad** nach **rechts** 10 hinunter zur Ura e Kadhiut ab und beenden unsere Tour mit einem Bad in den 25–30 Grad warmen **Banjat e Bënjës** 1.

Vom höchsten Punkt der Tour (Wegpunkt 4) lässt sich die knapp 5 km lange Klamm der Lëngarica überblicken.

↗ 810 m | ↘ 310 m | 11.9 km

18 Peshtan – Limar

5.00 h

Aufbruch ins Zagoria-Tal

Im entlegenen Zagoria-Tal durchwandern wir in vier Etappen eine ursprüngliche Landschaft, und die kulinarischen Köstlichkeiten bei den Gastgebern sind so schmackhaft wie vielfältig. Der erste Teil unserer Viertagestour führt von Peshtan an der Westseite des Tals mit teils wunderschöner Aussicht entlang. Mitten im Wald liegt die Einöde Kala. Der Name (albanisch für Burg) geht auf eine Illyrische Festung zurück. Wenn dann erste Zweifel aufkommen, wie wir über die Klamm hinauf ins ostseitige Limar gelangen sollen, taucht eine alte osmanische Brücke auf – so können wir die im Abendlicht leuchtenden Grashänge des Nëmerçka-Massivs wie geplant von dem schmucken Bergdorf aus genießen.

Ausgangspunkt: Ura e Peshtanit, 165 m (Brücke über die Vjosa nach Peshtan im Gryka e Këlcyrës, Landstraße SH 75), zu erreichen von Përmet mit 30 Min. Fahrzeit (Kosten: 150 Lek) mit Bussen in Richtung Tepelenë/Tirana (4.00, 5.00, 7.00, 9.00, 10.00, 10.30, 12.00, 13.00, 14.30 Uhr) oder von Tirana/Tepelenë mit Bussen in Richtung Përmet.
Endpunkt: Limar, 667 m. Keine Busanbindung.
Anforderungen: Durchwegs guter Pfad ohne Schwierigkeiten, nur eine etwas ausgesetzte Stelle nach der zweiten Quelle ❻; häufige orangefarbene Markierungen und zusätzliche weiß-rot-weiße Streifen.
Einkehr: Kala: bei Ilir.
Unterkunft: Peshtan: Bujtina Peshtan (Mira und Salvatore, +355 69 3172603), traditionelle Speisen, Hilfe bei Buchung der Talunterkünfte. – **Limar:** Gästehaus Margarita und Mani Damani (Tel. +355 69 2617660), eine Spezialität des Hauses ist zum Nachtisch der leicht süßliche Kürbis-Börek (Byrek me kungull te embel).
Hinweis: Erste Etappe der Mehrtageswanderung Tour 18–21.

Von der **Ura e Peshtanit** ❶ geht es die ersten 2,1 km bzw. 160 Hm auf der Asphaltstraße aufwärts nach **Peshtan** ❷, wo ein Wegweiser die Richtung nach Kala und Limar vorgibt. Rechts des Wegs liegt die Bujtina Peshtan. Alle paar Meter finden sich orangefarbene Punktmarkierungen. Weiß-rot-weiße Markierungen sind ebenfalls vorhanden, aber seltener. Bei einer Quelle am Ortsausgang endet der Fahrweg, wir wandern geradeaus in südöstlicher Richtung auf einem breiten Pfad weiter. Etwa 1 km nach der Quelle nehmen wir an einer **Gabelung** ❸ den ansteigenden Weg nach rechts. Jetzt wird es zunächst etwas steiler, ehe es dann 2,5 km lang auf einer Höhe von 550 m in hügeligem und bewaldetem Gelände sanft auf und ab geht, bis wir auf einer Höhe von 600 m aus dem Wald treten und das saftig grüne Zagoria-Tal in all seiner Pracht vor uns liegt; auf der gegenüberliegenden Talseite sehen wir zu Limar gehörende Häuser. Zu einer Hirtenhütte halten wir Abstand und wählen den linken, abwärtsführenden Pfad entlang von Salbeibüschen.

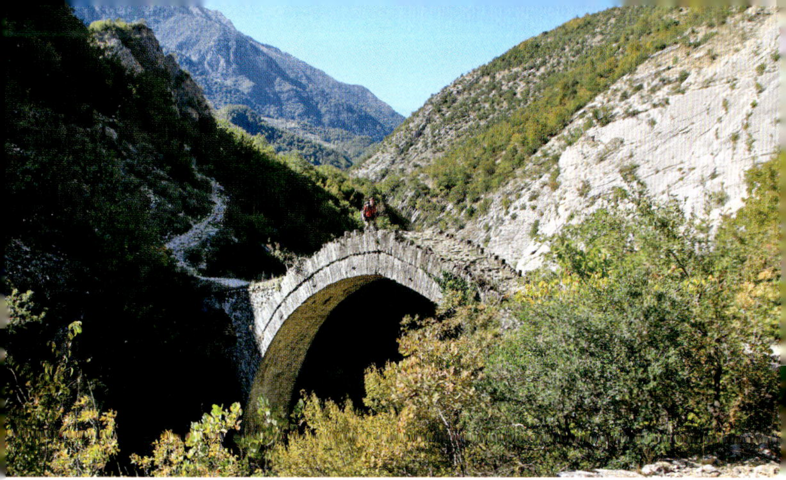

Alt und stabil: Dank osmanischer Baukunst können wir die Klamm überqueren.

An der **Quelle** 4 vorbei queren wir die kleine Wiese mittig auf gleichbleibender Höhe nach Süden. Am Wiesenrand beginnt dann ein schottriger Pfad, der durchs Gebüsch weiter abwärtsführt und sich bald mit einem anderen Pfad vereinigt. Wir behalten die Richtung bei, gehen also rechts, und gelangen so auf gleicher Höhe bleibend nach **Kala** 5, wo sich eine Einkehr bei Ilir – im einzigen bewohnten Haus – lohnt. Raki und Kaffee sind natürlich für Gäste immer im Angebot, Feigen und Trauben je nach Jahreszeit ebenfalls. Auch gibt es ein selbst gebautes Wasserkraftwerk zu bestaunen. Weiter geht es auf dem Weg unten am Haus vorbei eben den Hang entlang. Die orangefarbenen Markierungen führen uns nach einer Bachquerung über Wiesenterrassen und an deren Ende nach links hinab. Bald öffnet sich der Blick auf den Canyon, und wir passieren eine **Quelle** 6. Das Wasser strömt hier direkt aus der Felswand. 100 m weiter ist der Pfad an einer Felswand erdig und kurz etwas exponiert, weshalb er vor allem bei Nässe ein wenig Konzentration erfordert. Auf dem Felsen oberhalb des schmalen Canyondurchbruchs verlassen wir dann den Höhenpfad nach links und steigen zum Fluss hinab. Orangefarbene und weiß-rot-weiße Markierun-

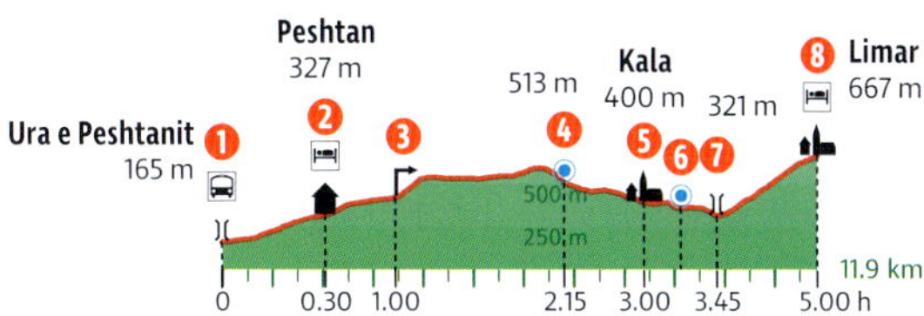

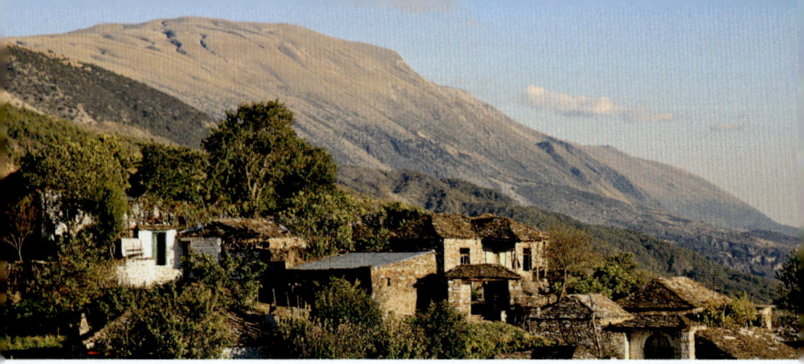

Schindeldächer von Limar und der dahinter gelegene Dhëmbel im Abendlicht.

gen trennen sich, die Pfade treffen sich aber nach wenigen Metern wieder. Nach der Canyonquerung über eine alte **osmanische Steinbrücke** 7 gehen wir nach rechts, ehe an einer kleinen Wiese nach links der Anstieg (350 Hm) nach Limar beginnt: Der schmale Schotterpfad windet sich steil – erst zwischen Felsen, später zwischen Salbeibüschen – aufwärts. Der einzige weglose, aber orange markierte Abschnitt ist eine etwa 100 m lange Steinplatte, die wir geradewegs nach Norden hochgehen. 300 m vor dem Dorf halten wir uns am Abzweig rechts, um parallel zum tief eingeschnittenen Bachlauf nach **Limar** 8 zu gelangen. Das Haus von Margarita und Mani Damani mit dem dunkelgrünen Tor liegt gegenüber dem Wegweiser bei der Kirche.

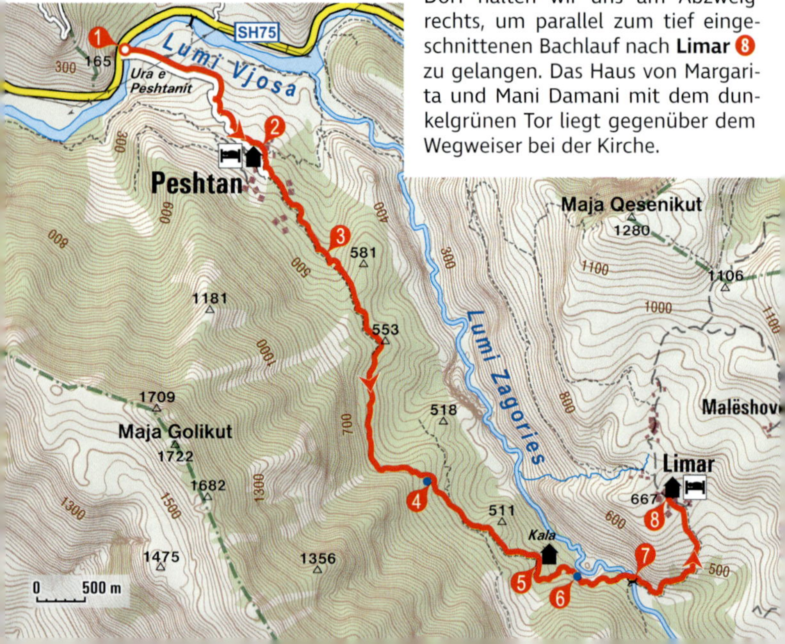

Zum Wasserfall von Doshnicë

Am zweiten Tag unserer Etappenwanderung nehmen wir das Zagoria-Tal von der anderen Seite in Augenschein, und es schadet nicht, ein bisschen Extrazeit einzuplanen, denn wer suchend in einem der Dörfer umherblickt, wird schon mal auf Raki, Walnüsse und Trauben eingeladen. Der Höhepunkt erwartet uns, wenn wir in Doshnicë zum Wasserfall absteigen, möglicherweise nach einer stärkenden Einkehr.

Ausgangspunkt: Limar, Kirche, 667 m. Keine Busanbindung.
Endpunkt: Hoshtevë, 801 m. Keine Busanbindung.
Anforderungen: Größtenteils guter Wander- und Hirtenpfad ohne besondere Schwierigkeiten. Die orangefarbenen Markierungen werden durch schon etwas ausgeblichene weiß-rot-weiße Streifen ergänzt.
Einkehr: Doshnicë: Sokol Dine.
Unterkunft: Hoshtevë: Katerina's Bed and Breakfast (Katerina Tela, Tel. +355 67 3844906). Die Unterkunft liegt neben der Kirche, zu Katerinas Privathaus sind es vom Wegweiser den Markierungen durch das Dorf folgend etwa 250 m. Da Katerina nicht immer im Ort ist, alternativ: Sotir Kristiani, etwa 120 m nordwestlich von Katerina's Bed and Breakfast.
Varianten: 1. Etwas kürzer, aber weniger attraktiv: 20 m vor dem markierten Strommast in Doshnicë ❹ kann man den orangefarbenen Markierungen folgend aufwärts zu einem Haus steigen. Hier beginnt ein Fahrweg, der nach Hoshtevë führt. Zunächst geht es in Kehren aufwärts, dann oberhalb des Waldes auf etwa gleichbleibender Höhe nach Hoshtevë. Das Dorf passiert man vorerst oberhalb, ehe man nach rechts an einer großen gemauerten Quelle vorbei hinab in den Ort geht. An dem Trafohäuschen nach rechts kommt man nach 130 m an Katerinas Wohnhaus vorbei. Zur Unterkunft nimmt man den nächsten Weg zwischen den Häusern nach links hinunter. Katerina's Bed and Breakfast liegt dann neben der Kirche.
2. Wenn eine Flussquerung beim Wasserfall nicht möglich ist: vom Wasserfall wieder hoch zur Mauer ❺ unterhalb der Kapelle von Doshnicë. Hier zweigt der markierte Pfad Richtung Hoshtevë nach rechts (von unten kommend) durch ein Holzgatter ab, quert sogleich eine Rinne und steigt gegenüber an. Nach knapp 100 m knickt er nach Nordosten, jetzt geht es etwa 50 Hm bergauf; der Pfad ist am Ende einer kleinen Wiese auf einer Länge von 50 m etwas verwachsen. Nach einer zweiten Wiese trifft man auf ca. 600 m Höhe auf einen deutlichen Pfad, dem man nach rechts folgt, bis man wieder auf die Hauptroute ❽ stößt.
Hinweis: Zweite Etappe der Mehrtageswanderung Tour 18–21.
Tipp: Katerina organisiert die lohnende Besichtigung der Kirche von Hoshtevë, 100 Lek/Person.

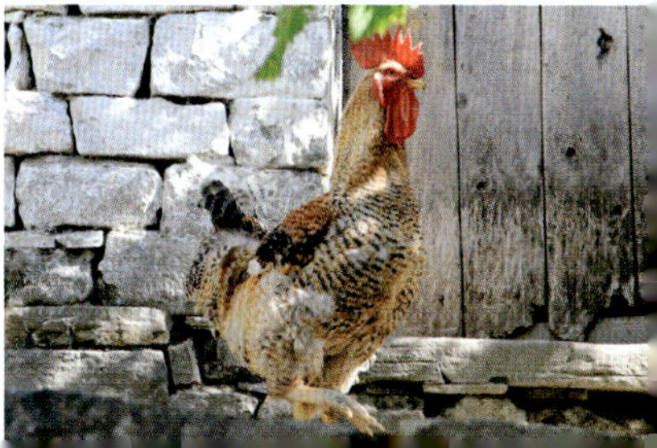

Hahn Toshi wacht über einen Innenhof in Doshnicë.

Los geht es am Wegweiser bei der Kirche von **Limar** ❶. Die orangefarbenen Punkte auf den Steinen am Boden zeigen es an: Vor der Kirche müssen wir nach links abwärts. Die mit grauem Splittergestein bedeckte Bachrinne queren wir und wandern dann entlang der linken Seite des Zagoria-Tals ohne großes Auf und Ab mit herrlicher Aussicht. Nachdem wir drei ins Tal herabführende Bachläufe gequert haben, kommen wir auf einen kleinen Ausläufer, von dem wir auf das Dorf Leskaj blicken. Am vorgelagerten Friedhof vorbei gehen wir nach **Leskaj** ❷, wo sich eine Quelle befindet. Wenige Meter danach, an einem großen ausgehöhlten Baum, steigen wir nach links einen Pfad bergan – vorbei an einem Haus mit weiß getünchtem Eingangsbereich und Granatapfelbaum vor der Tür (lt. einer lokalen Broschüre gibt es hier Einkehr und Unterkunft, wir haben aber niemanden angetroffen). Oberhalb verläuft ein Fahrweg, den wir aber sofort wieder nach rechts verlassen, um über terrassenartige Wiesenflächen anzusteigen. Kurz nach dem höchsten Punkt folgt eine **Gabelung** ❸: Hier geht es nach rechts, also weiter dem Talverlauf folgend am Hang entlang. Nach der nächsten Bachquerung wird es etwas unübersichtlich, da das terrassierte Gelände mit Ginster und anderen Sträuchern überwuchert ist. Die orangenen Bänder (sofern noch vorhanden) an den Büschen helfen bei der Orientierung. Generell gilt: Immer auf dem Hauptpfad bleiben, der in südöstlicher Richtung nicht wesentlich an Höhe verliert. Wir erreichen eine Rinne mit der Mahnung »take care« am Fels. Diese Passage kann bei Näs-

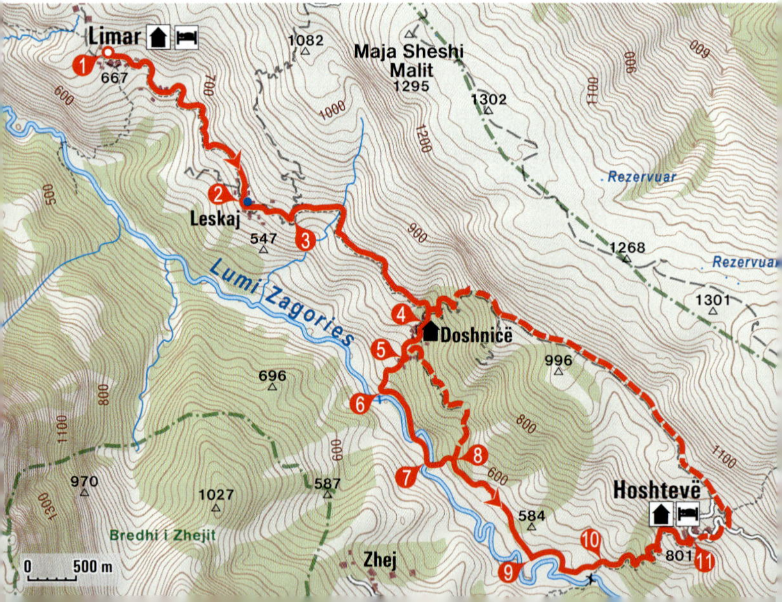

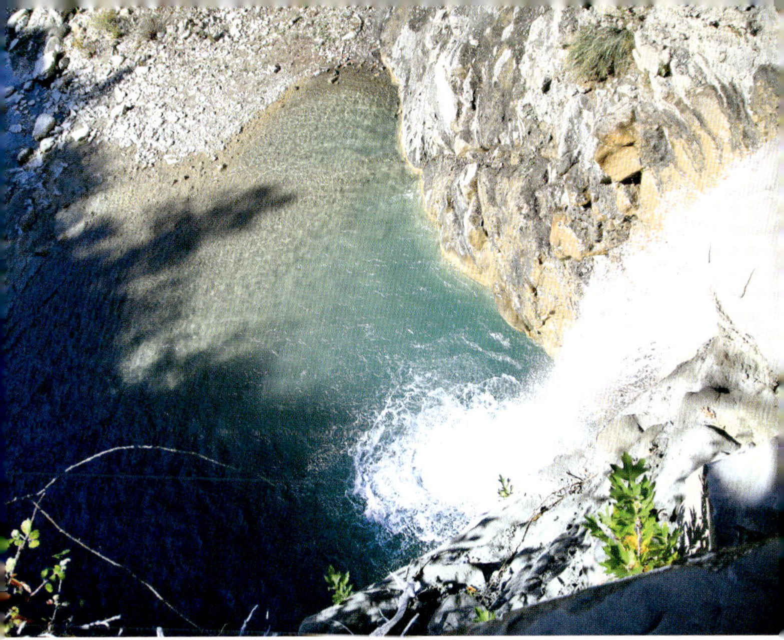

Der Wasserfall von Doshnicë.

se rutschig sein. Auf dem folgenden Wiesenband gehen wir erst am Ende nach rechts auf einem Viehweg abwärts.
Beim weiß-rot-weiß markierten Strommast in **Doshnicë** 4 haben wir zwei Möglichkeiten, denn hier trennen sich die orangefarbenen und weiß-rot-weißen Markierungen: Etwa 20 m vor dem Strommast geht es den orangefarbenen Markierungen folgend nach links aufwärts zu einem Fahrweg, der nach Hoshtevë führt. Es ist die schnellste, aber auch langweiligste Option (siehe Variante 1). Schöner ist der Pfad weiter unten im Tal: Dazu wählen wir den Weg zwischen den Häusern hinunter nach Südwesten zum Wasserfall; markant sind in Doshnicë die Eingangstore zu den Anwesen.

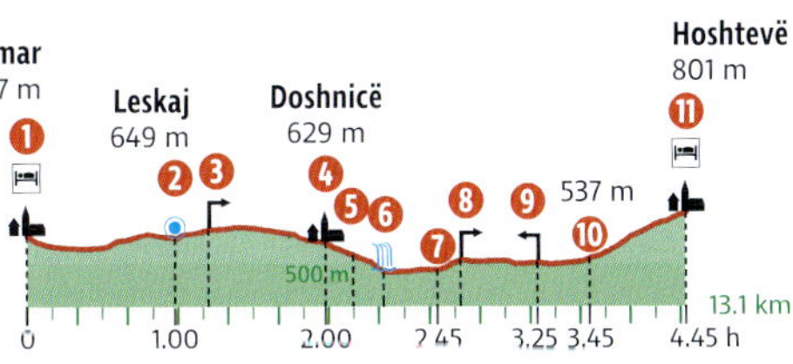

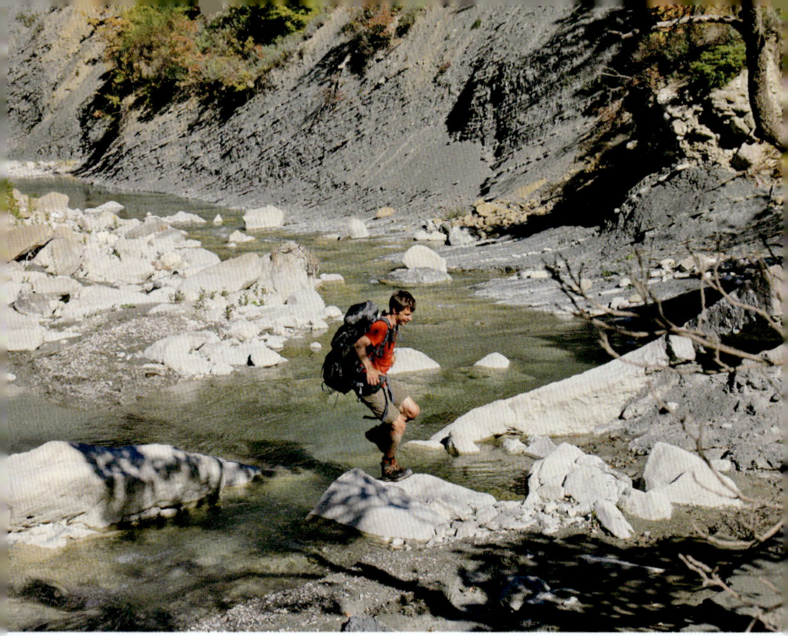

Steinlandung an der Furt: ein großer Schritt für den Autor, ein kleiner für das Buch.

Nach etwa 100 m passieren wir den Eingang zur Einkehr von Sokol Dine, der gut an dem Türklopfer – einer Hand – und der Nummer 8 zu erkennen ist, und dann die Kapelle. Vor dem untersten Haus macht der Pfad einen Linksbogen und am Ende der **Mauer** ❺ mit Markierung führt er Richtung Hoshtevë durch ein Holzgatter nach links. Hier haben wir erneut die Wahl: sofort den Markierungen folgen (siehe Variante 2) oder erst den eindrucksvollen Wasserfall besichtigen.

Zum Wasserfall gehen wir von der Mauer nach rechts den Pfad am linken Rand der Weiden nach Südwesten und dann Süden hinunter, geradewegs in Richtung Fluss. Am **Wasserfall** ❻ kann man die Faltung der Gesteinsschichten studieren, die hier invertiert sind, also »falsch herum« gewölbt, mit den ältesten Schichten nach oben.

Wenn der Fluss nicht zu viel Wasser führt, können wir uns den Anstieg zurück zum Abzweig an der Mauer sparen (siehe Variante 2) und stattdessen etwa 1 km am Fluss entlangwandern. Dazu queren wir den Fluss an geeigneter Stelle; je weiter man sich flussaufwärts vom Wasserfall entfernt, desto flacher wird das Wasser. Am rechten Ufer findet sich ein Kuhpfad, der nach etwa 500 m an einer zerstörten Brücke vorbeiführt, dann über zwei Wiesen verläuft und schließlich nach weiteren 500 m an einer **Furt** ❼ endet.

Hier wechseln wir erneut an geeigneter Stelle das Ufer. Auf der anderen Seite beginnt ein paar Meter flussaufwärts ein breiter Weg, der nach links auf eine Wiese führt. Hier nutzen wir die erste Möglichkeit, um nach links weiter anzusteigen. Oberhalb der Stromleitungen treffen wir so auf einen **Pfad** 8 und gehen nach rechts. Es ist jener weiß-rot-weiß markierte Pfad, der oberhalb des Wasserfalls in Doshnicë abzweigt (siehe Variante 2).

Etwa 1,5 km geht es nun eben dahin; die einzelnen Wiesen sind durch Baumreihen voneinander getrennt. Zunächst halten wir uns oberhalb der Wiesen, nach der Querung einer Rinne dann zwischen den Weideflächen. Markierungen sind selten, die Orientierung in der Grundrichtung Südost bis Südsüdost ist dank der Stromleitungen aber kein Problem. Die Masten sind immer rechter Hand, bis die Leitungen am Ende der Ebene das Tal vor uns überspannen. Hier wenden wir uns nach **links abwärts** 9 und sehen am gegenüberliegenden Hang bereits Hoshtevë.

Unten im Flachen angekommen, gehen wir im Flussbett pfadlos auf den grauen Wandabbruch zu und in dem Wäldchen davor dann auf dem Pfad an der linken Uferseite am Wasser entlang. Bald liegt rechts eine alte osmanische Brücke, die nach Lliar führt. Wir aber steigen nach links den Stromleitungen folgend nach Hoshtevë auf. Der **Aufstieg** 10 beginnt 200 m nordöstlich der Brücke. Zwei ausladende Kehren des Fahrwegs können wir nach rechts abkürzen; bei den ersten Häusern des Dorfes angekommen, nehmen wir den Abzweig nach links zur Kirche. Direkt neben der Kirche in **Hoshtevë** 11 liegt Katerina's Bed and Breakfast mit herrlichem Blick auf das Zagoria-Tal.

Unterhalb des Dorfes, 500 m vor unserem Ziel, zweigen die Markierungen nach links vom Weg ab und führen ebenfalls zur Kirche; auf dem Weg zu bleiben ist aber einfacher.

Reich bemalt: Kirche von Hoshtevë.

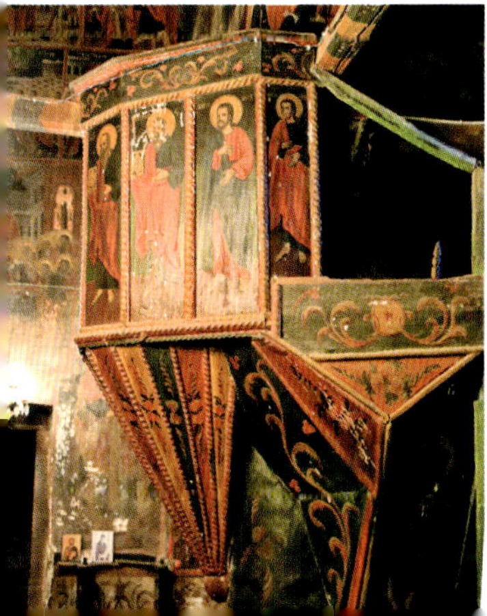

Reich gedeckt: Tisch für zwei bei Katerina.

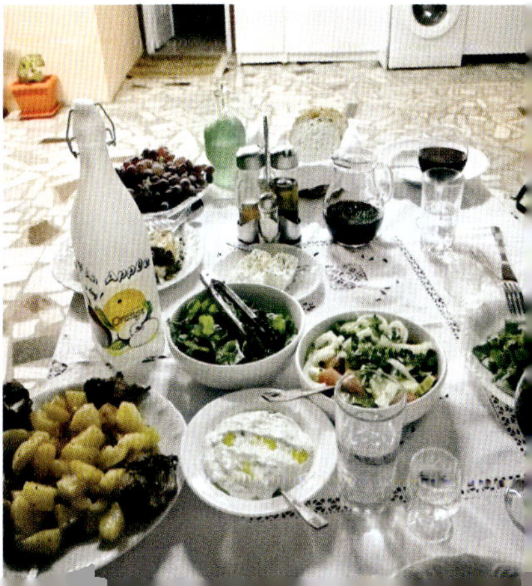

↗ 490 m | ↘ 440 m | 12.1 km

20 Hoshtevë – Sheper

4.15 h

Seltsame Eichen und ein einsames Kloster

Der dritte Teil ist der geruhsamste mit den wenigsten Höhenmetern, er bringt uns bis auf 15 Kilometer an die griechische Grenze heran. Wir wandern von Dorf zu Dorf, einmal steigen wir auch auf dieser Etappe hinunter ins Tal – durch einen bizarren Eichenwald, in dem die Bäume nur oben belaubt sind, zu einem leer stehenden Kloster. Wir sehen aber auch die Moderne: eine arabische Wasserabfüllfabrik.

Ausgangspunkt: Hoshtevë, Kirche, 801 m. Keine Busanbindung.
Endpunkt: Sheper, 856 m. Kein Bus.
Anforderungen: Leichte Wanderung auf guten Pfaden, zwischendurch Schotterfahrweg; weiß-rot-weiße Markierungen.
Einkehr: Unterwegs keine.
Unterkunft: Sheper: A&E Duli Guest House (Aneta und Edmond Duli, Tel. +355 68 2000011, duliaccommodation@gmail.com, duliguesthouse.al), Spezialitäten des Hauses sind die dick aus Mehl gekneteten Petanik (mit Käse) und der Granatapfellikör.
Hinweis: Dritte Etappe der Mehrtageswanderung Tour 18–21.

Im Zagoria-Tal lohnt es sich, den Blick schweifen zu lassen.

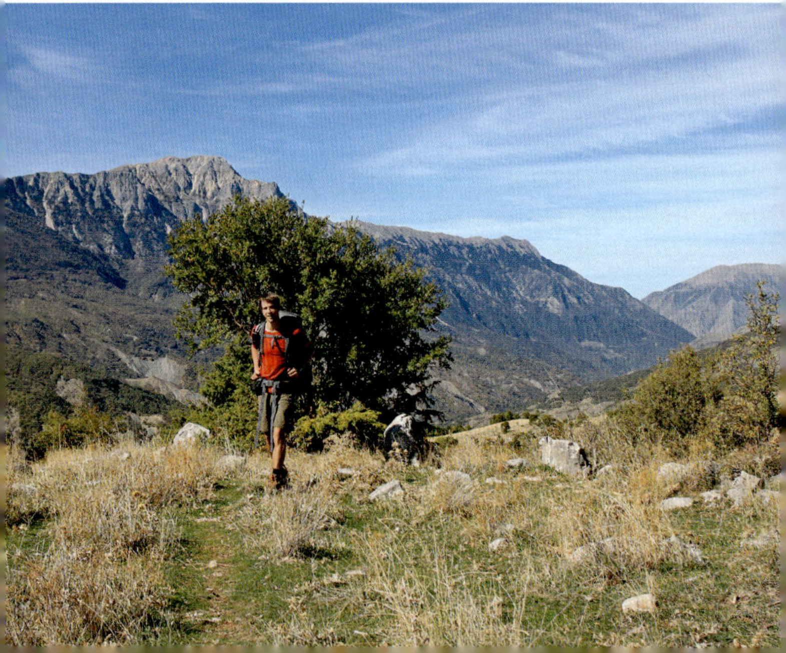

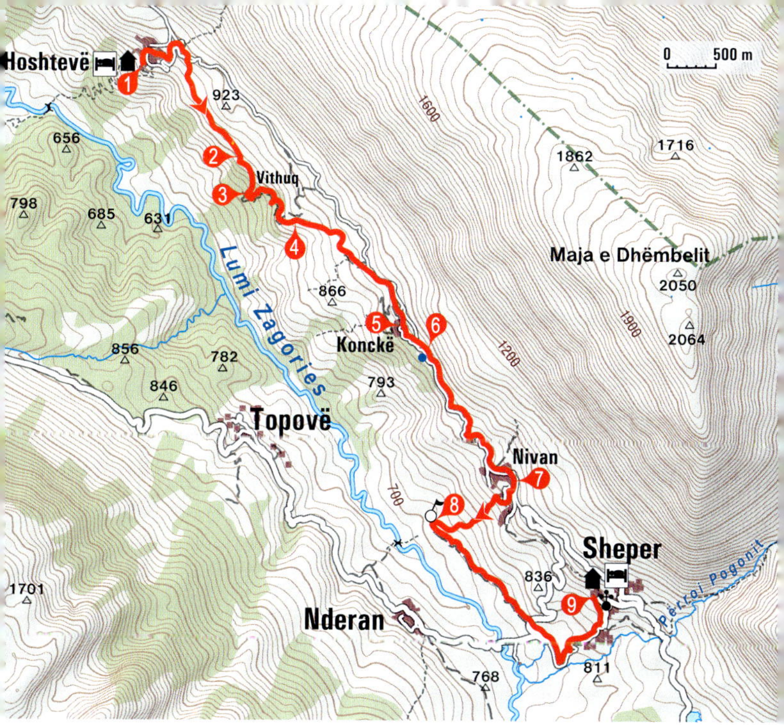

Von Katerina's Bed and Breakfast bei der Kirche in **Hoshtevë** ❶ kann man nach rechts den Fahrweg an der Trafostation vorbei aufwärtsgehen, wie es auf dem Wegweiser angezeigt wird. Wer in Katerinas Privathaus frühstückt, kann direkt von dort starten. Sie lässt uns durch das obere Tor ihres Hauses, die Trafostation liegt unterhalb. Von dieser gelangen wir nach links rasch zu der großen Quelle oberhalb des Orts direkt an der von Doshnicë kommenden Schotterstraße. Diese führt auf direktem Weg nach Sheper (orangefarbene Markierungen) und kann bei schlechtem Wetter eine Alternative sein.

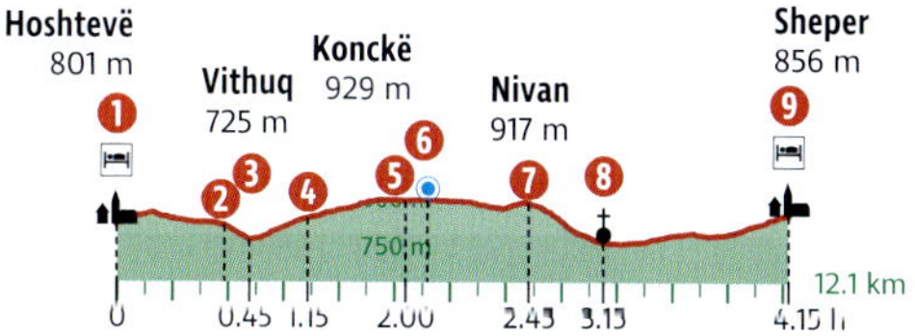

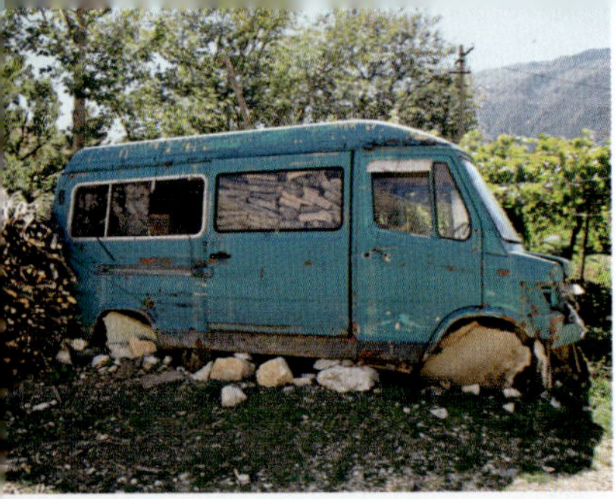

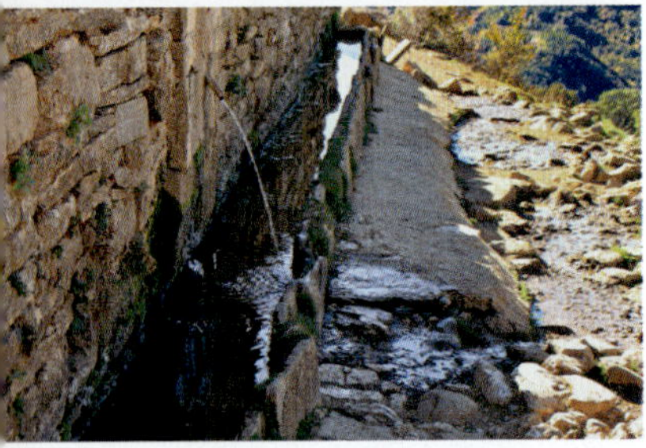

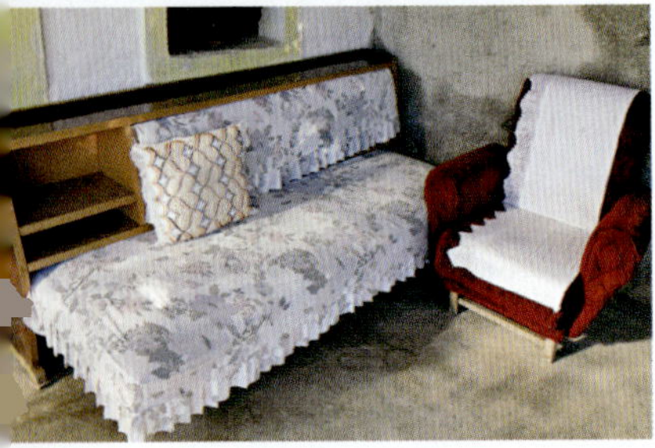

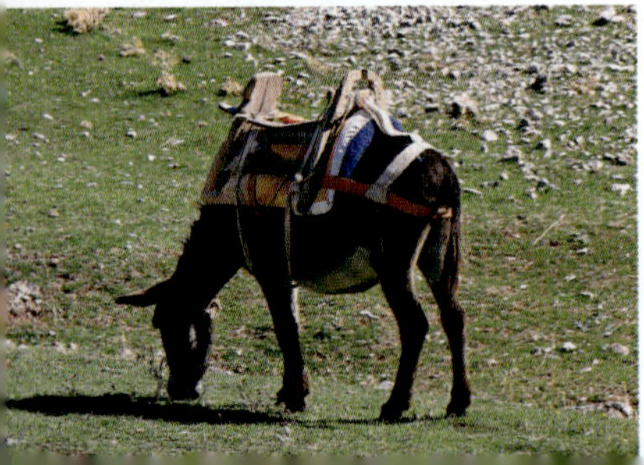

Viel schöner und ereignisreicher aber ist der Weg durchs Tal. Dazu halten wir von der Quelle nach Süden auf den großen Baum zu, eine orientalische Platane, queren nach Südosten zwei Rinnen und gehen 1 km auf gleichbleibender Höhe, bis wir an ein kleines **Wäldchen** gelangen, wo wir nach **rechts** ❷ absteigen und den Weiler **Vithuq** ❸ erreichen.

Von hier steigen wir auf dem Zufahrtsweg wieder bergan. Den Schotterweg verlassen wir oberhalb der Bäume am Waldrand in einer Linkskehre nach rechts. Der grasbewachsene Weg wird zu einem Pfad, auf einem Felsen zwischen den Bäumen befindet sich eine schwache Markierung. Hier orientieren wir uns nach links hoch auf eine kleine Wiese, von wo ein Pfad nach rechts ins **Dickicht** ❹ führt und bald deutlicher wird. Nach einem schönen Aussichtspunkt folgen wir zunächst dem breiten Weg, dann dem Pfad immer unterhalb der Fahrstraße in südöstlicher Richtung entlang der Stromleitung nach **Konckë** ❺.

Hinter dem Dorf treffen wir auf die Fahrstraße und 100 m weiter findet sich rechts unterhalb der Straße auf der rechten Seite eine **Quelle** ❻. Bis Nivan sind es auf der Schotterstraße noch 2 km. Von dort aus könnte man abkürzen und die letzten 2,5 km bis Sheper auf der Fahrstraße laufen. Wir verlassen in **Nivan** ❼ jedoch die Fahrstraße nach rechts zum Denkmal, unterhalb dessen sich

Transporter als Holzlager sind eine Seltenheit. Quellen, das Sofa aus kommunistischer Zeit und traditionelle Sättel sieht man hingegen immer wieder.

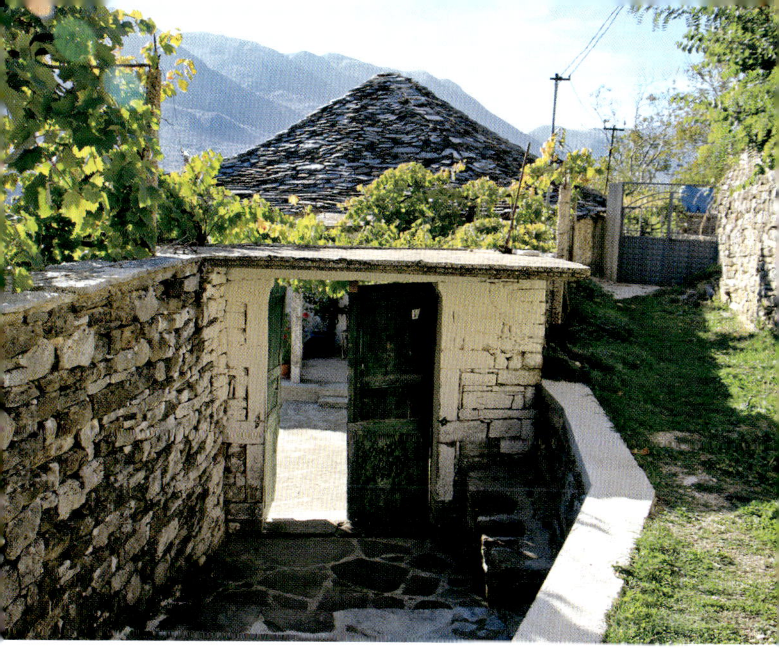

Bei Aneta und Edmond sind Wanderer herzlich willkommen.

eine weitere Quelle befindet. Von hier geht es auf dem betonierten Weg abwärts zur Kirche, wo der Pfad nach rechts abzweigt und uns am Bachlauf entlang nach links abwärts in einen seltsamen Eichenwald bringt: Die Bäume ragen wie Stäbe in den Himmel und sind nur oben buschig belaubt. Das liegt daran, dass die Äste als Futter für die Herden abgeschnitten werden. Während des Abstiegs öffnet sich der Blick talaufwärts gen Griechenland. An einer kleinen ebenen Wiese angekommen, wählen wir den Pfad zwischen zwei Mauern nach Westen, gehen dann an einem trockenen Bachlauf hinab und schließlich in einem Rechtsbogen auf das **ehemalige Kloster** 8 zu, das hinter zwei Eichen verborgen liegt. Wenn wir Glück haben, steckt der Schlüssel.
Es schließt sich eine Wanderung durch ein liebliches, weites Tal nach Südosten in Richtung Griechenland an: Der Fahrweg beginnt unterhalb des Hügels im Eichenhain mit den Mauerresten. Nach 1,5 km stoßen wir auf den Hauptfahrweg, auf dem wir zunächst weiter im Tal gehen und die neue Wasserabfüllfabrik rechts liegen lassen, um dann nach links hoch in den Ort anzusteigen. In **Sheper** angekommen, biegen wir an der Kirche nach links ab zum **Gästehaus** 9 von Aneta und Edmond. Von der Kirche sind es 200 m, der Eingang ist die grüne Holztür mit der Nummer 15.

TOP

↗ 600 m | ↘ 1220 m | 13.1 km

21 Sheper – Përmet

5.30 h

Über den Dhëmbel-Pass aus der Abgeschiedenheit in die Stadt

Entlang eines Canyons steigen wir auf in ein von Hirten bewohntes Hochtal und weiter zum Pass zwischen Dhëmbel und Nëmerçka, die zusammen eine Gebirgskette bilden. Das atemberaubende Panorama entschädigt für die 600 überwundenen Höhenmeter: Der Blick reicht vom Vikos-Aoos-Nationalpark in Griechenland rechts über das Vjosa-Tal mit der unter uns liegenden Stadt Përmet und dem Nationalpark Bredhi i Hotovës gegenüber bis zum Tomorr links. Der Abstieg bietet weitere schöne Aussichtspunkte und Gelegenheit, die Kirche von Leusë und – fast am Ziel angekommen – den Kongresi i Përmetit zu besichtigen.

Ausgangspunkt: Sheper, 856 m. Keine Busanbindung.
Endpunkt: Përmet, 238 m. Hier besteht Anschluss an das Busnetz (siehe Seite 105).
Anforderungen: Guter, weil von Hirten und ihren Herden viel genutzter Bergpfad. Nur der Abstieg vom Qafa e Dhëmbelit ist zu Beginn steil und aufgrund des Schotters rutschig.
Einkehr/Unterkunft: Leusë: Chri Chri Guesthouse (Gilberto, Tel. +355 69 2166079). – **Përmet:** Siehe Kapitel »Vjosa-Tal« auf Seite 105.
Hinweis: Vierte Etappe der Mehrtageswanderung Tour 18–21.

Wir verlassen **Sheper** ❶ auf dem Fahrweg: Von Anetas Gästehaus geht es vorbei an der Kirche nach links aufwärts und dann vorbei an Schule, Denkmal, Dorfplatz und dem ehemaligen leninistisch-marxistischen Zentrum. Bei diesem sehen wir auch einen Wegweiser. (Die angegebene Gehzeit für den Aufstieg bis zum Qafa e Dhëmbelit ist mit 3 Std. großzügig bemessen, die für den Abstieg nach Leusë mit 1.45 Std. hingegen eher knapp.) Oberhalb des Orts an der Schotterstraße biegen wir an der ersten Kreuzung nach rechts und kurz darauf an der zweiten nach links ab.
Etwa 100 m weiter zweigen wir vom **Fahrweg** ❷ nach rechts ab, in Richtung einer Hirtenhütte. Zwischen Stallungen (links) und einem Bunker (rechts) steigen wir an. Der für den Herdenauf- und -abtrieb genutzte Weg steigt anfangs auf der linken Seite des Canyons gemächlich an, dann auf der rechten etwas steiler, dafür aber im morgendlichen Schatten. Das als Weidefläche genutzte Hochtal auf 1260 m erreichen wir nach etwa 1.45 Std. Nicht erschrecken, falls Hunde bellen: Eine erste Hirtenhütte liegt rechts und ist aufgrund einer Kuppe erst spät zu sehen. Dafür erblicken wir schon den Dhëmbel-Pass, der den Talabschluss bildet. Wir gehen ein paar Meter abwärts zu den **Tiertränken** ❸, wo wir den Bachlauf queren.
Fortan wandern wir das Tal auf der linken Bachseite aufwärts. Weiterhin gilt: Abstand zu den Hirtenhütten halten. Dort wachen die Hunde. Der

Anstieg zum **Qafa e Dhëmbelit** ❹, 1450 m, ist unproblematisch, am Pfad finden sich immer mal wieder weiß-rot-weiße Markierungen. 150 m rechts vom Pass bietet sich ein herrlicher Aussichtspunkt für eine Mittagspause am höchsten Punkt der Tour an.

Vom Qafa e Dhëmbelit geht es dann insgesamt 1200 Hm hinunter. Der Abstieg beginnt in Richtung Nordost. Weil die Schafe, die ihn öfter nutzen als Wanderer, nicht viel von Serpentinen halten, ist der Pfad steil und aufgrund des Schotters rutschig. An einem markanten Felsen führt der Pfad links vorbei (Markierung an Baum). Unterhalb der Felsen öffnet sich der Blick auf das Vjosa-Tal und den Lëngarica-Canyon.

Auf einer Höhe von ungefähr 1200 m wird der Pfad besser, ist immer noch steil, aber nicht mehr so rutschig, da die Serpentinen ausgeprägter sind. Nach den ersten 500 Hm kommen wir an einen weiteren schönen **Aussichtspunkt** ❺.

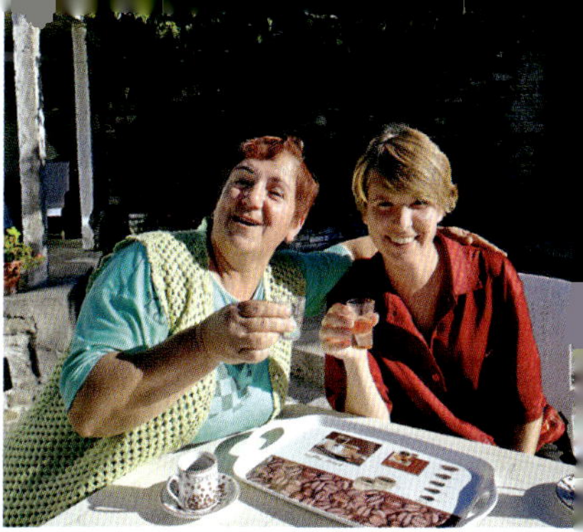

Anetas Spezialität: Granatapfellikör.

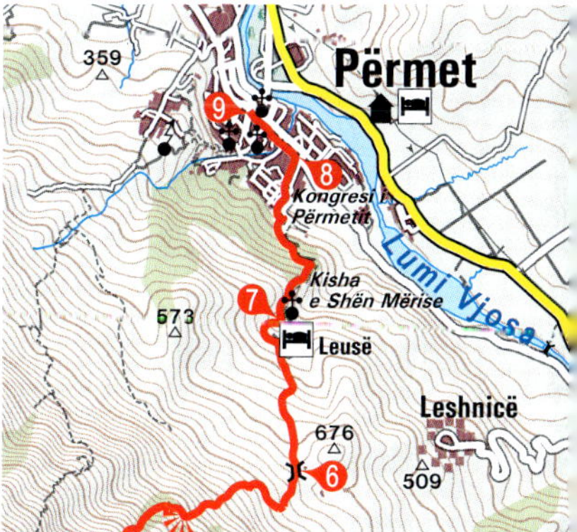
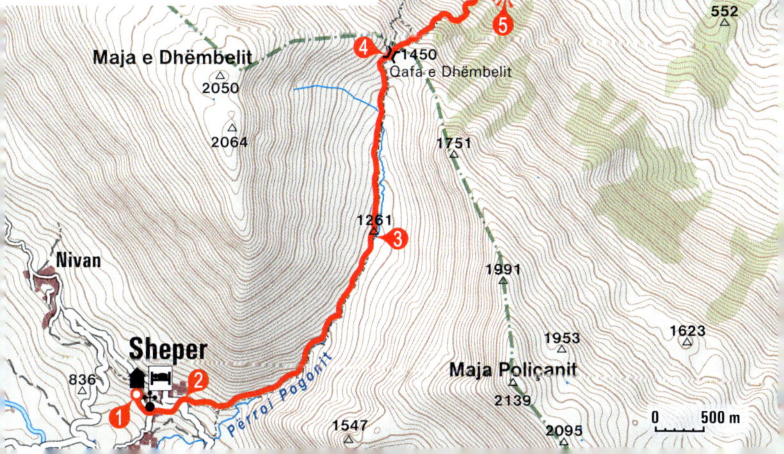

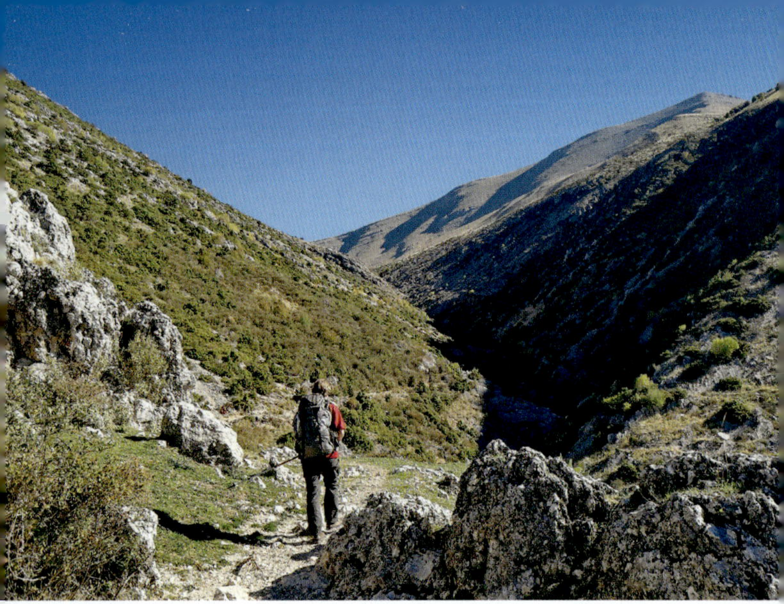

Nach der Canyonquerung geht es im morgendlichen Schatten bergan.

Danach wird der Pfad wieder schottriger, ist aber nicht so steil wie zuvor. An einer Rinne geht es links entlang abwärts und schon nach 50 m wieder nach rechts aus ihr hinaus. Im Anschluss zerfasert der Pfad, es gibt viele parallele Spuren. Wir peilen die große Stallung mit weißem Dach in dem Wiesenkessel vor uns an. So kommen wir an zwei terrassenartig angelegten Weideflächen vorbei, an der unteren dreht der Pfad nach rechts (Südost) und zieht dann in einem Linksbogen auf die Stallung zu. Wir treffen auf einen anderen Weg, gehen nach links an einem kreisrunden Wasserreservoir vorbei und danach zu dem Haus, das auf dem kleinen Sattel vor uns liegt (also nicht zur Stallung hinunter in den Kessel).

Am **Sattel** 6 wenden wir uns nach links abwärts, passieren eine weitere umzäunte Weide und gehen an ihrem Ende zwischen Kiefern durch. Hinter der Baumgruppe führt der Weg nach rechts in zwei großen Kehren ins Dorf Leusë hinab, wo wir unterhalb eines großen Felsens geradeaus auf dem Hauptweg bleiben. Den bald mit Steinen befestigten Weg gehen wir wenige Meter hoch, bis er in ein schmales Gässchen einmündet. Hier liegt das Gästehaus Chri Chri. Links geht es nach Lipë, wir aber wandern nach rechts hinunter zur Kirche von **Leusë** 7. An der Pforte des letzten Hauses auf der linken Seite kann um den Schlüssel für die Kirche gebeten werden; der Friedhof ist auch ohne Schlüssel zugänglich, sodass die Malereien auf der Außenmauer der Kirche in Augenschein genommen werden können.

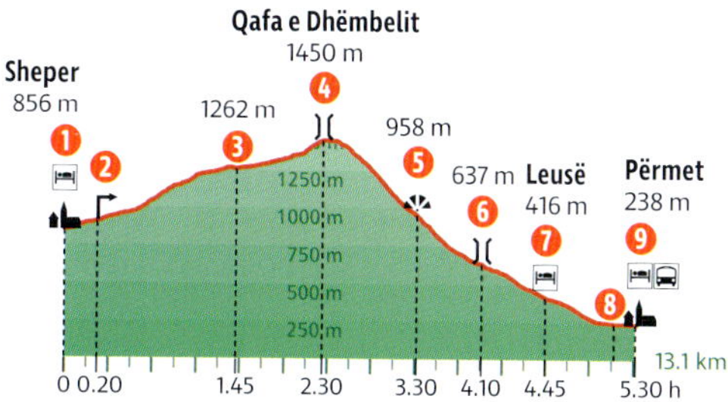

Vom Friedhofstor folgen wir nach links dem Fahrweg nach Përmet hinab, nach dem Ortsausgang gibt es eine Quelle und einen Wegweiser. In Përmet können wir noch einen Blick auf das Gebäude werfen, in dem 1944 der antifaschistische **Kongresi i Përmetit** 8 stattgefunden hat. Hierfür nehmen wir am Ortsbeginn die erste Straße nach rechts, an deren Ende gehen wir nach links, dann bei der ersten Möglichkeit nach rechts zu den zerfallenen Militärbaracken und von dort geradeaus (Nordost) zur Hauptstraße. Dort liegt auf der rechten Seite ein Supermarkt. Was dahinter wie ein weißes Lagerhaus aussieht, ist das Haus, in dem am 24. Mai kommunistische Führer eine provisorische Regierung wählten.
Vom Supermarkt sind es die Hauptstraße stadteinwärts (nach links) noch 500 m zum Stadtplatz von **Përmet** 9.

Der »Stadtfelsen« bietet den besten Blick auf Përmet.

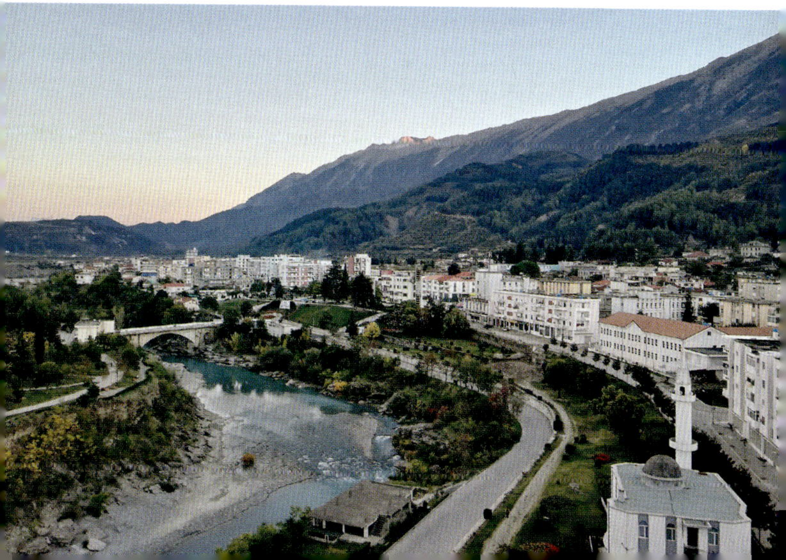

22 Rundtour im Nationalpark Bredhi i Hotovës-Dangëlli

2.00 h

Die Stille des Waldes

Diese kurze Rundtour lässt uns eintauchen in den 1996 gegründeten und seit der Erweiterung im Jahr 2008 mit 34.000 Hektar größten Nationalpark Albaniens. Es sind vor allem die teils über 100 Jahre alten Bäume, die den Charme dieser Wanderung ausmachen, dazu gehören neben Ahornen, Buchen und Eichen die namensgebenden Tannen (bredh) und Mazedonischen Kiefern. Letztere sind ein Überbleibsel der Mittelmeerwälder aus der Antike. Die Aussicht auf den Gebirgszug Dhëmbel-Nëmerçka ist ein weiterer Höhepunkt.

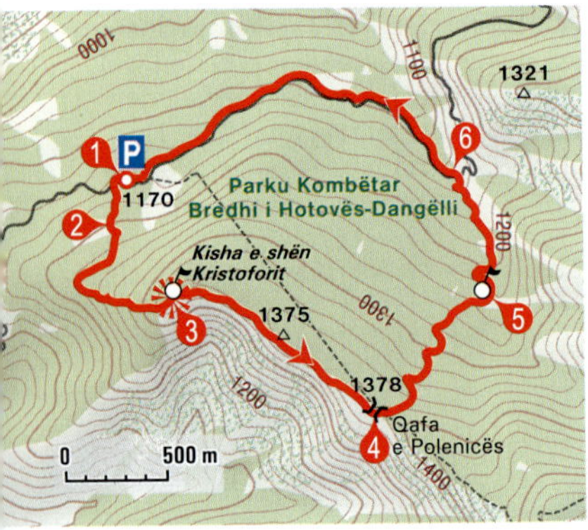

Ausgangspunkt: Parkplatz an der Forstverwaltung im Nationalpark Bredhi i Hotovës-Dangëlli, 1170 m. Mit dem Auto sind es von Përmet 30 km, die Anfahrt dauert etwa 1.30 Std. Der Abzweig von der Hauptstraße liegt zwischen Përmet und Këlcyrë, hier steht eine Nationalpark-Informationstafel. Man fährt durch Pagri in Richtung Frashër. Die Schotterpiste wird nach oben hin schlechter. Ein Allradfahrzeug ist empfehlenswert.

Anforderungen: Leichter und wenig anstrengender Rundweg, vorwiegend im Schatten des Waldes, rot markiert.

Einkehr: Keine.

Unterkunft: Vor Ort keine (Përmet oder Këlcyrë).

Tipp: Zwischen der Hauptstraße (Përmet –Këlcyrë) und dem Ausgangspunkt der Wanderung liegt auf einem Bergrücken der Tekke Alipostivan, ein religiöses Zentrum der Bektaschi (»Tekke« bedeutet Rückzugsort/Schutz/Konvent). Dieser islamische Derwischorden geht auf einen Mystiker aus dem 13. Jahrhundert zurück und hat in Albanien großen Anteil an der sanften Auslegung des Islam und der interreligiösen Harmonie (siehe Infobox Seite 39). Die weiß im Sonnenlicht leuchtenden und weithin sichtbaren Gebäude der Tekke erreicht man in einer viertelstündigen Serpentinenfahrt von der Straße, die zur Forstverwaltung führt.

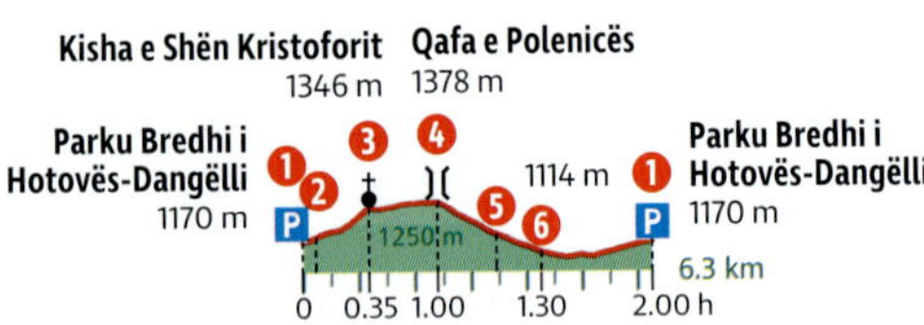

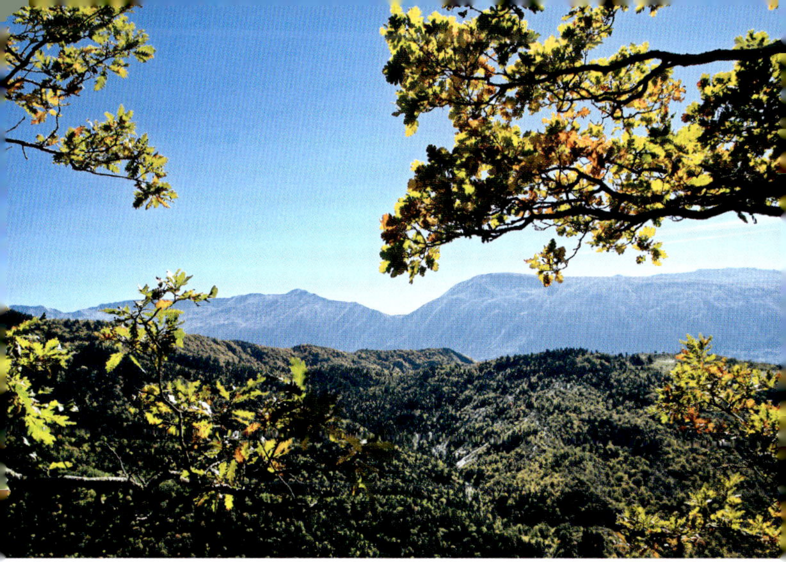

In der Ferne ist der Dhëmbel-Pass gut zu erkennen.

Mit dem Rücken zur Forstverwaltung liegt der Pfadbeginn etwa 50 m rechts (westlich) des **Parkplatzes ❶**, wir folgen der Richtungsangabe »Kisha e Shën Kristoforit« auf dem Wegweiser (rote Striche). Der schmale Pfad bringt uns an eine Wiese, nach knapp 50 m am linken Waldrand gehen wir nach links in den **Wald ❷**.

Rote Punkte und kleine Schilder mit roten Pfeilen helfen uns zwischen den Bäumen bei der Orientierung. Wir erreichen einen Mini-Ausläufer (Holzschild mit Pfeil nach links), wo wir die Richtung ändern und nach links auf dem Ausläufer ansteigen. Hier müssen wir darauf achten, dass wir nach wenigen Metern nicht den Spuren nach rechts den Hang entlang folgen, sondern uns in Richtung Ostsüdost links halten. Auf der linken Seite stehen bald viele Fichten, wir gehen immer rechts von ihnen und halten nach roten Punkten Ausschau. Sie sind relativ dicht gesetzt, der Pfad wird deutlicher und wir erreichen den Kamm.

Dem Kammverlauf folgend, passieren wir nach gut 50 m die **Kisha e Shën Kristoforit ❸**, die Mauerreste sind 5 m rechts des Wegs. Von hier haben wir eine gute Aussicht auf den Dhëmbel-Nëmerçka-Gebirgszug.

Wir wandern weiter den Kamm entlang, der Pfad ist nun bis zum **Qafa e Polenicës ❹** auch mit blauen Strichen markiert. Vom Pass gehen wir nach links auf einem breiten Weg (roter Pfeil) abwärts, an **Ruinen ❺** wechselt der Weg die Richtung und führt nach Norden zur **Fahrstraße ❻**. Diese gehen wir nach links, an einer gemauerten Quelle vorbei, bis zum **Parkplatz ❶**.

High Scardus Trail

Einmal im Jahr treffen sich Folkloregruppen aus dem ganzen Land und der albanischen Diaspora in Peshkopia zum Festival Oda Dibrane. Die Region Dibra an der Grenze zu Nordmazedonien ist eines der kulturellen Herzen Albaniens und eine der landschaftlich schönsten Gegenden. Dass der Korab gleichzeitig auch der höchste Gipfel des Nachbarlandes ist und sich Wanderer von beiden Seiten heutzutage oben friedlich begegnen können, ist eine schöne Geschichte für sich. Der einzige Streit betrifft die Höhe: Albaner messen 2754 m, Nordmazedonier legen 10 m drauf.

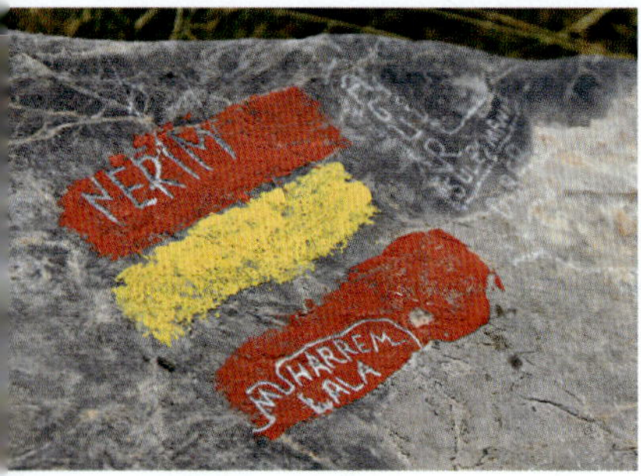

Wer markiert, der bleibt.

Als die europäischen Großmächte das Osmanische Reich 1913 aufteilten, zerschnitten sie auch Dibra. Der größere Teil um die Stadt Debar (albanisch: Dibra/Dibër) wurde Serbien zugeschlagen, der kleinere Albanien mit Peshkopia als neuem Zentrum. Während des Regimes von Enver Hoxha (1944–1985) waren die Grenzen dann erst recht verschlossen. Der Diktator urlaubte indes gerne hier, in den 1960er-Jahren ließ er sich eine Villa mit herrlichem Auslick bauen. War das Shtëpia e Pritjes (Empfangshaus) damals für die wichtigsten Kommunisten reserviert, steht es heute allen offen: Nach 23 Jahren Leerstand erwarb die Albania Outdoor Association das Gebäude und eröffnete 2015 das Peshkopi Backpacker Hostel.

Heute verbinden die 20 Tagesetappen des High Scardus Trail Albanien, Kosovo und Nordmazedonien. Seit 2024 existieren durchgehend Markierungen und Unterkünfte. Ein Problem besteht indes weiter: Das Prozedere für das Überschreiten der grünen Grenzen zwischen den Ländern ist nicht final geklärt. Solange geht es nur mit offiziellen Tourenanbietern, denn ohne die nötigen Genehmigungen machen sich Wanderer schnell des illegalen Grenzübertritts schuldig – mit Konsequenzen an offiziellen Grenzkontrollpunkten. Wir beschränken uns daher auf die albanische Seite des Weitwanderwegs, erkunden pittoreske Bergdörfer und den Weg entlang der Grenzgipfel, auch Vargu Lindor (Ostkette) genannt.

2 km außerhalb der Stadt Peshkopia finden sich zudem Thermalquellen. Das Schwefelbad (Llixhat e Peshkopise) steht gegen eine Eintrittsgebühr auch Touristen offen. Ein Becken unter freiem Himmel direkt an der Tour nach Radomirë ist frei zugänglich. Aber Vorsicht! Das Wasser ist nicht nur sehr warm, sondern riecht auch intensiv. Beim Bad getragene Kleidungsstücke erinnern einen später bei jedem Schritt an die Schwefelkur.

Anreise

Die Anreise nach Peshkopia (Dibër) per Bus erfolgt von Tirana dem Terminali i Autobusave të Veriut dhe Jugut: Abfahrt im 40-Minuten-Takt von 5.00 bis 17.20 Uhr, 600 Lek, 3 Std. Nach Tirana: 40-Minuten-Takt von 4.40 bis 17.40 Uhr. Fahrpläne auf etransport.al.

Unterkunft

Siehe jeweilige Tourenbeschreibung. Gästehäuser oder Hotels sind in den Ausgangs- und Zielorten vorhanden. Ein Zelt im Rucksack erhöht die Flexibilität.

Information

Der Betreiber des Besmir Gjoci des Peshkopi Backpacker Hostel (peshkopibackpackerhostel.weebly.com) kennt sich gut in den umgebenden Bergen aus und hat selbst einige Pfade markiert, im Hostel gibt es eine lokale Wanderkarte zum Abreißen.

■ High Scardus Trail: high-scardus-trail.com

Mehrtagestouren

Viertageswanderung entlang der Grenze von Peshkopia über Radomirë und Çajë nach Shishtavec (die zweitägige Tour 23 sowie die Touren 25 und 26) oder Fünftageswanderung mit Besteigung des Korab (Tour 24). Die Touren sind Teil des 2022 markierten High Scardus Trail (300 km), der Albanien, Kosovo und Nordmazedonien verbindet (high-scardus-trail.com).

Einst für den Diktator reserviert: Hostel-Terrasse über Peshkopia.

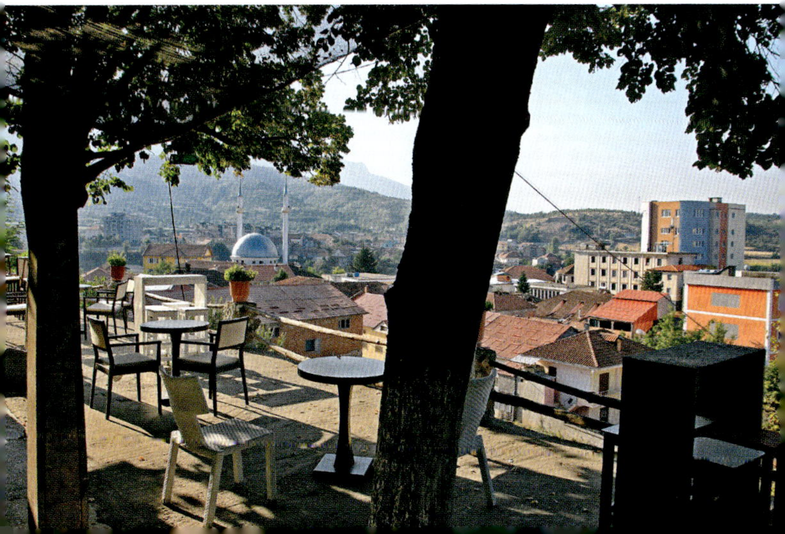

↗ 1990 m | ↘ 1380 m | 30.2 km

23 Peshkopia – Mali i Gramës, 2344 m – Radomirë — 2 Tage

Entlang der Landesgrenze zu Nordmazedonien

Die Verlockung ist groß, gleich schon nach Tourbeginn eine Pause einzulegen, auch wenn uns nach dem Bad in der Schwefelquelle der Hauch fauler Eier umweht. Den Weiterweg versüßen uns dann Brombeeren am Wegesrand im Tal, ehe es durch die beschaulichen Bergdörfer Bellovë und Çerjan hoch hinauf geht auf den Mali i Gramës, 2344 m. Der zweite Tag unserer Wanderung entlang der Vargu Lindor (»Ostkette«), die Albanien von Nordmazedonien trennt, bietet ein Farbenspiel aus lila, blauen und rot-gelben Steinen, goldenen Wiesen und strahlend weißen Felswänden.

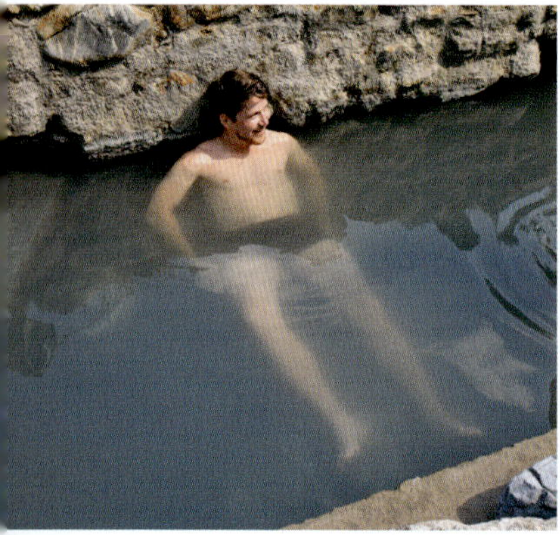

Ausgangspunkt: Peshkopia, 648 m, am Abzweig der Straße (Rruga e Llixhave) zu den Schwefelquellen von der Hauptstraße bei der Brücke über den Përroi i Llixhave. Busanbindung siehe Seite 131.
Endpunkt: Radomirë, 1264 m. Minibus zwischen Peshkopia (Abfahrt von dort 7.30, 10.30, 13.00, 15.00 Uhr) und Kukës (Abfahrt von dort 8.00, 10.00, 12.00, 15.00 Uhr) hält auf Zuruf an Abzweig nach Radomirë. Bis dort sind es zu Fuß entlang der Straße 3,5 km.
Anforderungen: Zu Beginn und am Ende breite Wege, ab Bellovë gut markierte Bergpfade. Der Anstieg zum Grama-Pass ist steil, aber unschwer. Auch sonst gibt es keine bergsteigerischen Schwierigkeiten oder ausgesetzten Passagen.

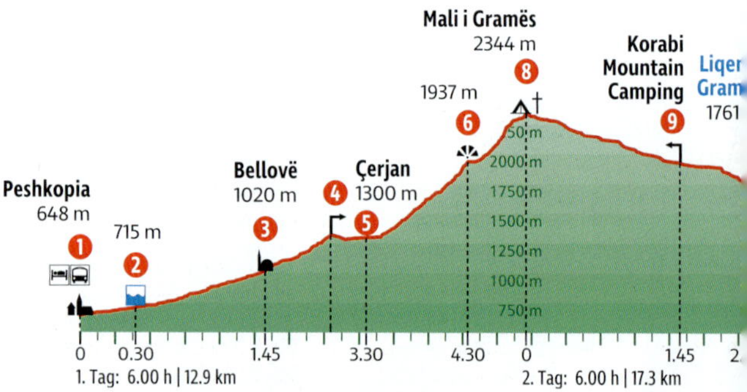

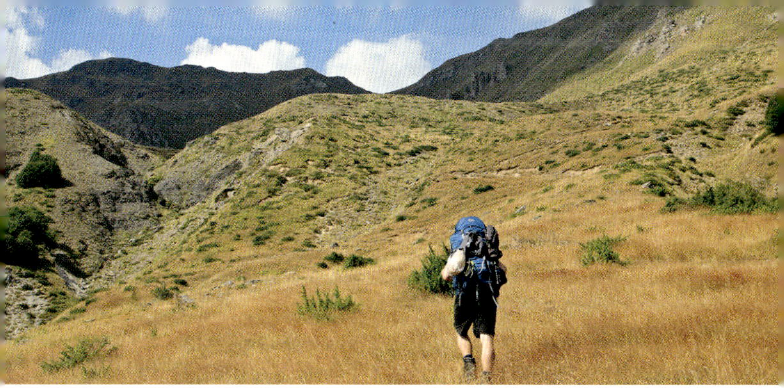

Orientierungstipp: schnurstracks auf den flachen Einschnitt in der Mitte zwischen den beiden Rinnen zuhalten.

Einkehr: Unterwegs keine.
Unterkunft: Peshkopia: Peshkopi Backpacker Hostel, Rruga Safet Zhulali (Tel. +355 68 2776848, +355 68 3133451, peshkopiahostel@hotmail.com, peshkopibackpackerhostel.weebly.com, facebook.com/Peshkopiahostel, März–Nov.); Hotels im Zentrum in der Fußgängerzone (Bulevardi Elez Isufi) und bei den Schwefelquellen (Llixhat e Peshkopise). – **Liqeni i Gramës:** Korabi Mountain Camping, ca. 1 km abseits unserer Route (Besh Kaloshi, Tel. +355 68 3322157, korabimountaincamping@gmail.com, facebook.com/Korabimountaincamping, die Fahrspur dorthin zweigt bei Wegpunkt 9 im spitzen Winkel nach Südwesten von unserer Route ab); Hirtenhütten am Waldrand westlich des Liqeni i Gramës. – **Radomirë:** Hotel Korabi (Haxhi Hima, Tel. +355 69 2538172 und +355 68 4392187, VP 2500 Lek, Ü 1000 Lek; Haxhi Hima hat auch ein Gästehaus im Ortsteil Stordok); Hotel Radomira (Tel. +355 68 2777129).
Einkauf: In Peshkopia.
Variante: Vom Gastgeber eine Fahrt zur Hängebrücke nach Bellovë organisieren lassen oder ein Furgon nehmen. So kann man 5 km/300 Hm Anstieg (ca. 1.30 Std.) sparen. Auf diese Weise kann der Mali i Gramës auch als Tagestour mit Rückkehr nach Peshkopia bestiegen werden.
Hinweise: 1. Erste und zweite Etappe der Viertageswanderung Tour 23, 25–26.
2. Vom Gipfel bis zu den Schlafhütten von Besh Kaloshi auf der Grama-Ebene (siehe Unterkunft) sind es ca. 5,5 km/500 Hm Abstieg. Alternativ kann in Gipfelnähe gezeltet werden.
Tipp: Zur Stärkung empfehlen wir in Peshkopia das Restaurant Smoke auf der Dachterrasse des Einkaufszentrums an der spitzen Kehre der Hauptstraße am Südufer des Flusses. Hier gibt es beispielsweise Jufka (Nudeln mit Butter) für 150 Lek und allerlei andere regionale Spezialitäten.

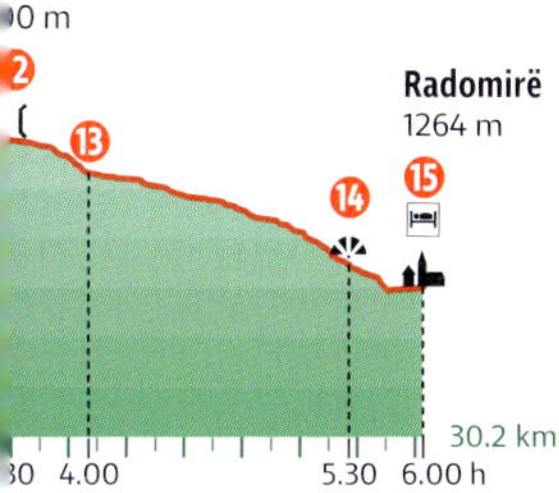

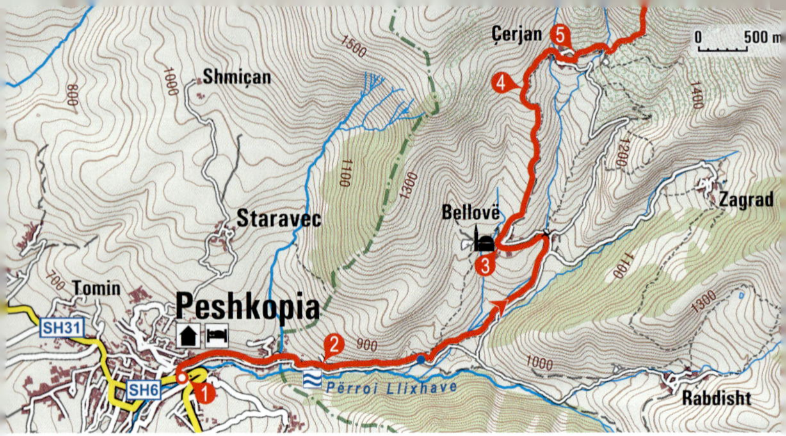

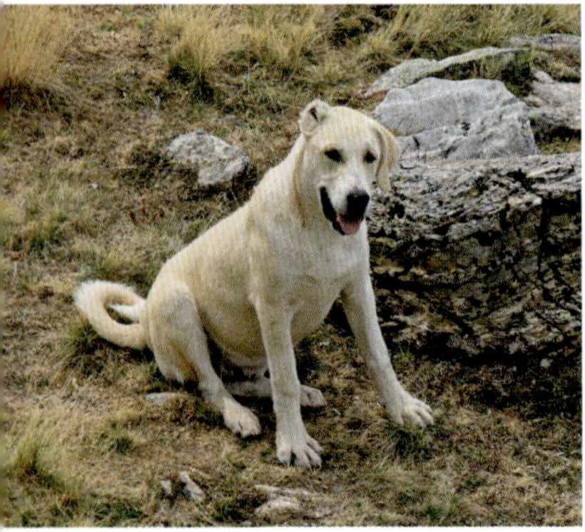

Beobachten geht vor bellen.

1. Tag: Peshkopia – Mali i Gramës

Wir beginnen unsere Tour in **Peshkopia** ❶ an der Brücke der Hauptstraße, wo sich verschiedene Einkaufsmöglichkeiten finden (Gas-Kartuschen, Brot, Gemüse, Obst, SIM-Karten). Wir gehen die kleinere Straße auf der Nordseite des Flusses (Rruga e Lliixhave) talaufwärts zum Thermalbad (Lixhat e Peshkopise) und passieren einen Zeltplatz und einige Hotels. An den kostenpflichtigen Thermalquellen gehen wir rechts vorbei und erreichen eine frei zugängliche warme **Schwefelquelle** ❷.

Nach den letzten Häusern liegt links eine Trinkwasserquelle am Bergfuß, knapp 1 km weiter zweigen wir nach einer Brücke vom Fahrweg nach links ab, sodass wir links des pyramidenförmigen Bergs auf Bellovë zuhalten. Über eine Hängebrücke erreichen wir das Dorf. Fortan folgen wir den weiß-rot-weißen Markierungen. Vor der Moschee in **Bellovë** ❸ steigen wir nach rechts weiter an, bald zwischen Weiden und Maisfeldern. Oberhalb einer Quelle mit Metalldeckel – Çerjan ist bereits rechts vor uns zu sehen – folgen wir einem markierten Weg bis zu einer Abbruchstelle. Wir gehen nach links rauf auf die Wiese, um den Abbruch zu umgehen. Man kann aber auch oberhalb der Quelle vom Weg auf der Wiese nach Norden weiter ansteigen (ca. 300 m, bis zu der Stelle, an der wir wieder auf die Wiese kommen).

Bald teilt sich der Pfad, beide Optionen sind markiert: Wir gehen hier **rechts** ❹ hinunter ins Dorf Çerjan, wo wir an einem Strommast rechts und so unten durch den Ort wandern, dann an der Mauer am Ortsende nach links. **Çerjan** ❺ verlassen wir oberhalb des höchsten Hauses nach rechts und passieren einen kleinen Friedhof.

Nach dem Canyon, an einem weiteren Friedhof, weist uns ein Pfeil an einem Baum nach links hoch. Nach etwa 700 m gabelt sich der Pfad, wir nehmen den linken. In einem Rechtsbogen gelangen wir in den Wald und nach diesem auf eine Wiese. In einer Senke steht eine Hütte, vor der wir nach rechts vorbei zu einem trockenen Bachlauf kommen. Wir steigen auf der linken Seite der Rinne aufwärts. Am Ende der Wiese halten wir nach links auf einen flacheren Einschnitt zu, der etwa mittig zwischen den beiden tieferen Rinnen liegt, gehen in diesem weiter aufwärts und im Anschluss nach links auf den Ausläufer. Die Markierungen führen uns auf die Kuppe vor uns: ein schöner Rastplatz mit **Aussicht** ❻. Die Kuppe kann auch links umgangen werden.

Hinter der Kuppe queren wir die tief eingeschnittene Rinne nach Westen und steigen dann nach rechts zu den fast verschütteten Bunkern an. Oberhalb der Bunker queren wir weglos die Wiese an Mauerresten vorbei nach rechts zu der großen Rinne und steigen auf einem guten Pfad zum **Pass** ❼ auf.

Vom Pass nach links können wir den **Mali i Gramës** ❽, 2344 m, besteigen. Dazu folgen wir dem Pfad um den ersten Vorgipfel herum und steigen

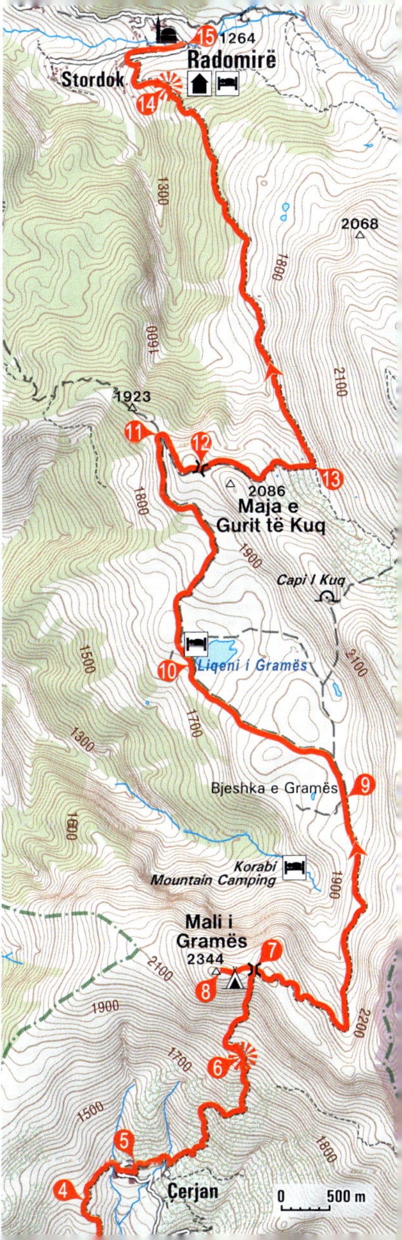

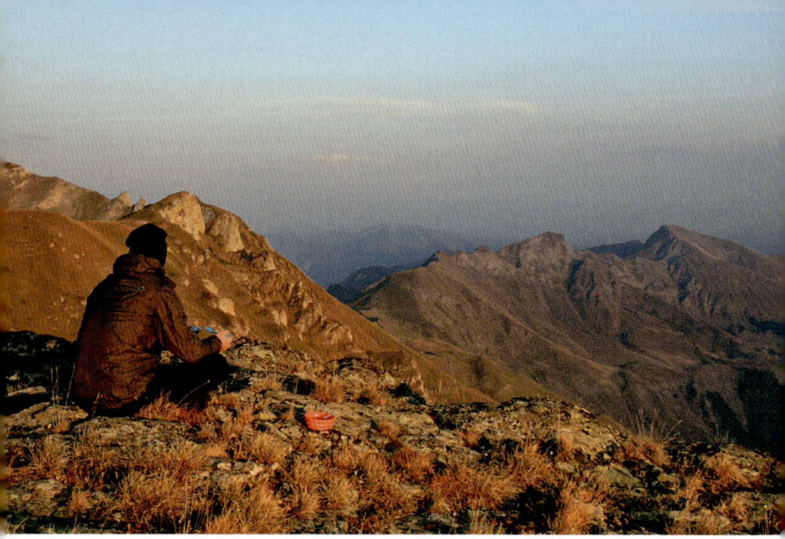

Unbezahlbar: Abendessen am Mali i Gramës.

dann den Höhenpfad verlassend nach links zu den zwei Hauptgipfeln an. Der vordere ist minimal höher. Südwestlich des Gipfels ist eine Senke, die sich gut zum Zelten eignet.

2. Tag: Mali i Gramës – Radomirë

Am nächsten Morgen kehren wir zum Pass zurück und folgen in die andere Richtung den Markierungen noch wenige Meter aufwärts. Von den zwei Bunkern gehen wir auf der Wiese nach Nordosten, ehe der gut ausgetretene Abstieg (4 km, 400 Hm) beginnt. Wir passieren mehrere geeignete Zeltplätze, toll ist der Ausblick auf die im Sommer golden wogenden Wiesen der Grama-Ebene mit dem Gletschersee in der Mitte.
Auf der Ebene helfen dann Holzpfosten bei der Orientierung. Zunächst gehen wir parallel zur Bergkette nach Norden, hier zweigt die Fahrspur zum **Korabi Mountain Camping** im spitzen Winkel nach Südwesten ab ⑨. Dann wandern wir nach links (Nordwesten; üblicherweise sind hier Fahrspuren im Gras) zwischen Hügeln hindurch und schließlich links am **Liqeni i Gramës** ⑩ vorbei. Links des Sees kann man abfließendes Wasser abfüllen. Vom See folgen wir den Hauptfahrspuren. Vor Hirtenhütten macht der Weg eine Rechtskehre und teilt sich danach. Wir wählen den rechten, direkt nach Nordosten ansteigenden Weg. Markierungen sind hier selten.
Der Weg führt uns um den vor uns liegenden Bergrücken herum. An einer **Kreuzung** ⑪ bei einem Felsdurchbruch verlassen wir den guten, nun abfallenden Fahrweg und steigen stattdessen nach rechts auf den Berg-

rücken. Vom **Pass** 12 geht es links der Bergflanke auf einem guten Bergpfad entlang. (Man könnte den Wegschlenker um den Bergrücken auch abkürzen, indem man weglos über die Wiese gerade hinauf zum Pass steigt.)

Wir passieren eine Ruine und halten den Wiesenhang abwärts auf die Hütten und Stallungen im Tal zu. Teilweise gibt es keinen eindeutigen Pfad, dafür aber viele Markierungen. Nach Möglichkeit sollte man nicht mitten durch etwaige Herden gehen. Bei den Hirtenhütten findet sich eine **Furt** 13, an der wir das weiter nördlich tief eingeschnittene Bachbett problemlos queren können. Von hier folgen wir dem Weg talauswärts nach Norden; links von uns leuchten die weißen Kliffe, die dem Mali i Bardhe seinen Namen geben. 4,5 km weiter stehen wir auf einer Wiese oberhalb von Radomirë mit **Aussicht** 14 auf den Korab. Wir gehen nach links weiter auf dem Fahrweg, an den nächsten Abzweigen stets rechts, sodass wir den Ortsteil Stordok mit dem Gästehaus von Haxhi Hima links liegen lassen und schließlich nach Osten zu den oberhalb des Dorfzentrums mit der Moschee gelegenen Hotels Korabi und Radomira in **Radomirë** 15 kommen.

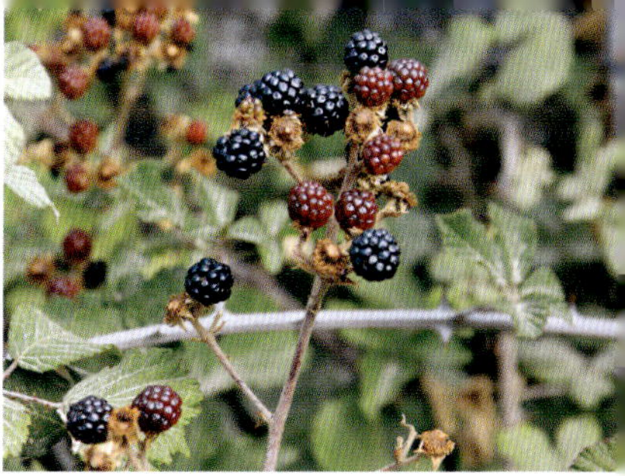

Brombeeren am Wegesrand.

Mali i Bardhe: die weißen Kliffe von Radomirë.

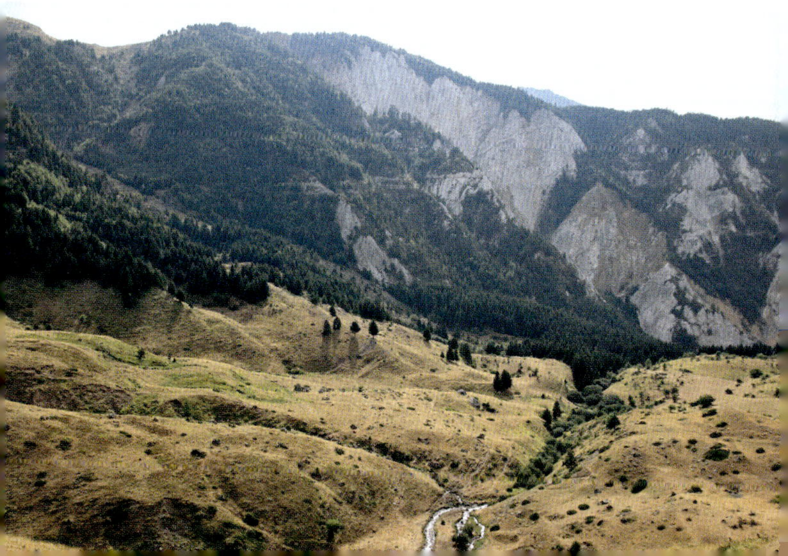

TOP

↗ 1500 m | ↘ 1500 m | 20.4 km

10.00 h

24 Korab, 2754 m

Auf dem höchsten Punkt Albaniens

Der Anstieg auf den Korab ist von Nordmazedonien aus üblicher, die Folge: Wir können im Sommer sicherlich noch ein paar Zwetschgen und Kirschpflaumen zur Stärkung pflücken und dann die landschaftlichen Reize fast ganz alleine für uns genießen. Im Morgenlicht leuchtende Moscheetürme hinter uns; vor uns erhebt sich die zerklüftete Westwand des Korab. Langsam schiebt sich die Sonne über die Schiefer- und Kalkgipfel und lässt das lange Tal, das wir hinaufwandern, erleuchten. Nach jeder steilen Geländestufe erwartet uns ein neues Panorama. Auf dem Abstieg durchqueren wir schließlich die einzigartige Hochebene Planair.

Ausgangspunkt: Radomirë, Hotels am Ostende beim Wegweiser, 1264 m. Erreichbar per Minibus von Peshkopia (7.30, 10.30, 13.00, 15.00 Uhr) und Kukës (8.00, 10.00, 12.00, 15.00 Uhr); hält auf Zuruf an Abzweig nach Radomirë. Von dort sind es zu Fuß entlang der Straße 3,5 km.
Anforderungen: Die lange Tour auf meist guten Pfaden ohne ausgesetzte Passagen erfordert Ausdauer und einen frühen Start. Bis kurz vor den Sattel (5) sind rot-gelb-rote Markierungen sehr eng gesetzt, der polnische Alpinklub hat ganze Arbeit geleistet. Dort, wo man auf dem Abstieg die Route nach Nordmazedonien verlässt, folgt ein unmarkierter Abschnitt (zwischen (8) und (10)). Ist der Einstieg aber erst einmal gefunden, ist der Pfad wieder eindeutig; hinter Planair ist er dann weiß-rot-weiß markiert.
Einkehr: Nur in Radomirë.
Unterkunft: Radomirë: Hotel Korabi und Hotel Radomira, siehe Tour 23.
Variante: Wer weiter nach Çajë wandern möchte, findet auf der Fusha e Korabit mehrere gute Plätze zum Zelten. Auch führt von der Fusha e Korabit ein direkter Weg über den Kamm, sodass man nicht bis zum Talausgang der Fusha e Korabit wandern muss. Man stößt dann bei (5) von Tour 25 auf die dort beschriebene Route.
Hinweis: Gut zu verbinden mit der Mehrtagestour Tour 23, 25 und 26.

Der Korab ist der höchste Gipfel von Albanien und von Nordmazedonien.

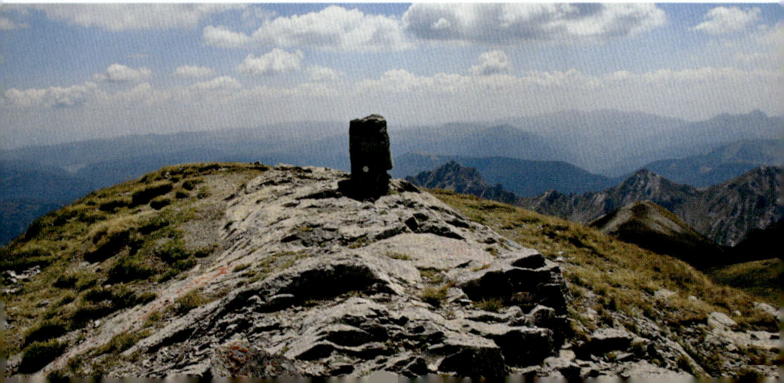

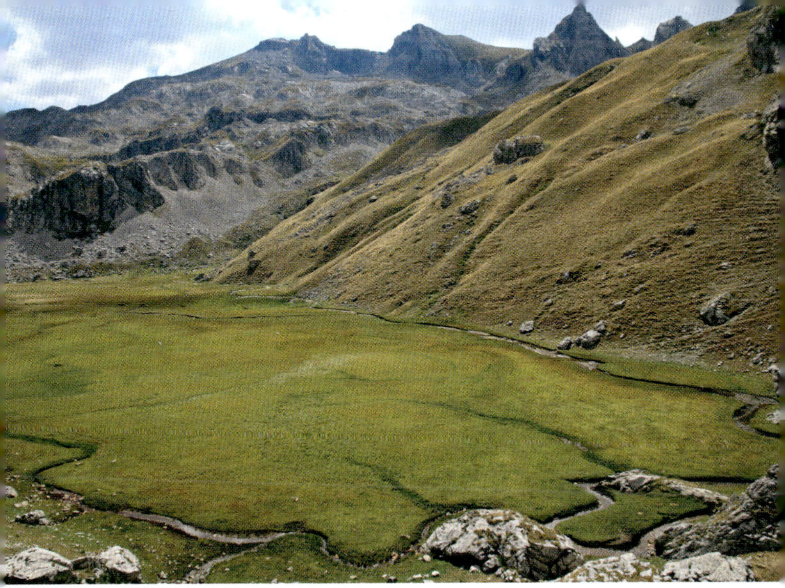

Ein Glücksfall für Hirten: Planair.

Vom Wegweiser des polnischen Alpinklubs gegenüber den Hotels in **Radomirë** ❶ folgen wir den rot-gelb-roten Markierungen. Zwischen den beiden Bachläufen geht es aufwärts. Nach etwa 20 Min. haben wir von einer terrassenartigen Anhöhe einen guten Blick auf den Korab, stoßen auf eine Steinmauer und queren nach links über den Bach. Weiter talaufwärts gelangen wir auf einen sich bald gabelnden Fahrweg, wir nehmen den rechten **Abzweig** ❷ und steigen dann im Seitental rechts an Stallungen vorbei aufwärts, bis sich das Tal öffnet und wir den hier flachen, trockenen Bachlauf nach links queren.

Wir steigen nun kurzfristig steiler in Serpentinen links des tief eingeschnittenen Canyons an, dann wieder flacher zwischen großen Felsblöcken und an einer kleinen Hütte vorbei auf weichem Grasboden talaufwärts. An der Stelle, an der wir das **Bächlein** ❸ wieder nach rechts queren, können wir unsere Flaschen auffüllen. Unter- und oberhalb fließt das Wasser aufgrund des Karstgesteins meist unterirdisch.

Auf der hügeligen Wiesenfläche ist nicht immer ein Pfad zu sehen, wir halten einfach nach Südosten auf die nächste Geländestufe (mit einem deutlich sichtbaren Zickzackpfad) zu und queren dabei zweimal den hier wieder trockenen Bachlauf. Nach dem Zickzack-Steilstück kommen wir in das nächste wunderschöne Hochtal, wo wir uns auf der linken Seite halten; die Markierungen sind hier eng gesetzt. Auf den Steinen vor einer **Fels-**

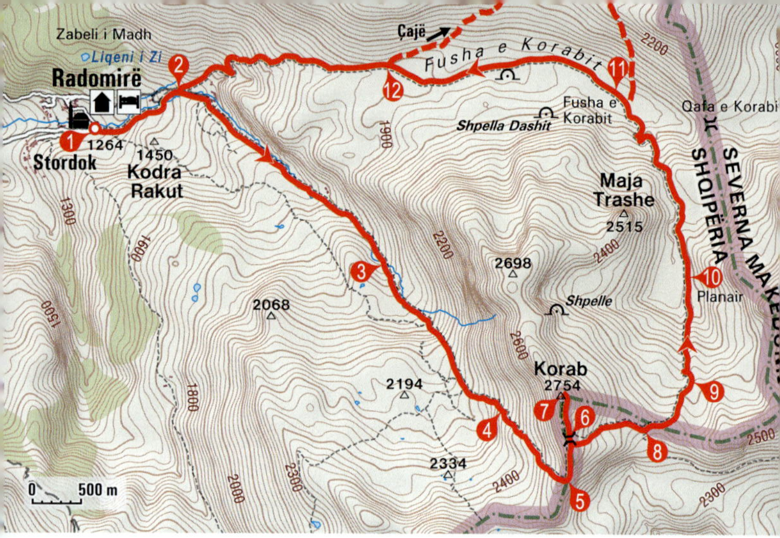

wand ❹, nachdem wir eine trockene Bachrinne gequert haben, lässt es sich gut rasten.

Wir überwinden das Steilstück links der Felswand, oberhalb kommen Felszacken in Sicht. Wir gehen auf sie zu und dann links der Felszacken den Hang entlang in Richtung Sattel im Grenzkamm zwischen Albanien und Nordmazedonien. Hier finden sich mit Ausnahme eines einzelnen roten Pfeils keine Markierungen mehr, aber Steinmännchen. Vom **Sattel** ❺ führt ein Pfad nach links – jetzt mit rot-weiß-roten Markierungen über den **Pass** ❻, an dem es rechts nach Nordmazedonien geht, geradewegs auf den pilzförmigen Gipfel des **Korab** ❼, 2754 m. Nordöstlich unter uns liegt der saftig grüne Kessel Planair, den wir auf unserem Abstieg durchschreiten werden.

Vom Gipfel kehren wir die knapp 500 m zum **Pass** ❻ zurück, wo wir links nach Nordmazedonien absteigen. Dies ist die häufiger genutzte Route für die Korab-Besteigung. Jedoch verlassen wir sie nach etwa 1 km, um nach Albanien zurückzukehren: An einer ebenen Wiese führt die Nordmazedonien-Route über die Kante auf die rechte Seite des Kamms. Von der Kante sieht man links einen Pfad, der den steilen Hang hinauf über den Kamm führt. Um uns das Auf und Ab zu sparen, gehen wir schon von der kleinen **Wiesenebene** ❽ an der Kuppe links vorbei und treffen auf den erwähnten, von Nordmazedonien kommenden Pfad. Er ist unmarkiert und zu Beginn nicht immer deutlich. Wir halten uns am rechten Rand der silbern glänzenden Felsenfelder, sehen bald vor uns einen Canyon und queren einen **Bachlauf** ❾, an dem wir Wasser abfüllen können. Wir folgen den Spuren auf der

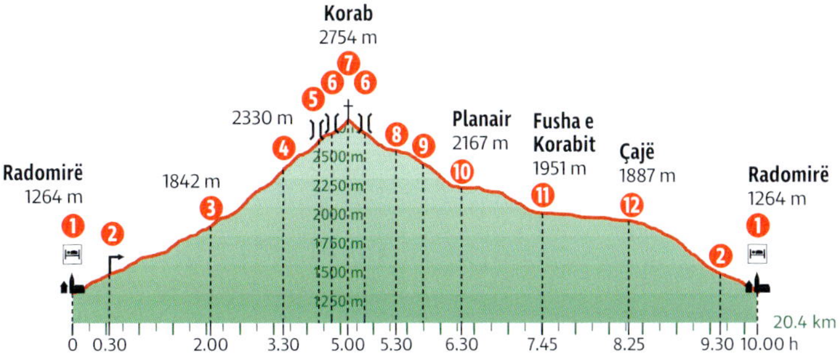

rechten Seite des Canyons abwärts zur Hochebene **Planair** ⑩, auf der Kühe und Pferde weiden. Am rechten Rand der Ebene bleibend, folgen wir dem Pfad über den Talverschluss – einen alten Felssturz –, queren den dahinter liegenden Wiesenkessel nach links und machen so einen Linksbogen um den Berg. Jetzt finden sich wieder weiß-rot-weiße Markierungen. Der Blick öffnet sich auf das Hochtal **Fusha e Korabit** ⑪, in das wir in Schlangenlinien absteigen. Vom Talgrund aus sind gegenüber die Spuren zu sehen, die auf den Kamm in Richtung Çajë führen (»Variante«). Wir wandern mittig talauswärts; der Talausgang liegt dann nach etwa 3 km auf der rechten Seite an einer Wiese. Hier zweigt der **Weg nach Çajë** ⑫ ab (siehe Tour 25), an dem es 150 m talaufwärts (Osten) eine Quelle gibt.
Für uns beginnt nun der finale Abstieg (nach Westen), auf einem gut befestigten Viehweg geht es 400 Hm hinab, ehe wir das letzte Stück zu den Hotels in **Radomirë** ① entlang von Pflaumen- und Mirabellenbäumen auf unserem Aufstiegspfad zurücklegen.

Sonnenuntergang in Radomirë.

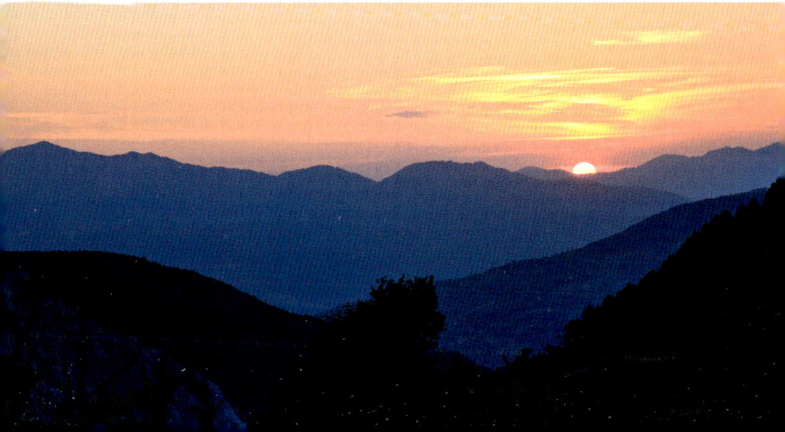

↗ 1020 m | ↘ 740 m | 15.7 km

25 Radomirë – Çajë

6.45 h

Kräutersuche auf Almwiesen mit Gipfelabstecher

Am frühen Morgen kommen uns Pferde entgegen, an deren traditionellen Holzsätteln volle Milchkannen baumeln. Ziel ist die Käserei, die am oberen Ortsrand von Radomirë bei den Hotels liegt. Abends geht es dann retour ohne Beladung – außer vielleicht dem einen oder anderen frischen Käse – wieder zu den Kuhherden in den Bergen. Wir sind dann schon ein Tal weiter, nicht ohne auf den Blumenwiesen Himbeeren und Kräuter gesammelt zu haben. Allerdings sind nicht alle gefundenen duftenden Blüten tatsächlich für den Teekessel gedacht. »Nein, das ist nur für Shampoo«, werden wir lachend auf unseren Irrtum hingewiesen, als wir unsere Funde am Abend präsentieren.

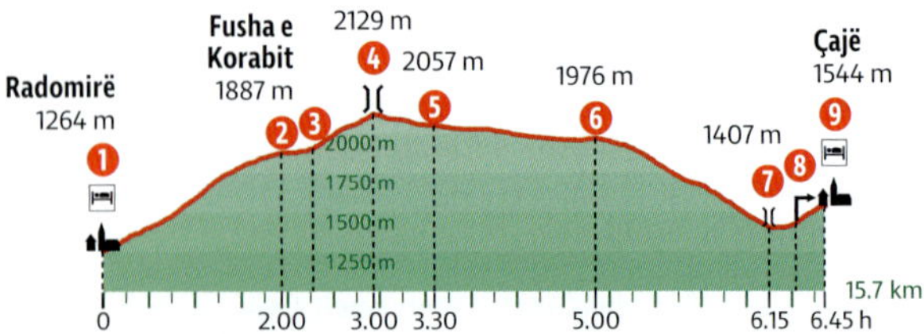

Ausgangspunkt: Hotels am Ostende von Radomirë beim Wegweiser, 1264 m. Erreichbar mit Minibus von Peshkopia (7.30, 10.30, 13.00, 15.00 Uhr) oder Kukës (8.00, 10.00, 12.00, 15.00 Uhr). Hält auf Zuruf an Abzweig nach Radomirë. Von dort zu Fuß entlang der Straße (3,5 km).
Endpunkt: Çajë, 1544 m. Keine Busanbindung.
Anforderungen: Größtenteils unschwer, gute Bergpfade, nur zwischen ❸ und ❹ pfadlos und nicht markiert. Der Abstecher zum Gipfel mit Grenzpyramide bei ❻ ist ebenfalls pfadlos, aber flach.
Einkehr: Unterwegs keine.
Unterkunft: **Çajë**, Ortsteil **Vau**: Gästehaus von Ardjan (Tel. +355 69 9758069), großes weißes Haus mit vier Fenstern und rotem Dach. Dazu an der Brücke auf der linken Canyonseite den Pfad entlang, ca. 2 km. – Privat rudimentäre Unterkünfte im **oberen Ortsteil** von **Çajë:** z. B. im ersten Haus links bei der Familie von Liman Shehu (Tel. +355 69 3987980), sein Sohn Shyqyri (Tel. +355 69 9758131) spricht Englisch. Die Familie hat 80 Bienenhäuschen mit insgesamt 45.000 Bienen, der köstliche Bergkräuterhonig kostet 2300 Lek (17 €) das Kilo.
Varianten: Kleine Gipfelabstecher möglich (siehe Tourenbeschreibung).
Hinweis: Dritte Etappe der Viertageswanderung Tour 23, 25–26.

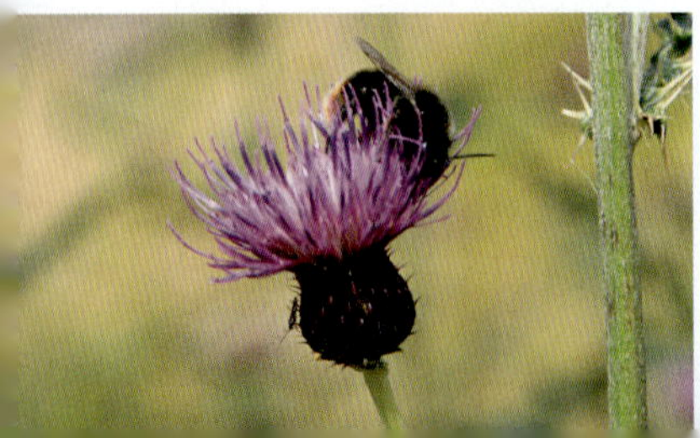

Teufelskralle.

Zu Beginn folgen wir von den Hotels in **Radomirë** ❶ den rot-gelb-roten Markierungen der Korab-Besteigung zwischen den beiden Bachläufen talaufwärts. An einer terrassenartigen Anhöhe mit Blick auf den Korab stoßen wir auf eine Steinmauer, von der wir nach 30 m nach links über den Bach queren. Weiter talaufwärts gelangen wir auf einen Fahrweg, an der Gabelung gehen wir links: Statt rot-gelb-rot sind die (selteneren) Markierungen nun rot-weiß-rot. Kurz darauf beginnt der steile, aber dank des viel genutzten Viehwegs angenehme Anstieg.

Oben im Hochtal **Fusha e Korabit** ❷ angekommen, gabelt sich gleich zu Beginn der Pfad, wir nehmen den linken, nicht markierten Abzweig. 150 m weiter befindet sich eine Quelle. Wir folgen dem Talverlauf noch 500 m, bis sich nach einem canyonartigen Einschnitt der Blick in das weite Tal öffnet. Hier verlassen wir den **Pfad** nach links ❸ und steigen zunächst pfadlos nach Nordosten entlang eines

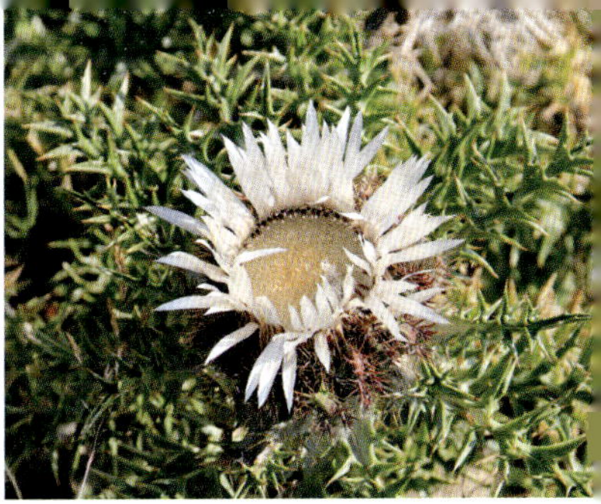

Lulja është e bukur: Die Blume ist schön.

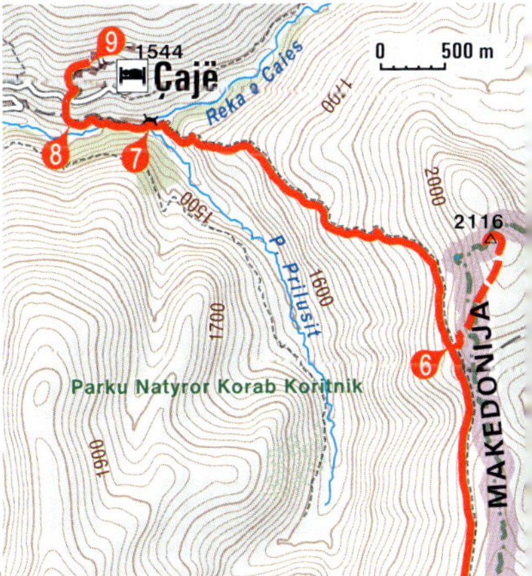

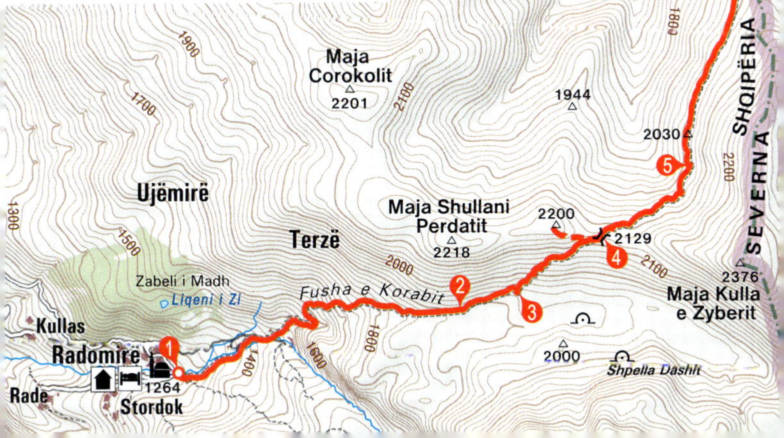

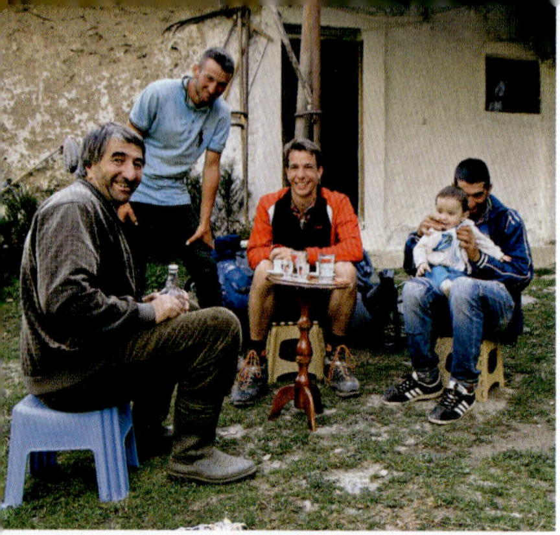

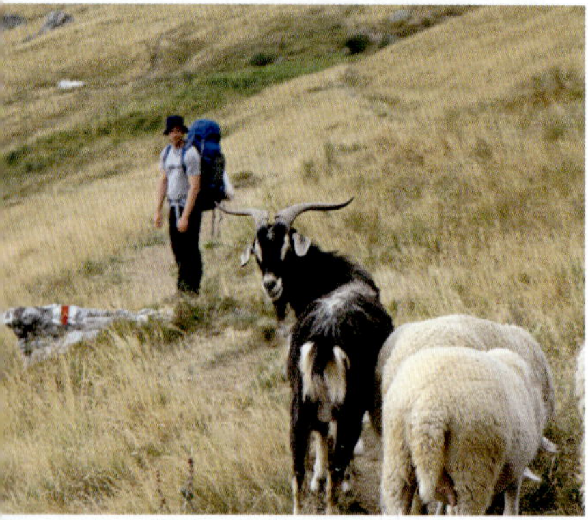

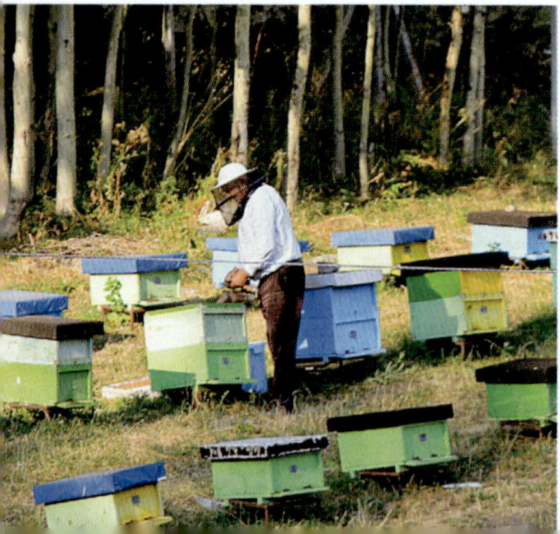

Rinnsals an – geradewegs auf eine felsige Kuppe zu.
Nach 300 m ist wieder ein Pfad zu erkennen, unterhalb der Kuppe tritt er deutlich hervor und führt links oberhalb an der Kuppe vorbei. Weiter in nordöstlicher Richtung gehen wir zwischen zwei Grashügeln hindurch, finden zwischen den aufgereihten Bunkern einen weiß-rot-weiß markierten Pfosten vor und steigen in gleichbleibender Richtung (Ostnordost) die letzten Meter zum **Joch** ❹. Nach links kann problemlos ein namenloser Vorgipfel des Maja Shullani Perdatit, 2200 m, bestiegen werden, ein gut viertelstündiger Abstecher.
Vom Joch gehen wir links des Kamms nach Ostnordosten abwärts, am rechten Rand des kleinen Wiesenkessels entlang, und danach leicht abfallend am Hang entlang. Es dauert etwa 20 Min., bis wir die nächsten Markierungen sehen, die dann wieder regelmäßig gesetzt sind. Die Wiesen sind voller Blumen und Kräuter, die die Menschen hier zur Herstellung von Shampoo nutzen.
Wir stoßen schließlich auf den schönen **Saumpfad** ❺ auf der rechten Talseite, dem wir 3,5 km lang auf gleichbleibender Höhe nach Norden folgen, bis wir zum **Abzweig** ❻ hinunter nach Çajë kommen. Dieser ist auf einem Stein am Boden mit einem weiß-rot-weißen Pfeil markiert.

Gastfreundschaft, Weggefährten und große Bienenvölker sind in Çajë keine Überraschung.

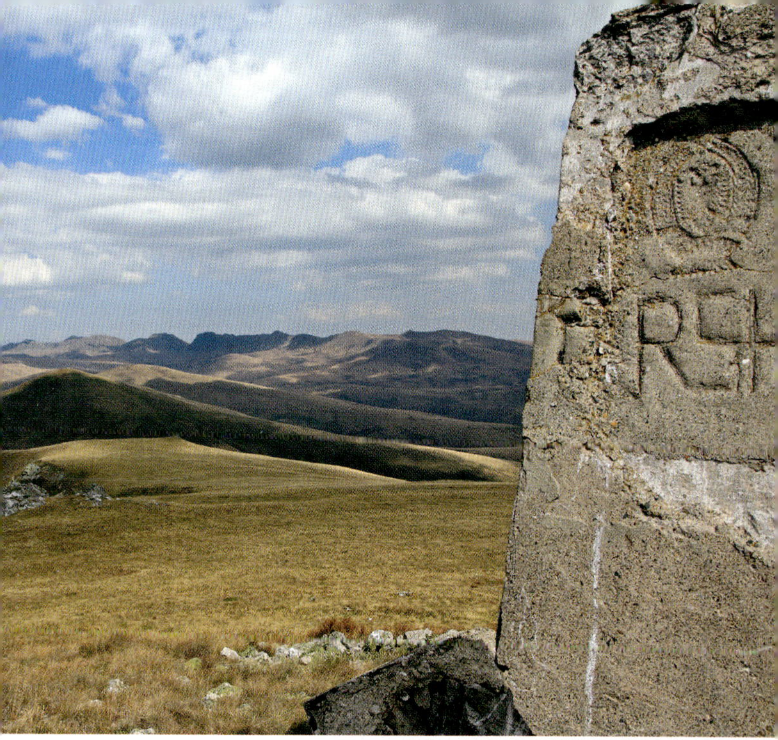

Lohnenswerter Abstecher mit Grenzpyramide bei Wegpunkt 6.

Der nordöstlich gelegene Gipfel, 2116 m, mit **Grenzpyramide** kann leicht erklommen werden, am einfachsten vom Abzweig geradewegs (pfadlos) über den flachen Südhang. Der insgesamt gut halbstündige Abstecher lohnt sich aufgrund der Aussicht über das hügelige Grenzgebiet zwischen Albanien, Nordmazedonien und Kosovo und den Blick auf den Korab.

Der Abstieg vom **Abzweig** 6 ist gut markiert. Auf dem Ausläufer absteigend passieren wir eine links unterhalb gelegene große Stallung und treffen schließlich auf einen Fahrweg, der uns zu einer **Brücke** 7 bringt. (Zum Gästehaus von Ardjan geht es von hier auf der linken Talseite des Canyon entlang; siehe Unterkunft.)

Wir gehen über die Brücke und folgen nach links dem Fahrweg etwa 500 m, bis wir im Scheitelpunkt einer Rechtskehre nach rechts auf einen markierten, ansteigenden **Pfad** 8 abzweigen. An einer Kreuzung treffen wir auf einen Fahrweg und gehen geradeaus (Norden) weiter hoch, kommen an der kleinen Schule vorbei und direkt vor dem Ort **Çajë** 9 an eine Quelle.

↗ 900 m | ↘ 1100 m | 22.4 km

26 Çajë – Shishtavec

8.00 h

Kammwanderung zwischen den Ländern

Fast den gesamten Tag verbringen wir auf dem Rücken des 2174 m hohen Kalabak, ganze 12,5 km wandern wir auf weichem Gras den Kamm entlang. Die Grenzregion Albanien–Kosovo ist eine besondere: Baumfreie Wiesenhügel reihen sich bis zum Horizont aneinander, und in den Dörfern lebt eine südslawische Minderheit, die Gorani. Wer in der Berghütte übernachtet, verkürzt die Tour nicht nur um 6 km, sondern kann bei Sonnenaufgang auch ergründen, warum der Felsen oberhalb der Hütte »Morgenstein« genannt wird.

Ausgangspunkt: Çajë, Quelle vor dem höchsten Ortsteil, 1544 m. Keine Busanbindung.
Endpunkt: Shishtavec, 1346 m. Aus Shishtavec fährt ein Furgon um 6.45 Uhr vom Platz an der Moschee nach Kukës (300 Lek, 45 Min.). Weitere Abfahrten bei den Cafés erfragen. Am Ankunftsort in Kukës fahren die Busse in den Kosovo ab. Die Stacioni i autobusave Richtung Tirana ist 200 m südlich in der Rruga Islam Spahiu. Fahrzeit von Kukës bis Tirana 2.30–3.00 Std. (400 Lek). Furgons fahren häufig, Busse auch regelmäßig.
Anforderungen: Die weiß-rot-weißen Markierungen sind nicht durchgängig, Orientierung einfach.
Einkehr: Berghütte Skiatori.
Unterkunft: Berghütte/Hotel Restaurant **Skiatori** (Ski Club Shishtaveci, Tel. +355 69 5210957, bar-skiatori@gmail.com, facebook.com/RestaurantSkiatori, facebook.com/SkiClubShishtaveci, 4-Bett-Zimmer 40 €, Lager mit 5 Stockbetten 10 €/Person, Transport nach Shishtavec und Kukës möglich). – **Shishtavec:** Adem Sokoli (Tel. +355 68 9099981); Memet Bala (Tel. +355 68 2244409); Grusel Bala (Tel. +355 68 2949468); Gani Pashaj (Tel. +355 68 5881891). – In einer Tourismusbroschüre sind auf Seite 160 weitere Gästehäuser aufgeführt: issuu.com/qizhdk/docs/guida_2014__finale_ Die oben erwähnten wurden uns als die am häufigsten frequentierten genannt. – **Novosej:** Hotel Novosej/Stani i Hoxhës zwischen Bafa und Novosej, dazu bei der Kreuzung 7 den Fahrweg nach links. Nach etwa 500 m bei der nächsten Gabelung rechts, um den Ort Bafa zu passieren. An der nächsten Kreuzung (nach ca. 2 km) rechts und an der folgenden links, insgesamt ca. 3,5 km (Gezim Basha, Tel. +355 67 4488884, stani-i-hoxhes.business.site).
Variante: Von Çajë gibt es einen direkten Weg auf den Kamm. Dazu geht man wie beschrieben aus dem Ort am ummauerten Feld entlang. Dann aber am Ende des Feldes geradeaus. Anfangs kurz in östlicher, grundsätzlich jedoch in nordöstlicher Richtung bergan auf den Kalabak zu. Der Pfad erreicht den Bergrücken etwa 1,5 km südwestlich des Gipfels. Gegenüber der beschriebenen Hauptroute spart man sich so 3,5 km.
Hinweis: Vierte Etappe der Viertageswanderung Tour 23, 25–26.

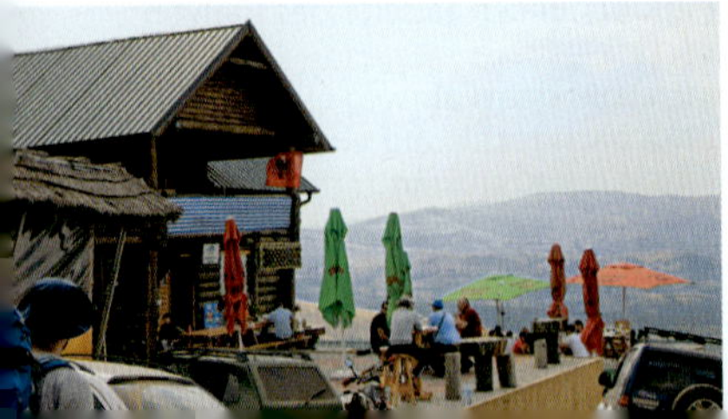

In der Berghütte Skiatori genießen Wanderer lokale Spezialitäten wie den Schichtpfannkuchen Fli.

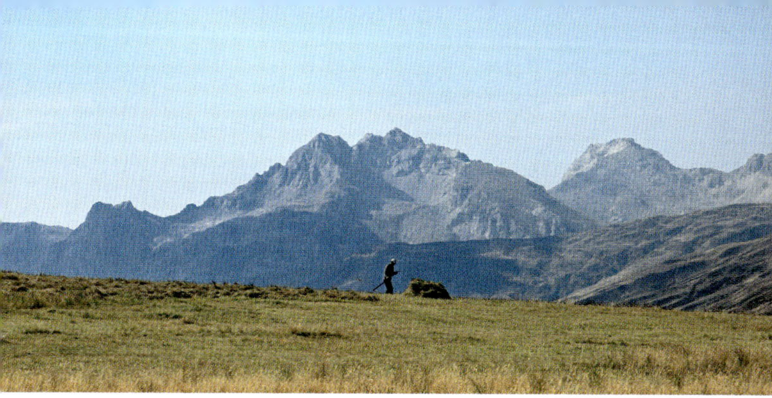

Der Korab bildet die Kulisse: Mahd in luftiger Höhe.

Wir starten an der **Quelle** vor **Çajë** ❶, wandern auf dem Fahrweg durch das Dorf (nach Osten), am Abzweig gehen wir nach links ansteigend am höchstgelegenen Bauernhof vorbei. Die Spuren führen dann oberhalb des Bauernhofs nach rechts an einem ummauerten Feld entlang. Nach dem Feld gehen wir nach links (geradeaus wäre die Abkürzung, siehe Variante), schneiden das linke der beiden Wäldchen und erreichen oberhalb eine Wiese. Hier ist der Pfad weiß-rot-weiß markiert.
Auf halber Hanghöhe queren wir einen Höhenpfad. Danach steigen wir (nun etwas steiler) weiter bergan. Bald verläuft der Pfad (vorübergehend) auf einer etwa 3 m breiten Stufe, einer breiteren alten Trasse, und führt uns in einem weiten, sanft ansteigenden Rechtsbogen auf eine ausgedehnte **Passebene** ❷ mit umgestürzten Bunkern.
Hinweis: Ab dort, wo der Pfad auf der Trasse verläuft, finden sich keine Markierungen mehr. Nach unseren Informationen sind die Wegmarkierer hier etwa 150 m in Falllinie bergan und dann nach Nordosten auf den Rücken gegangen. So spart man gegenüber der hier beschriebenen Route 1,5 km. Ob sich hier allerdings ein gut gangbarer Pfad findet, können wir nicht garantieren.

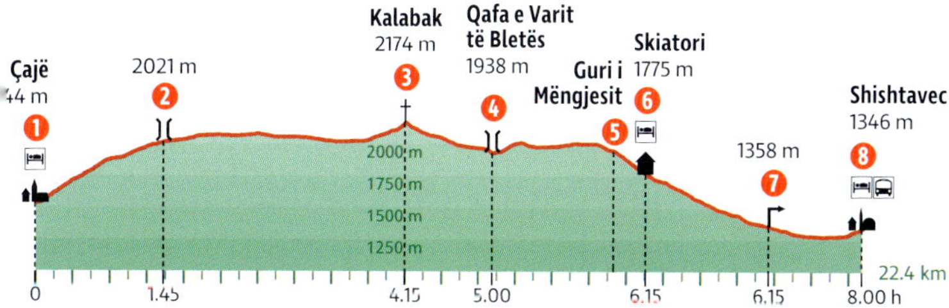

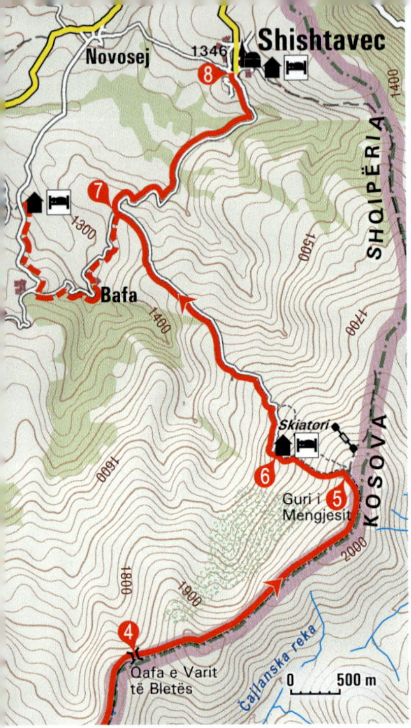

Vom **Pass** ❷ wandern wir insgesamt 6 km auf dem breiten Wiesenrücken mit grandioser Aussicht bis zum Geröllgipfel des Kalabak. An den Felsen nach 3,5 km gehen wir rechts des Grats, hier findet sich auch erstmals wieder eine Markierung. Dort, wo wir nach Passieren des Mali Kallabakut i Vogël wieder auf dem Rücken gehen, stößt von rechts ein Pfad auf unseren, die Abkürzung von Çajë her (siehe Variante).

1,5 km weiter erreichen wir den Geröllhang des Kalabak und gehen pfadlos rechts vorbei zum Sattel zwischen den zwei Gipfeln – der linke liegt in Albanien, der rechte im Kosovo. Pfadlos, aber unschwer (ca. 15 Min.) besteigen wir nach

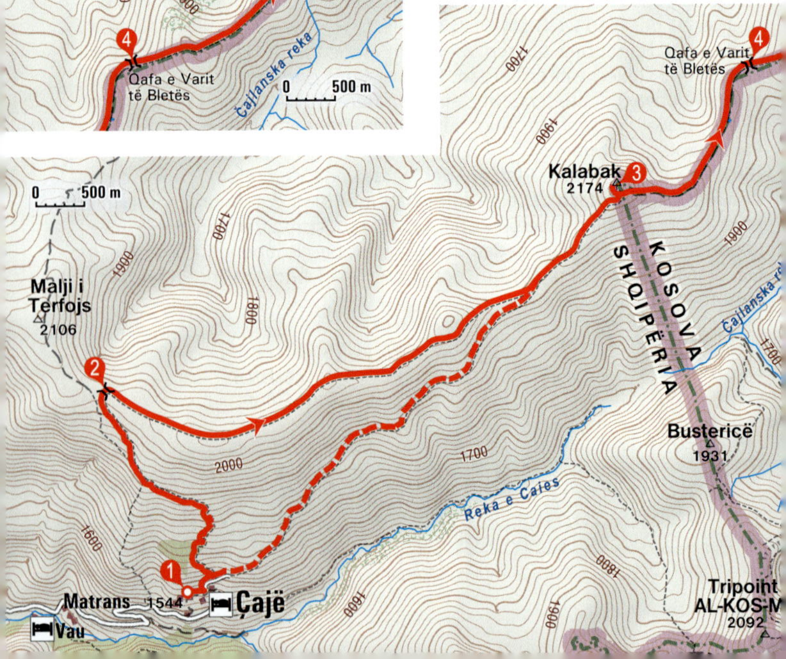

GORANI

Shishtavec ist eins von neun Dörfern in der Region, in denen sich die Menschen als »Gorani« bezeichnen, als »Bergmenschen«. Die südslawische Minderheit in Albanien kämpft für die Anerkennung ihrer Sprache, Eltern bringen ihren Kindern zu Hause Kyrillisch bei. In den letzten zehn Jahren des kommunistischen Regimes waren die Repressionen schlimm und Mazedonisch (der regionale Dialekt heißt Našnski) zu sprechen verboten. Das Ende des Kommunismus glich einer Befreiung, manche Bewohner würden ihre mazedonische Identität aber gerne freier ausleben, wie sie uns erzählen. Religion spielt dabei keine große Rolle – wenn der Muezzin der neuen Moschee ruft, sitzen die Menschen lieber bei einem Bier in den Cafés. Aufgrund der großen Schneemengen wurden in Shishtavec während des Kommunismus seit den 1950er-Jahren im Wechsel mit Voskopoja (bei Korça) die nationalen Skimeisterschaften ausgetragen. Das einstige Hotel mit 28 Zimmern steht inzwischen leer, geblieben aber ist die Skibegeisterung. Als die OSZE während des Kosovo-Kriegs in das grenznahe Dorf kam, um den Konflikt und die Flüchtlingsbewegung zu überwachen, wurde die europäische Organisation auf die hiesigen »Brettlfans« aufmerksam. Den Jugendlichen, so schreibt die albanische Journalistin Irena Shabani (irenashabani.com/english), mangelte es zwar an Ausrüstung, nicht aber an Wintersportenthusiasmus. Die OSZE brachte Skiprofis ins Dorf, der Ski Club Shishtaveci wurde gegründet. Heutzutage wird im Winter bei der Clubhütte sogar ein Schlepplift aufgebaut. Außerdem zieht ein Pistenbully bis zu 20 Personen auf Gipfel im Umkreis von 10 Kilometern, bis ins Dorf kann man 7 Kilometer durch Tiefschnee schwingen. Die beste Zeit ist im Januar und Februar.

links den **Kalabak** ❸, 2174 m, mit den Resten eines gemauerten Grenzwachturms. An den Hängen wachsen Himbeeren und Blaubeeren.
Vom Sattel zwischen den zwei Gipfeln folgen wir dem Kamm, auf dem die Grenze von Albanien und dem Kosovo verläuft, nach Osten. Normalerweise finden sich schon kurz unterhalb des Gipfels Fahrspuren, jedoch keine Markierungen mehr. Nach etwa 2 km kommen wir auf den großen Sattel **Qafa e Varit të Bletës** ❹. Hier treffen die Fahrspuren auf den Grenzbewachungsweg. Der alte Militärweg führt links um die Kuppe herum, ist im weiteren Verlauf aber sehr verbuscht. Deshalb gehen wir auf der Fahrspur geradewegs auf die Kuppe (von der wir nordöstlich unter uns die Skiklubhütte sehen) und weitere knapp 2,5 km auf dem Rücken, ehe die Fahrspur uns nach links an der markanten Felsformation **Guri i Mëngjesit** ❺, »Morgenstein«, vorbei zur **Berghütte Skiatori** ❻ bringt. Von hier sind es den Fahrweg abwärts 6 km (etwa 1,5 Std.) bis Shishtavec, dazu gehen wir, bereits in der Ebene angekommen, an der **Kreuzung** ❼ rechts. Am Platz bei der Moschee in **Shishtavec** ❽ sind zwei Minimarkets und zwei Cafés.

Albanische Alpen

In den 2000er-Jahren stand die Schönheit der Albanischen Alpen in scharfem Kontrast zu den dortigen Lebensbedingungen. Der Norden des Landes mit seinen über 2500 m hohen Karstgipfeln war wie kaum eine andere Region des Landes von Landflucht betroffen, trotz der faszinierenden Bergwelt – leer stehende Häuser, ungenutzte Schulen, fehlende Infrastruktur, keine Perspektive, Gastfreundschaft ohne Gäste. 2006 veranstaltete die Universität Shkodra gemeinsam mit der Deutschen Gesellschaft für Internationale Zusammenarbeit (GIZ) den Wettbewerb »Zukunft im Tourismus«, fünf Jahre später wurde der Fernwanderweg »Peaks of the Balkans« markiert, der seither Wanderer aus aller Welt anlockt.
Das Dorf Thethi ist der Gewinner dieser Entwicklung. Inzwischen übernachten hier rund 30.000 Touristen pro Jahr. Noch hat sich das nördlich von Shkodra gelegene Bergdorf seinen rustikalen Charme bewahrt, die Landschaft ist sowieso über jeden Zweifel erhaben. Das Tal am Fuße des Arapi dient als Ausgangspunkt für den »Peaks of the Balkans« sowie für mehrtägige Entdeckungstouren im Malësia e Madhe, dem »Großen Bergland«. Beliebt sind auch Backpack-Touren von Shkodra nach Valbona und weiter nach Thethi. Was viele Kurzausflügler verpassen: Ein gut markiertes Wegenetz an Tagestouren lädt zum ausgedehnten Wanderurlaub ein. Zusätzlicher Vorteil: Wer häufiger übernachtet, kann mehr kulinarische Spezialitäten genießen. Im Vergleich zu den europäischen Alpen ist man im albanischen Pendant auf den meisten Wegen noch einsam unterwegs.
Bis zum Qafa e Thorës ist die Straße von Shkodra inzwischen ausgebaut und asphaltiert, nur die verbleibenden 1,5 Stunden ins Tal sind holprig und eng. Viele wünschen sich, dass das so bleibt. Längst wird im Dorf heftig debattiert, wie weit die touristische Erschließung gehen soll. Die ersten Touristen seien gekommen, um die Natur und die Einfachheit des Lebens zu genießen, nun wollten sie Latte Macchiato, Wellness und weiche Betten, sagt einer der Pioniere. Er selbst hat einen überdimensionierten Bau ins Dorf geklotzt – zum Ärger mancher Nachbarn, die um den Charakter fürchten. Sie halten dagegen, dass es gerade das traditionelle Flair, die lokalen Erzeugnisse und die Nachhaltigkeit sind, die die Leute suchen. Gäste können zwischen mehr als 50 Unterkünften in den sich über 8 km erstreckenden Ortsteilen Okoli, Nikgjonaj, Gjelaj, Gjeçaj, Qender, Ulaj, Grunasi, Ndërlysaj wählen.
Ganz anders ist die Situation in der eine Bergkette und einen Tagesmarsch entfernten Region Këlmend. Lëpushë und das Vermosh-Tal, auf drei Seiten von Montenegro umschlossen, sind das Dornröschen unter den albanischen Wandergebieten. Auch hier wurden viele Wanderwege markiert und einige Übernachtungsmöglichkeiten geschaffen – gefördert von Italiens Außenministerium, und die Deutsche Gesellschaft für Internationale Zusammenarbeit hat ihrerseits 2016 eine Broschüre mit den Gästehäusern herausgegeben. Doch anders als Thethi ist der Këlmend vom internationalen

Touristenstrom abgeschnitten. Die Konsequenz: Im Zuge der Entwicklungszusammenarbeit entstandene Internetseiten mit Informationen sind nicht mehr erreichbar, Gästehausbetreiber ausgewandert. Nach Auskunft von Bewohnern haben in den vergangenen Jahren etwa 150 bis 250 Familien das Tal verlassen. Übrig ist die wilde Natur, die Gastfreundlichkeit und Kochkunst derer, die geblieben sind, sowie die weiß-rot-weißen Markierungen, die uns über weite Wiesenrücken und durch karstige Schluchten führen.
Trotz der neuen Asphaltstraße ist das Tal per Auto von Plav in Montenegro schneller zu erreichen als von Shkodra (2–3 Std. mit dem Minibus); teils findet man hier auch montenegrinische Telefonnummern (mit Landesvorwahl +382 statt +355).

Anreise

- Per Bus nach Shkodra (Shkodër) von Tirana ab Flughafen Rinas um 13.30, 14.30, 16.30 Uhr und ab Terminali i Autobusave te Veriut dhe Jugut: Abfahrt halbstündlich von 5.30 bis 18.00 Uhr, 400 Lek, 1.45 Std.; Rückfahrt nach Tirana aus Shkodra vom Sheshi Democracia, Bulevardi Bujar Bishanaku (halbstündlich von 5.30 bis 18 Uhr, zum Flughafen Rinas um 7.15, 11.15, 14.15 Uhr). Fahrpläne auf etransport.al. Alternativ ist auch eine Anreise von Podgorica (Montenegro) über den Grenzübergang Hani i Hotit möglich (Fahrzeit etwa 1.30 Std., Taxi 30–50 €), Zustieg zu Minibussen aus Shkodra nach Vermosh und Thethi bei Koplik am östlichen Kreisverkehr möglich.
- Von Shkodra nach Thethi mehrere Minibusse (10 €, 2.30 bis 3 Std. mit Fotopause), u. a. Buchung via Nord Albania Travel Agency (Abfahrt 7.00 Uhr,

Das Tal Fusha e Runicës bedarf keiner beschreibenden Worte (Tour 36).

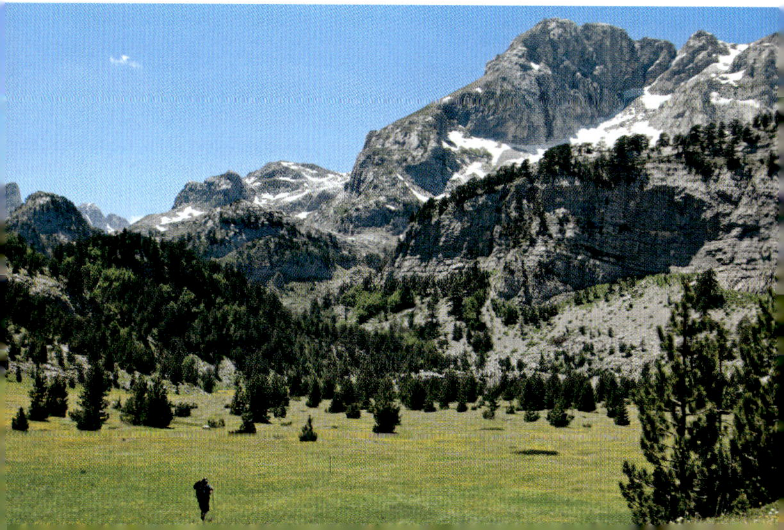

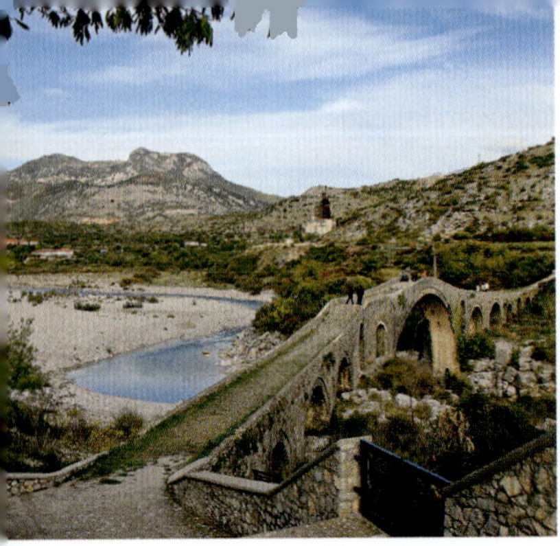

Die Ura e Mesit bei Shkodra ist Albaniens bedeutendste osmanische Brücke.

Tel. +355 68 2003393, rorupaog@yahoo.com, Bulevardi Skënderbeu neben dem Kinema Milenium) oder komanilakeferry.com (Abfahrt: 7.00 Uhr vor dem Hotel Rozafa, 12 €). Rückfahrten von Thethi (unterschiedliche Anbieter) um 8.00, 11.00, 11.30, 13.30 Uhr. Die Gastgeber in Thethi helfen bei der Vermittlung der Fahrt; auch können private Fahrer (beide Richtungen) organisiert werden (auch vom Flughafen Tirana direkt nach Thethi). Die gebuchten Minibusse holen Gäste für gewöhnlich direkt bei der Unterkunft in Shkodra ab. Offizieller Halt aller Minibusse nach Norden (auch in die montenegrinische Hauptstadt Podgorica) ist am Sheshi Ura e Maxharrit. Seit Ende 2021 ist die Passstraße nach Thethi komplett asphaltiert (Fahrzeit 2 Std.). Für den Erhalt des ursprünglichen Charakters des Tals empfehlen wir dennoch die Anreise mit Minibussen. Vor Ort ist ein Auto nicht nötig.

- Lëpushë/Vermosh: Anreise seit 2023 leider nur noch mit Miet-/Privat-Pkw oder zu Fuß von Nikç (Touren 39) oder Thethi (Tour 38 und 39 oder 43) nach Lëpushë und weiter nach Vermosh (Tour 41). Die vormalige Busverbindung wurde eingestellt.
- Minibus Nikç–Shkodra–Nikç: Abfahrt in Nikç um 5.00 Uhr, Abfahrt in Shkodra um 14.00 Uhr vom Sheshi Ura e Maxharrit, Fahrzeit 2 Std.

Unterkunft und Verpflegung

In **Shkodra** mehrere Hotels, Hostels und Gästehäuser, eine Auswahl: Gästehaus Eco Garten: DZ/Frühstück 28–35 €; Rruga Jezuiteve 45, inkl. Mietfahrräder und Obst aus dem Garten. Das Haus von Fred ist ein guter Ausgangspunkt für die Weiterreise nach Thethi. Dort betreibt seine Frau Roza ein Gästehaus und die Tourismusinformation (Tel. +355 68 2003393, fredi_077@hotmail.com). – Hotel Tradita: DZ/Bad/Frühstück 90 €; Rruga Edit Durham (Tel. +355 22 240537, info@traditagt.com, traditagt.com). – Florians Guesthouse: DZ/HP 25–30 €; inkl. Mietfahrräder, 15 Min. mit Fahrrad vom Stadtzentrum im Ortsteil Dobraç, Rruga Stalla (Tel. +355 68 2335921, fsguesthouse@gmail.com, florianguesthouse.wordpress.com). – Hostel Mi Casa es tu Casa: Bulevardi Skenderbeu, gegenüber Cinema Millennium (Tel. +355 69 3812054, hostelshkoder@gmail.com, micasaestucasa.it). – The Wanderers Hostel: Rruga Gjuhadol (Tel. +355 69 2121062, hostelshkoder@hotmail.com, thewanderershostel.com). – Hotel Kaduku: DZ/Frühstück ab 35 €; Rruga Studenti, am Kreisverkehr Sheshi Demokracia (Tel.

+355 22 242216, info@hotel-kaduku.com, hotel-kaduku.com). – The Red Bricks Hotel: DZ/Frühstück ab 46 €; Rruga Studenti, am Kreisverkehr Sheshi Demokracia (Tel. +355 22 900888, info@redbricks-al.com, theredbricks-al.com). – Hotel Colosseo & Spa: Rruga Kole Idromeno (Tel. +355 22 247514, info@colosseohotel.com, colosseohotel.com).

In **Thethi** gibt es über 50 Gästehäuser, viele lassen sich über einschlägige Portale wie booking.com oder airbnb.com buchen und finden sich auf Google Maps. Eine Übersicht bieten die Broschüre »The Guide of Theth« (issuu.com/pik.al/docs/thethi_anglisht_-_low_2016) sowie thethi-guide.com. Nachfolgend eine Auswahl, geordnet nach Ortsteilen:

- Okoli: Kulla e Sadri Lukës (Gjon Ded Ndoja, Tel. +355 68 2191405, +355 69 2931107, facebook.com/Kulla-Sadri-Luka-Guest-House-1483120438651495); Gästehaus Mirash Kometa (Tel. +355 68 2472458, facebook.com/HotelKometa). Guesthouse Alpbes (Pjeter Vuksanaj, Tel. +355 68 2374727, alpbes@gmail.com).
- Nikgjonaj: Gästehaus Dede Kola/Nik Gjonaj (Tel. +355 69 2517315, +355 68 2445182, +355 67 2635816, vladimir-ndoja@hotmail.com).
- Thethi-Qender – nördliche Autobrücke: Gästehaus Gjergj Harusha (Tel. +355 68 5397605); Villa Gjeçai (Tel. +355 69 6015771, villagjecaj.com, villa.gjecaj@gmail.com); Gästehaus Zorgji (Tel. +355 68 3617309, +355 68 2319610, pellumbkola@gmail.com); Bujtina Berishta (Tel. +355 69 4765599, facebook.com/berishta).
- Thethi-Qender – Kirche: Gästehaus von Roza Rupa, am Weg Richtung Kirche (Tel. +355 68 2003393, rorupaog@yahoo.com, deutschsprachig); Bujtina Leke Gerla, südlich der Kirche (Tel. +355 68 2301955, +355 68 5117882, Valentin.gerla@yahoo.com, facebook.com/Bujtina-Leke-Gerla-921296047966002); Bujtina Polia, südlich der Kirche (Tel. +355 67 5267526, +355 69 3016781, facebook.com/bujtinapoliatheth); Gästehaus Arben Marashi, zwischen Kirche und Kulla (Tel. +355 69 6703919, +355 69 9772207, klaudia.marashi@yahoo.com, facebook.com/Guest-house-Arben-Marashi-216111425179831); Guesthouse Shpella, am Kulla (Tel. +355 69 3774851, shpella.family@googlemail.com, facebook.com/Thethi-Shpella-Guest-house-116319958537201).
- Gjelaj: Marash Marku (Tel. +355 68 2543204); Lek Shkafja (Tel. +355 69 3269809).
- Ndërlysaj: Guesthouse Bjeshka (Prek Bjeshka, Tel. +355 68 5690845, prekbjeshka@yahoo.com); Ded Nika (Tel. +355 69 3346423, nikashpk@yahoo.com); Marjan Çardaku (Tel. +355 68 5203911).

Einkauf und Geldautomat in Thethi: Mini Market »Jezerca« (Thethi Qender bei nördlicher Autobrücke, hohe Preise und Gebühren).
Einkehr in Thethi: z. B. Restaurant Malësorja in Nikgjonaj (Gjergj Gjoni, Tel. +355 68 3815853) und viele weitere Bars/Cafés in allen Ortsteilen, auch manche Gästehäuser bieten zubereitete Speisen für Nicht-Hausgäste.

Vermosh: Nicht alle Unterkünfte sind ganzjährig geöffnet und nicht alle Gästehäuser, die sich auf Google Maps finden, sind noch in Betrieb. Zu den offenen Unterkünften – geordnet nach Ortsteilen – gehören:

- Nördlich des Flusses in Velan: Vuktilaj Guesthouse (Tel. +382 69 552435, vuktilaj-guest-house.al, Facebook: Bujtina Vuktilaj Vermosh), über die blaue Fußgängerbrücke; Bujtina Leonard Lumaj (Tel. +355 69 3030733, facebook.com/GuesthouseLeonardLumaj), über die Autobrücke.
- Am Endpunkt von Tour 41: Highlander House Vermosh (Mark Naçaj, Tel. +355 69 5335353, highlander.house@yahoo.com, Facebook: Highlander_House_Vermosh, Restaurant, Wander- und Mountainbikeguide).
- Qender (Zentrum mit der Kirche): Qendra e Turizmit Vermosh (Tel. +355 69 5326269, Restaurant).
- Taleinwärts zwischen Qender und Velipojë: Peraj Guesthouse (Tel. +355 66 6669022, +355 66 6669122, guesthouseperaj@yahoo.com, Facebook: Peraj Guesthouse – Bujtina Peraj).
- Talabwärts Richtung Bashkimi: Kafe Natyra (Tel. +382 69 526118), daneben Guesthouse Mitaj; Bujtina Frati (Tel. +355 69 2205681, +382 69 293586, pllumajgjovalin@yahoo.com, guesthouse-frati.weebly.com, Facebook: Bujtina FRATI); Gjergj Frani (Tel. +355 66 69022).

Lëpushë: Bujtina Lëpushë (Tel. +355 69 6827046), etwa 700 m vom Qafa Bordolecit auf der linken Seite. – Bujtina Pepushaj (Tel. +355 67 3965532), auf der gegenüberliegenden Talseite jenseits des Flusses, an den beiden Holzhütten erkennbar, Abzweig zwischen der Bujtina Lëpushë und der Bujtina Bjeshket e Nemura. – Bujtina Bjeshket e Nemura (Tel. +355 69 7478622, +382 69 272630, ilir_grishaj@libero.it), 1,3 km vom Qafa e Bordolecit auf der rechten Seite. – Bujtina Tradicionale (Tel. +382 69 559049). – Bujtina Kole Aliaj (Tel. +355 69 6631773).
Unterkünfte direkt am Qafa e Bordolecit siehe Seite 204.

Information

- Thethi/Shkodra: Roza Rupa, Nord Albania Travel Agency (Tel. +355 68 2003393, rorupaog@yahoo.com), in Shkodra: Bulevardi Skënderbeu (neben dem Kinema Milenium); in Thethi: Bujtina Rupa. Organisation und Buchung von Wandertouren und Transfers, Verkauf von Wanderbüchern und -karten.
- thethi-guide.com; einige Besitzer von Gästehäusern in Thethi betreiben diese Seite mit aktuellen Nachrichten und ausführlichen Infos über Geschichte, Aktivitäten, Unterkünfte und Transport (Englisch).
- Vermosh: Mark Naçaj (Tel. +355 69 5335353, Highlander Guesthouse,, Wander- und Mountainbikeguide), Qendra e Turizmit Vermosh (+355 69 5326269, vermoshi.al, kleines Heimatmuseum, Dorftouren, Schlüssel für die Kirche, Guidevermittlung) in Qender (Zentrum mit Kirche) rechts am östlichen Ortseingang.

Mehrtagestouren

Dreitägige Këlmend-Runde von Thethi über Nikç nach Lëpushë und zurück nach Thethi (Touren 38, 39, 43). Nach Belieben erweiterbar bis Vermosh mit mehreren Möglichkeiten für Tagestouren (Touren 40–42).
Dreitägige Alpen-Runde (Prokletije) von Thethi über Valbona und Vusanje zurück nach Thethi (Touren 34–36). Mit jeweils einem Zusatztag und Zelt können der Jezerca (Tour 37) und der Arapi (Tour 32) bestiegen werden.

Thethi: Augen auf beim Abendspaziergang.

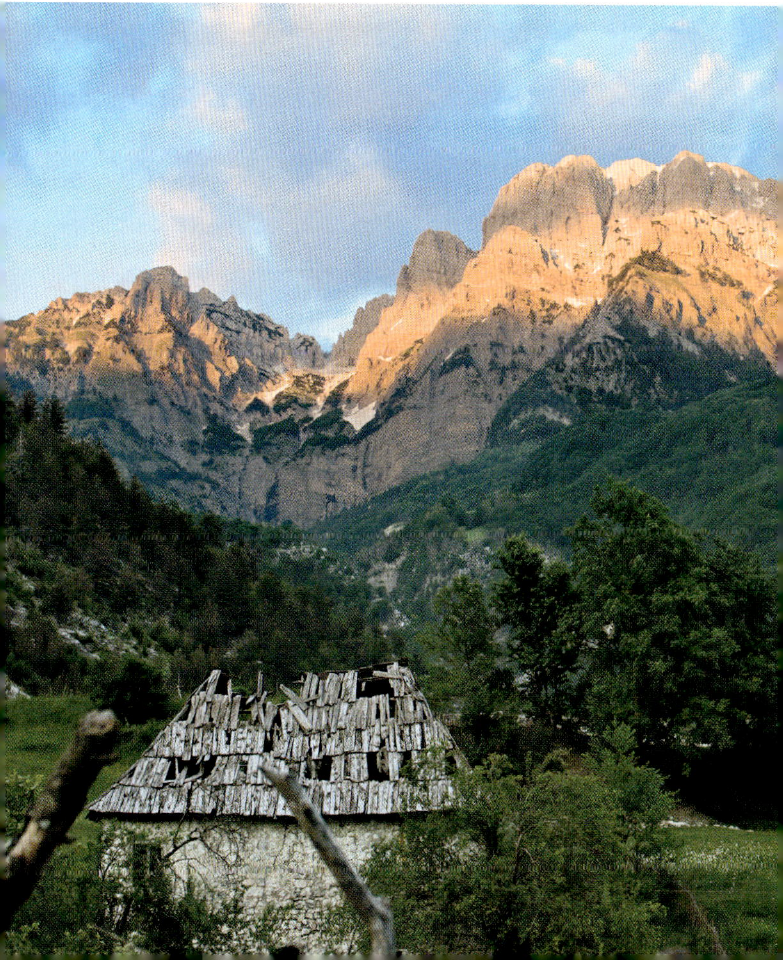

↗ 310 m | ↘ 1230 m | 13.9 km

27 Qafa e Thorës – Syri i kalter – Thethi

5.30 h

Zu Fuß nach Thethi – ein Abstieg mit Badepause

Der Fahrer mag überrascht schauen, aber es ist entgegen den ungläubigen Blicken gar keine so schlechte Idee, die Minibusreise nach Thethi am Qafa e Thorës zu beenden und den Abstieg ins Dorf zu Fuß zu wagen. Davor ist eine Übernachtung am Pass mit atemberaubender Aussicht möglich, aber keine Pflicht. Auf halber Strecke lädt das »Blaue Auge« in Kapreja zum Sprung ins kühle Nass, ehe sich eine gemütliche Talwanderung anschließt. Und auch für Wanderer, die in Thethi nächtigen, ist die Tour eine reizvolle Alternative zur Talroute zum Syri i kalter (Tour 33), da man sich das Hin und Her auf demselben Weg erspart und darüber hinaus mit Fernsicht belohnt wird.

Kristallklar: der Përroi Zi bei Ndërlysaj.

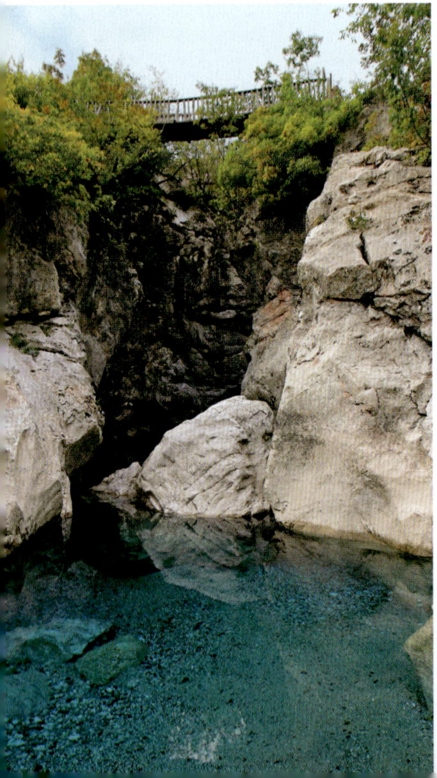

Ausgangspunkt: Thorës-Pass, 1667 m, an der Straße unterhalb der runden Aussichtsplattform beim Parkplatz des Restaurants Buni i Bajraktarit. Von Thethi sind es mit dem Minibus (in Richtung Shkodra) ca. 70 Min. (1000 Lek). Abfahrt in Thethi zwischen 8/8.30 Uhr, Ankunft am Pass zur gleichen Zeit (9.30 Uhr) wie der Minibus aus Shkodra (dort Abfahrt um 7.00 Uhr).
Endpunkt: Thethi, 745 m. Rückfahrt mit Minibus Richtung Shkodra (ca. 14.00 Uhr, weitere Abfahrtszeiten am Nachmittag erfragen oder vorbestellen).
Anforderungen: Die Tour ist sehr gut markiert (weiß-rot-weiße Striche), der Abstieg erfolgt auf einem guten Bergpfad. Der Weiterweg vom Syri i kalter ist viel begangen und entsprechend ausgetreten.
Einkehr: Kapreja: Bar/Restorant von Liljana Kosuri am Syri i kalter. – Ndërlysaj: Bei der Brücke mit der Marienstatue auf beiden Uferseiten. – Grunasi.
Unterkunft: Thorës-Pass: Restaurant Buni i Bajraktarit (ÜF in Holzhütten 15 €, Grillmöglichkeit). – **Kapreja:** Gästehaus von Kristalina und Shuke Kosuri (Tel. +355 68 2919392) – **Ndërlysaj** und **Thethi:** Siehe Seite 153.

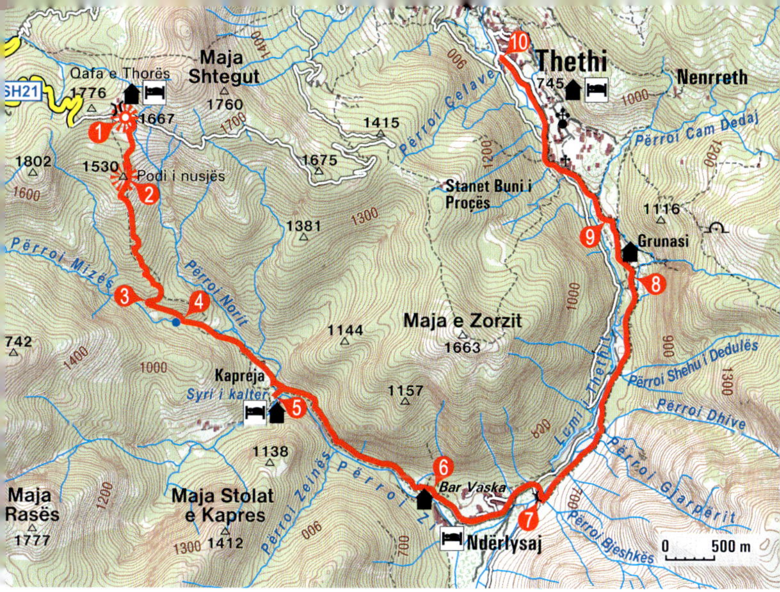

Der Abstieg nach Kapreja beginnt unterhalb der runden Aussichtsplattform an der **Straße** ❶, die vom **Qafa e Thorës** nach Thethi führt. Mit Blick ins Shala-Tal steigen wir zur Weide Buni i Thorës, von deren Nutzung noch die Grundmauern zeugen. Wir verlassen die Wiese nach Süden in den Wald, wo uns große Buchen mit Pfeilmarkierungen den Weg weisen, und gelangen so auf eine Freifläche, den Brautsitz, **Podi i nusjës** ❷. Nach den Erzählungen machten die Brautleute hier Rast, aufgrund der schönen Aussicht und der Stille durchaus nachvollziehbar.

Den Ausläufer weiter absteigend, passieren wir ein Holzkreuz neben Felsen und treffen nach etwa 1.30 Std. im Tal auf einen Pfad. Den steilen Ab-

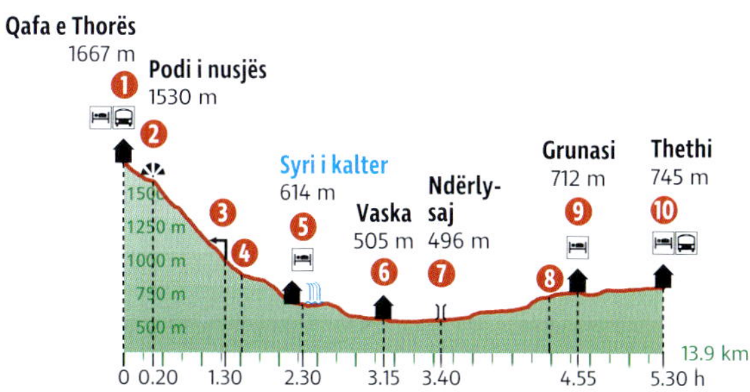

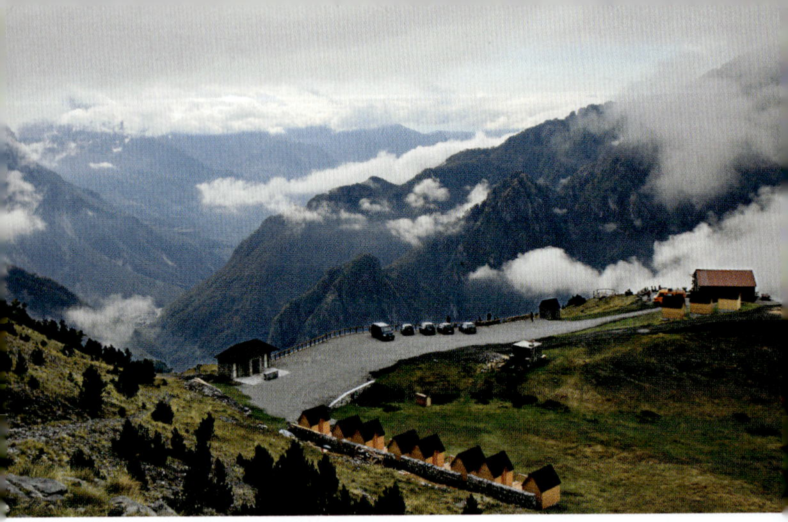

Der Qafa e Thorës ist ein Pflichtstopp auf der Fahrt nach Thethi.

stieg haben wir geschafft, nun wenden wir uns nach **links** ❸, um entlang von Wiesenterrassen mit einer Ruine zum Bach hinabzugehen. Hier kann das Phänomen Karstbach studiert werden: Überschüssiges Wasser aus einem Bassin sammelt sich in Gumpen, verschwindet und fließt unterirdisch weiter.

Nach der **Bachquerung** ❹ dient die Wasserleitung zusätzlich zu den Markierungen der Orientierung. Wir gehen mal links, mal rechts von ihr, bis wir sie wenig oberhalb der Häuser von Kapreja nach rechts verlassen und dann nach links zu den Häusern absteigen – und rechts an ihnen vorbei zur Holzbrücke über den Përroi Norit. 200 m nach der Brücke folgt der Abzweig rechts zum 100 m entfernten **Syri i kalter** ❺. Eine Leiter führt ins Bachbett, eine weitere hoch zur Bar mit ihren hölzernen Plattformen. Ein Bad im eiskalten Wasser und die lokalen Spezialitäten sind allemal eine Pause wert.

Danach kehren wir auf den Pfad zurück und wandern auf der linke Seite der Schlucht des Schwarzen Baches (Përroi Zi) talauswärts. Der Pfad teilt sich vorübergehend, der obere ist etwas besser. Im Flachen erreichen wir einen Fahrweg, auf dem wir talabwärts bis zu einer Bar und erstaunlichen Felsformation laufen. Bei der **Bar Vaska** ❻ zweigen wir nach rechts ab und gehen entlang von Felsen zu einer Holzbrücke mit Marienstatue. Am anderen Ufer gibt es eine weitere Einkehrmöglichkeit (Restaurant Ndërlysaj).

Wir bleiben auf der linken Seite und umrunden den Ort unterhalb der Häuser zur Autobrücke von **Ndërlysaj** ❼. Diese überqueren wir nach rechts, um direkt dahinter nach links auf einen Pfad abzubiegen. Er führt uns am rech-

ten Flussufer zwischen Kiefern talaufwärts. Auf der anderen Talseite sehen wir das chinesische Wasserkraftwerk aus den 1960er-Jahren, das Thethi mit Strom versorgt. Auf der Höhe des Kraftwerks teilt sich unser Pfad an einem Schotterabbruch. Der untere Ast ist markiert, der obere besser zu gehen. Nach der kurzen Passage treffen beide am Flussufer wieder zusammen, ehe es bei einem auffälligen Fels fortan kontinuierlich leicht bergan geht.
Vor uns baut sich nun eine Geländestufe auf, mit dem Canyon links und der sogenannten Thethi-Treppe, Shkalla e Thethit, rechts. Dank diesem seit jeher genutzten Aufstieg überwinden wir die 100 Hm und kommen nach einer kleinen Brücke an eine **Kreuzung** 8, an der die Richtungen auf Steinen angeschrieben sind: Der Canyon (»Kanion«) und Thethi (bergan durch Gebüsch, ehe der Pfad auf den vom Canyon kommenden trifft) sind nach links angeschrieben, wir folgen jedoch der Angabe »Ujvara« geradeaus, um aus der Ferne einen Blick auf den Wasserfall zu werfen und an einer Einkehr vorbeizukommen.
Den Abzweig zum Wasserfall (100 m nach der Kreuzung) lassen wir rechts liegen und gehen immer geradeaus entlang der Mauer und der Stromleitung (rechts ist der Wasserfall zu sehen) auf ein altes Haus mit Satellitenschüssel auf einem Hügel zu. Neben Speis und Trank ist hier im Ortsteil **Grunasi** 9 auch die Möglichkeit zu zelten gegeben. Von hier steigen wir zu einer roten Brücke ab und folgen dem Flusslauf talaufwärts am alten Isolationsturm (Kulla e Ngujimit) und der Kirche vorbei bis zur Autobrücke von **Thethi** 10.

September-Stimmung: Der Përroi Zi bahnt sich seinen Weg ins Shala-Tal.

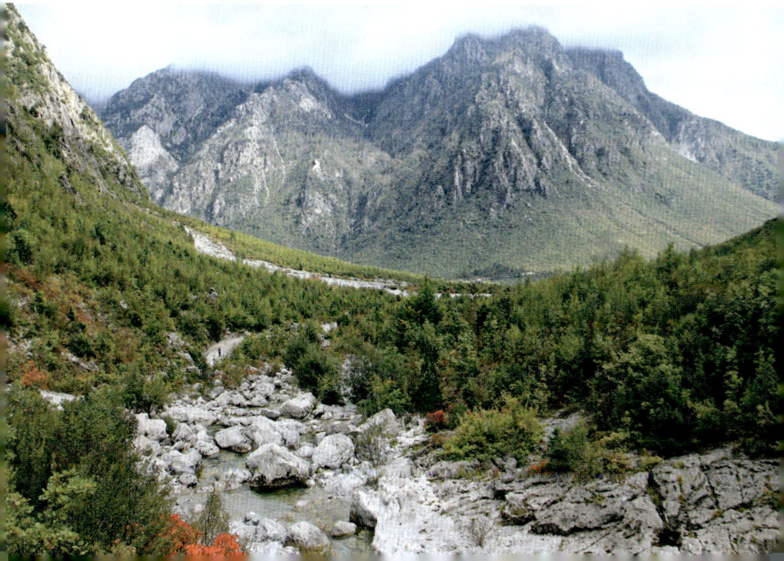

↗ 210 m | ↘ 210 m | 7.0 km

28 Die Sehenswürdigkeiten von Thethi

2.00 h

Kirche, Kulla, Canyon und Wasserfall

Dieser kurze, gemütliche Rundweg ist perfekt, um Thethi kennenzulernen. Er bringt uns zu allen Sehenswürdigkeiten des Bergdorfs und ebenso vielen Einkehrmöglichkeiten am Wegesrand.

Ausgangspunkt: Thethi, nördliche Autobrücke, 745 m. Busanbindung aus Shkodra siehe Seite 151/152.
Anforderungen: Leichte Rundtour. Das unproblematische Durchwaten beim Wasserfall kann umgangen werden (siehe Variante).
Einkehr: Am Wegesrand liegen einige Bars und Cafés, in der es neben leckeren lokalen Spezialitäten hausgemachten Raki, Mokka und gekühlte Erfrischungsgetränke gibt, etwa an der Kirche, am Kulla, in Grunasi sowie in der Nähe der Rohrbrücke und am Ausgangspunkt in Thethi.
Unterkunft: Thethi: Siehe Seite 153.
Variante: Wem die Querung am Wasserfall zu heikel ist: zurück gehen bis zur Gabelung am Tor in der Mauer bei Grunasi und dort nach links (Süden), an der nächsten Gabelung links halten und dann stößt man kurz vor der Kreuzung 6 auf den Abstieg vom Wasserfall. Von der ersten Gabelung bis hier sind es ca. 500 m.

Überbleibsel aus vortouristischer Zeit: die kleine Mühle unterhalb des Blutracheturms.

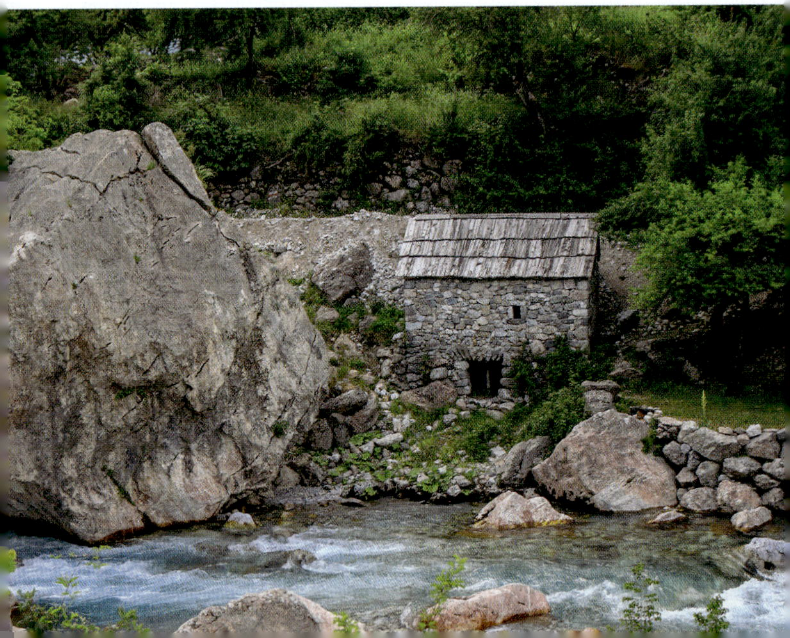

Am Flussufer bei der nördlichen Autobrücke in **Theti** ❶ steht die Tourismusinformation. Hier beginnen wir unsere Entdeckungstour durch Thethi. Auf dem Fahrweg am Ostufer des Flusses talabwärts passieren wir bald ein auffällig türkisgrünes Gebäude: die Schule (Shkolla). Wegen fehlender Schüler war es lange dem Verfall preisgegeben. Seit Sommer 2016 lernen hier wieder etwa 30 Schülerinnen und Schüler in renovierten Räumen das Abc. Im Schulgebäude befindet sich auch eine medizinische Versorgungseinrichtung. Etwa 300 m weiter steht links das Gästehaus von Roza Rupa, die Wanderer auf Deutsch mit Informationen versorgt.

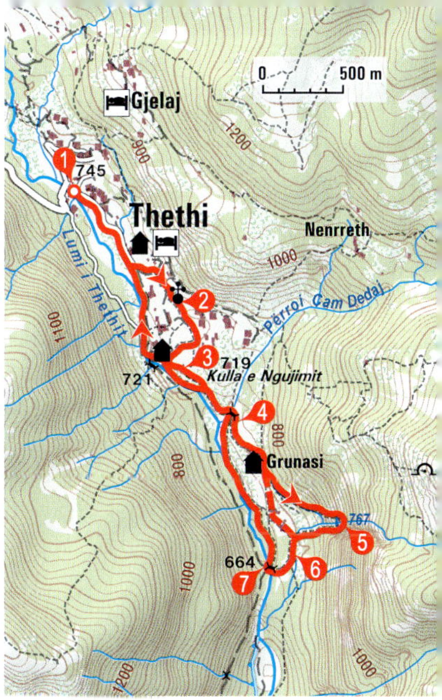

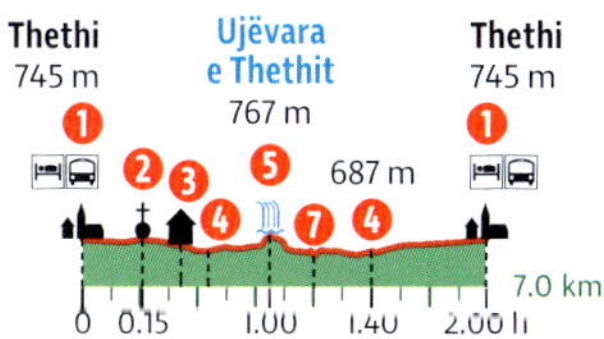

Keine 150 m weiter gabelt sich der Weg, und wir nehmen den linken Abzweig zur **Kirche** ❷. Hinter dem Gotteshaus gehen wir zwischen den Feldern und Wiesen nach Südosten und treffen auf einen von Bäumen und einer Mauer gesäumten Pfad. Links auf einem Felsen steht das Ethnografische Museum. Wir aber klettern nach rechts über das Holzleiterchen in Richtung Uferweg. Vor dem Restaurant Shpella wenden wir uns nach links und gehen direkt auf den »Absonderungsturm« zu. Der **Kulla e Ngujimit** ❸ ist ein mehrstöckiger Steinturm, in dem Männer Zuflucht suchen konnten, die von Blutrache bedroht waren. Hinter der Bar am Kulla steigen wir auf dem abfallenden Pfad Richtung Canyon ab und überqueren bald darauf auf einer roten Metallbrücke einen Bach.

Auf der anderen Seite nehmen wir den nach links abzweigenden **Pfad bergan** ❹ gen Wasserfall (Stein mit Aufschrift »ujvara«). Nach kurzem Anstieg passieren wir auf einer Kuppe gelegene Häuser (Bar/Kafe), die zum Ortsteil Grunasi gehören. Danach gabelt sich der Pfad – an einer Stelle, wo sich ein kleines Tor in der Mauer befindet. Hier steigen wir links bergan zu dem kleinen Kanal, der der Versorgung mit frischem Bergwasser dient. Den **Wasserfall** ❺ können wir nun vor uns sehen, eine Pfeilmarkierung schickt

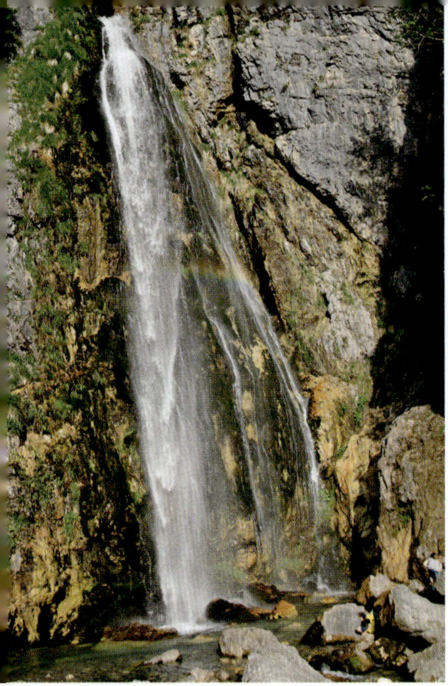

Ujëvara e Thethit.

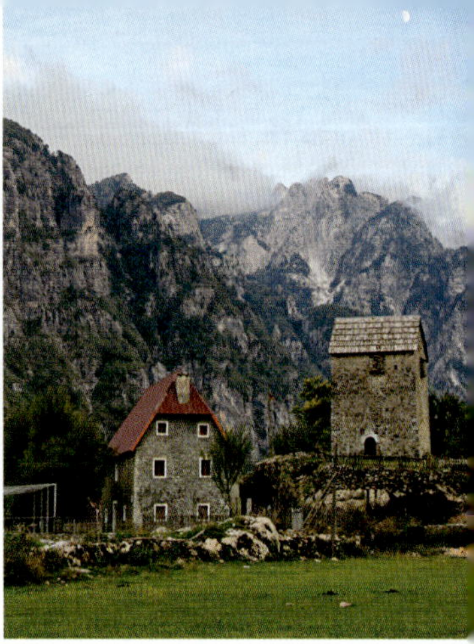

Kulla e Ngujimit.

uns nach links auf die letzten, etwas steileren, aber ausgetretenen Meter. Mit etwas Geschick klettern wir über die Felsen (Achtung: rutschig!) oder wir ziehen die Schuhe aus und waten durch das vom herabstürzenden Wasser geformte Becken auf die andere Seite. Dort führt ein Pfad abwärts. Unten im Flachen angekommen, queren wir den Bachlauf. Auf der anderen Seite gehen wir entlang einer Mauer nach links. Kurz darauf stehen wir an einer **Kreuzung** 6. Links geht es hier nach Ndërlysaj, rechts hoch in den Wald nach Thethi. Wir gehen aber geradeaus Richtung »Kanion«, steigen über eine zerfallene Mauer und überqueren die dahinterliegende Wiese in südwestlicher Richtung. Am Waldrand befindet sich eine weitere Einkehr. (Der hier in den Wald abzweigende Pfad führt ebenfalls nach Thethi.)
Entlang der Mauer gehen wir ein paar Meter in gleichbleibender Richtung, um dann durch den Wald hinab in den Canyon von Grunas zu steigen. Unter der **Holzbrücke** 7 zwängt sich der rauschende Fluss durch die schmale Klamm. Nach dem Blick in die Tiefe kehren wir ans Ostufer zurück und halten uns an Abzweigungen links. So wandern wir parallel zum Fluss Richtung Thethi zurück – zunächst im Wald, dann mit direktem Blicks aufs Wasser. An der roten **Metallbrücke** 4 treffen wir auf unseren Hinweg und folgen ihm. In Sichtweite des Blutracheturms (ca. 150 m vorher) nehmen wir an der Gabelung den linken Weg. So sparen uns ein paar Meter Anstieg zum Kulla e Ngujimit und wandern entlang des Flusses bis zum Ausgangspunkt in **Theti** 1.

↗ 590 m | ↘ 590 m | 10.5 km

4.00 h

Rundtour bei Nenrreth

29

Durch Mischwald und Bergwiesen zur Zuflucht an den Felsen

Nenrreth umfasst einige über den Osthang des Tals verstreute alte Häuser hoch über dem Dorf. Wir wandern begleitet von Vogelgezwitscher und Wasserrauschen über weite Strecken gemütlich dahin, umgeben vom saftigen Grün der Alpenflora. Immer wieder blicken wir auf imposante Felswände vor, über und hinter uns. Dank eines alternativen Abstiegs kann die Tour in weniger als drei Stunden absolviert werden, allerdings kommt man dann nicht in den Genuss der pittoreskesten Einkehr von Thethi.

Ausgangspunkt: Thethi, nördliche Autobrücke, 745 m. Busanbindung aus Shkodra siehe Seite 151/152.
Anforderungen: Bis auf den Abschnitt zwischen 7 und 8 weiß-rot-weiß markiert. Angenehme Wanderung auf zunächst breiten Wegen und dann ausgetretenen Bergpfaden mit nur einem Steilstück (50 Hm). Die wasserführenden Bachläufe sind normalerweise kein Problem.
Einkehr: Lokthi (bei Hirten, Juli und September, zwischendurch sind sie auf der Fusha e Dënellit).
Unterkunft: **Thethi** und **Gjelaj:** Siehe Seite 153.
Varianten: 1. Um von Nenrreth direkt nach Thethi abzusteigen und die Tour so um 1.15 Std., 3,2 km und 250 Hm zu verkurzen, geht man beim Abzweig 6 nach rechts. Der Abstieg ist gut markiert, ebenfalls weiß-rot-weiß. Am Beginn geht es über zwei Wiesen und dann an einem rosafarbenen Felsen nach rechts an einem Haus vorbei. Es schließt sich unterhalb von Nenrreth ein felsig-schottriger Bergpfad an. Unten angekommen, kann man nach rechts oberhalb der Häuser zur Kirche gehen oder nach links und dann wie in der Tourenbeschreibung durch den Ortsteil Ulaj am Ethnografischen Museum vorbei zur Kirche.
2. Wer Lokthi gegen einen Abstecher zur Fusha e Dënellit eintauschen möchte, kann an den rosafarbenen Felsen 7 nach links den Markierungen folgen. Die Tour wird so um 3 Std., 6,5 km und 500 Hm Auf- und Abstieg verlängert (siehe auch Tour 30, Fusha e Dënellit).

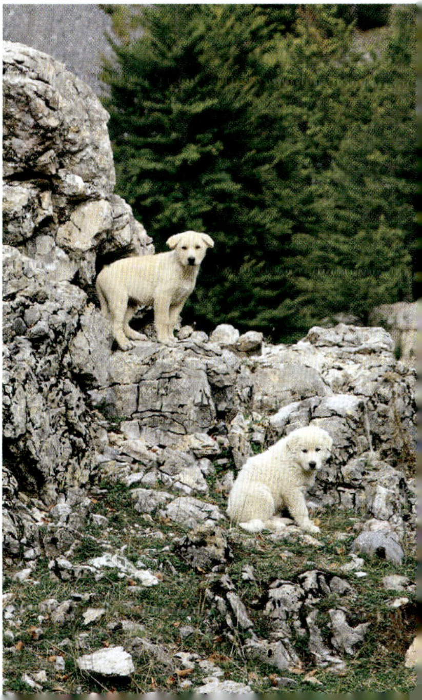

Wer hat Angst vorm Wandersmann?

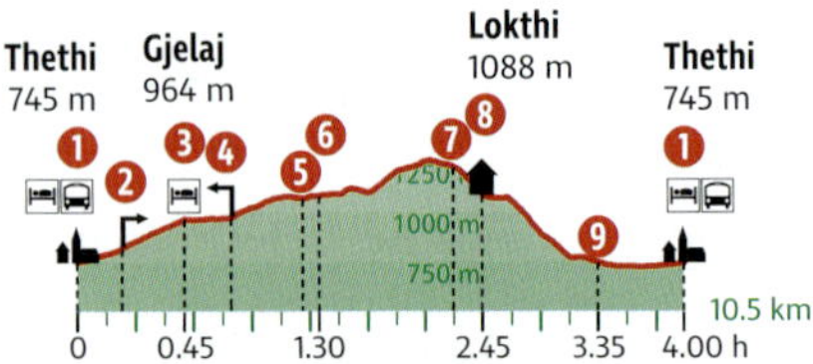

Von der nördlichen **Autobrücke** in **Thethi** ❶ folgen wir auf dem Fahrweg am Ostufer zunächst der Richtungsangabe »Valbona«, der viel begangenen ersten Etappe des »Peaks of the Balkans«. Nach der Querung des Përroi Shehu i Shllinave können wir zwei Wegkehren abschneiden, nach der zweiten leitet uns ein **Wegweiser** nach rechts ❷ aufwärts nach Gjelaj, wo schließlich der Pfad zum Valbona-Pass abzweigt. Wir gehen hier weiter auf dem Fahrweg auf gleichbleibender Höhe durch **Gjelaj** ❸ in Richtung Nenrreth. Links des Wegs liegen verschiedene Übernachtungsmöglichkeiten.

An der Weggabelung hinter Gjelaj bleiben wir auf dem ebenen Fahrweg (links), ehe wir ihn nach etwa 250 m verlassen und einen nach links ansteigenden, gut markierten **Bergpfad** ❹ nehmen. Oberhalb eines allein stehenden Hauses kommen wir nach einem kurzen Waldstück an Bienenkästen vorbei und wandern dann eben im Wald dahin. An einem plätschernden **Bach** ❺ können wir unsere Flasche auffüllen.

Knapp 300 m nach der Wasserstelle ist am Boden auf einem Stein der direkte Abstieg nach Thethi mit »Qender« und einem Pfeil nach rechts markiert (siehe Variante 1). Wir folgen an diesem **Abzweig** ❻ dem anderen Pfeil geradeaus auf gleicher Höhe durch das Farnfeld (auf Markierungen achten) in den Wald. Im Folgenden queren wir zwei größere – im Normalfall wasserführende – Bachläufe. Nach dem zweiten geht es in Serpentinen im Wald bergan zu einer Lichtung mit ummauerten Wiesenterrassen, an deren rechtem Rand wir weiter ansteigen. Am Ende der Terrassen biegen wir nach rechts wieder in den Wald ein und haben nun gut 50 steile Höhenmeter vor uns, bevor der Anstieg sanfter wird und uns auf eine Weide mit Hirtenhütten führt.

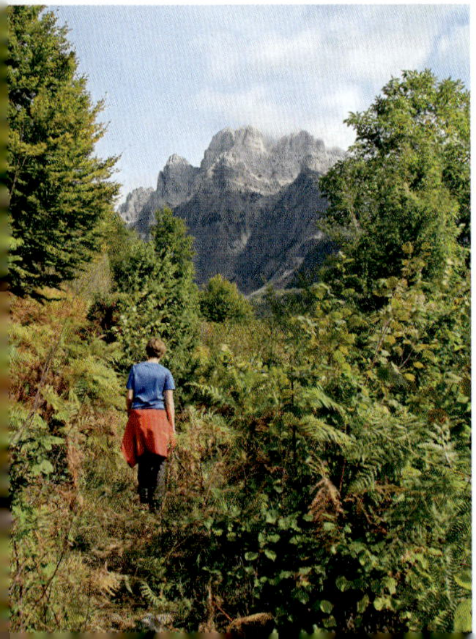

Wegpunkt 6: Abkürzung knapp verpasst.

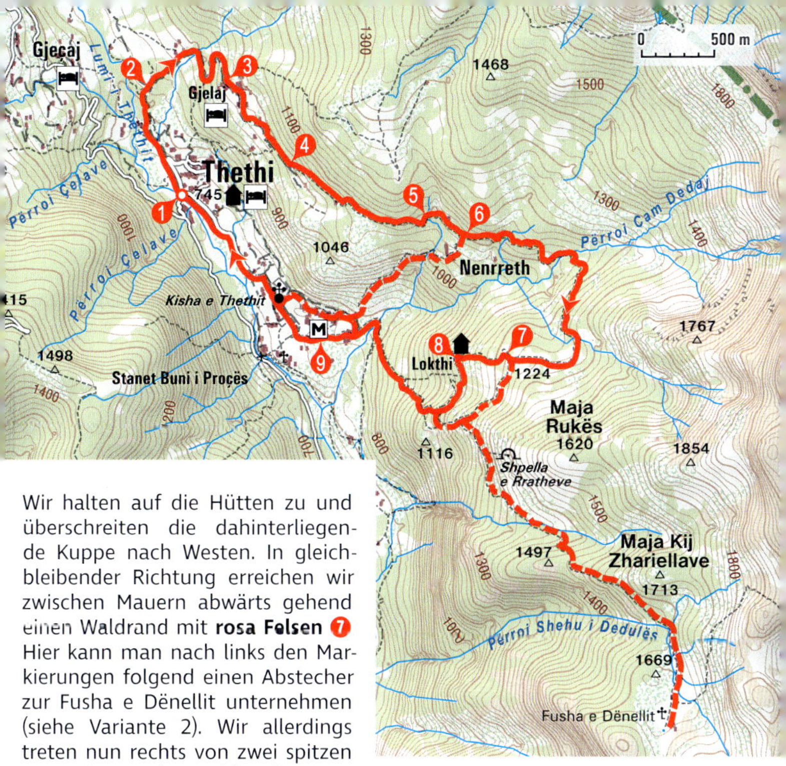

Wir halten auf die Hütten zu und überschreiten die dahinterliegende Kuppe nach Westen. In gleichbleibender Richtung erreichen wir zwischen Mauern abwärts gehend einen Waldrand mit **rosa Felsen** 7 Hier kann man nach links den Markierungen folgend einen Abstecher zur Fusha e Dënellit unternehmen (siehe Variante 2). Wir allerdings treten nun rechts von zwei spitzen rosa Felsen in den Wald und steigen entlang der Felsen zu den Hirtenhäusern in **Lokthi** 8 ab. Dieser Abschnitt ist nicht markiert, der Pfad aber eindeutig.

Von Lokthi gehen wir nach links an der Tränke vorbei auf gleichbleibender Höhe, bis wir nach knapp 500 m auf den markierten Aufstieg zur Fusha e Dënellit treffen. Wir steigen nach rechts ab, erst noch im Wald, aber schon bald können wir den Blick auf Thethi genießen. Der Geröllpfad windet sich in engen Serpentinen abwärts. Unten überschreiten wir dank einer Brücke den Zusammenfluss all der Bachläufe, die wir zuvor auf unserer Wanderung in der Höhe gequert haben.

Nach der Brücke steigen wir ein paar Meter an und erreichen einen breiten Weg. Wir gehen den Wasserleitungen folgend nach links und an einem großen einzelnen Baum über ein Holztreppchen am Zaun entlang durch den Ortsteil Ulaj, passieren das **Muzeu Etnografik i Dukagjinit** 9, halten hernach zwischen Weiden auf die Kirche zu und kehren von dort auf dem Fahrweg zu unserem Ausgangspunkt in **Thethi** 1 zurück.

↗ 970 m | ↘ 970 m | 11.9 km

30 Fusha e Dënellit

5.00 h

Ein verstecktes Hochtal voller Ruhe und Sinnlichkeit

Nur ein Zugang führt in das auf drei Seiten von Felsen umgebene Hochtal Fusha e Dënellit. Im Tal blühen herrliche Blumen. Kein Wunder, dass es seit jeher als Weide genutzt wird, sind die Tiere hier doch gut beisammenzuhalten. Die Holzkreuze am Wegesrand zeugen von der Prozession, die sich jährlich auf die malerische Weide bewegt. Am Rückweg wartet zwischen rosafarbenen Felsen eine pittoresk gelegene Einkehr.

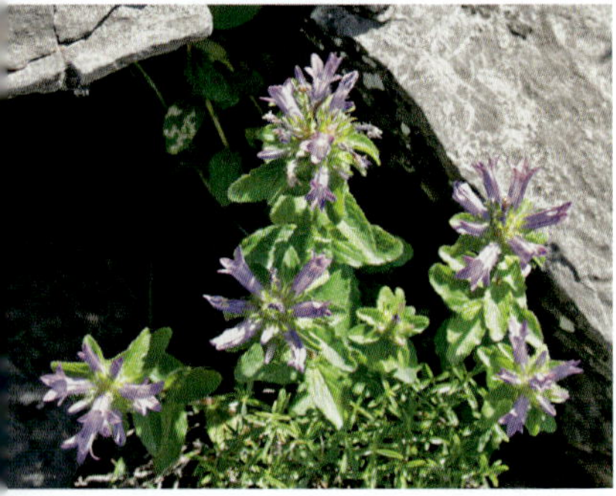

Ausgangspunkt: Kirche in Thethi, 746 m. Busanbindung aus Shkodra siehe Seite 151/152.
Anforderungen: Wunderschöne Tour, die uns auf einem perfekt angelegten und markierten Pfad in ein Hochtal leitet.
Einkehr: In Lokthi (bei Hirten, Juli und September, zwischendurch sind sie auf der Fusha e Dënellit), auch beim Aufstieg zu erreichen (Abstecher ca. 450 m); am Ausgangspunkt an der Kirche.
Unterkunft: Thethi: Siehe Seite 153.
Tipp: Für die malerische Einkehr zwischen den Felsen empfiehlt es sich, Kleingeld dabeizuhaben, am besten Lek.

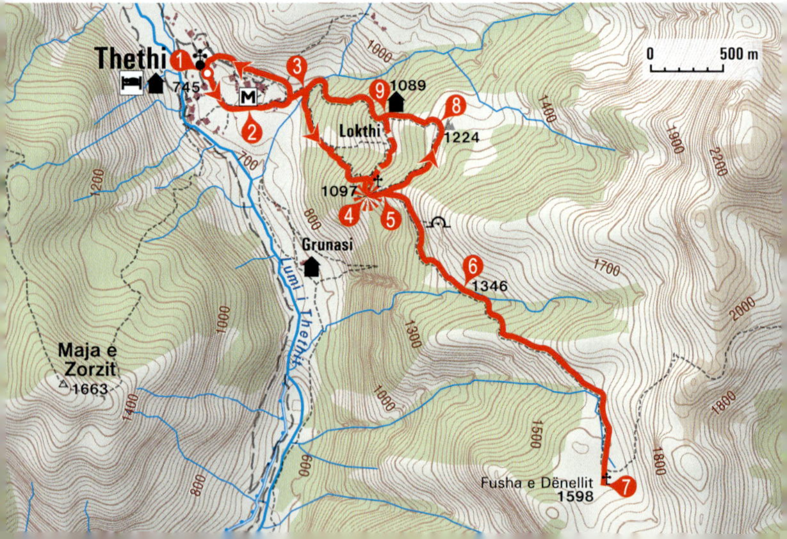

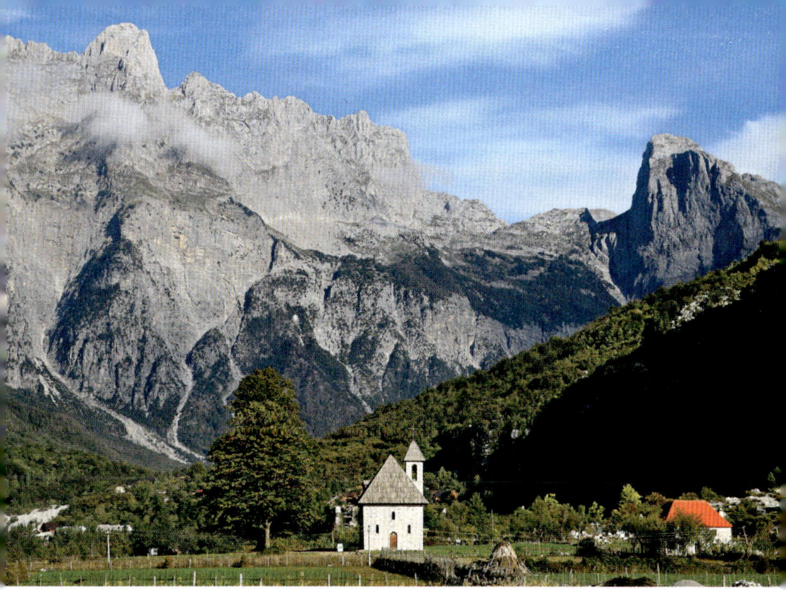

Postkartenidylle: Kirche und Arapi (rechts) dürfen in keinem Reisebericht fehlen.

Von der **Kirche** in **Thethi** ❶ gehen wir zwischen zwei Zäunen in Richtung Südsüdost, bis wir auf einen von Bäumen und einer Mauer gesäumten Pfad zum **Ethnografischen Museum** ❷ treffen (nach links). Am Felsen steigen wir nach rechts zum Museumseingang hoch und überqueren die kleine Wiese, die wir durch ein Holzgatter verlassen. Wir laufen nun an einer Mauer entlang, an der nächsten Pfadgabelung halten wir uns links, schlängeln uns zwischen Häusern, Feldern und Hecken des Ortsteils Ulaj in östlicher Richtung und erreichen oberhalb einen Weg, der uns zu einem rauschenden Bach hinableitet. Es geht über die Holzbrücke und dann einem Pfeil folgend nach rechts, ehe wir (nach wenigen Metern) nach links ❸ gehen und den Aufstieg in Angriff nehmen.

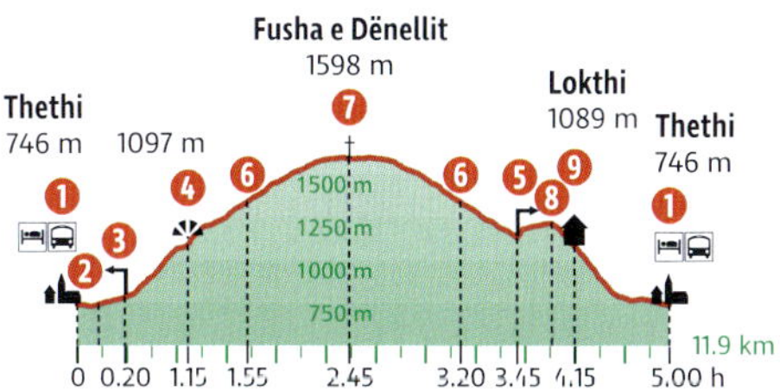

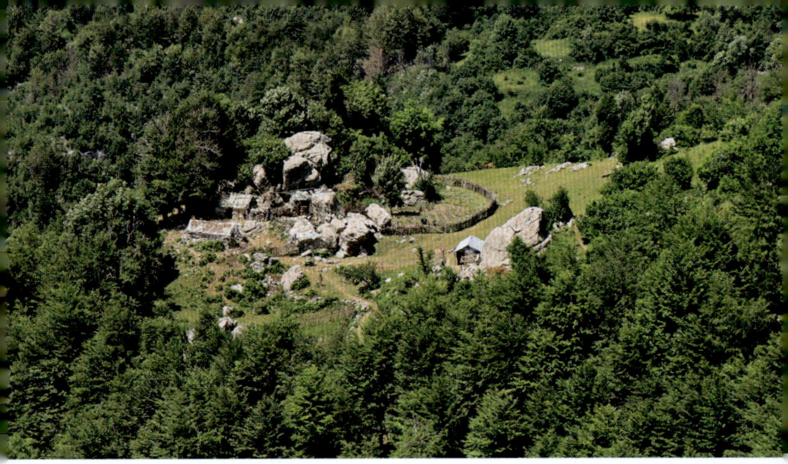

Wie aus einem Asterix-Comic: Lokthi.

Angenehm: Da es sich um einen Nordwesthang handelt, sind wir vor der Sonne geschützt, zumal die dichter werdenden Bäume Schatten spenden. Etwa 300 Hm oberhalb der Brücke erreichen wir einen Abzweig nach Lokthi (hin und zurück sind es etwa 900 m und 50 Hm; auf unserem Abstieg kommen wir an den Hirtenhütten ohne Umweg vorbei). Vom Abzweig gelangen wir bergan 10 Min. später an den ersten Aussichtspunkt mit **Holzkreuz** ❹.
Oberhalb gabelt sich der **Pfad** ❺: Gemäß dem Pfeil auf dem Boden halten wir uns rechts und spazieren auf dem sanft ansteigenden Saumpfad am Hang entlang. (Auf dem Rückweg werden wir an dieser Stelle den anderen Pfad wählen.) Wir passieren einen weiteren Aussichtspunkt und eine Höhle, die sich ein paar Meter links oberhalb des Weges in den Fels bohrt. Der Eingang ist nicht ohne Risiko zu erreichen, da der Aufstieg aufgrund des Gerölls sehr rutschig ist. Bald darauf gehen wir über eine große Steinplatte, danach wieder durch Wald, und nähern uns einem Bachlauf. Je nach Wetter und Jahreszeit kann er bis auf einige Gumpen, in denen Kröten leben, trocken sein. Dennoch handelt es sich um einen der Zuflüsse, die den beeindruckenden Wasserfall von Thethi speisen. Wir queren den **Bachlauf** ❻ und steigen im Wald steiler in Serpentinen bergan.
Am Waldausgang steht ein weiteres Holzkreuz, im Tal erkennen wir die Häuser und Felder von Ndërlysaj. Wir wandeln nun auf einem schönen Bergpfad durch Mischwald dahin. Langsam lichtet sich der Wald, wir queren einen ausgetrockneten Bach, neben dem riesige Buchen in den Himmel wachsen, und laufen in südlicher Richtung durch junges Gehölz in das sonnendurchflutete Hochtal **Fusha e Dënellit** ❼.
Der Rückweg verläuft zunächst auf unserer Aufstiegsroute, bis kurz vor unserem ersten Aussichtspunkt mit Holzkreuz. An der **Pfadgabelung** ❺ ober-

halb des Kreuzes wählen wir dieses Mal den anderen Abzweig: Wir biegen nach rechts in nordöstlicher Richtung ab. Links sehen wir Lokthi, zwischen Felsen gelegene Hütten. Am Wegesrand wachsen Erdbeeren. Nach einem kurzen Waldstück gelangen wir an eine ummauerte Wiese, die wir durch einen Durchlass in der Mauer nach rechts verlassen, um nach Norden weiterzugehen. Nach wenigen Metern türmen sich links **rosafarbene Felsen** 8 auf. Hier treffen wir auf den von Nenrreth kommenden Pfad (siehe Tour 29, Rundtour Nenrreth), der im rechten Winkel auf unseren stößt, und folgen ihm nach links in den Wald. Dieser Abschnitt ist unmarkiert, aber eindeutig: Zwischen dem rosa Gestein gehen wir abwärts nach **Lokthi** 9. Wenn anwesend, bewirten die ansässigen Hirten Wanderer gerne. Ein paar Meter südlich der Hütten befindet sich eine Trinkwasserquelle. Sie liegt an dem Pfad, der die Hütten mit unserer Aufstiegsroute verbindet.

Der weitere Abstieg beginnt ca. 10 m links der unteren Hütte beim Holzzaun und den Felsen am Waldrand. Der Pfad (nach Nordwesten) ist weiterhin ohne Markierungen, aber gut gangbar. Zumal wir auf unser Ziel blicken, den Ortsteil Qender mit der Kirche. Nach einer halben Stunde erreichen wir die Holzbrücke. Nach der Brücke biegen wir an der Mauer nach rechts ab und gehen oberhalb der Häuser zu unserem Ausgangspunkt bei der **Kirche** 1.

Die Fusha e Dënellit ist der perfekte Ort für Genießer der Stille.

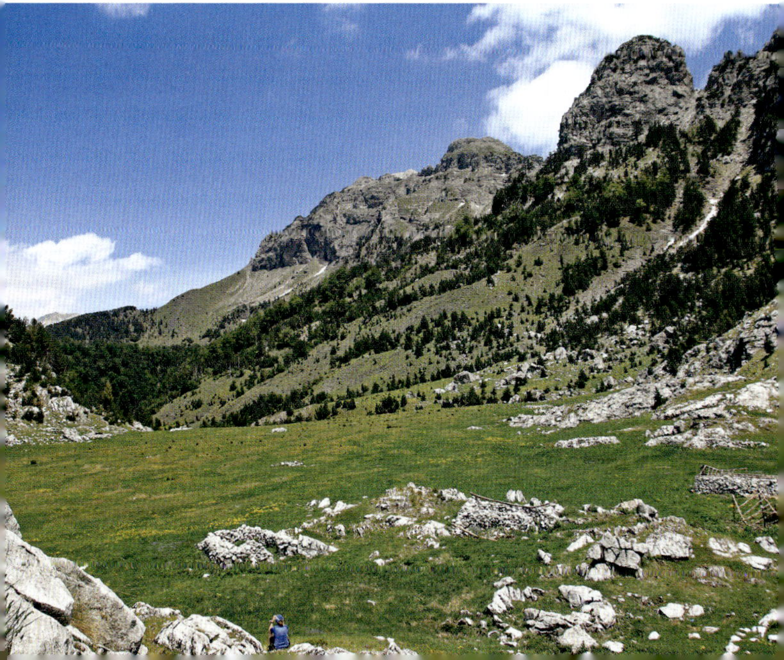

↗ 1060 m | ↘ 1060 m | 11.3 km

31 Maja e Zorzit, 1663 m

6.45 h

Thethis Hausberg

Unter dem Schatten spendenden grünen Dach des dichten Bergwalds ist der Aufstieg auch in der Sommerhitze ein Vergnügen. Vom grasbewachsenen Gipfel des Zorzit bietet sich dann eine tolle Aussicht auf Thethi, die wilden Karstspitzen darüber und die umliegenden Täler. Beim Abstieg über Blumenwiesen rückt der grandiose Talabschluss in den Vordergrund: die mächtige Südwand des Arapi.

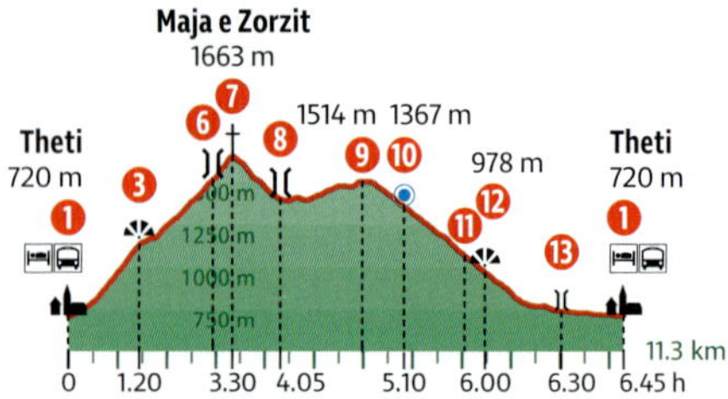

Ausgangspunkt: Thethi, südliche Autobrücke beim Kulla, 720 m. Busanbindung aus Shkodra siehe Seite 151/152.
Anforderungen: Auf dem etwa 300 m langen ausgesetzten Grat nach dem Gipfel sind Trittsicherheit und Schwindelfreiheit Voraussetzung.
Einkehr: In Thethi, unterwegs keine.
Unterkunft: Thethi: Siehe Seite 153.
Variante: Gipfelbesteigung von der Passstraße aus in umgekehrter Richtung und Abstieg nach Thethi (3.30 Std., 300 Hm Aufstieg, 1100 Hm Abstieg): dazu mit dem Minibus am Morgen zum beschilderten Abzweig des Gipfelpfads von der Passstraße (unterhalb des Edith-Durham-Denkmals) hochfahren (45 Min.) oder am Anreisetag dort aussteigen; der Gipfel liegt geradewegs südlich. Von der Straßenkehre wandern wir durch den Wald auf den Kamm hinab. An einem kleinen Wiesensattel mit Sandhügel gehen wir nach rechts abwärts und dann linker Hand durch Wald leicht abfallend in Kammrichtung (Süden). An einem Baum mit Pfeil wenden wir uns nach links auf den bewaldeten Sattel. Mittig auf dem bewaldeten Bergrücken ansteigend, erreichen wir den schmalen Grat, der uns auf die grasbewachsene Gipfelkuppe des Zorzit bringt. Vom Gipfel gehen wir auf dem Kamm nach Südosten abwärts zu einem Joch. Hier halten wir uns links und gehen über Geröll nach Nordosten, bis uns eine gebogene Markierung anweist, das aus großen Steinplatten bestehende Geröllfeld nach Nordwesten in den Wald hinein zu queren. Die Markierungen leiten uns in einem Rechtsbogen auf einen Mini-Rücken, den wir nach Nordosten weiter abwärtsgehen und an einer Pfadgabelung nach links verlassen. So gelangen wir zu einer kleinen Wiese, von der wir nach rechts in den Wald zu einem Aussichtspunkt mit Holzkreuz gehen. Hier beginnt der steilere Schlussabstieg in Serpentinen. Unten am Waldrand biegen wir am unteren Ende der Wiese nach links ab, queren den trockenen Bachlauf.

Wir überqueren den Fluss auf der südlichen Autobrücke von **Thethi** ❶ nahe dem Kulla. Auf der anderen Seite weist uns die Aufschrift nebst Pfeil geradewegs nach oben in Richtung Zorzit. Auf der Wiese oberhalb des Fahrwegs gehen wir nach Südosten. Nachdem wir den Bachlauf gequert haben, wenden wir uns nach rechts aufwärts und betreten links des Canyons den **Buchenwald** ❷. Hier ist der Pfad gut zu erkennen und leitet uns in Serpentinen recht steil ansteigend zu einem Aussichtspunkt mit einem **Holzkreuz** ❸.

Hier wird die Steigung sanfter, und nach etwa 250 m in südwestlicher Richtung gelangen wir durch den Wald zu einer kleinen **Wiese** ❹, auf der wir nach links abbiegen und nun nach Südosten im Wald wieder steiler bergan wandern. Wir erreichen einen Mini-Rücken, der uns nach rechts (Südwesten) weiter aufwärtsbringt. Nach einem Linksbogen führt der Pfad über ein **Geröllfeld** ❺. Wir queren es oberhalb der mittig stehenden Bäume und erreichen so einen Ausläufer eines Vorgipfels. Dem folgen wir nach rechts ansteigend über Geröll bis zum **Joch** ❻.

Rechter Hand findet sich der Einstieg zum Gipfelpfad an einem markierten Felsen. Wir gehen durch den Spalt und im Anschluss den Wiesenhang in Kammrichtung aufwärts. Den **Maja e Zorzit** ❼, 1663 m, überschreiten wir in nordwestlicher Richtung – natürlich nicht, ohne vorher die wundervolle Rundumsicht auf Arapi, Jezerca, Valbona-Pass, Wasserfall von Thethi, Shala-Fluss und Qafa e Thorës zu genießen.

Durch ein kurzes Waldstück gelangen wir auf den Grat. Auf den folgenden 300 m gibt es ein paar ausgesetzte Stellen, an denen Trittsicherheit und Schwindelfreiheit nötig sind, ehe wir einen breiten bewaldeten Rücken erreichen. Die zahlreichen Markierungen leiten uns vom **Sattel** ❽ nach links, wo der Pfad deutlicher zu erkennen ist und links des Kamms durch Wald führt. An der Stelle, an der wir den Wald verlassen, sehen wir links die Funkmasten an der Passstraße und wenige Meter rechts oberhalb von uns einen kleinen Wiesensattel. Zu diesem steigen wir bergan und dann nach links zwischen Bäumen auf der linken Seite des Kamms weiter hinauf

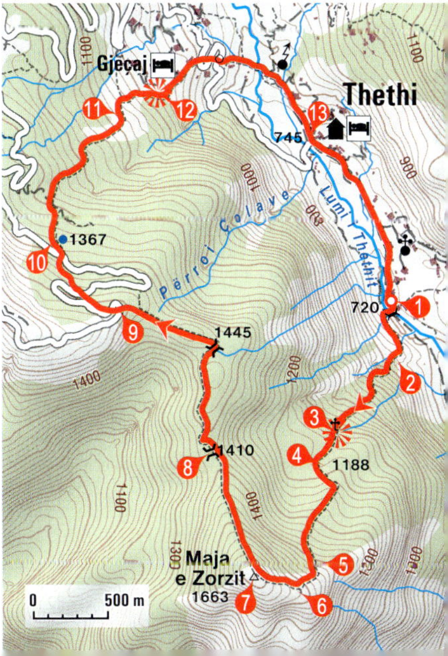

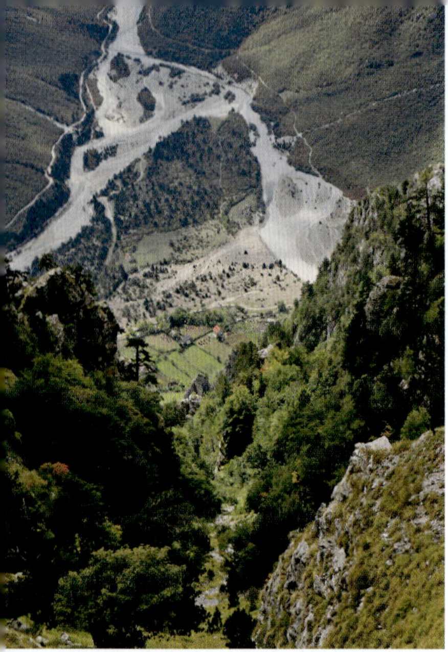

Am Joch (Wegpunkt 6) liegen Ndërlysaj und das Shala-Tal tief unter uns.

zur **Straße** ❾. (Etwa 150 m vor Erreichen der Straße zweigt nach rechts ein ebenfalls markierter Pfad ab. Dieser stößt zwei Fahrweg-Serpentinen tiefer auf die Straße nach Thethi.)
Auf diesem Fahrweg gehen wir abwärts und verlassen ihn nach etwa 140 m nach rechts, gehen im Wald entlang eines trockenen Bachlaufs und kreuzen den Fahrweg im weiteren Verlauf zweimal. Nach der zweiten Querung halten wir uns am linken Wiesenrand und erreichen in nordwestlicher Richtung ein Waldstück, in dem sich eine **Quelle** ❿ befindet. Unterhalb der Quelle verlassen wir den Wald nach einer Linkskehre nach Norden, passieren auf der Wiese mehrere Mauerreste und kreuzen einen Weg, ehe wir wieder in den Wald eintreten. Nach dem neuerlichen Waldstück leitet uns ein etwa 20 m breiter Wiesenstreifen hinab zu einem **Stein** ⓫ mit zwei Markierungen, dort treffen wir auf eine Fahrspur. Dieser folgen wir etwa 100 m nach links und zweigen dann nach rechts (Osten) ab, um auf einer Blumenwiese weiter an Höhe zu verlieren. Markierungen an Bäumen weisen uns die Richtung ins Tal. Vor uns auf der anderen Talseite sehen wir den Përroi Shehu i Shllinave und rechts davon wie auf einer Terrasse liegend den Ortsteil Gjelaj.
Durch eine Mauerlücke gelangen wir auf eine kleinere Wiese und danach in den Wald. Nach einer letzten Stelle mit **Aussicht** ⓬ auf den Arapi steigen wir parallel zu dem rechts von uns rauschenden Bach an alten Kullas vorbei zur Straße ab. Nachdem wir den Bach zweimal gekreuzt haben, folgen wir ihm zunächst etwa 70 m nach rechts und verlassen ihn dann nach links. Entlang einer Mauer geht es hinab zum Thethi-Fluss, den wir bei einer alten Mühle, einem kleinen Wasserwerk und einer Gedenktafel dank eines Holzstegs überqueren. Von hier sind es nur noch wenige Meter bis zum Fahrweg, der uns nach rechts zur nördlichen **Autobrücke** ⓭ bei der Touristeninformation bringt. Bis zu unserem Ausgangspunkt, der südlichen Autobrücke von **Thethi** ❶ beim Kulla, sind es dann noch 1,3 km auf der linken Flussseite, vorbei an der Schule und der Kirche.

↗ 1480 m | ↘ 1480 m | 18.4 km

10.00 h

Arapi, 2217 m

32

Eine Noppe in Europas größtem Karstgebiet

Zwischen Jezerca, 2694 m, und Radohima, 2568 m, scheint der 2217 m hohe Arapi von oben gesehen fast zu verschwinden. Doch von Thethi aus ist die Besteigung eine nicht zu verachtende Anstrengung, das »Matterhorn Albaniens« ist die Mühen aber wert. 800 Meter ragt die Südwand über das Tal, dank eines von unten kaum zu sehenden, relativ einfachen Pfads zum Peja-Pass muss sie aber nicht erklettert werden. Im Karst angekommen, weisen Türmchen aus kleinen Steinen den Weg auf den Gipfel, und plötzlich reicht der Blick bis Montenegro.

Ausgangspunkt: Thethi, nördliche Autobrücke, 745 m. Busanbindung aus Shkodra siehe Seite 151/152.
Anforderungen: Aufgrund des großen Höhenunterschieds und des langen Anmarschs anstrengende Tour, die gute Sicht erfordert. Auch sollte es trocken sein, da das Karstgestein sonst rutschig sein kann. Im oberen Teil müssen häufig die Hände benutzt werden, die Stellen sind aber nicht sehr ausgesetzt. Weite Passagen führen hier über teils spitzes Gestein und schiefe Karstblöcke, Trittsicherheit ist vonnöten. Der Schlussanstieg über den Grat erfordert Schwindelfreiheit. Wanderstöcke erleichtern bis zum Qafa e Pejës die Wanderung, sind dann aber eher hinderlich. Sie können hier für den Abstieg zurückgelassen werden.
Einkehr: Wohnwagenbar Kroni am Beginn des Anstiegs zum Peja-Pass, mehrere Bars/Restaurants/Cafés am Wegesrand im Tal (z. B. mit Blick auf den Arapi: Belvedere Male Soria).
Unterkunft: Thethi: Siehe Seite 153.
Varianten: 1. Wer in Okoli nächtigt und dort die Tour startet, spart insg. 6 km Strecke und 1.30 Std. Gehzeit.
2. Vom Besitzer von Bar/Kafe/Taxi Kroni (Tel. +355 68 4684476) kann man sich mit dem Auto bis zur Bar Kroni (4 km, 200 Hm) fahren lassen.

Von der nördlichen Autobrücke in **Thethi** ❶ gehen wir auf dem Fahrweg am Ostufer des Thethi-Flusses talaufwärts auf den Arapi zu und folgen stets dem Talverlauf und den Richtungsangaben zum Qafa e Pe-

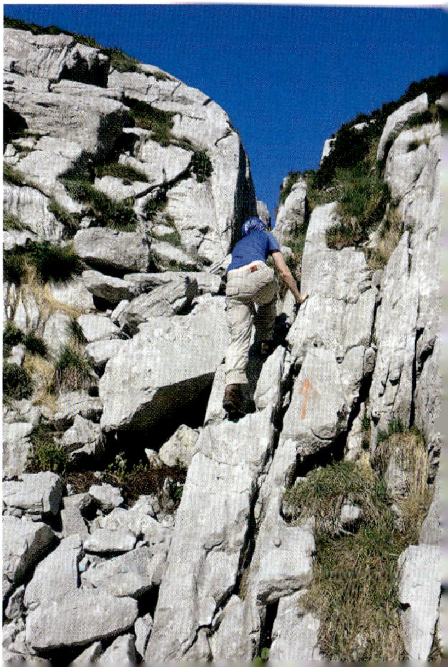

Die Richtung ist klar: »aufi«.

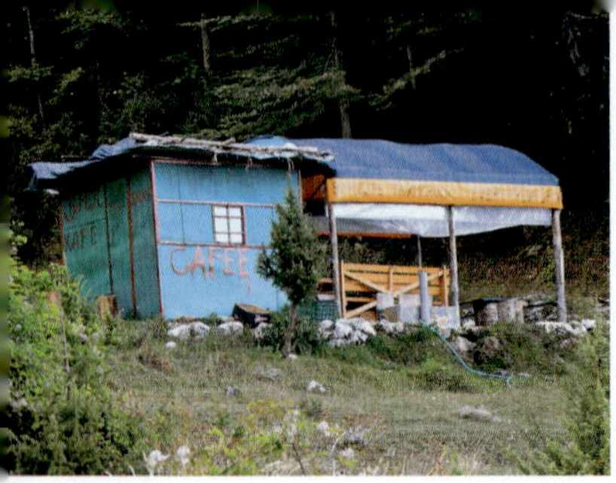

Einkehr und Taxistation in einem: Kroni.

jës. An der Fußgängerbrücke nach **Okoli** 2, einen links des Flusses gelegenen Ortsteil, verlassen wir vorübergehend den Fahrweg, der einen Rechtsschlenker macht, und gehen entlang des Flusses weiter. Zurück auf dem Fahrweg folgen wir diesem bis zur Gabelung bei der **Bar Kroni** 3. Hier nehmen wir den rechten Weg (nach Nordosten) an der Bar vorbei und passieren 150 m danach eine Wasserquelle.

Wir queren mehrere breite, trockene Bachläufe, als Orientierungshilfe dient neben den Markierungen und der Himmelsrichtung (Nordost) die überhängende Felswand, deren schräge Felsschichten gelb gefärbt sind. Nachdem wir den Nadelwald verlassen haben, steigen wir steiler zu dieser Wand an. Die folgenden Spitzkehren führen uns auf den **Qafa e Pejës** 4, bis zum Gipfel sind es noch 2 Std.

Der Einstieg zum Gipfelpfad befindet sich auf der linken Seite am Nordende der schmalen Passwiese. Auf die Felswand ist ein dicker roter Pfeil zwischen zwei weiße Balken gemalt. Auf den nächsten 350 m bewegen wir uns durch Karstgestein nach Westen. Der Gipfel des Arapi liegt genau in Gehrichtung, blasse rote Punkte und aufgeschichtete Steinmännchen leiten uns durch die Schneisen im Karst. Am Ende dieser ersten Karstpassage queren wir eine mit Steinblöcken gefüllte **Rinne** 5 und steigen dann durch ein Geröllfeld entlang der links liegenden Felswand aufwärts. Danach öffnet sich der Blick nach links ins Tal. Wir gehen den Steintürmchen folgend weiter direkt auf den Gipfel des Arapi zu und erreichen nach einem roten Links-Pfeil einen Wiesenhang, an dessen oberes Ende sich ein **Steilstück** 6 anschließt. Nachdem wir dieses unter Benutzung der Hände durchstiegen haben, entdecken wir in der Ferne die Kirche von Thethi.

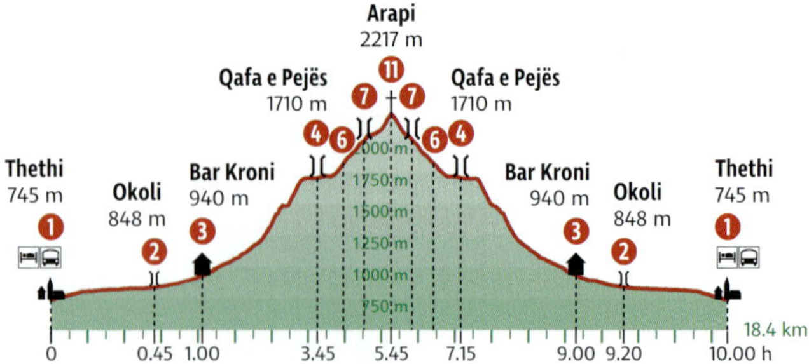

Oberhalb des Steilstücks ist ein kleiner Kessel, an dem wir uns rechts vorbei über Gestein auf den Gipfel zubewegen. Vor der senkrechten Westwand halten wir uns dem Gelände entsprechend südwestlich und gelangen an eine **Scharte** ❼. 5 m davor biegen wir nach rechts, gehen am Hang etwa 30 m nach Nordwesten auf den Gipfel zu und dann wieder nach Südsüdwesten. Eine flache, große **Steinplatte** ❽ lädt zu einer kurzen Rast ein. Von hier lohnt sich ein kurzer Abstecher an die Gipfelwand, wo wir in tiefe Höhlen spähen. Am großen Steinblock auf der rechten Seite und an einer schräg stehenden Platte vorbei, sind es bis zu den **Höhleneingängen** ❾ etwa 50 m.

Zurück an unserem Rastplatz gehen wir, auf Steintürmchen achtend, nach Südwesten bis zu einem **Aussichtspunkt** ❿ im Südkamm mit zwei Steinen mit roter Farbe. Von dort halten wir nach rechts (Nordwesten) auf den zum Gipfel führenden Grat zu. Wir queren ein Geröllfeld und steigen auf einem bewachsenen Band zum Grat auf – und auf diesem zum Gipfel. Der Schlussanstieg ist steil, aber kurz. Wir haben es auf den **Arapi** ⓫, 2217 m, geschafft. Im Osten erhebt sich der höchste Berg der Region, der Jezerca, nach Nordosten reicht der Blick am Karanfili-Massiv vorbei bis zum montenegrinischen Ort Vusanje.

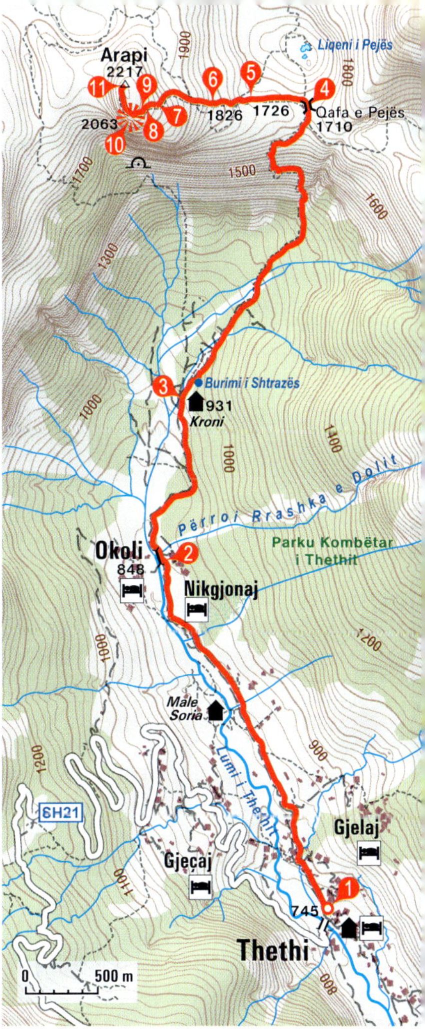

Zurück nach **Thethi** ❶ geht es auf dem Weg, den wir gekommen sind. Wer nach dem Karstfeld vor dem Qafa e Pejës Mühe hat, den Ausstieg zum Pass zu finden, kann sich an einer 1,50 m hohen Kiefer orientieren.

↗ 460 m | ↘ 460 m | 18.3 km

33 Durch das Shala-Tal zum Syri i kalter

5.00 h

Ein Sprung in den Bergpool

Selbst an heißen Sommertagen ist das Wasser des Syri i kalter (»Blaues Auge«) eiskalt. Ein kleiner Wasserfall ergießt sich in ein kreisrundes Steinbecken: Von tiefblau bis türkisgrün schimmert das kristallklare Nass. Darüber laden luftige Holzterrassen zum Verweilen und Schmausen ein. Doch ist das »Blaue Auge« beileibe nicht das einzige Naturschauspiel auf dieser gemütlichen Talwanderung. Im Spätsommer leuchtet das Tal hinter Ndërlysaj im Rot der sich verfärbenden Blätter der Shqemja, einem Sumachgewächs.

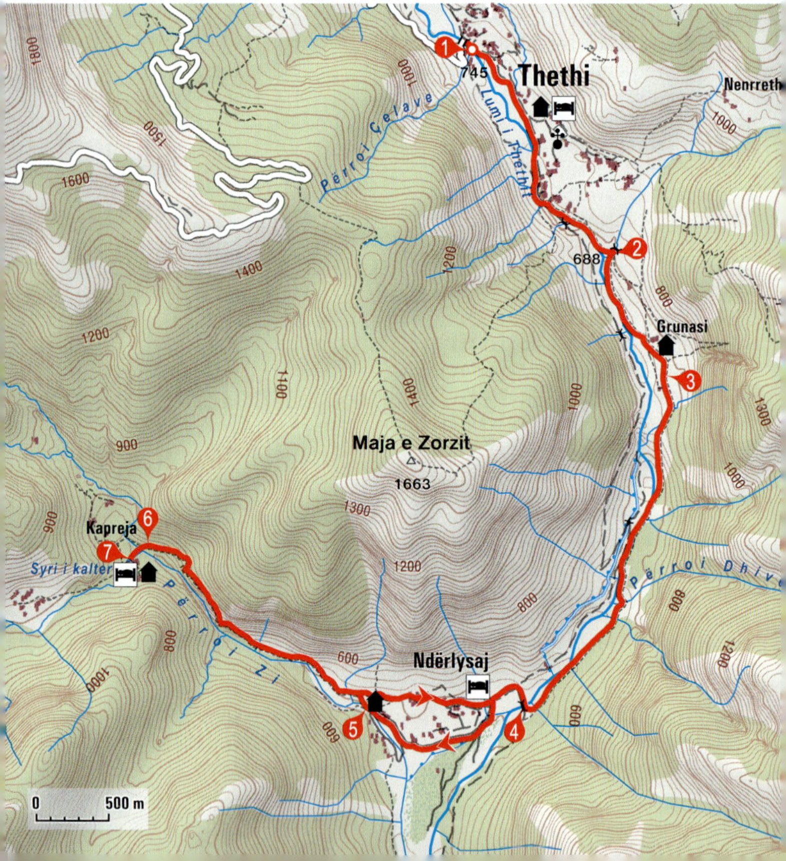

Ausgangspunkt: Thethi, nördliche Autobrücke, 745 m (wer im Dorfteil Qender bei der Kirche wohnt, kann auch direkt von dort loswandern). Busanbindung aus Shkodra siehe Seite 151/152.
Anforderungen: Leichte Tour auf markierten Pfaden und ausgetretenen Wegen.
Einkehr: Kapreja: Bar/Restoran von Liljana Kosuri am Syri i kalter. – Ndërlysaj: bei der Brücke mit der Marienstatue auf beiden Uferseiten. – Grunasi.
Unterkunft: Thethi und **Ndërlysaj:** Siehe Seite 153. – **Kapreja:** Gästehaus von Kristalina und Shuke Kosuri (Tel. +355 68 2919392).

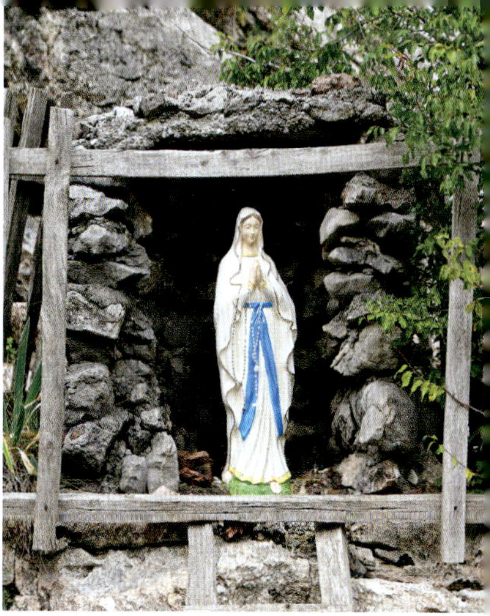

Gesegneter Weg: Jungfrau Maria.

Von der nördlichen Autobrücke in **Thethi** ❶ wandern wir auf dem Fahrweg am Ostufer talabwärts. Zunächst lassen wir Schule und Kirche links liegen, später auch den alten Steinturm (Kulla). Immer weiter am Wasser entlang überqueren wir dank einer roten Metallbrücke einen in den Thethi-Fluss mündenden Bach. Am **Abzweig** ❷ nach der Brücke zum Wasserfall (Ujëvara) gehen wir geradeaus auf dem unteren Pfad in die ebenfalls markierte Richtung Ndërlysaj. Bei der nächsten Gabelung weisen die Markierungen geradeaus aufwärts. 100 m danach gehen wir oben an der Kreuzung weiter geradeaus, links von uns stehen Häuser des Ortsteils Grunasi. Wir passieren einen weiteren Abzweig zum Wasserfall und gehen einige Meter weiter an der auf Felsen beschrifteten **Kreuzung** ❸ erneut geradeaus in die angeschriebene Richtung »Nderlysa« (Süden). Schon bald steigen wir eine 100 m hohe Geländestufe hinab, im Volksmund »Shkalla e Thethit« genannt, die Thethi-Treppe.
An der Talsohle angekommen, queren wir einige trockene Bachläufe und wandern schließlich am Ufer entlang. Auffällig sind zwei Holzbalken, die auf den Fluss hinausragen. Es sind die Überreste der »Ura e Cam Dedës«, der ältesten Talbrücke. Nach zwei weiteren breit ausgewaschenen Bach-

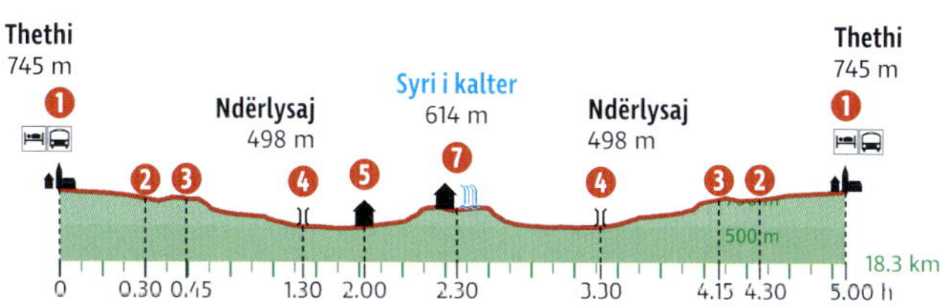

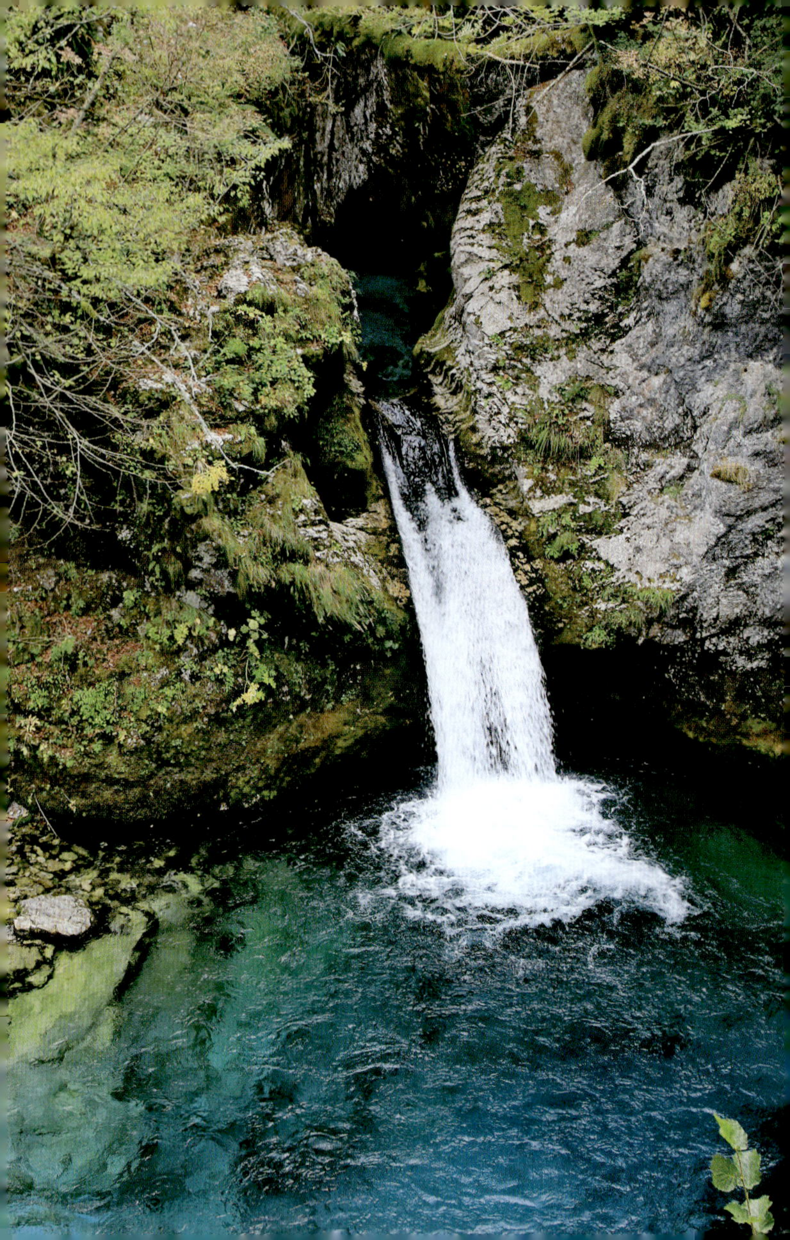

läufen, die nur selten Wasser führen, liegt am anderen Ufer das Wasserkraftwerk von Thethi – ein kommunistisches Brudergeschenk der Volksrepublik China an das von Enver Hoxha gelenkte Albanien.

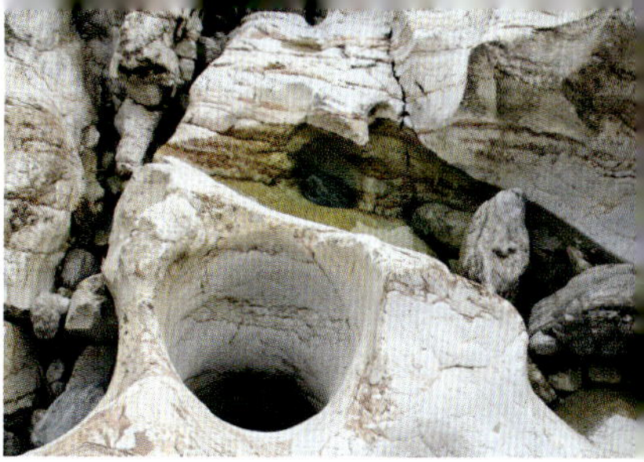

Natürliche Steinkunst bei Ndërlysaj.

Nach einem letzten zu querenden Bachlauf gelangen wir auf die Fahrstraße und gehen nach rechts über die Autobrücke von **Ndërlysaj** 4. Nach der Brücke wenden wir uns auf der Fahrstraße nach links und dann mit Blick auf die Häuser und Felder nochmals links, sodass wir den Ort südlich umgehen.
Vor uns liegen nun rosafarbene Felsen, durch die im Frühjahr das Wasser des Schwarzen Bachs sprudelt. Die große Ruine rechts war einmal die Schule. Über das Wasser, das seinem Namen an dieser Stelle keine Ehre macht, sondern türkis leuchtet, spannt sich eine hölzerne Fußgängerbrücke. Zu dieser gehen wir links vom Fahrweg ab und entdecken dort die gemauerte **Höhle der Jungfrau Maria** 5. Das von Terrasse zu Terrasse strömende Wasser hat hier fantastische Formen in den Fels gewaschen. Auf der anderen Flussseite lädt ein kleines Restaurant zu einer Verschnaufpause ein. Bis zum »Blauen Auge« sind es noch etwa 45 Min.
Von der Holzbrücke gehen wir am rechten Ufer an den Felsen entlang zu einem kleinen Café oberhalb der Felsen **(Bar Vaska)**. Von hier folgen wir wieder dem Fahrweg talaufwärts, ehe wir nach 900 m an einem kleinen Parkplatz auf einen nach rechts ansteigenden Pfad abzweigen. Zwischendurch teilt sich der Pfad, beide Möglichkeiten sind zielführend, die obere ist die bessere. Immer enger rücken die steilen Felswände zusammen. Der **Abzweig** 6 nach links zum Syri i kalter ist mit einem Schild markiert. Wir steigen wenige Meter zum Schwarzen Bach hinab, überqueren diesen und sehen vor uns das kreisrunde Becken, in das ein kleiner Wasserfall stürzt. Direkt am **Syri i kalter** 7 gibt es eine per Leiter zu erreichende Unterkunft und Einkehr, deren Holzterrassen teilweise luftig über das Wasser gebaut sind.
Der Rückweg entspricht dem Hinweg, bis auf eine kleine Alternative: Oberhalb der rosa Felsen gehen wir nicht zur Brücke mit der Marienstatue, sondern geradeaus weiter auf dem breiteren Weg. Diesen verlassen wir dann am östlichsten Punkt in einer Kehre, die Schulruine liegt rechts unter uns. Entlang von Hecken und Mauern spazieren wir in östlicher Richtung durch das Dorf zur Autobrücke von **Ndërlysaj** 4. Von hier geht es auf dem bekannten Weg zurück nach **Thethi** 1. Der Fahrweg am Westufer ist nicht zu empfehlen, da er deutlich länger ist – außer man spekuliert auf eine Mitfahrgelegenheit.

Syri i kalter.

TOP

34 Thethi – Valbona

↗ 1070 m | ↘ 890 m | 17.1 km

6.15 h

Auf alten Saumpfaden ins Nachbartal

Die Passüberschreitung ist der angenehme Auftakt einer möglichen Dreitagerundtour mit Ausgangs- und Endpunkt in Thethi, aber auch eine beliebte Wanderung für Rucksacktouristen, die von Valbona über den Koman-See nach Shkodra weiterreisen. Doch auch die Bewohner beidseits der Bergkette nutzen den Übergang noch immer, um Waren auszutauschen. Das geht einfach schneller als auf der Straße um das Gebirge herum. Mehrere Einkehrmöglichkeiten helfen über die Anstrengungen hinweg.

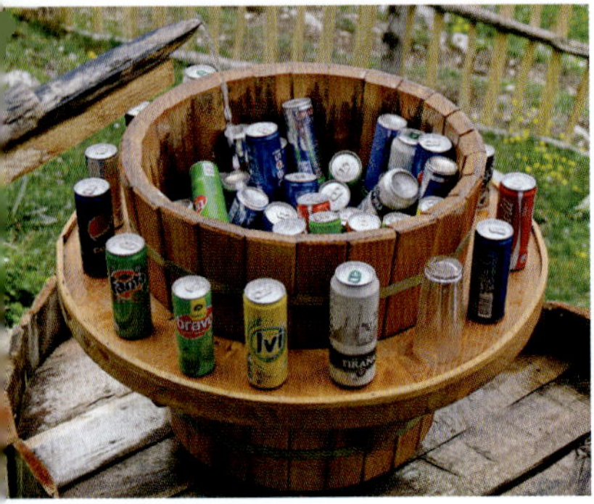

Ausgangspunkt: Thethi, nördliche Autobrücke, 745 m. Busanbindung aus Shkodra siehe Seite 151/152.
Endpunkt: Valbona, 928 m. Verbindung nach Shkodra/Tirana (26/30 €, Mitte April bis Anfang Nov., reservierungspflichtig: komanilakeferry.com): Abfahrt Valbona 10.30 Uhr zur Fähre Berisha in Fierzë (13.00 Uhr) nach Koman (15.30 Uhr), mit Weitertransport (komanilakeferry.com/en/services/pick-up-service-from-tirana-shkodra-and-valbona). Weitere Fähren Fierzë–Koman: Dragobia (6.00 Uhr, ganzjährig), Alpin (9.00 Uhr, 2 Std., alpin.al/?lang =EN), Rozafa (13.00 Uhr, Sommer, Tel. +355 68 5254496). – Minibus Valbona–Bajram Curri 7.00 Uhr (300 Lek).
Anforderungen: Da es sich um den meistbegangenen Abschnitt des »Peaks of the Balkans« handelt, ist die Orientierung einfach. Ausgesetzte Passagen gibt es nicht, Wasserquellen finden sich während des Auf- und Abstiegs. Die weiß-rot-weiß markierte Tour erfordert Ausdauer.
Einkehr: In Gjelaj Bar/Café; bei ❹ Bar/Café/Restoran Rrgalla mit Campingmöglichkeit (Zef Deda Gjelaj, Tel. +355

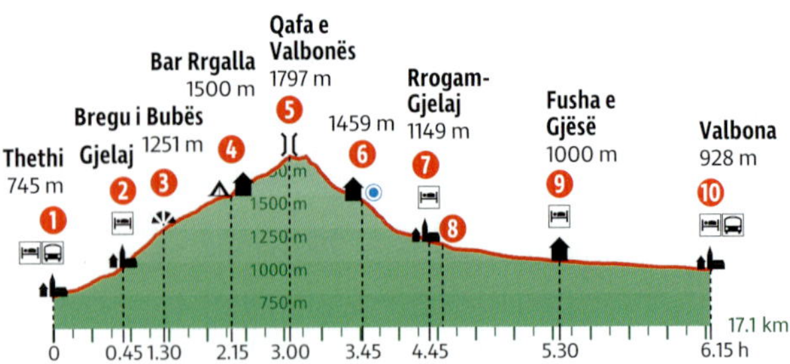

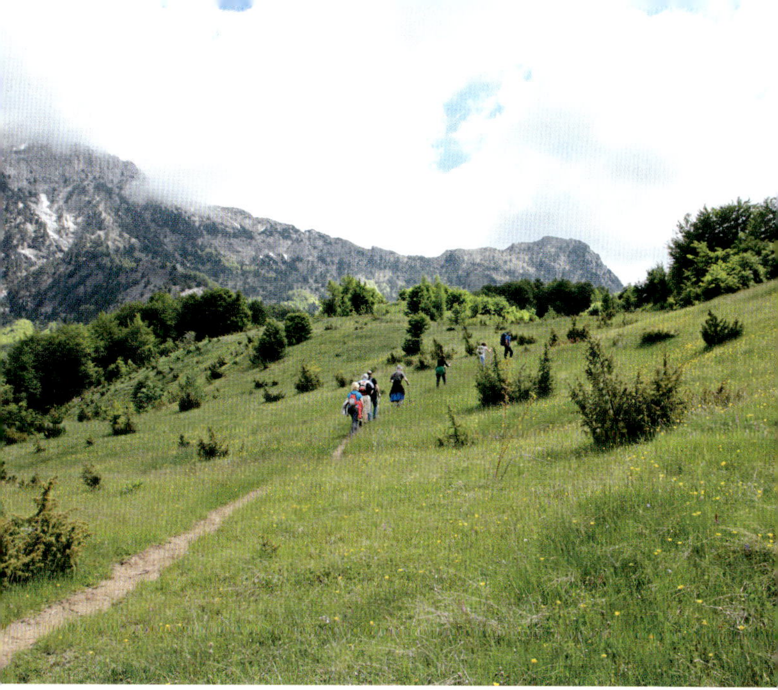

Die Tour in Richtung Valbona – hier Bregu i Bubës – ist beliebt.

68 5235920), wo es auch lokale Spezialitäten wie Fli zum Essen gibt; Bar bei 6; Gästehaus Emanuel in Rrogam-Gjelaj.
Unterkunft: Im **Valbona-Tal** gibt es knapp 30 Gästehäuser und Hotels. – **Rrogami:** Gästehaus Emanuel (Tel. +355 67 3014625) in Rrogam-Gjelaj; Hotel Fusha e Gjësë (Tel. +355 67 2018005); Gästehaus Kol Gjoni (Tel. +355 67 3022876, +355 67 3792047, +355 67 2313311, bledarjubani@yahoo.com). – **Valbona-Qender** (Zentrum): Gästehaus Kelmend Selimaj & Restaurant Jezercës (Tel. +355 67 3093406); Gästehaus Sherif Selimaj & Restaurant Tradita (Tel. +355 67 3014567); Gästehaus Skender Selmaj (Tel. +355 67 3093292, +355 67 3014580); Gästehaus Natyra (Tel. +355 67 3093202). – **Quku i Valbonës** (2,5 km nach Valbona-Qender): Hotel Rilindja und Farmhouse Hostel (Alfred Tel. +355 67 3014637). – **Weitere Unterkünfte:** thethi-guide.com.
Hinweise: 1. Erste Etappe der Mehrtagswanderung Tour 34–36 bzw. 34, 35, 37.
2. Valbona ist besonders am Wochenende ein beliebtes Ausflugsziel kosovarischer und albanischer Touristen. Dann sind oft alle Gästebetten belegt.
Tipps: 1. Sowohl in Thethi als auch in Valbona können Mulis für den Gepäcktransport gemietet werden.
2. Von Valbona kann man den zehntägigen Dreiländerrundweg Peaks of the Balkans in Richtung Çerem fortsetzen (siehe Rother Wanderführer »Peaks of the Balkans«). Außerdem gibt es im Valbona-Tal verschiedene Tagestouren, Infos im Hotel Rilindja.

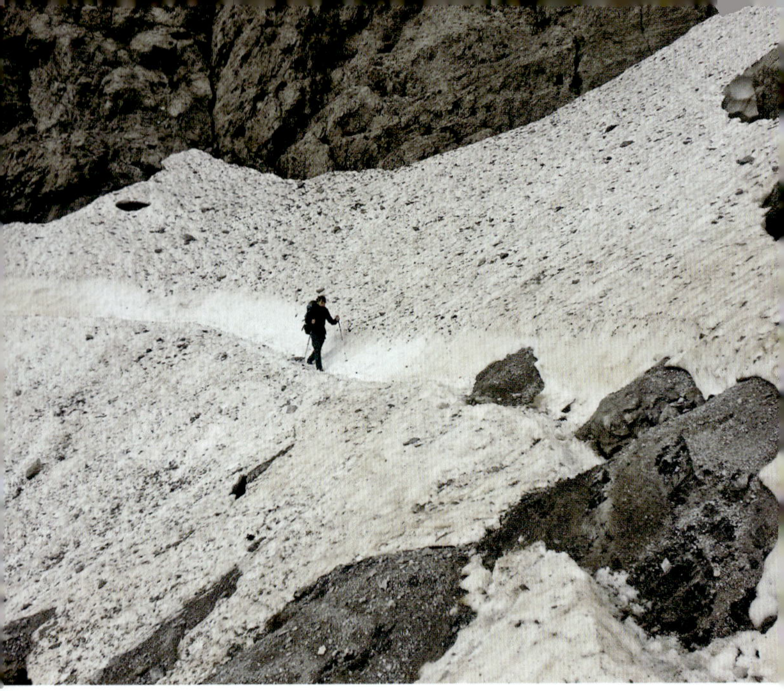

Die Schattenseite am Valbona-Pass: Schnee Ende Mai.

Wir starten an der nördlichen Autobrücke in **Thethi** ❶ am Ostufer und folgen auf dem Fahrweg talaufwärts der Richtungsangabe »Valbona«. Nachdem wir den Përroi Shehu i Shllinave überquert haben, schneiden wir zwei Wegkehren ab, nach der zweiten gehen wir am Wegweiser nach rechts aufwärts nach Gjelaj. Gleich am ersten Haus von **Gjelaj** ❷ zweigen wir nach links auf den entlang einer Mauer steiler ansteigenden Pfad ab, schon bald passieren wir eine erste Bar/Café.

Wir steigen fortwährend bergan, bis uns ein Pfeil am Waldrand nach links auf die Blumenwiese **Bregu i Bubës** ❸ weist – ein schöner Aussichtspunkt. Wir steigen nach Nordosten weiter an und kommen in den Wald, wo wir eine Wasserquelle und eine Kehre weiter die aus Holz gezimmerte **Bar Rrgalla** ❹ von Zef Deda erreichen.

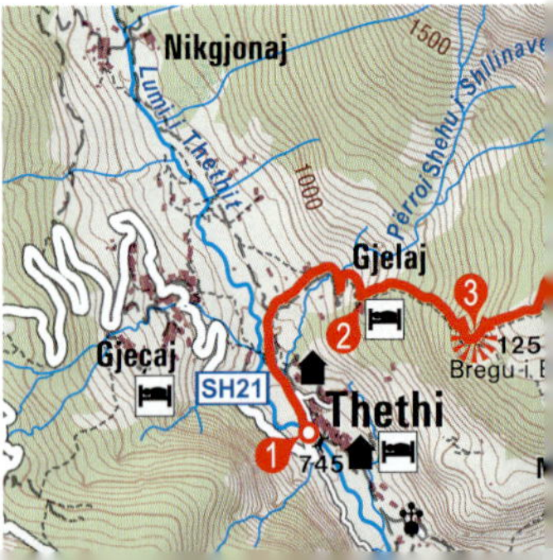

Bis zum **Qafa e Valbonës** **5**, 1797 m, sind es auf dem gut markierten Pfad, der rechts von der Einkehr zunächst nach Nordosten in den Wald führt, noch 300 Hm. Am Pass führen Pfade nach rechts auf einen höher gelegenen Aussichtspunkt, von dem das von einem mächtigen Pleistozän-Gletscher geformte Valbona-Tal überblickt werden kann. Den Ursprung des einstigen Gletschers können wir auch von der Passsenke aus sehen: Im Norden ragt der Jezerca in den Himmel, der höchste Gipfel des Prokletije (Besteigung siehe Tour 37).

Vom Pass wandern wir zunächst in nördlicher Richtung entlang der hoch aufragenden Steilwände, dabei queren wir steile Hänge und Schneisen. Bald sehen wir etwa 250 Hm unter uns eine Wiese, durch die sich eine weiße Linie schlängelt. Dies ist unser Pfad, zu dem wir in engem Zickzack hinabsteigen. Unten angekommen, folgen wir der hellen Spur geradeaus durch ein trockenes, ebenso weißes Bachbett nach Westen. Auf der anderen Seite laufen wir auf sanft abfallendem Weg nach Südwesten, bis wir uns an einer **Wasserquelle** und **Bar** **6** stärken können.

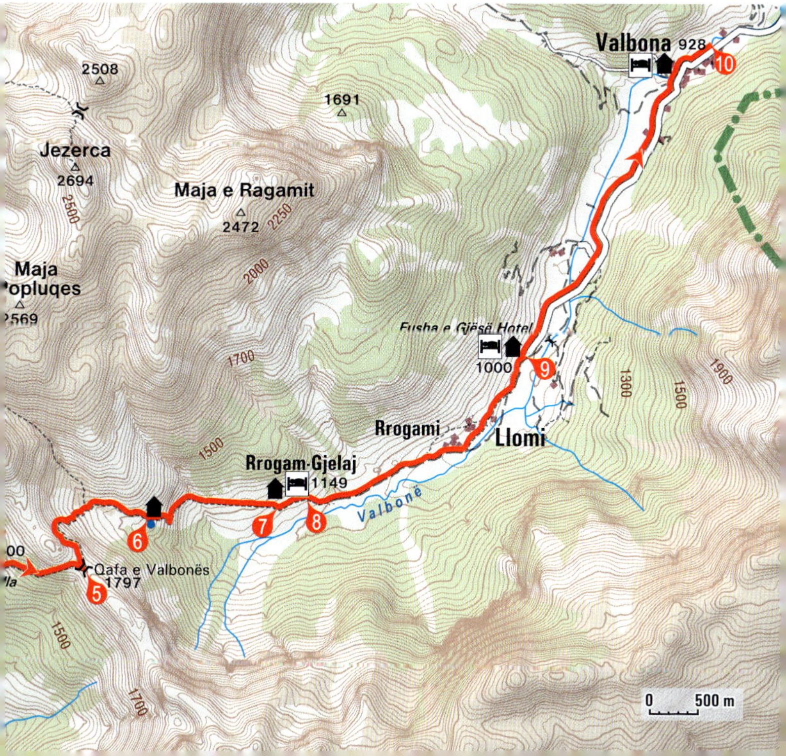

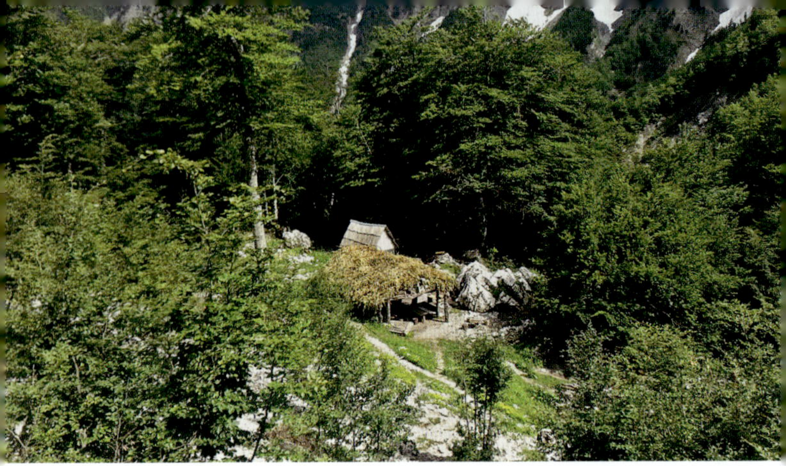

Einkehr an Wegpunkt 6.

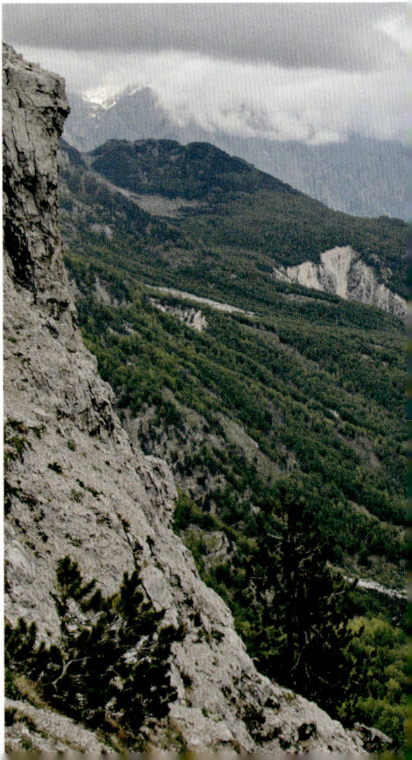

Danach wird der Abstieg steiler. 300 Hm tiefer erreichen wir ein zerfallenes Haus und gehen auf dem Pfad rechts weiter nach unten. Wenige Meter unterhalb stehen wir vor dem mit leeren Dosen verzierten Einlass zum Restaurant und Gästehaus Emanuel in **Rrogam-Gjelaj** (7). Die am Tor angebrachten weiß-rot-weißen Markierungen sind irreführend, denn der Pfad nach Valbona verläuft direkt vor dem hölzernen Eingangsbogen nach links und dann am Zaun entlang.

Auch im weiteren Verlauf haben findige Bar- und Gästehausbetreiber die jeweiligen Zuwege weiß-rot-weiß markiert. Verlaufen werden wir uns dennoch nicht, denn die Orientierung ist ziemlich einfach: Wir gehen nun immer Richtung Osten zunächst

entlang einer **Mauer** 8. Nachdem wir diese nach rechts verlassen haben, stoßen wir auf einen Fahrweg, auf dem wir durch das breite Bett des Valbona-Flusses wandern. Vor einer Ruine biegen wir den Schotterweg nach links – auf den Strommasten sind Markierungen –, gehen über eine Wiese und treffen hinter der Ruine wieder auf den Weg, der inzwischen nach Nordosten verläuft. Von hier ist es noch knapp 1 km bis zum Hotel **Fusha e Gjësë** 9, von wo eine Asphaltstraße weiterführt.
Wo die Nacht verbracht wird, hängt von den Plänen für die nächsten Tage ab, und vom Müdigkeitsgrad der Beine. Bis zum alten Dorfzentrum (Qender) von **Valbona** 10, wo es mehrere Übernachtungsmöglichkeiten gibt, sind es auf der Asphaltstraße noch 4 km. Auf dem Weg dahin kommt man an mehreren Herbergen und kleineren Hotels vorbei. Weiter talabwärts (etwa 2,5 km) an der Straße nach Bajram Curri finden sich im Ortsteil Quku i Valbonës weitere Übernachtungsmöglichkeiten (Gästehäuser Quku i Valbonës und Ademi, Hotel Rilindja).

Das Valbona-Tal, vom gleichnamigen Pass aus gesehen.

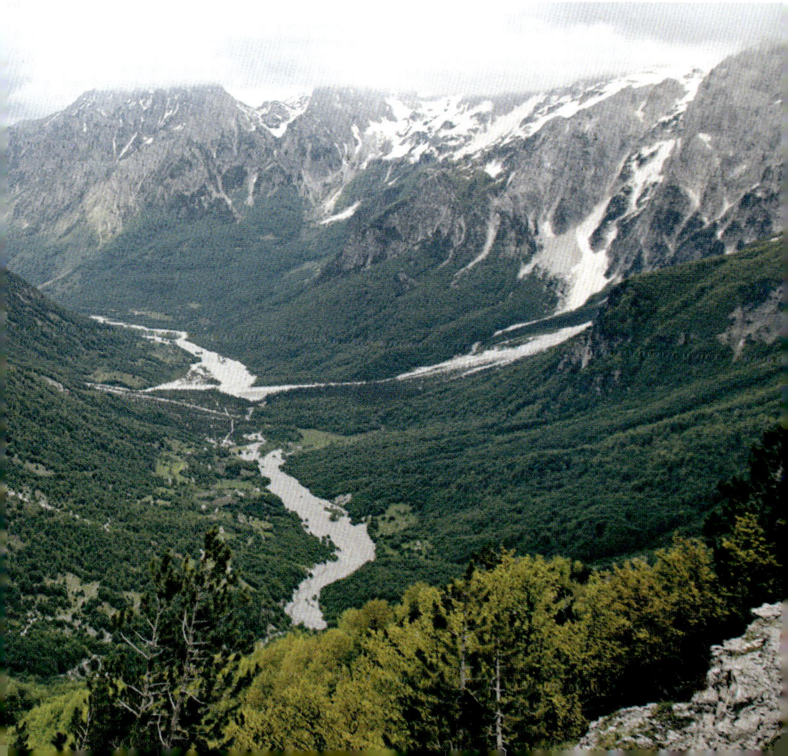

↗ 1110 m | ↘ 1010 m | 13.3 km

35 Valbona – Vusanje

6.30 h

Ausflug nach Montenegro

Teil zwei unserer Rundtour durch die »Verwunschenen Berge« (Prokletije) bringt uns über den Prosllopit-Pass ins Nachbarland. Während des Aufstiegs sollten Teeliebhaber aufmerksam sein: Am Rande der oft trockenen Bachläufe über Valbona wächst der beliebte Bergtee (Çai malit), beim Abstieg bieten der abweisende graue Karst und die saftig grünen Weiden ein fulminantes Zusammenspiel. Vom Pass ist eine Besteigung des höchsten Punktes von Montenegro, des Zla Kolata, möglich.

Ausgangspunkt: Dorfzentrum Valbona, 928 m. Von Shkodra/Tirana nach Valbona (26/30 €, Mitte April bis Anfang Nov., reservierungspflichtig: komanilakeferry.com): Abfahrt Shkodra 6.45 Uhr (Abholung vor dem Hotel Rozafa, Rruga Teuta)/Tirana 5.30 Uhr vom 1. Mai bis 1. Okt., 5.00 Uhr im April und Okt./Nov. (Gazheli Petrol beim Sheshi Zogu i Zi) zur Fähre Berisha von Koman (9.00 Uhr) nach Fierzë (11.30 Uhr), Weitertransport (komanilakeferry.com/en/services/pick-up-service-from-tirana-shkodra-and-valbona). Weitere Fähren Koman–Fierzë: Dragobia (9.00 Uhr), Rozafa (9.00 Uhr), Alpin (12.00 Uhr). Berisha, Rozafa, Alpin transportieren auch Fahrzeuge.
Endpunkt: Vusanje, 1027 m. Keine Busanbindung.
Anforderungen: Der Pfad über den Prosllopit-Pass ist markiert, der teils felsige Abstieg zur Katun Grlata kann bei Nässe rutschig sein. Der Gipfelabstecher ist ausgesetzt und eher schwierig.
Einkehr: Unterwegs keine.
Unterkunft: Vusanje (albanisch Vuthaj): Kulla Rosi, Dependance des Hotel Rosi im Ortsteil Gerani am Wanderweg nach Gusinje, etwa 2 km von der Moschee in Vusanje (Tel. +382 51 256646, hotelrosigusinje@hotmail.com, facebook.com/HOTEL-ROSI-299463444595, ÜF ab 15 €, HP inkl. Lunchpaket ab 24 €); Restorant Hartini am Wasserfall von Vusanje, Tel. +382 69 239593, mit Betten und Holzhüttchen; Guest House Dedushi (Tel. +382 69 611621); Kamp Guri i Madh (Tel. +382 69 643609, +382 69 643709, facebook.com/KampGuri-i-Madh-178569335847355); Gästehaus Vucetaj (Tel. +382 69 503079, guest-house-vucetaj.business.site); Gästehaus Ulaj (Tel. +382 68 871620); Gästehaus Alpina (Tel. +382 69 643699). Die Lage der Gästehäuser findet sich auf Google Maps; Campingmöglichkeit auf der Wiese am Flusslauf bei den Picknickpavillons am Wasserfall. – **Gusinje** (6 km Entfernung über die Landstraße): Hotel Rosi (am nördlichen Ortseingang, ÜF ab 15 €, Tel. +382 51 256646, facebook.com/HOTEL-ROSI-299463444595); Hotel Kula (im Ortszentrum neben dem Bushalt, ab ÜF 10 €, Tel. +382 51 256651, Mobil +382 69 295176); City Hotel Garni (Ortszentrum, in der 1. Etage neben einem Supermarkt, ÜF ab 10 €, Tel. +382 69 865097). Bei der Buchung einer Unterkunft in Gusinje kann um Abholung in Vusanje gebeten werden.
Variante: Vom Prosllopit-Pass kann man den Zla Kolata (albanisch Kollata e Keqe), 2535 m, besteigen (insg. 2–2.30 Std. zusätzlich). Bei guter Sicht ist der Gipfelanstieg gut auszumachen: Vom Pass 6 geht es zunächst nach Osten an der schroffen Nordwand des Zla Kolata vorbei, dann auf der linken Seite des Kars steil und etwas exponiert auf den etwa 2400 m hohen Sattel zwischen Zla und Dobra Kolata. Bis zum Sattel ist der Pfad

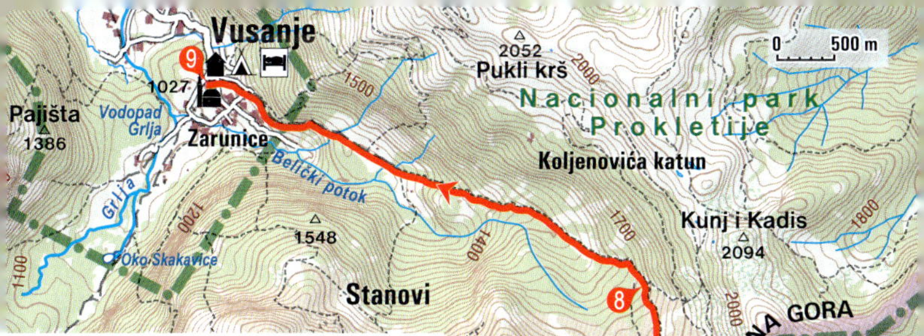
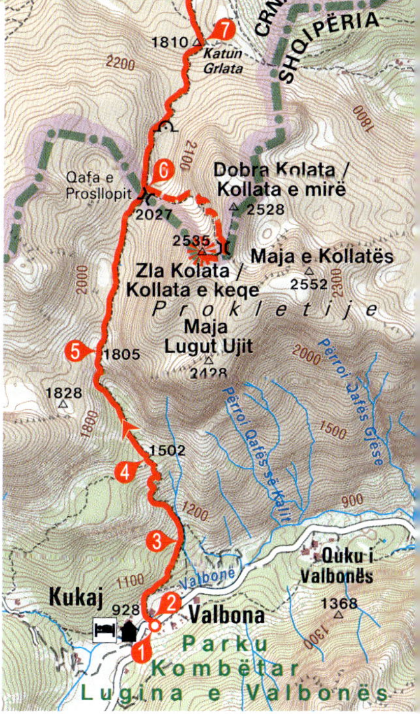

markiert, von hier erfolgt der Schlussanstieg nach Westen über Grashänge auf den Gipfel. Bei schlechten Wetterbedingungen ist von einer Begehung abzuraten. Obwohl der Zla Kolata, 2535 m, die höchste Erhebung Montenegros ist, wird er nicht als höchster Berg des Landes geführt, da sich der Großteil des Massivs in Albanien befindet, wie auch der höchste Gipfel, der Maja e Kollatës, 2552 m, im Südosten (montenegrinisch Ravna Kolata). Ein weiterer Nebengipfel auf montenegrinischer Seite ist der Dobra Kolata, 2528 m (albanisch Kollata e mirë).

Tipps: 1. Von Vusanje aus kann man das aufgrund der Landschaft und Wandermöglichkeiten reizvolle Grbaja-Tal erkunden sowie in die Städte Gusinje und Plav gelangen (s. Rother Wanderführer »Peaks of the Balkans)«. Von Plav verkehren Busse in Montenegros Hauptstadt Podgorica, von wo man oft günstiger nach Deutschland fliegen kann als von Tirana. –
2. Aus dem Grbaja-Tal ist der Übergang in den Këlmend möglich (siehe Tour 40), wo es weitere Tagestouren gibt (Touren 41–42); auch eine Rückkehr nach Thethi (Touren 38 und 39 oder 43) ist von dort aus möglich.

Hinweis: Zweite Etappe der Mehrtageswanderung Tour 34–36 bzw. 34, 35, 37.

Ausgangspunkt ist das ehemalige Zentrum von **Valbona** ❶. Zur Orientierung: Nach einer S-Kurve führt die Straße von hier an den Hotels Valbona, Tradita und Jezercës aus dem Dorf. Von dem großen Platz mit den umliegenden Ruinen und einem Neubau gehen wir ein paar Meter nach Norden zum Ufer des **Lumi i Valbonës**. Hinter einer Baumgruppe finden wir einen **Übergang** ❷ über den Wasserlauf, gegenüber am anderen Ufer steht ein

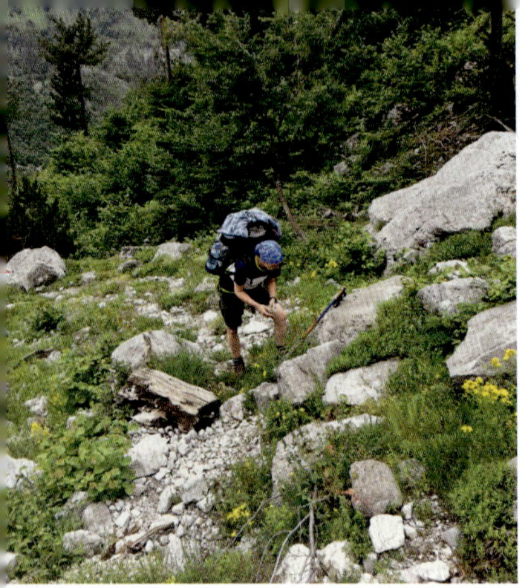

Erfolgreiche Suche nach Bergtee.

rot gedecktes Haus. Rechts davon folgen wir dem ansteigenden Fahrweg bis zu einem **trockenen Bachlauf** ❸. Hier finden wir neue weiß-rot-weiße Markierungen, die uns bis auf den Prosllopit-Pass leiten: Wir verlassen den Weg, um entlang des Bachlaufs anzusteigen. Wo sich das trockene Bachbett verbreitert und große Felsblöcke herumliegen, halten wir uns auf der linken Seite, zusätzlich zu den Streifen-Markierungen finden wir rote Kreise mit weißem Punkt. Oberhalb der Felsblöcke erreichen wir am linken Rand eine Waldzunge, wo der Pfad nach links in Serpentinen steiler aufwärtsführt.

250 Hm weiter oben gehen wir auf der rechten Seite einer Wiese weiter und stoßen hinter einem Wäldchen auf **Hirtenhütten** ❹. Von hier wandern wir über die Wiese in nordnordwestliche Richtung in den Wald, steigen entlang einer Bachschneise an und gelangen an einen Wiesenhang mit einem markant nach innen gewölbten Fels in der Mitte. Diesen passieren wir auf der linken Seite und gehen bergan, bis in einem Kessel eine weitere Ansammlung von **Hirtenhütten** ❺ vor uns liegt. Am rechten Talrand ist oberhalb der Hütten ein Felsvorsprung zu erkennen. Von diesem führt der markierte Pfad nach Norden zunächst im Zickzack, dann zwischen Felsblöcken an einem Geröllfeld vorbei und schließlich zwischen Wiesenhügeln aufwärts. Bald wird es flacher, und wir folgen dem sich verengenden Tal (Lugu i Prosllopit) bis zum Pass **Qafa e Prosllopit** ❻. Dieser stellt sich als Grasfläche heraus, auf der zahllose Steine herumliegen. Auf einem der Steine steht der Name geschrieben, er trennt Albanien von Montenegro.

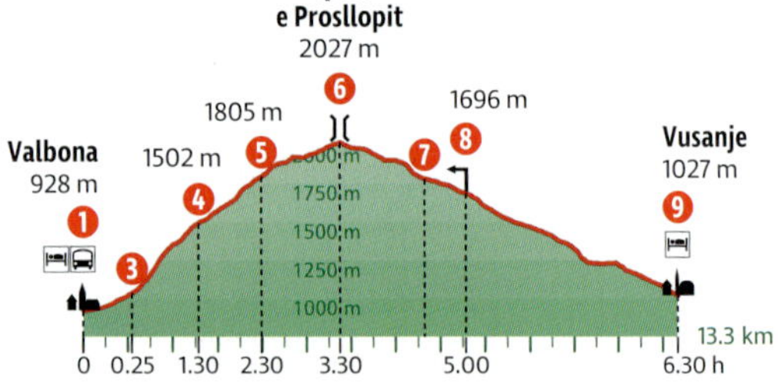

Vom Qafa e Prosllopit gehen wir zunächst in nördlicher Richtung, ohne deutlich an Höhe zu verlieren, während der Hang rechts von uns abfällt. Die Markierungen sind dicht gesetzt. Nach etwa 700 m knickt der Pfad an Felsen nach Nordosten, und nach einer Senke steigen wir ein paar Meter zu einer kleinen Scharte an. Danach geht es zwischen Karstgestein abwärts. Nach einem nochmaligen sehr kurzen Gegenanstieg halten wir uns nordöstlich und wechseln auf den Hang rechts. Die Markierungen führen uns dann zunehmend in nördlicher Richtung über Karstblöcke nach unten auf eine von Felsen umschlossene Wiese, in deren Mitte ein **Wegweiser** 7 steht. (Der Übergang nach Çeremi über den Qafa e Borit liegt 500 m östlich.)

Wir gehen vom Wegweiser nach links auf der zwischen Felsen spitz zulaufenden Wiese nach Nordnordwest, an ihrem Ende führen uns rote Striche und weiße Punkte mit rotem Kreis in etwa gleichbleibender Richtung durch das Karstgelände. Wir queren eine große und zwei kleine Wiesen, ehe wir auf den Pfad stoßen, der Plav mit Vusanje verbindet. Der **Weg** 8 nach links das Tal entlang hinab nach ist leicht zu begehen; er endet an der Fahrstraße vor der Moschee von **Vusanje** 9. Nach links befindet sich nach 150 m an der Straße ein Kiosk, nach 400 m die Campingwiese am Wasserfall; auf der Straße nach rechts gelangt man zum Ortsteil Gerani, wo sich auf der Westseite des Flusses der Kulla Rosi befindet (ca. 2 km).

Foto rechts: Holzminarette wie in Vusanje sind typisch für die Region.

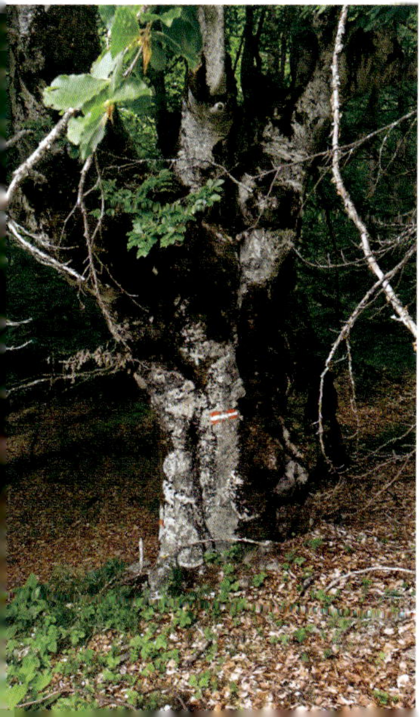

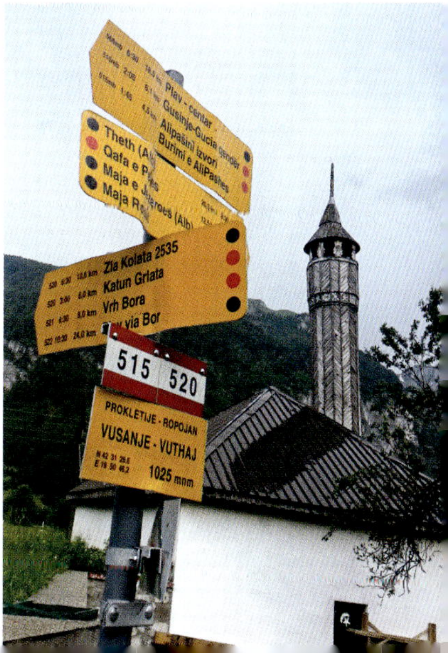

↗ 870 m | ↘ 1130 m | 20.2 km

36 Vusanje – Thethi

8.00 h

Genusswandern im einstigen Sperrgebiet

Während des albanischen Kommunismus war das Grenzgebiet zwischen Montenegro und Albanien eine verbotene Zone. Jetzt ist die Tour ein Genuss für alle Sinne, an kaum einem Ort trifft uns die wilde Schönheit der Bjeshkët e Nëmuna, wie das Prokletije auf Albanisch heißt, mit so einer Kraft wie hier: Vorbei an türkisblauen Quellen im Ropojana-Tal, über die duftenden Wiesen des grandiosen Trogtals Fusha e Runicës, geht es zwischen 1000 Meter hoch aufragenden Felswänden Richtung Arapi, ehe Thethi in dem lang gestreckten Tal unter uns auftaucht.

Ausgangspunkt: Vusanje, 989 m, Campingwiese mit den Holzpavillons am Wasserfall. Keine Busanbindung.
Endpunkt: Thethi, 745 m. Busanbindung aus Shkodra siehe Seite 151/152.
Anforderungen: Insgesamt leichte, aber sehr lange Tour mit einem kurzen anstrengenden, aber unschweren Anstieg ins Hochtal Fusha e Runicës. Das Tückische an dieser Etappe ist der Abstieg nach Thethi – er ist länger, als man denkt.
Einkehr: Je nach Sommer bei den Hirten am alten Militärposten kurz nach der Bachquerung ❻. Nach dem Abstieg vom Qafa e Pejës: Bar/Kafe/Taxi Kroni (Tel. +355 68 4684476), bei Barbetrieb Transport nach Thethi möglich.
Unterkunft: Thethi: Siehe Seite 153.
Variante: Wer Vorräte für eine Nacht unter freiem Himmel und Kraft für die Besteigung des Arapi, 2217 m, hat, kann am Qafa e Pejës sein Zelt direkt am Einstieg der Gipfelroute aufschlagen. 3.30 Std. Gehzeit sollten für die Besteigung inklusive Rückweg zum Pass eingeplant werden (siehe Tour 32).
Hinweis: Dritte Etappe der Mehrtageswanderung Tour 34–36.

Wir starten an der Campingwiese mit den Holzpavillons am Wasserfall in **Vusanje** ❶ südwestlich der Moschee. An der Weggabelung wählen wir den linken Fahrweg hinein ins Ropojana-Tal. An dessen Ende ragt am Horizont im Südwesten ein grauer Daumen hervor, der Arapi. Nach 1,75 km passieren wir den ausgeschilderten Abstecher zum »blauen Auge« **Oko – Syni Skakavcit** ❷, Holzstege führen zu der beeindruckenden Wasserquelle, die eine Minute rechts des Wegs liegt.

Nach dem Abstecher kommen wir an weiteren Holzpavillons vorbei, den Fahrweg verlassen wir danach nur zweimal für kleine, markierte Abkürzungen. An den beiden Stellen macht der Fahrweg einen Bogen um die Gletscherablagerungen aus dem Pleistozän. Nach 5,5 km erreichen wir den Wegweiser **Ropojan (Zastan V.)** ❸. Hier zweigt unser Pfad nach rechts vom Fahrweg ab, hinein in den Baumbestand. Nach weiteren 600 m liegt der auf allen Karten eingezeichnete vermeintliche Gletschersee, der Liqeni Geshtares, vor uns: ohne Wasser. Der von den Einheimischen gebrauchte neue Name »Schlangensee« ist treffender. Daher ist es auch ratsam, nicht über den Seegrund zu laufen, sondern auf dem Pfad am linken Ufer. Im Steinfeld

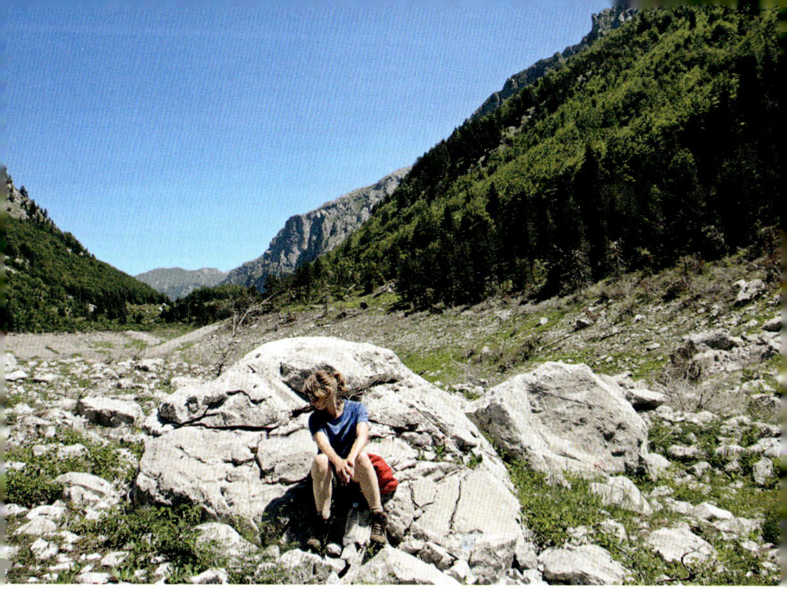

See mit zwei Namen, aber ohne Wasser: Ropojansko jezero bzw. Liqeni Geshtares.

hinter dem ausgetrockneten See finden wir eine **Grenzpyramide** ❹. Wir gehen nach Südwesten in den Wald hinein und steigen nach einer Lichtung im Wald steil aufwärts ins beeindruckende Hochtal Fusha e Runicës. Auf der rechten Wiesenseite führt der Pfad nach einer Weile wenige Meter nach oben auf eine zweite Wiese mit verfallenen Hirtenhütten, **Stan e Runicës** ❺, hinter denen sich eine Wasserquelle befindet. Talaufwärts ist bereits die Geländestufe zu erkennen, die wir nun ansteuern: Nach einer Engstelle, an der der Baumbestand nah an den Pfad heranreicht, steigen wir auf der linken Talseite gemächlich bergan bis zu der Stelle, an der Wasser durch eine Felsenge sprudelt. Den **Bach** ❻ queren wir und gehen oberhalb eines verfallenen Bunkers auf die Felswand zu, wo wir nach links abbiegen.

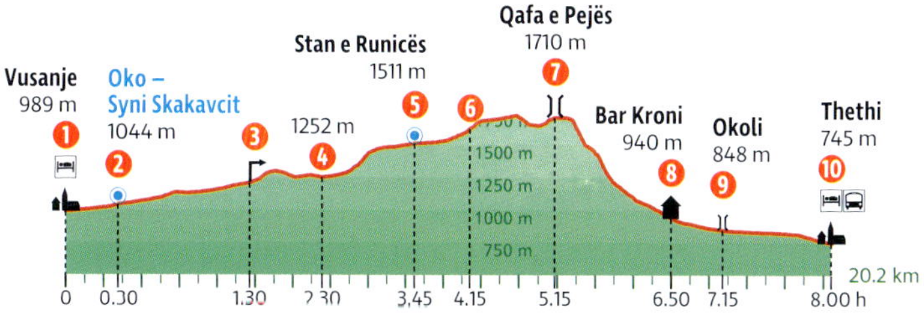

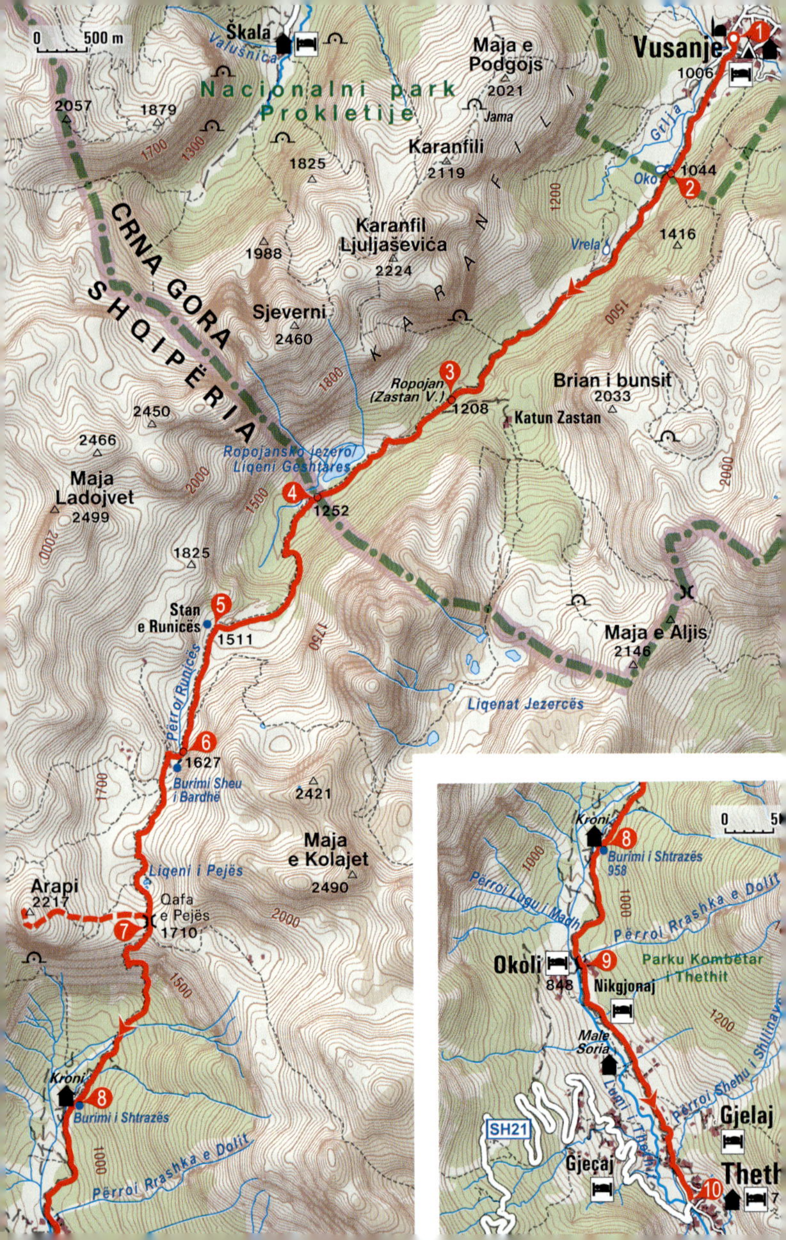

0 500 m
Škala
Valušnica
Maja e Podgojs
2021
Vusanje
1006
Nacionalni park Prokletije
2057
1879
Jama
Karanfili
2119
1825
Grlja
Oko
1044
Karanfil Ljuljaševića
2224
1988
Vrela
1416
CRNA GORA
SHQIPËRIA
K A R A N F I L I
Sjeverni
2460
Ropojan (Zastan V.)
1208
Katun Zastan
Brian i bunsit
2033
2450
2466
Maja Ladojvet
2499
Ropojansko jezero/ Liqeni Geshtares
1252
1825
Stan e Runicës
1511
Maja e Aljis
2146
Përroi Runicës
Liqenat Jezercës
1627
Burimi Sheu i Bardhë
2421
Maja e Kolajet
2490
Liqeni i Pejës
Arapi
2217
Qafa e Pejës
1710
Kroni
Burimi i Shtrazës
958
Përroi Rrashka e Dolit
Përroi Lugu i Madh
Okoli
848
Parku Kombëtar i Thethit
Nikgjonaj
Male Soria
Lumi i Thethit
Përroi Shehu i Shtinavës
SH21
Gjelaj
Gjeçaj
Theth

Kurz darauf stehen wir am nördlichen Rand eines weiten Kessels mit einigen Steinmauern. Im Sommer sind hier Hirten; linker Hand an einer rechteckigen Barackenruine, dem alten Grenzposten (Posta Verore e Kufirit), gibt es Wasser. Wir gehen auf der linken Seite des Kessels, leicht ansteigend, und passieren nach kurzem Abstieg den kleinen See Liqeni i Pejës am rechten Ufer. Hier mündet von rechts der Pfad von Nikç/Lepushë ein (siehe Tour 43). In gleichbleibender Richtung (Süd) steigen wir den Gegenhang empor bis zum **Qafa e Pejës** 7, 1710 m.

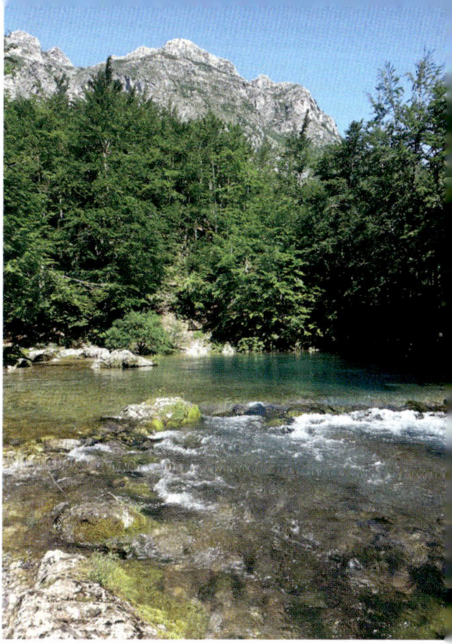

Lädt zum Baden ein: das »Blaue Auge« Oko – Syni Skakavcit.

Nach Thethi geht es am Südende des lang gezogenen Passübergangs rechts an einem Holzkreuz vorbei in den steilen Abstieg. (Vom Kreuz nach links gelangt man auf die Gropa e Bukura, einen Wiesenkessel, der sich als Basiscamp für mehrere umliegende Gipfel anbietet, darunter der Maja e Popluqes und die Westroute auf den Jezerca.)
Die steilen Kehren ins Tal führen uns an manch schönem Aussichtspunkt und an bizarren Bäumen vorbei, die nach Blitzeinschlägen halb verkohlt sind. Beeindruckend ist die überhängende Felswand, die bei Regen Schutz bietet. Von dieser geht es in den Nadelwald, wo es flacher wird. Durch trockene Bachbetten nach Südwesten gelangen wir an eine Wasserquelle und 150 m weiter zur **Bar Kroni** 8. (Der Besitzer bietet einen Fahrservice ins Dorf an.) Bis ins Zentrum von Thethi sind es auf dem Fahrweg talabwärts etwas mehr als 4 km (ca. 1 Std.) bis Okoli, wo sich die nächstgelegenen Gästehäuser befinden, 15 Min.
1 km nach der Bar Kroni zweigen wir in einer Rechtskurve vom Fahrweg nach rechts ab und gehen näher am Flusslauf entlang. Auf der anderen Flussseite liegt der Ortsteil **Okoli** 9, der über eine Fußgängerbrücke zu erreichen ist. Wir bleiben am Ostufer, treffen bald wieder auf den Fahrweg und beenden schließlich an der nördlichen Autobrücke in **Thethi** 10 unsere Tour. Hier befinden sich die größten Gästehäuser des Dorfs. Persönlicher und ruhiger ist es im Ortsteil Qender in der Nähe der Kirche. Bis dorthin sind es dem Fahrweg weiter folgend noch 10–15 Min.

↗ 2270 m | ↘ 2510 m | 32.9 km

37 Zweitagestour: Vusanje – Jezerca, 2694 m – Thethi

2 Tage

Der höchste Punkt der Albanischen Alpen

Wie eine Krone umgeben die zackigen Karstgipfel die Kalksteinkuppel des Jezerca. Mit einer Höhe von 2694 m überragt der zweithöchste Berg Albaniens alle anderen Gipfel hier. An seinen schattigen Hängen finden sich die letzten kleinen Gletscher der Region. Die Seen entlang des Aufstiegs sind Überbleibsel aus jener Zeit, als die Eismassen noch viel weiter hinabreichten. Ohne Zelt ist eine Besteigung wegen des langen Anmarschs nicht möglich, aber eine Nacht in größtmöglicher Abgeschiedenheit und Ruhe unter dem sternenklaren Himmel ist der Lohn für das Extragewicht im Rucksack.

Ausgangspunkt: Vusanje, 989 m, Zeltplatz am Wasserfall. Keine Busanbindung.
Endpunkt: Thethi, 745 m. Busanbindung aus Shkodra siehe Seite 151/152.
Anforderungen: Der Aufstieg ist ein Abenteuer für konditionsstarke und geübte Bergsteiger. Unsere Besteigung erfolgte ohne Steigeisen; für das kleine, aber steile Schneefeld nördlich des Gipfels können sie aber nützlich sein, ebenso Wanderstöcke zur Stabilisierung. Die enge und steile Rinne im Anschluss ist anspruchsvoll und erfordert den Einsatz der Hände. Trittsicherheit und Schwindelfreiheit sind die Voraussetzung. Ab Mitte Juli nehmen die Gipfelbesteigungen zu, Hauptsaison ist im August und September (schneefrei). Die Tour ist sehr lang und erfordert eine Übernachtung im Zelt. Die Markierungen sind gut, im oberen Teil zusätzlich Steinmännchen.
Einkehr: Nach dem Abstieg vom Qafa e Pejës: Bar/Kafe/Taxi Kroni (Tel. +355 68 468 44 76), Transport nach Thethi bei Barbetrieb möglich.
Unterkunft: Für die Übernachtung auf der Zweitagestour muss ein Zelt mitgenommen werden. Aufgestellt werden kann es auf der Vusanjski Zastan ❸, am Liqenat e Jezercës ❺, auf einer Höhe von 2013 m mit Blick auf den Gipfel – unser Zeltplatz ❼ – und unterhalb des Passes ins Tal Fusha e Runicës ⓬. – **Thethi:** Siehe Seite 153.
Einkauf: Supermarkt in Gusinje.
Varianten: 1. Jezerca-Besteigung von Thethi aus: Vom Kreuz am Qafa e Pejës nach Osten gelangt man auf die Gropa e Bukura, einen Wiesenkessel, der sich aufgrund der Quelle und der Bewirtschaftung durch Hirten als Basislager für mehrere umliegende Gipfel anbietet, darunter der Maja e Popluqes und die Westroute auf den Jezerca. Eine Überschreitung des Jezerca von der Gropa e Bukura zu den Buni i Jezercës oder vice versa ist möglich, zumindest mit schwerem Gepäck jedoch aufgrund der Steilheit nicht zu empfehlen.
2. Besteigung des Arapi: Siehe Tour 36 bzw. Tour 32.
Hinweis: Dritte und vierte Etappe der Mehrtageswanderung Tour 34, 35, 37.
Tipp: Wer in Gusinje wohnt, kann sich mit dem Auto nach Vusanje bringen lassen, um etwas Zeit einzusparen.

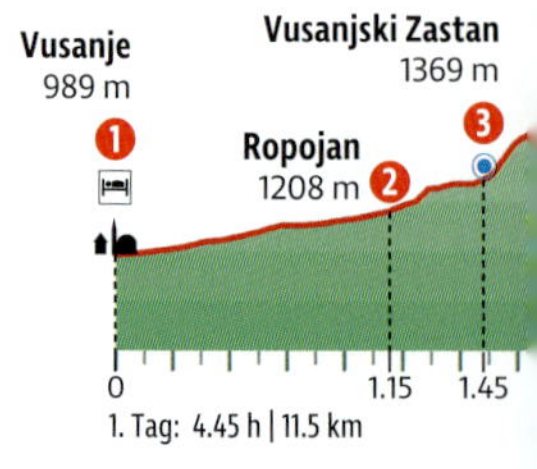

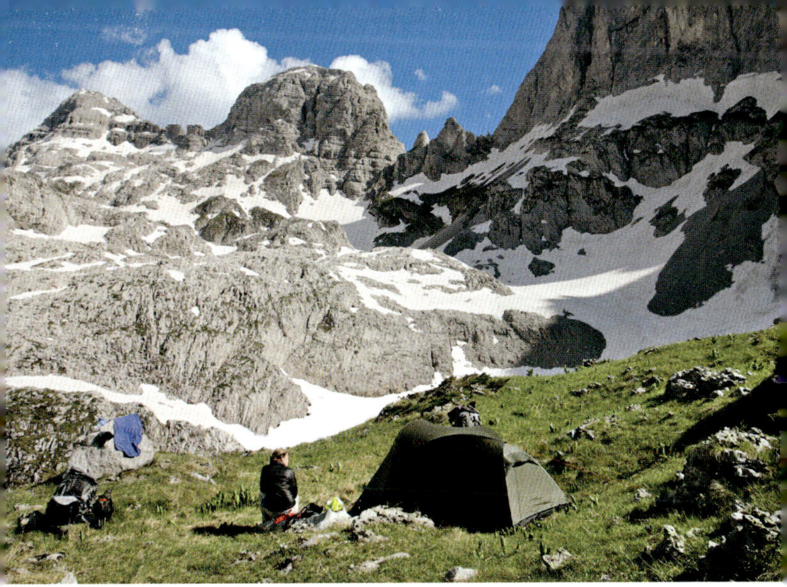

Mulden und Felsen bieten etwas Windschutz: Zelten mit Jezerca-Blick.

1. Tag: Vusanje – Zeltplatz unterhalb des Gipfels

Wir starten in **Vusanje** ❶ von der Campingwiese am Wasserfall ins Ropojana-Tal und folgen bis zum Wegweiser **Ropojan (Zastan V.)** ❷ der Route von Tour 36. Beim Wegweiser bleiben wir jetzt aber auf dem Fahrweg (nach rechts zweigen ein weiterer Pfad und dann ein Biketrail ab), bis wir – deutlich schneller, als der Wegweiser angibt – die **Vusanjski Zastan** ❸

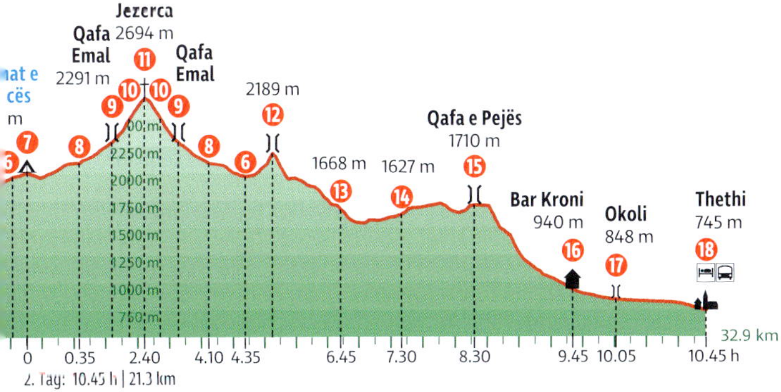

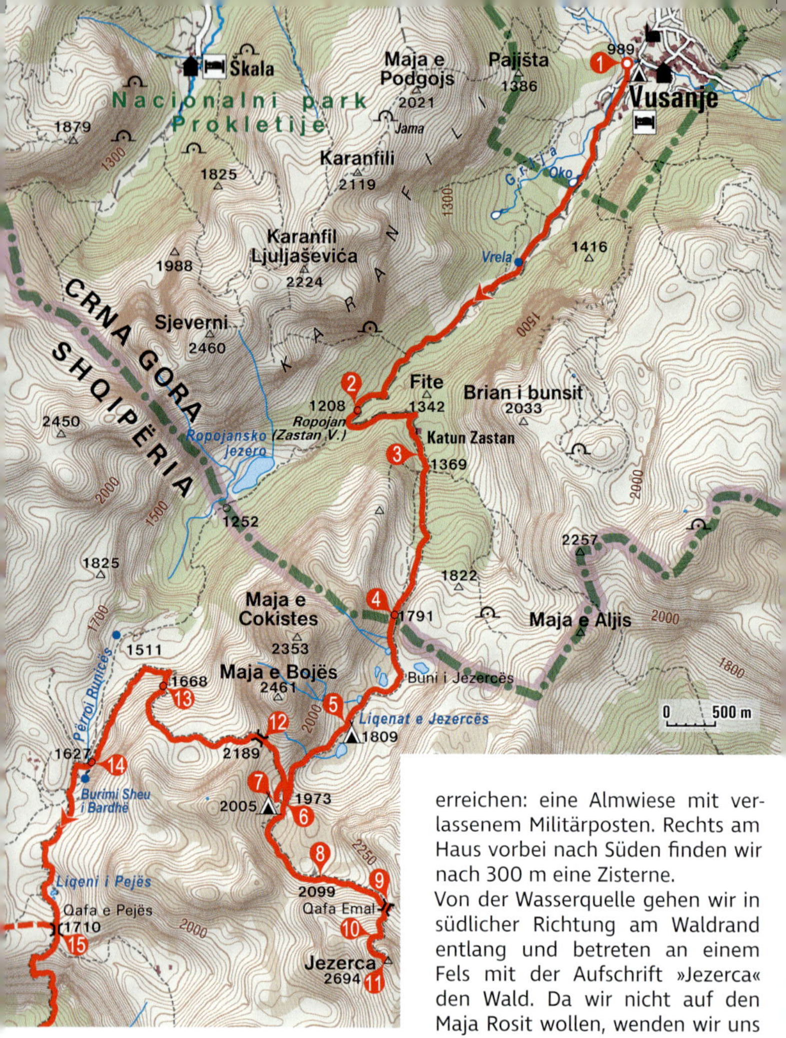

erreichen: eine Almwiese mit verlassenem Militärposten. Rechts am Haus vorbei nach Süden finden wir nach 300 m eine Zisterne.

Von der Wasserquelle gehen wir in südlicher Richtung am Waldrand entlang und betreten an einem Fels mit der Aufschrift »Jezerca« den Wald. Da wir nicht auf den Maja Rosit wollen, wenden wir uns nach rechts. Die nächsten 350 Hm sind steil, der Waldpfad aber gut gangbar. Nach dem Wald sehen wir den Maja e Kolajet vor uns, der das Tal am südwestlichen Ende überragt, und überschreiten eine Gletschermoräne, auf der die Grenze zu Albanien verläuft – erkennbar an der umgefallenen **Grenzpyramide 4**.

Die kleinen Seen umgehen wir auf der linken Seite und steigen durch den Hang südlich der Seen – eine weitere Gletschermoräne – an einem Bunker vorbei auf die nächste Geländestufe. Fortan führt uns der Pfad nach Südwest (eine gebogene rote Pfeilmarkierung ist etwas irreführend) zwischen großen Felsbrocken auf den größten See zu, den **Liqenat e Jezercës** ❺. Sein Ufer eignet sich als Zeltplatz, insbesondere, wenn eine Rückkehr nach Vusanje oder Gusinje geplant ist. Am Ostufer ist ein Quellzufluss.
Am rechten Ufer steigt unser Pfad weiter an. Auf der nächsten Talstufe südwestlich des Sees angekommen, sehen wir bald einen mit **»Liqeni Jezer«** beschrifteten **Stein** ❻. Leicht zu übersehen ist hingegen der Pfad, der 5 m dahinter nach rechts in den felsdurchsetzten Hang abzweigt. Er führt letztlich über den Pass in das Runicës-Tal und weiter nach Thethi. Zunächst bringt er uns aber zu einer Anhöhe, auf der grasbewachsene Mulden Schutz vor Wind bieten, weshalb es sich anbietet, hier das Zelt mit Jezerca-Blick aufzuschlagen. Dazu gehen wir etwa 200 m auf dem Pfad in Richtung Pass aufwärts. Links hinter einem riesigen Felsblock mit einer weiß rot-weißen Markierung findet sich ein Durchlass in einer kleinen Steinmauer. Von dort gehen wir etwa 250 m südwestlich entlang der Kante bis zu dem natürlichen **Zeltplatz** ❼. Eine andere geeignete Stelle liegt etwa 50 Hm oberhalb des markierten riesigen Felsblocks am Pfad zum Pass ins Runicës-Tal.

2. Tag: Zeltplatz – Jezerca – Thethi

Für die Besteigung des Jezerca kehren wir zum **Stein** ❻ mit der Aufschrift **»Liqeni Jezer«** zurück und folgen dem Schotterpfad in südwestlicher Richtung in ein Kar; von Norden schiebt sich hier der mit 400 m längste aktive Gletscher des Gebirges hinab. In einem Linksbogen geht es dem Talverlauf folgend nach oben. Rote Kreismarkierungen und vor allem die regelmäßig aufgebauten Steinmännchen erleichtern die Orientierung. Die kleinen Türmchen sind geschickt auf Erhöhungen positioniert, sodass sie auch bei Schnee, der hier fast das gesamte Jahr über liegt, zu sehen sind. Auf einer Höhe von 2100 m rücken die Felsen links und rechts näher heran, wir haben ein Flachstück erreicht. Der höchste Gipfel Nordalbaniens erhebt sich direkt vor uns. Nach links öffnet sich

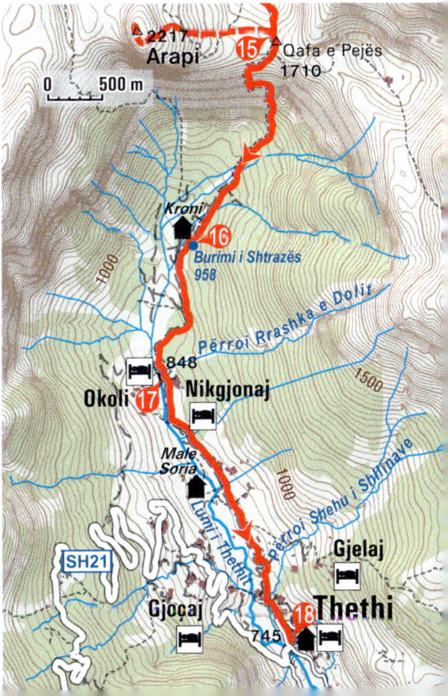

eine weitere kesselartige Senke, von der sich das Tal in S-Form auf den Sattel links des Jezerca zieht. Wir halten uns auf der rechten Talseite, um nicht zu viele Höhenmeter zu verlieren. Ein **Steinmännchen** 8 unterhalb der Felsen auf der rechten Seite verrät uns, dass wir hier den Talverlauf abkürzen und nach rechts in Richtung des Passes **Qafa Emal** 9 aufsteigen können.
Vom Sattel wenden wir uns nach rechts dem Gipfel zu (Kreismarkierungen und Steinmännchen). Bald stehen wir auf einer beschrifteten (»Maja e Jezercës«) und mit einem Pfeil versehenen **Felsplatte**, von der wir ins Valbona-Tal blicken. Auf einer Art Rampe gehen wir zwischen den Felswänden aufwärts, zunächst nach rechts (Südwest), dann nach links (Süd). In der folgenden kurzen Passage durch die Felsen nehmen wir unsere Hände zur Hilfe. Danach liegt die größte Herausforderung des Anstiegs vor uns: Das steile **Schneefeld** 10 nördlich des Gipfels kann vereist sein, weshalb Steigeisen empfehlenswert sind, ebenso Wanderstöcke. Am rechten oberen Ende führt eine steile, schmale Rinne aus dem Schneefeld heraus, in der wir nochmal unsere Hände einsetzen müssen. Nach der Rinne gehen wir westlich am Gipfel vorbei auf den Grat und auf diesem nach Südosten bis zum Gipfelkreuz des **Jezerca** 11, 2694 m. Beim Blick auf die schroffe, menschenleere und von Wasserknappheit geprägte Landschaft um uns herum erklärt sich, warum von »verwunschenen Bergen« gesprochen wird. Der Rückweg bis zum beschrifteten **Stein** 6 erfolgt auf der Aufstiegsroute. Hier nehmen wir den Abzweig nach links, um ins Runicës-Tal und von dort weiter nach Thethi zu gelangen. Der Pfad ist mit weiß-rot-weißen und rot-weiß-roten Markierungen versehen und führt nach Norden auf den **Pass** 12. Auf der anderen Seite geht es nach ein paar steilen Serpentinen gemäch-

Karstzacken, wohin Jezerca-Besteiger auch schauen: das Karanfil-Massiv und davor in der Bildmitte der Pass ins Runicës-Tal.

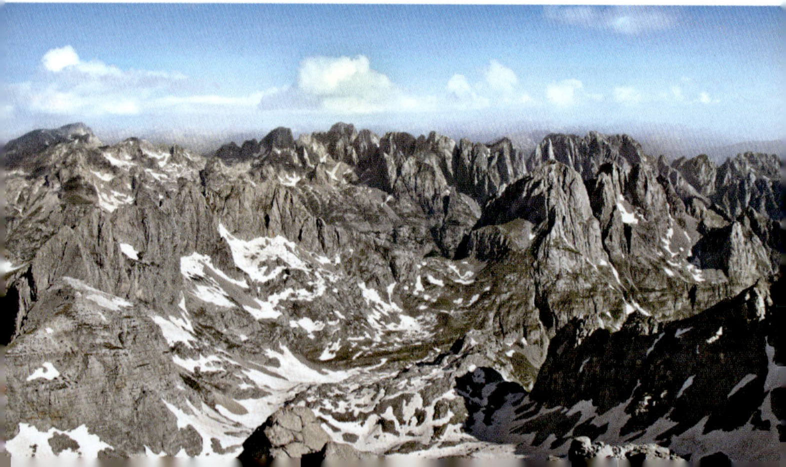

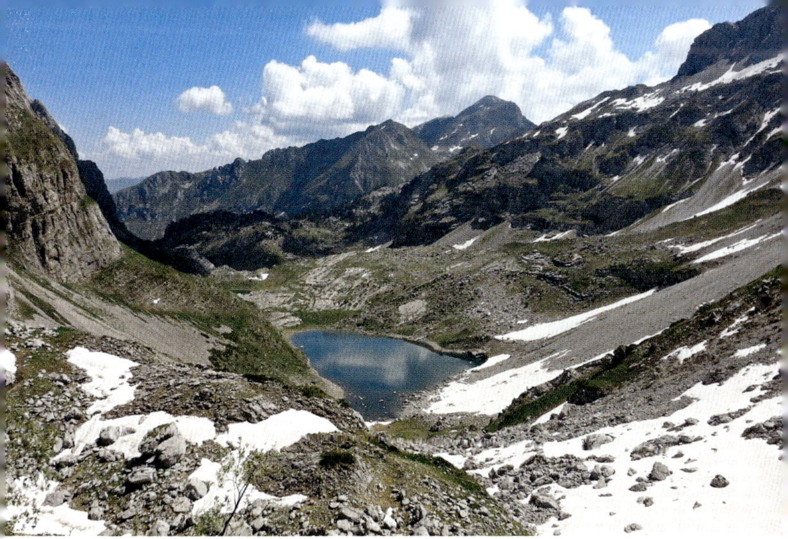

Vom Gletscher geschaffen, von der Schneeschmelze gefüllt: der Liqenat e Jezercës.

licher nach Westen abwärts. Nach einer großen kraterartigen Senke wird der Abstieg wieder steiler, im Zickzack passieren wir nun nach Norden die Baumgrenze. Auf einer Höhe von 1668 m erreichen wir die **Grundmauern** ⓭ einiger Hütten. Rechts der Mauern führt der Pfad zu einer Rinne und an ihr entlang abseits. Weiter unten queren wir die Rinne zunächst nach rechts und nach einer Kehre zurück nach links. Die saftige Wiese Fusha e Runicës liegt nur wenige Höhenmeter unter uns. Wir steigen jedoch nicht bis zur Talsohle hinab, sondern gehen entlang der Waldgrenze nach Westen. Hinter dem bewaldeten Hügel in der Talmitte, den wir auf seiner linken Seite passieren, halten wir auf der linken Talseite auf die Geländestufe zu. Kurz vor der **Bachquerung** ⓮ stößt der Pfad aus Vusanje auf unseren.
Nach der Bachquerung steigen wir schräg den Hang hoch und biegen an der Felswand nach links. Der Pfad führt nun geradewegs auf den Arapi zu, links liegt ein ehemaliger Militärposten mit Wasserquelle, der heute von Schäfern genutzt wird. Kurz darauf stehen wir am nördlichen Rand eines weiten Kessels mit einigen Steinmauern. Wir halten uns auf der linken Seite. Am Ufer des Liqeni i Pejës mündet von rechts der Pfad von Nikç/Lëpushë (siehe Tour 43), wir steigen in gleichbleibender Richtung (Süden) empor zum **Qafa e Pejës** ⓯. Wer Vorräte für eine weitere Nacht unter freiem Himmel und Kraft für die Besteigung des Arapi hat (siehe Tour 32), kann hier zelten.
Weiter nach **Thethi** ⓲ geht es, wie in Tour 36 beschrieben – mit der Möglichkeit, in der **Bar Kroni** ⓰ einzukehren und in **Okoli** ⓱ zu übernachten.

↗ 1220 m | ↘ 1310 m | 17.4 km

38 Thethi – Nikç

8.30 h

Auf ins Malësia e Madhe, das Große Bergland

So schön der Arapi im Licht der Morgensonne scheint, so unüberwindlich gibt er sich auf seiner Westseite. Und doch existiert eine alte Verbindung zwischen Thethi und Nikç – ein schmaler Pfad schlängelt sich hinauf, erst durch dichten Wald, dann über nach Salbei duftende Wiesen. Oben sind die zuvor intensiven Farben plötzlich ausgebleicht: Umgeben von den imposantesten Gipfeln der Albanischen Alpen überqueren wir die gewaltige Karstebene hinter dem Arapi, um uns herum sanfte, grasüberwachsene Dolinen und schroffe Felswände. Auf dem Abstieg nach Nikç wird das Grau zu Grün, die Berge hinter uns leuchten im Abendrot. Von Nikç gibt es einen Minibus nach Shkodra, sodass man nicht unbedingt nach Lephushe/Vermosh weiterwandern muss.

Ausgangspunkt: Thethi, nördliche Autobrücke, 745 m. Busanbindung aus Shkodra siehe Seite 151/152.
Endpunkt: Nikç, Gästehaus Prekë Isufi, 665 m. Minibusverbindung um 5.00 Uhr nach Shkodra.
Anforderungen: Nach 4 km flachem Anmarsch auf breitem Weg beginnt ein gut markierter (weiß-rot-weiß) Bergpfad, wirklich heikle Passagen gibt es nicht. Der steile Anstieg von den Arapi-Höhlen durch Wald und auf Wiesen zum Gryka e Vishnes kostet Kraft, auch die Länge ist eine Herausforderung. Bei Nebel schwierige Orientierung auf der Karstebene.
Einkehr: Nur im Thethi-Tal.
Unterkunft: **Thethi**, **Okoli** und **Nikgjonaj:** Siehe Seite 153. – **Nikç:** Bujtina Maja Shnikut (Gjon Turkaj, Tel. +355 69 2435466); Bujtina Prekë Isufi (Tel. +355 69 5285003).
Hinweis: Erste Etappe der Mehrtageswanderung Tour 38, 39, 43.
Tipp: Wer den Weg etwas verkürzen möchte, sollte in Nikgjonaj oder Okoli übernachten. Damit spart man 0.30 bzw. 0.45 Std. Gehzeit.
Alternativ kann man sich auch von dem Besitzer von Bar/Kafe/Taxi Kroni mit dem Auto bis zum Abzweig zu den Höhlen ❷ fahren lassen (Tel. +355 68 4684476).

Von der nördlichen **Autobrücke** in **Thethi** ❶ wandern wir auf dem Fahrweg rechts des Flusses talaufwärts auf den Arapi zu. Zunächst folgen wir den Richtungsangaben gen Qafa e Pejës, an Okoli vorbei, bis zur **Weggabelung** ❷ unterhalb der Bar Kroni (grüne Hütte). Hier nehmen wir den linken Weg. (Der rechte führt an der Einkehr vorbei zum Pejës-Pass.) Kurz hinter der Wegteilung steht ein Hinweisschild auf eine Quelle abseits des Weges (in den Bäumen hinter der Einkehr).
Nach der Querung von zwei (trockenen) Bachläufen endet der Fahrweg, der Pfad auf der anderen Bachseite führt im Wald geradewegs auf den Arapi zu, bis wir auf den trockenen, mit Felsblöcken übersäten Bachlauf am Fuße der Steilwand treffen. Nach dem Stein mit den Initialen der Markiererinnen Roza Rupa und Barbara Hausammann queren wir ihn und erreichen

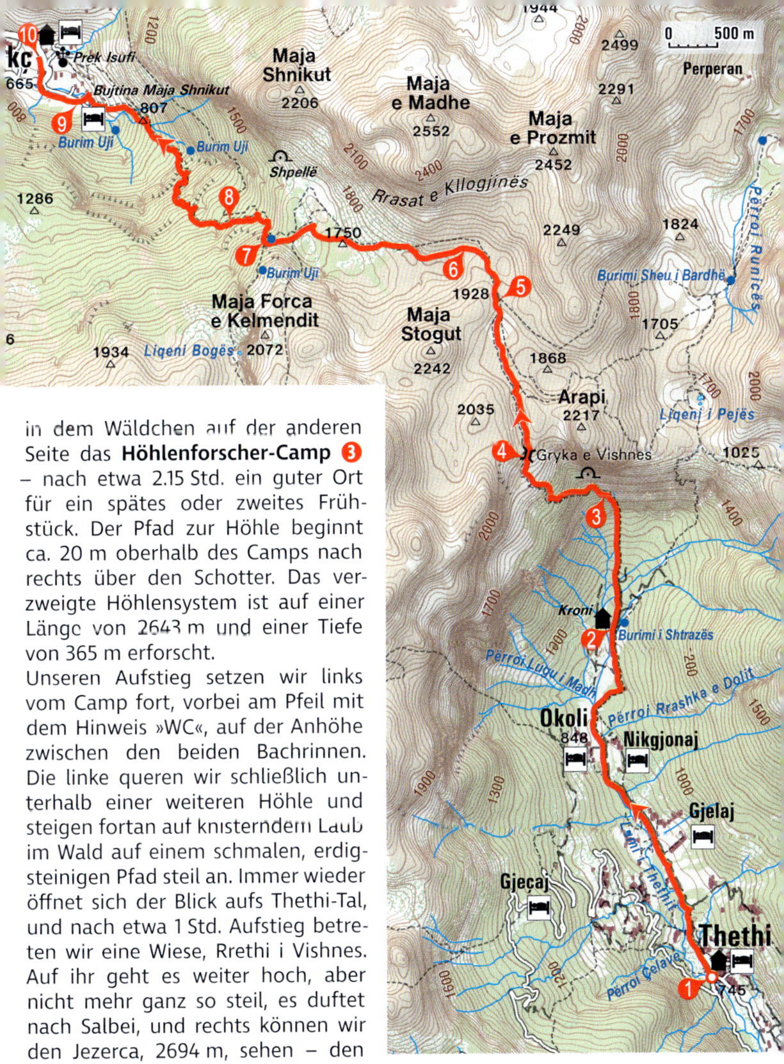

in dem Wäldchen auf der anderen Seite das **Höhlenforscher-Camp** ❸ – nach etwa 2.15 Std. ein guter Ort für ein spätes oder zweites Frühstück. Der Pfad zur Höhle beginnt ca. 20 m oberhalb des Camps nach rechts über den Schotter. Das verzweigte Höhlensystem ist auf einer Länge von 2643 m und einer Tiefe von 365 m erforscht.

Unseren Aufstieg setzen wir links vom Camp fort, vorbei am Pfeil mit dem Hinweis »WC«, auf der Anhöhe zwischen den beiden Bachrinnen. Die linke queren wir schließlich unterhalb einer weiteren Höhle und steigen fortan auf knisterndem Laub im Wald auf einem schmalen, erdig-steinigen Pfad steil an. Immer wieder öffnet sich der Blick aufs Thethi-Tal, und nach etwa 1 Std. Aufstieg betreten wir eine Wiese, Rrethi i Vishnes. Auf ihr geht es weiter hoch, aber nicht mehr ganz so steil, es duftet nach Salbei, und rechts können wir den Jezerca, 2694 m, sehen – den höchsten Gipfel des Prokletije.

Die eng gesetzten Markierungen lotsen uns zuverlässig über steindurchsetzte Wiesen in weiten Bögen von einem Felsband hoch auf das nächste. Erstmals überblicken wir das ganze Tal mit allen Ortsteilen von Thethi.

Nach etwa 1.45 Std. Aufstieg vom Höhlencamp öffnet sich vor uns der lang gestreckte Pass als Rinne, daher auch sein Name: **Gryka e Vishnes** **4**, »Vishnes-Schlund«. An ihm entlang gibt es viele Höhlen; wir verlassen sie nach etwa 650 m und entdecken 50 m weiter zwei Pfeile auf einem Stein; hier gehen wir nach rechts: Bald öffnet sich vor uns die große Karstlandschaft, wie zwei riesige Daumen ragen der Maja Stogut links von uns und der Arapi rechts von uns in die Höhe, hinter dem Arapi taucht nach und nach der Jezerca auf.

Wir halten uns links der großen Senke und steigen dann zu der Fläche mit den grasbewachsenen Mini-Dolinen ab, wo wir uns wiederum am linken Rand halten und 50 m höher schließlich an eine gut gekennzeichnete **Kreuzung** **5** gelangen. Sie eignet sich gut als Rastplatz. Nach rechts geht es auf die weite Arapi-Umrundung, nach Lëpushë und über die Stanet e Pejës nach Vusanje.

Geradeaus beginnt unser zunächst deutlicher Pfad nach Nikç; von nun an geht es abgesehen von minimalen Gegenanstiegen nur noch bergab: Wir gehen in einem Einschnitt hinunter und dann in einem großen Linksbogen über ein Felsplateau. Hier gibt es auf ca. 200 m aufgrund des Untergrunds keinen Pfad, Steinmännchen ergänzen die vielen Markierungen auf dem Boden. Bei Schnee kann die Orientierung daher schwierig sein, zudem durchziehen kleine Spalten das Karstgestein. Wichtig ist, dass wir uns kurz vor Ende der Plateaus nach rechts zum Bergfuß bewegen, wo wir auf einen **Pfad** **6** treffen.

Karstlandschaft hinter dem Arapi.

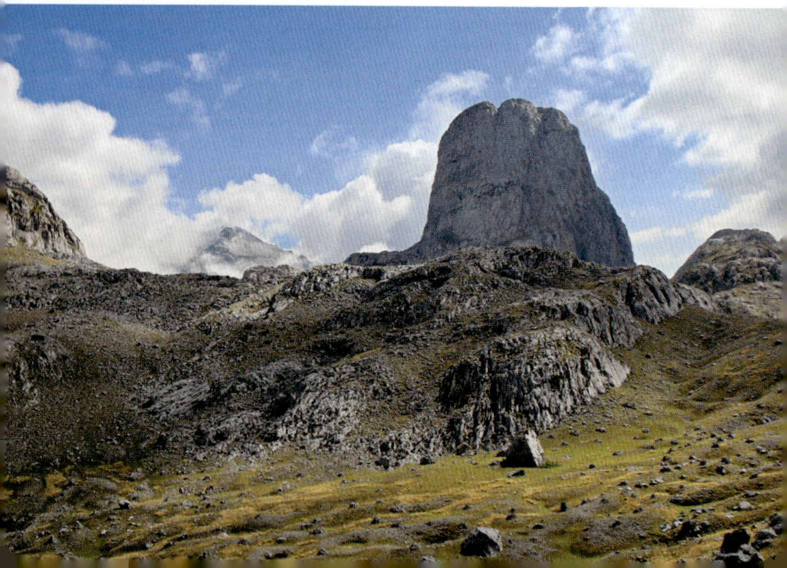

Er führt uns – an wenigen Stellen ein kleines bisschen exponiert – den Hang entlang. Nach einer kleinen Wiesensenke bietet sich oberhalb ein Aussichtspunkt über das mit Kiefern bewachsene Tal vor uns. Wir wandern weiterhin in der rechten Bergflanke abwärts, das uns bislang umgebende Hellgrau wird durch Dunkelgrün abgelöst, bis wir eine Wiesenebene erreichen. Hier gehen wir die Schneise nach rechts in den Wald. Rechts von uns liegt die Hirtenalm Stanet e Dobraçes, den ausgetretenen Abzweig zur Alm ignorieren wir trotz einer vielleicht irreführenden Markierung.

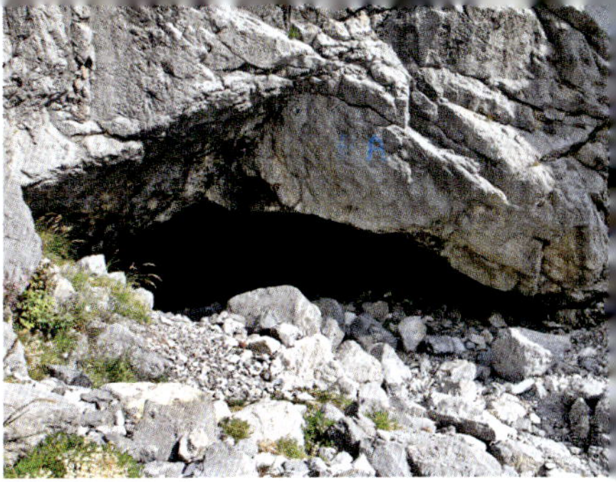

Einstieg in den Arapi: Knapp 2700 Meter des Höhlensystems sind erkundet.

Im weiteren Abstieg kommen wir an eine Stelle mit Aussicht auf Nikç und kurz darauf an eine **Wasserquelle** 7 am Fuße des Maja Forca e Këlmendit. An der bald folgenden, nicht zu verfehlenden **Kreuzung** 8 (fast jeder Baum ist im weiteren Verlauf markiert) verlassen wir den breiteren Viehpfad und gehen geradeaus. Nur dort, wo es durch junges Buchengebüsch geht, ist es etwas unübersichtlich. Unterhalb wird der Pfad wieder deutlicher. Nach einer Bachquerung unterhalb des dichten Waldes ist der Blick auf Nikç frei. Den inzwischen breiten Schotterweg verlassen wir etwas vor dem Ort nach links, um über Wiesenterrassen zum trockenen Flussbett abzusteigen (weiß-rot-weiße Markierungen). Geradeaus weisen weiße Striche und Pfeile den Weg Richtung Kirche im oberen Ortsteil. Wer zum Gästehaus von Prekë Isufi möchte, kann auch diesen Weg nehmen.

Die Abzweige zum Fluss sind allesamt mit Pfeilen markiert. Unten angekommen, ist die **Bujtina Maja Shnikut** 9 gleich das erste Anwesen auf der rechten Seite: das blaue Haus. Zu **Prekë Isufi** (unterhalb der Kirche rechts an der Straße nach Vukli gelegen) geht es auf dem Fahrweg zunächst am rechten Ufer entlang und dann nach rechts hoch ins Dorfzentrum von **Nikç** 10.

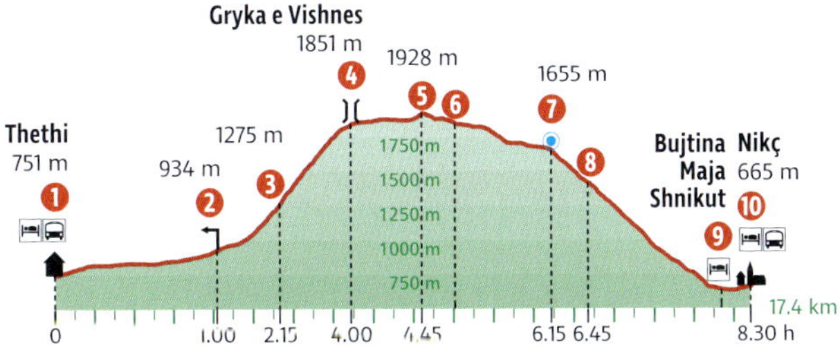

↗ 1130 m | ↘ 450 m | 10.8 km

39 Nikç – Lëpushë / Qafa e Bordolecit

5.30 h

Von Tal zu Tal im Këlmend

Die lebenden Heuhaufen stellen sich beim genauen Hinsehen dann doch als Pferde heraus, im Herbst tragen sie rundum beladen die Winternahrung von den Weiden ins Tal. Wir hingegen streben nach Norden – tiefer in den Këlmend. Der Qafa e James bietet eine herrliche Aussicht auf das nun hinter uns liegende Karst-Gebirge Bjeshkët e Nemuna. Vor uns erstrecken sich als Kontrast die lieblichen Wiesenhügel des Këlmend, der sich vom Zielort Lëpushë weiter erkunden lässt.

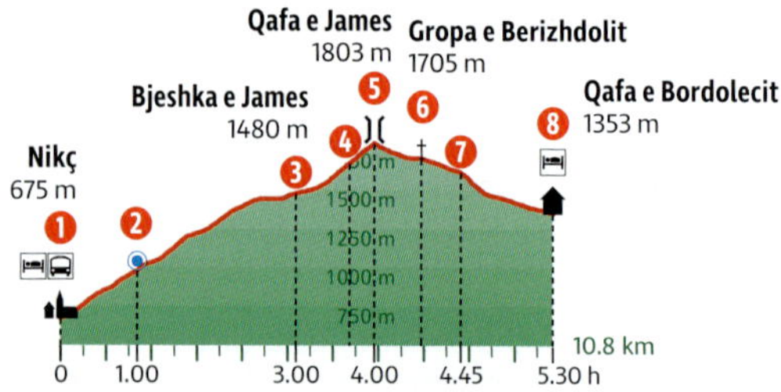

Ausgangspunkt: Nikç, Kirche, 675 m. Minibus von Shkodra nach Nikç um 14.00 Uhr vom Sheshi Ura e Maxharrit, 2 Std.
Endpunkt: Qafa e Bordolecit, 1353 m. Kein Bus. Fortsetzung zu Fuß nach Vermosh (Tour 41) oder Thethi (Tour 43).
Anforderungen: Eher leichte Tour mit gut sichtbaren und markierten Pfaden. Wasservorrat beim Aufstieg auffüllen – es gibt nur eine Quelle auf dem Weg. Weiß-rot-weiße Markierungen.
Einkehr: Am Qafa e Bordolecit, unterwegs keine.
Unterkunft: **Qafa e Bordolecit:** Hotel Alpini (Tel. +382 69 455603), vom Qafa e Bordolecit 150 m auf der Hauptstraße in Richtung Vermosh, dann ab dem Abzweig nach rechts noch etwa 500 m; Hotel Kelmendi (Tel. +355 69 2044131, +355 66 2014141, kelmendihotel@gmail.com, facebook.com/HotelKelmendi), an der Kirche vorbei ca. 850 m in Richtung Greben. – **Lëpushë:** Siehe Seite 154.
Hinweise: 1. Zweite Etappe der Mehrtageswanderung Tour 38, 39, 43.
2. Unterwegs gibt es keinen Mobilfunkempfang.

Die Tour beginnt an der Kirche von **Nikç** ❶. Wer bei Prekë Isufi übernachtet hat, geht links um die Kirche herum und oberhalb des Friedhofs nach rechts auf einem breiten Viehweg aufwärts. Gäste von Gjon Turkaj (Bujtina Maja Shnikut) starten an der hinteren Gartenpforte und gehen in kleinen Serpentinen bergauf, bis der Pfad nach knapp 500 m an einem markierten Stein auf den Weg von der Kirche her trifft. Hier geht es nach rechts bergan.

Etwa 700 Hm über Nikç führt der Viehweg an mehreren Häusern vorbei. Wenig oberhalb erreichen wir die einzige direkt am Weg befindliche **Wasserquelle** ❷ auf dieser Etappe. Rechts von uns liegen Weideflächen mit einer Ruine, ehe wir bei zwei großen Felsblöcken dem aufgemalten Richtungspfeil nach links folgen. So gelangen wir auf eine erste Wiesenebene mit lockerem Baumbestand und zahlreichen Markierungen, denen wir nach Osten das Tal entlang folgen, um dann nach rechts auf dem Hirtenpfad kurvenreich durch einen Buchenwald aufzusteigen. Schließlich öffnet sich vor uns ein Talkessel mit einer Weidefläche. Wir durchqueren ihn geradewegs und erreichen nach einer Geländestufe die Alpe **Bjeshka e James** ❸ mit mehreren Hirtenhütten. Auf Karten ist hier eine Wasserquelle eingezeichnet, und zwar etwa 200 m nördlich von der Stelle, an der wir das Hochtal erreichen. Es ist jedoch ratsam, Abstand zu den Schafherden und ihren Wachhunden zu halten. Wir wandern das

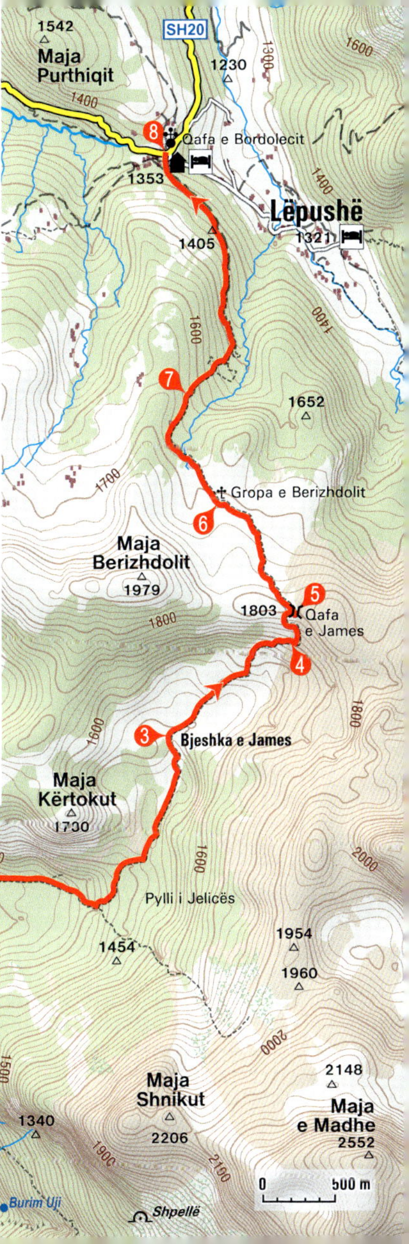

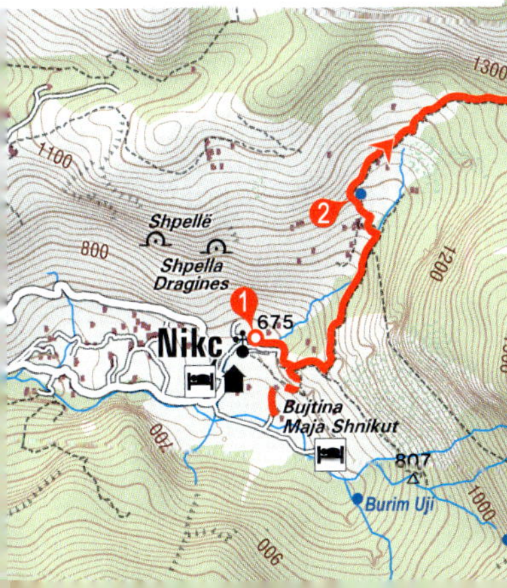

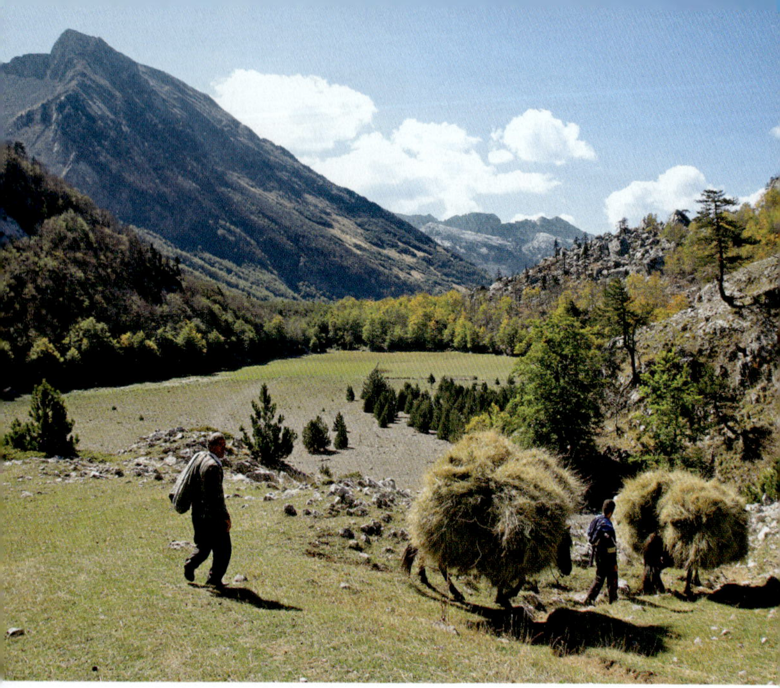

Das albanische Heutier wird Anfang Oktober oft gesichtet.

Tal so entlang, dass wir die Hütten am rechten Ende des Talkessels links passieren. Ein Stein mit einer riesigen Markierung in der Wiese hilft bei der Orientierung. Links der oberen Hütte steigen wir in Serpentinen aufwärts in Richtung der Bäume. Auf der Wiese finden sich immer wieder Markierungen, die allerdings bei hohem Gras schwer zu entdecken sind.
An der **Kreuzung** ❹ oberhalb der Alpe zweigt den Hang entlang ein Pfad nach »Theth« ab. Wir wählen hier den Weg vor den Felsbändern nach links, der uns in steilen Serpentinen und gut markiert auf den **Qafa e James** ❺ bringt. War das Panorama mit dem Kontrast von saftigen Waldfarben und den grauen Karstwänden zuvor schon eindrucksvoll, ist es hier dank der goldenen Wiesen und dem weiten Blick über den Këlmend auf der einen und den mächtigen, schroff aufragenden dunklen Gipfeln auf der anderen Seite atemberaubend.
Vor uns liegen nun die ausgedehnten Weiden der Gropa e Berizhdolit. Um den Schafen und Schutzhunden der Alm nicht zu nah zu kommen, kann man in einem linken oder rechten Bogen absteigen. Der rechte Pfad ist mit weiß-roten Pfosten markiert (Abstieg über Paja nach Lëpushë möglich). Wir

wählen jedoch die Variante über die linke Seite, die leicht abfallend den Hang entlangführt – immer deutlich oberhalb der Hütten – und mehrere kleine Wasserläufe quert. Die Markierungen auf Steinen in der Wiese verschwinden oft im Gras. Auf der Wiesenfläche **Gropa e Berizhdolit** **6** zweigt bei einem **Holzkreuz** der Pfad nach rechts ab. Hier sind Pfad und Markierung deutlich erkennbar und führen in den Wald, wo wir einen schmalen Bach überschreiten und dann nach rechts abwärts gehen. Bald treten wir auf eine Wiese und folgen ihrem Verlauf. Ihr Ende bildet ein schmales, ca. 100 m lang pfadloses, aber markiertes **Grasband** **7**, auf dem wir nach Nordosten in jungen Buchenbewuchs gelangen. Der Pfad quert dreimal einen Fahrweg, ehe wir beim vierten Mal auf dem Fahrweg bleiben und die verbliebenen 1,5 km geruhsam bis zur Schule von **Lëpushë** wandern, die sich am Qafa e Bordolecit befindet.
Hier am **Qafa e Bordolecit** **8** warten mehrere Bars/Cafés auf Kundschaft aus allen Richtungen. Nach rechts geht es ins Lëpushë-Tal. Die Hauptstraße führt nach links gen Shkodra und nach rechts ins Vermosh-Tal. Und der ansteigende Weg an der Kirche vorbei bringt Wanderer über den Greben nach Vermosh (siehe Tour 41). Bis zu den Gästehäusern am Pass und in Lëpushë sind es zwischen 0,7 und 1,6 km.

Im Herbst sind die Weiden der Gropa e Berizhdolit abgegrast.

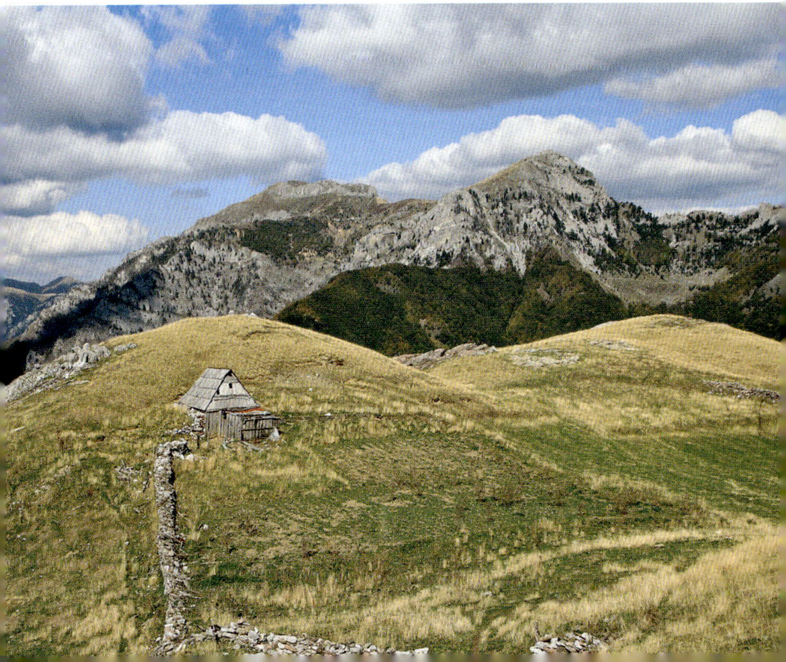

TOP

40

↗ 790 m | ↘ 790 m | 8.8 km

5.30 h

Maja e Vajushes, 2056 m

Auf dem Berg mit zwei Namen

Der Blick schweift über die Gropa e Berizhdolit im Westen, Këlmend im Nordosten, den Trojan im Norden, hinein nach Montenegro – und bei guter Sicht reicht er im Osten sogar bis zum Gjeravica, den höchsten Berg des Kosovo. Im Süden kratzen die spitzen Gipfel des Karanfili-Massivs an den Wolken. Die Rundtour über den Vajushes bietet hoch über Lëpushë einen der schönsten Rundblicke Nordalbaniens. Weil hier die Landesgrenze verläuft, trägt der Gipfel auch einen zweiten, montenegrinischen Namen: Taljanka. Im Sommer ist die Wahrscheinlichkeit übrigens groß, dass man wohlgenährt auf dem Grenzkamm ankommt, denn der Aufstieg ist gesäumt von Blaubeersträuchern. Anstatt zum Ausgangspunkt zurückzukehren, ist alternativ auch ein Abstieg ins Grbaja-Tal möglich.

Ausgangspunkt: Lëpushë, 1321 m, an der Wegkreuzung vor dem Gästehaus Bjeshket e Nemura.
Anforderungen: Meist leichte Bergpfade, zuverlässige Markierungen (weiß-rot-weiß). Der kurze Teil am Kamm ist luftig, aber nicht besonders ausgesetzt. Eine Wiesenpassage zu Beginn des Abstiegs (20 Hm) kann bei Nässe rutschig sein.
Einkehr: Unterwegs nur am Ende der Variante in Škala (alternativer Abstieg nach Montenegro).
Unterkunft: Lëpushë: Siehe Seite 154.
Varianten: An drei Punkten kann man ins Grbaja-Tal nach Montenegro absteigen: 1. Vom Popadija 5: Dazu folgt man dem Pfad auf dem abfallenden Kamm hinab nach Osten (weiße Punkte mit rotem Kreis) zum Sattel. Von dort nach rechts weiter abwärts in das Trogtal unterhalb des Vajushes, wo man auf den Abstieg von ebendiesem Gipfel trifft.
2. Vom Vajushes 6: Den von Südosten nach Osten drehenden Kamm hinab und über den Aussichtspunkt Volušnica zum Vorgipfel Maja Can, 1876 m (ebenfalls rot-weiße Punktmarkierungen). Von hier führt ein Pfad nach links ins Trogtal hinab und von dort ein Wanderweg zu den Unterkünften in Škala.

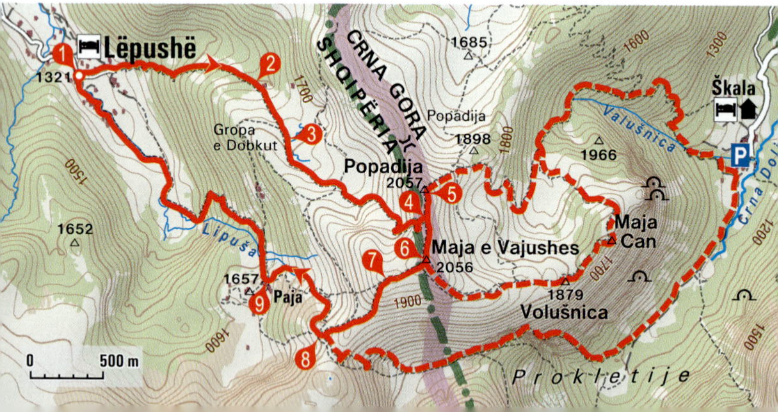

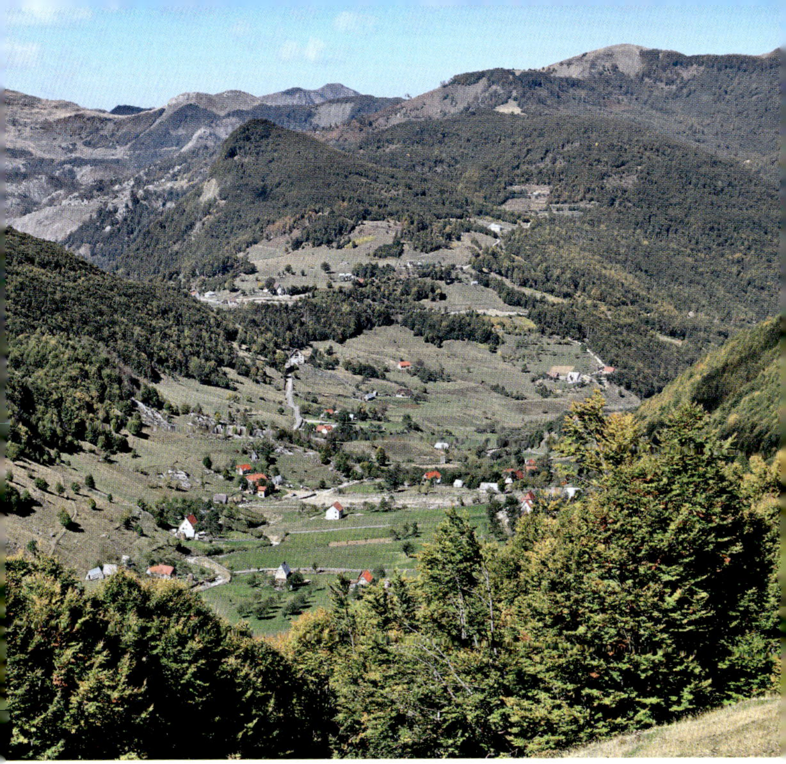

Das Lëpushë-Tal in seiner Pracht mit Qafa e Bordolecit in der Bildmitte vor dem Greben.

3. Von der Kreuzung 8 über den Vajushes-Pass: Es geht hinab in das vormals als Grenzposten und nun wieder als Weide genutzte Trogtal, die Katun/Livadha Vajushes. Am Ostende des Tals, wo der Bachlauf in den Wald führt, folgt man einem Pfad links abwärts. Er schlängelt sich nach einem kurzen Waldstück erst den Berghang entlang, ehe es auf feinem Schotter in Falllinie talwärts in den fast 100 m tiefer liegenden Wald geht; dann auf dem Talweg hinaus bis Škala.

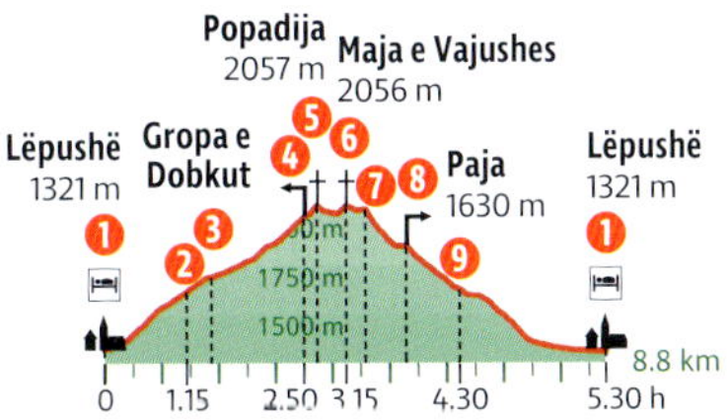

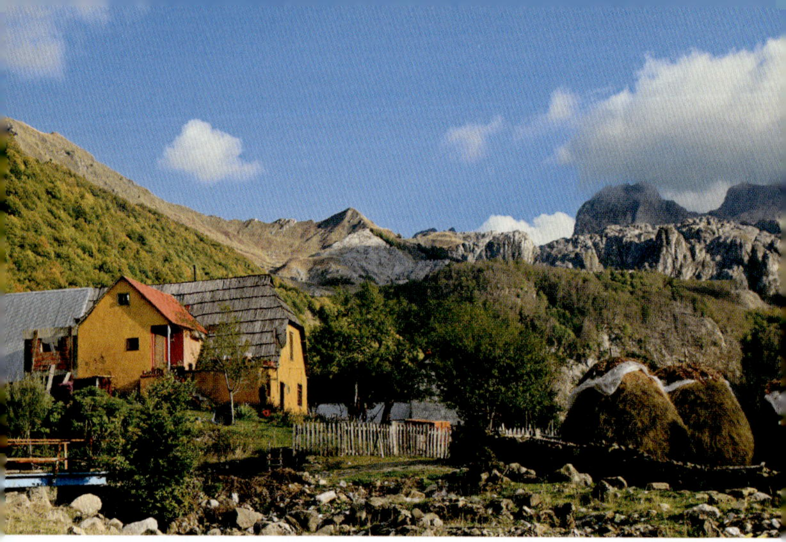

Der Vajushes (links ein Vorgipfel) zeigt sich im Kontrast zum karstigen Prokletije von der sanften Seite.

Wir starten an der Wegkreuzung vor dem Gästehaus Bjeshket e Nemura, der am weitesten taleinwärts gelegenen Unterkunft von **Lëpushë** ❶, vor uns türmt sich der felsige Talabschluss in der Morgensonne auf. Auf der Mauer links sind »Dopke» und unser Ziel »M. Vajushes« angeschrieben; wir gehen bergan auf ein gelbes Haus zu, auf dessen Höhe der markierte Pfad links des Bachlaufs beginnt. Keine 100 m weiter queren wir den Përroi Dobkut nach rechts und gehen kurz am linken Wiesenrand, dann in Serpentinen im Wald aufwärts. Zwischen zwei Wiesen wird der Pfad flacher, wir passieren eine Quelle und treten 100 m weiter aus dem Wald.
Hier teilt sich der Pfad: Am linken Wiesenrand entlang und auf gleicher Höhe bleibend geht es über den Qafa e Gurit Ngut zum Trojan – auf einem Stein angeschrieben als »Q. Gurkult«. Wir hingegen nehmen den **Abzweig »Q. Vajush«** ❷ und folgen den rechten, in südöstlicher Richtung ansteigenden Spuren. Bereits nach 350 m gelangen wir an die nächste Gabelung – auf einem Stein mit »Paj« markiert. Rechts geht es nach Paja, wir behalten unsere Richtung aber bei und gehen an den auf der **Gropa e Dobkut** ❸ gelegenen Überbleibseln einer Militärbaracke vorbei.
Wenig oberhalb der Ruine, am Beginn der blaubeerbewachsenen Hänge, teilt sich der Pfad nochmals. Auf Bunkerbruchstücken auf dem Boden stehen die Richtungsangaben: »M. Vajush« für den von uns angestrebten Gipfel und nach rechts ansteigend »L. Vajushe« für den direkten Weg über den Qafa e Vajushes zur Hochweide Livadha e Vajushes.

Wir nehmen also den linken, flacheren Pfad – geradewegs auf den Gipfel zu – und queren bald darauf einen alten Grenzbewachungsweg. Links unterhalb von uns windet sich der Oberlauf des Përroi Dobkut. Die ca. 60 m hohe Geländestufe vor uns bewältigen wir auf einem guten Pfad, durchschreiten den sich daran anschließenden grünen Bergkessel und steigen an seinem Ende in Serpentinen auf den **Kamm** ❹. Hier verläuft die Landesgrenze mit Montenegro. Nach links sind es etwa 250 m bis auf den **Popadija** ❺, 2057 m, mit Grenzpyramide. Anschließend erklimmen wir nach rechts den **Maja e Vajushes** ❻, 2056 m, der auch den montenegrinischen Namen Taljanka trägt.

Nachdem wir den wunderbaren Rundblick genossen haben, folgen wir dem Kamm vom Vajushes auf nahezu gleichbleibender Höhe nach Westen. An dem Punkt, an dem sich der Kamm in zwei abfallende Grate teilt, steigen wir nach links 20 Höhenmeter über eine steile Wiese auf den nach Süden verlaufenden **Grat** ❼ ab, wo der markierte Pfad wieder deutlich hervortritt. Die weiß-rot-weißen Markierungen sind eng gesetzt. Nach etwa 250 m verlassen wir den Grat nach rechts (mit einem Pfeil markiert), gehen rechts um einen kleinen Gipfel vor uns herum und stoßen dabei auf den von der Gropa e Dobkut herführenden Grenzweg, den wir beim Aufstieg überquert haben. Kurz darauf kommen wir an eine **Kreuzung** ❽. Nach links geht es zum Vajushes-Pass (die dritte Abstiegsmöglichkeit ins Grbaja-Tal, siehe Varianten) und nach rechts – unser Pfad – in nördlicher Richtung an einem Felsband entlang zurück nach Lëpushë.

100 m nach dem Abzweig steigen wir nach rechts in ein kleines Tal ab, folgen seinem Verlauf entlang eines Bachlaufs und erreichen nach einem Linksbogen und der Querung des kleinen Canyons eine Ebene mit einigen Hirtenhütten: **Paja** ❾. Nach links geht es zur Gropa e Berizhdolit, wir aber wenden uns nach rechts abwärts und betreten nach Norden den Wald. Kurz darauf passieren wir den Abzweig zur Gropa e Dobkut (die Verbindung zum Abzweig, der bei unserem Aufstieg mit »Paj« markiert war).

Auf unserem weiteren Abstieg queren wir zunächst eine Wiese und folgen dann dem Verlauf der beiden nächsten. Bald schon sehen wir Lëpushë unter uns. Durch den Wald erreichen wir das Tal und am Abzweig zur Gropa e Ujit (»G.Ujte«) vorbei entlang von umzäunten Weiden nach Nordosten unseren Ausgangspunkt in **Lëpushë** ❶.

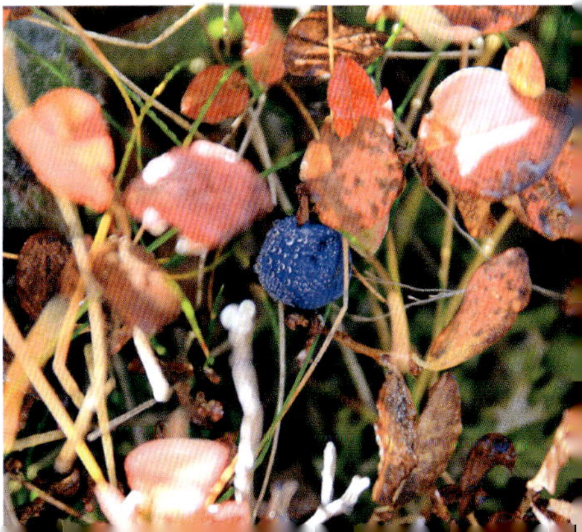

Naschempfehlung: Blaubeere mit Morgentau.

↗ 500 m | ↘ 820 m | 9.3 km

41 Lëpushë / Qafa e Bordolecit – Greben, 1840 m – Vermosh

3.45 h

Über sanfte Hügel in das nördlichste Dorf Albaniens

Diese einfache Wanderung bringt uns über die saftigen Weiden nach Vermosh, der Höhepunkt dieser Wanderung ist die Aussicht vom 1840 Meter hohen Greben. Auf dem grasbewachsenen Gipfel blicken wir zurück auf die Gipfelkette Vajushes-Popadija-Trojan sowie den Qafa e James. Vor uns liegen die Hausberge des Vermosh-Tals, auf drei Seiten sehen wir auf montenegrinische Gipfel und über uns kreisen Adler.

Ausgangspunkt: Qafa e Bordolecit, Kirche, 1353 m. Keine Busanbindung.
Endpunkt: Vermosh, 1033 m. Keine Busanbindung. Transport nur mit Privat-Pkw oder durch Gastgeber.
Anforderungen: Zu Beginn und am Ende breite Wege, dazwischen gut sichtbare und markierte Pfade (weiß-rot-weiß) ohne besondere Schwierigkeiten.
Einkehr: Gegebenenfalls bei den Hirtenhütten 5 und nach dem Qafa e Vusmace.
Unterkunft: Vermosh: Siehe Seite 154.
Information: Mark Naçaj in Vermosh, Qendra e Turizmit Vermosh, siehe Seite 154.
Hinweise: 1. Verbindung mit Tour 39 möglich. 2. Kein Mobilfunkempfang.

Vermoshs Kühe gehen brav am Straßenrand.

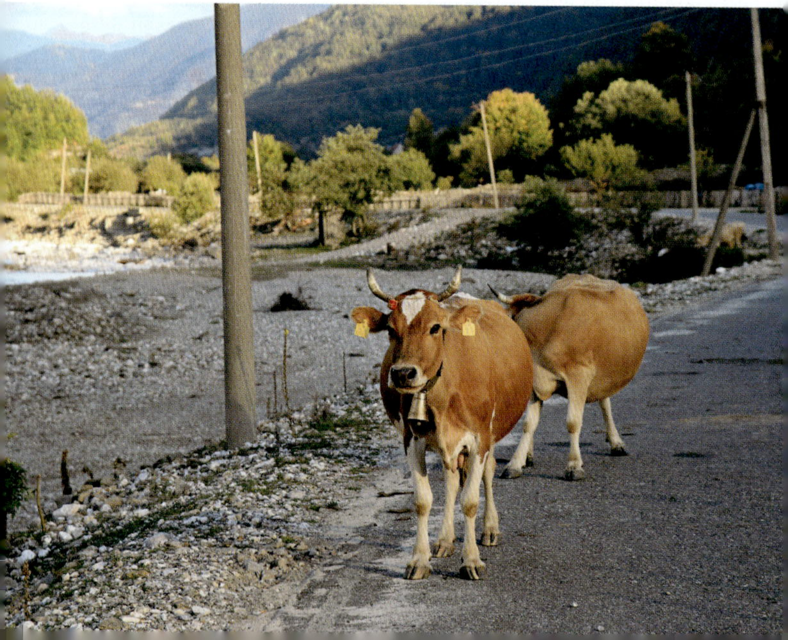

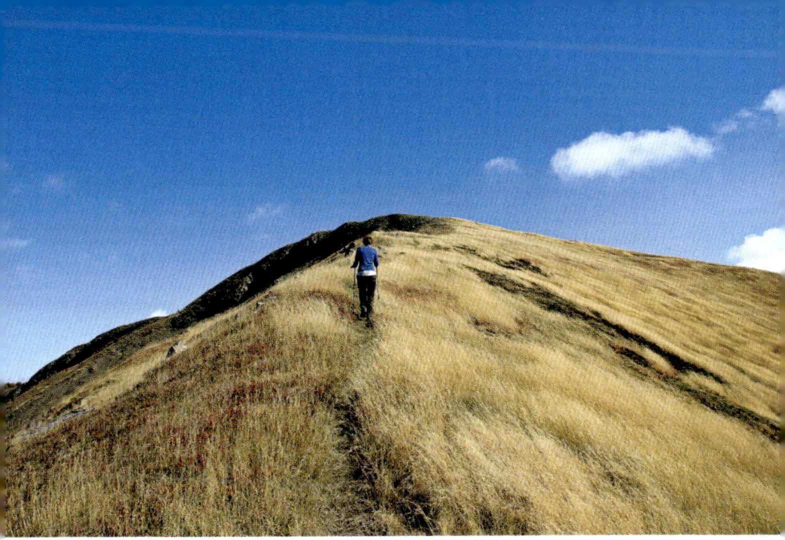

Der finale Anstieg auf den Greben ist ein leichter.

Vom **Qafa e Bordolecit** ❶ wählen wir den Fahrweg, der rechts an der Kirche vorbei sanft ansteigt. Auf einem Betonpfeiler ist der Greben angeschrieben, auch weist ein Schild zum Hotel Kelmendi, an dem wir nach einem knappen Kilometer vorbeikommen. Kurz darauf gehen wir an der **Kreuzung** ❷ links, um weiter anzusteigen. (Rechts geht es nach Vermosh-Bashkim und auf den Maja e Taljanit.) 200 m danach verlassen wir den Fahrweg nach links auf einen schmalen Graspfad zwischen dichtem Baumbestand und kürzen so eine Kehre ab. Gleich 50 m nach der Rückkehr auf den Schotterweg wechseln wir nach rechts auf einen erdigen Weg, der uns erneut eine ausladende Kehre erspart. Zurück auf dem besseren Fahrweg nehmen wir nach knapp 100 m an der **Kreuzung** ❸ den linken Abzweig, auf der gleichen Höhe bleibend. Die Markierung an einem Baumstumpf ist hier abgeblättert.

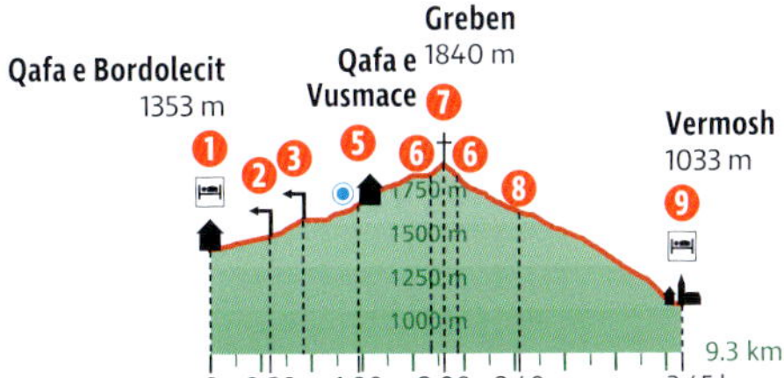

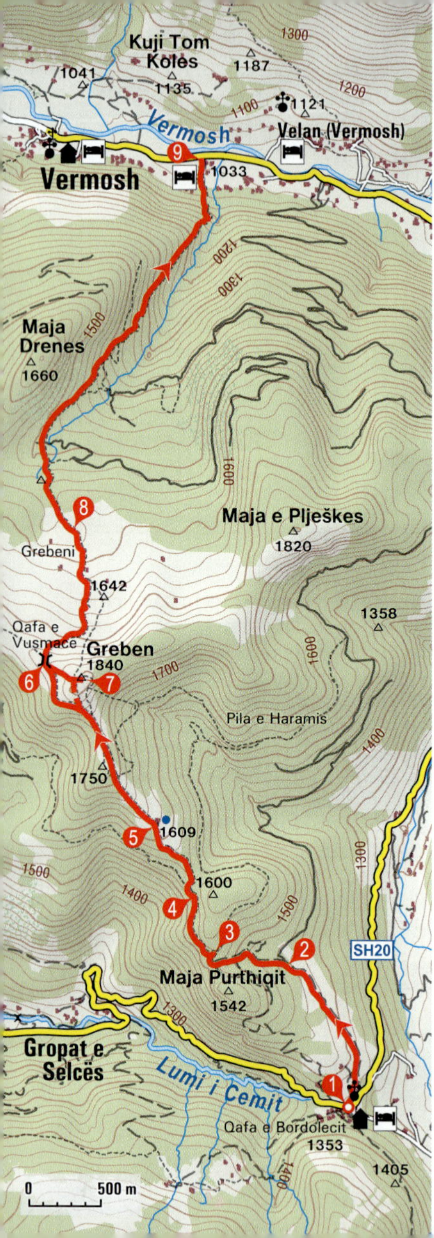

Wir folgen dem Fahrweg nun noch 500 m, ehe wir nach rechts auf einen steileren, erdigen Fahrweg abzweigen ❹, der uns zunächst auf eine kleine Wiese und dann durch Wald auf eine große Wiese mit Hirtenhütten bringt. Das Wiesenband wandern wir geradeaus aufwärts, bei den oberen Hirtenhütten gibt es eine **Quelle** ❺. Der Platz verwöhnt mit einer Aussicht auf die grasbewachsenen Gipfel Trojan, Popadija und Vajushes sowie die Gropa e Berezhdolit und den Qafa e James. Dahinter türmen sich die 2500 m hohen Karstgipfel, die den Këlmend von Thethi trennen.

Was zunächst noch ein Weg ist, wird auf der spitz zulaufenden Wiese oberhalb der Hütten immer schmaler und führt als Pfad rechts des Kamms in den Buchenwald. Nach dem Waldstück liegt der Greben vor uns. Der Wiesenbuckel kann entweder von hier pfadlos überschritten (vereinzelte Markierungen) oder als kurzer Abstecher vom Vusmace-Pass aus bestiegen werden: Dazu wandern wir zunächst links um den Greben herum, der Pfad ist mit einem Holzpflock markiert.

Vom **Qafa e Vusmace** ❻ führen Markierungen nach Nordwesten den Kamm entlang auf den Maja Haramis, 1810 m (ca. 1,3 km). Wir begnügen uns mit dem erwähnten, etwa 200 m langen Abstecher (50 Hm) nach Südosten auf den **Greben** ❼, 1840 m.

Zurück am Pass steigen wir nach Norden ab und halten dann nach

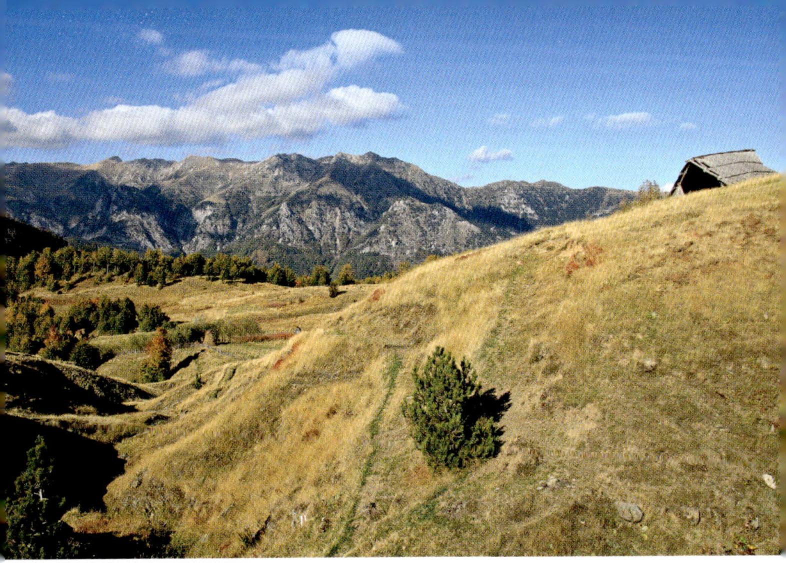

Der Abstieg vom Greben führt über Weidewiesen mit Blick auf die knapp 2200 m hohen Berge über Vermosh.

Nordosten auf die quadratischen, in einer Reihe liegenden Grundmauern zu. Nach den Mauern folgen wir einer Rinne und den vielen Markierungen, queren die Rinne und verlieren rechts von ihr pfadlos weiter an Höhe. An den Hängen wachsen Blaubeeren. In dem hügeligen Wiesengelände mag es mitunter etwas unübersichtlich sein, die Orientierung ist aber einfach: entlang der Rinne nach Norden auf eine auf einer Kuppe stehende Hütte und den dahinter liegenden Wald zu. Kurz vor der allein stehenden Hütte stößt von rechts eine weitere Rinne hinzu; wo sich beide treffen, steigen wir in den Einschnitt und passieren die einzelne Hütte auf deren linker Seite. Entlang einer umzäunten Weide erreichen wir den **Wald** 8.
Der Pfad wird hier schnell breiter und bringt uns nach einer Bachquerung immer geradeaus in nordöstlicher Richtung ins Tal, zwei Kehren des Fahrwegs kürzen wir ab. Das letzte Stück des ausgetretenen Abstiegs ist nochmal etwas steiler, die Häuser von Vermosh sind bereits unter uns zu sehen. Unten angekommen, folgen wir dem Fahrweg nach Norden zur **Hauptstraße**, die die verschiedenen Ortsteile von **Vermosh** 9 verbindet. Das Highlander Guesthouse findet sich etwa 50 m vor Erreichen der Straße auf der linken Seite, die Gästehäuser Lumaj, Vuktilaj, Natyra, Frati und Frani liegen talauswärts (nach rechts); nach links geht es zum 1 km entfernten Zentrum (Qender) mit der Kirche und der Touristeninfo sowie dem noch etwas weiter talaufwärts gelegenen Gästehaus Peraj.

↗ 610 m | ↘ 610 m | 11.2 km

42 Varri i Memi

4.15 h

Das Heldengrab auf der Pojanic-Ebene

Diese schöne Wald- und Wiesenwanderung im nordwestlichsten Teil Albaniens zeigt uns die liebliche Seite des Vermosh-Tals, auf der Pojanic-Ebene lässt es sich vorzüglich rasten und die Aussicht auf die golden schimmernden Hügel und das schroffe Prokletije-Massiv dahinter genießen. Auch kann vom Heldengrab Varri i Memi aus der Maja e Marlulës, 2187 m, bestiegen werden. Zurück geht es durch meterhohe Farnfelder und schließlich vorbei an den Bunkern, die der furchtsame Diktator Enver Hoxha einst im ganzen Land verteilte. Hier war Albanien tatsächlich von drei Seiten bedroht – zumindest in der Theorie. Heutzutage regiert Gastfreundschaft statt Furcht und die Grenzen zu Montenegro sind offen.

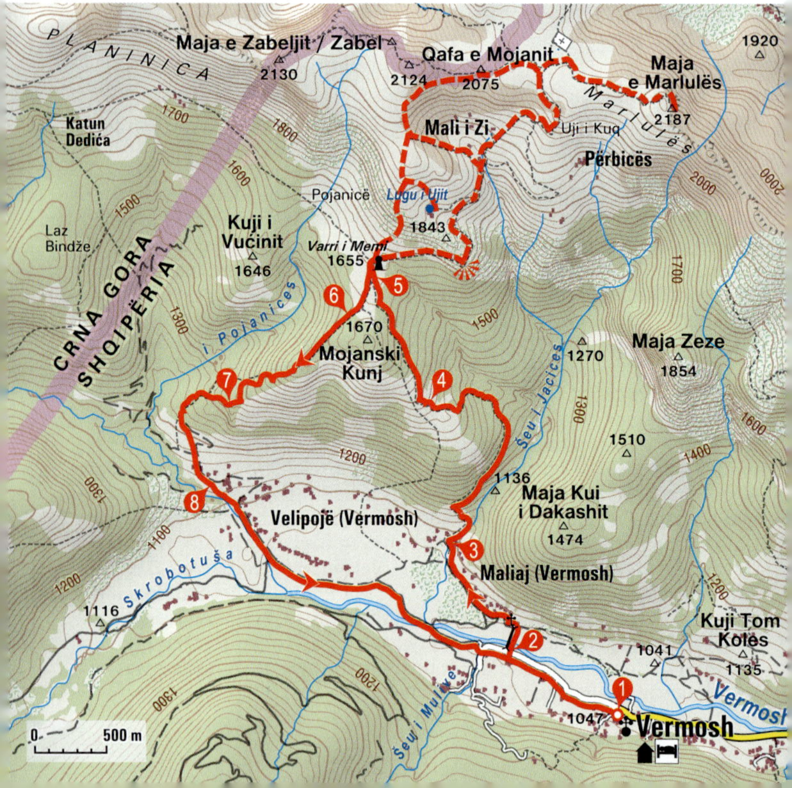

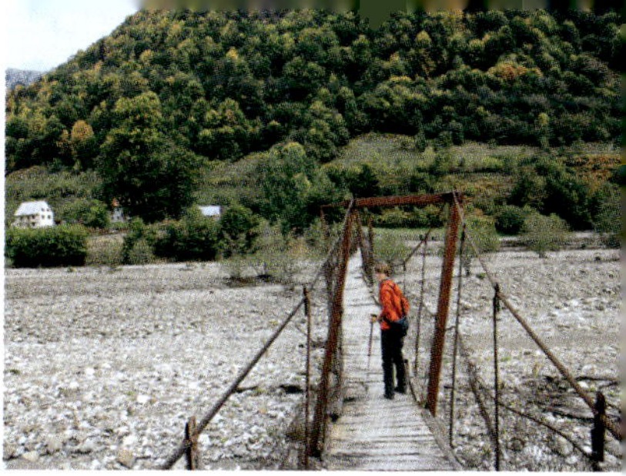

Oben: Die Brücke hält!
Unten: Die Fellflecken sind typisch für Kelmendschweine.

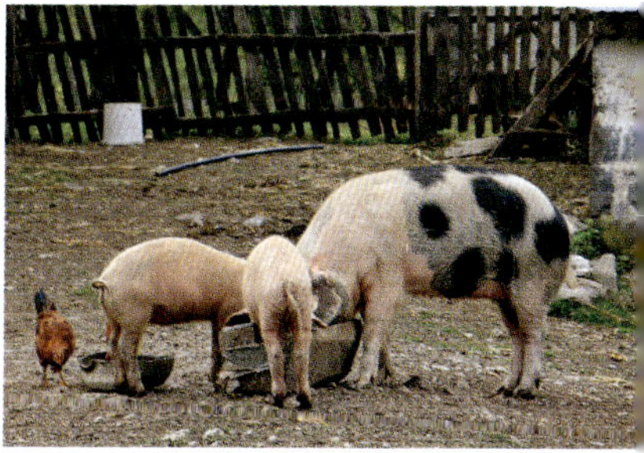

Ausgangspunkt: Vermosh Qender, 1047 m, Dorfplatz bei der Kirche Shën Gjon Pagëzori.
Anforderungen: Leichte Wanderung durch Wälder und über Wiesen. Durchgehend gut markiert weiß-rot-weiß.
Einkehr: Restaurant der Touristeninfo am Ausgangspunkt, Peraj Guesthouse (zwischen Vermosh Qender und der Hängebrücke); unterwegs keine.
Unterkunft: Vermosh: Siehe Seite 154.
Variante: Maja e Marlulës, 2187 m: Vom Varri i Memi **5** geht es zunächst nach rechts um den vorgelagerten Berg herum. Nach 1,1 km passieren wir den markierten Abzweig ins Lugu i Ujit, das Wassertal: 150 m taleinwärts findet sich eine Wasserquelle. Der weitere Anstieg (Markierung »Q. Mojanit«) führt nach rechts weiter auf dem Saumpfad den Hang entlang in einen großen Talkessel mit einer alten Militärbaracke. Dahinter steigen wir im Zickzack an, in der flacheren Wiese oberhalb machen die Markierungen einen Linksbogen, ehe sie geradewegs nach Nordosten auf die Rinne zuführen. Wir queren die Rinne und steigen auf die Anhöhe Uji i Kuq mit ihren markanten roten Felsen und dann auf dem Rücken nach Norden an der gleichnamigen Quelle vorbei zum Qafa e Mojanit an; von dort nach Osten den Kamm entlang auf den Maja e Marlulës. Der Abstieg erfolgt entweder auf der Aufstiegsroute oder vom Qafa e Mojanit nach Westen und dann oben um den Bergkessel mit den Militärbaracken herum. Der Pfad führt unterhalb des 2124 m hohen kuppelförmigen Grenzgipfels vorbei – auf der Kesselinnenseite auf gleichbleibender Höhe. Von dem flachen Wiesenrücken südlich des Gipfels ist ein Abstieg zu den Baracken möglich. Weiter südlich kann man ins Lugu i Ujit mit der Quelle absteigen oder auch über den steilen Hang zwischen den Felsen direkt zum Varri i Memi. Für den Aufstieg bis zum Gipfel (4,2 km, 530 Hm) sollten 2 Std. eingeplant werden, für den Abstieg je nach Variante 1.30–2.00 Std.

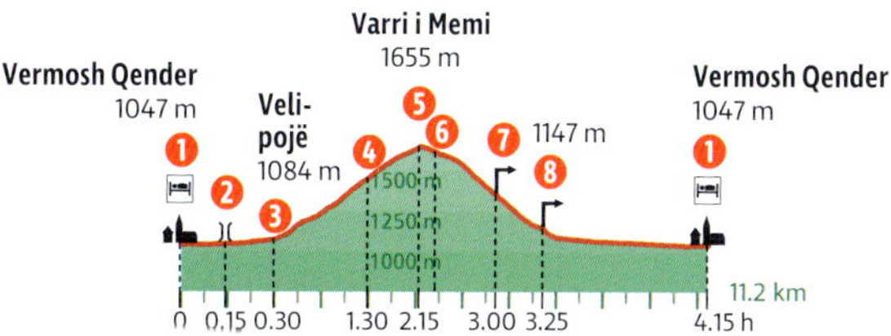

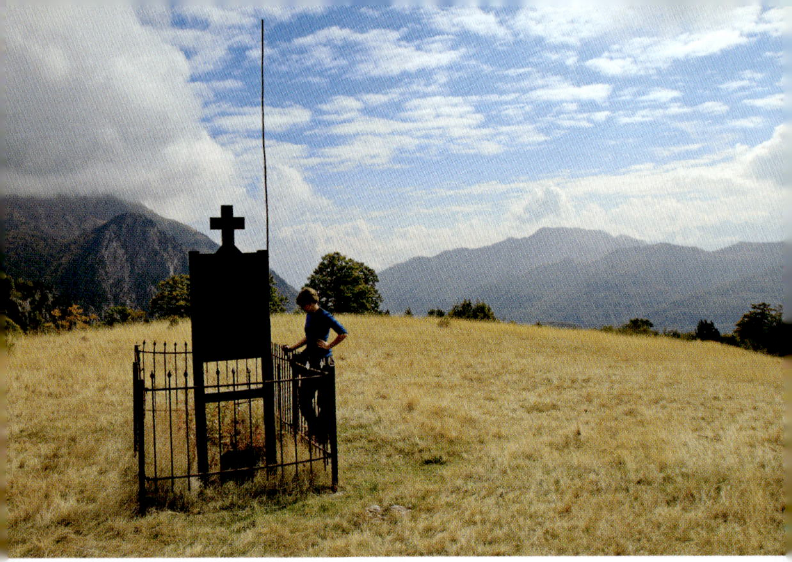

Lebende haben vom Heldengrab eine tolle Aussicht.

Vom Dorfplatz an der Kirche in **Vermosh Qender** ❶ wandern wir die Straße taleinwärts bis zu einer Hängebrücke für Fußgänger, die das breite Flussbett überspannt. Auf einem Strommast ist der Maja e Marlulës angeschrieben. Wir überqueren die **Hängebrücke** ❷, gehen am anderen Ufer den Fahrweg nach links und erreichen dank einer Holzbrücke über den Përroi Janices die östlichsten Häuser des Ortsteils **Velipojë** ❸.
Hier steigen wir nach rechts entlang der Häuser in das Seitental mit dem Bach und an dessen linker Seite aufwärts. Keine 200 m weiter wird es steiler: Es geht nach links in Serpentinen einen Wiesenhang hinauf und an dessen oberem Ende steil in Wald hinein. Gemächlich ansteigende Passagen wechseln nun mit steileren Serpentinen, bis wir eine große Wiese erreichen. Rechts am Waldrand gehen wir auf einen Zaun zu und steigen dann hinter ihm weiter an: Auf der Höhe, wo ein paar Bäumchen an einem Steinhaufen stehen, verlassen wir den **Zaun** ❹ nach links.
Eine Schneise führt uns oberhalb wieder in den Wald und auf dem Weg erreichen wir bald den Wiesenrücken **Pojanic**. Das Heldengrab **Varri i Memi** ❺ liegt 200 m weiter nördlich. Kurz vor dem Denkmal sind auf einem Stein am Boden die beiden Pfade nach Vermosh sowie der weitere Anstieg zum Marlulës kenntlich gemacht. Der Aussicht über den Greben hinweg auf das Prokletije ist wunderschön, auf den saftigen Wiesen der Pojanic-Ebene lässt es sich bestens rasten. Wer noch nicht genug hat, hängt noch die Gipfelbesteigung an (siehe Variante).

An dem markierten Stein 50 m südlich des Heldengrabes wählen wir die rechten Spuren nach Vermosh, die uns nach Südosten in den **Wald** 6 bringen. Auf dem Waldweg, vermutlich einst vom Militär genutzt, können wir gemütlich absteigen. Nachdem wir das zweite Mal an den Rand eines riesigen Farnfeldes gekommen sind, gehen wir an einem **Abzweig** 7 nach rechts weiter im Wald abwärts, bis zum obersten Haus von Velipoljë. Am Zaun am Rand des Farnfelds entlang abwärts stoßen wir unterhalb auf den Fahrweg, der zuvor zwischen den Farnen eine Kehre macht. Nach 300 m, mit Blick auf den Fluss, verlassen wir den Weg wieder nach rechts 8 und steigen auf einer Wiese geradewegs zu den Häusern am linken Ufer ab.
Auf dem Hauptfahrweg streben wir nun vorbei an Bunkern unserem Ausgangspunkt entgegen. Ehe wir zu den Häusern von Velipojë gelangen, an denen vorbei wir aufgestiegen sind, halten wir uns rechts und durchqueren das (trockene) Flussbett. Kurz bevor wir den Hauptfahrweg am rechten Ufer erreichen, deutet ein Pfeil nach rechts hoch auf die Wiese, wo wir 100 m parallel zum Flusslauf gehen und dann zurück auf den Fahrweg. Bis zum Ausgangspunkt in **Vermosh Qender** 1 ist es noch 1 km.

Beim Abstieg zeigt sich das Vermosh-Tal in seiner ganzen Schönheit.

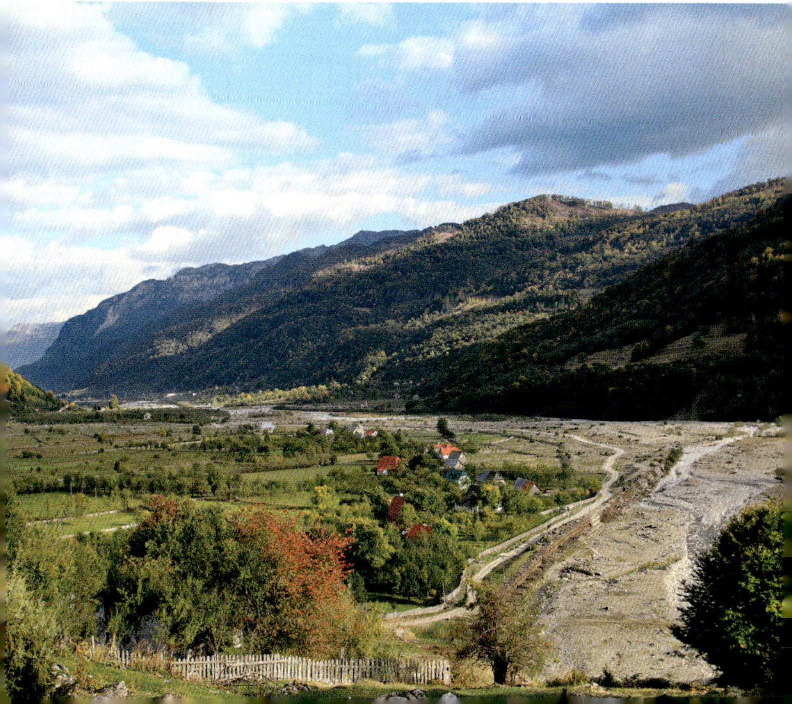

TOP

↗ 1300 m | ↘ 1910 m | 21.0 km

43 Lëpushë / Qafa e Bordolecit – Thethi

10.30 h

Über vier Pässe von den Këlmendi zu den Shala

Diese Gebirgsquerung vom Großen Bergland (Malësia e Madhe), wo ganz im Norden das Stammesgebiet der Këlmendi liegt, in das Hochland Dukagjini zu den Shala, ist so abwechslungsreich wie fordernd. Bei der Überschreitung der Pässe James, Lagojve, Prozmit und Pejës zeigt sich die ganze Vielfalt des Prokletije: Wir lassen die sanft geschwungenen Wiesenhügel hinter uns und betreten das schroffe Karstreich, das wir erst beim Abstieg nach Thethi wieder verlassen.

Ausgangspunkt: Qafa e Bordolecit, 1353 m, Schule von Lëpushë. Keine Busanbindung.
Endpunkt: Thethi, 745 m. Busanbindung aus Shkodra siehe Seite 151/152.
Anforderungen: Die sehr lange Tour beinhaltet einige steile Abschnitte, insbesondere die Schotterpassagen zwischen dem Qafa e Lagojve und dem Qafa e Prozmit sind kraftraubend; teils weglos. Der Anfang (bis Qafa e James) ist einfach, auch der finale, viel begangene Abschnitt vom Qafa e Pejës.
Einkehr: Nach dem Abstieg vom Qafa e Pejës: Bar/Kafe/Taxi Kroni (Tel. +355 68 4684476), bei Barbetrieb Transport nach Thethi möglich.
Unterkunft: Mit genügend Proviant kann man am Qafa e Pejës 9 oder bei den Stanet e Pejës zelten (Wasserquellen in der Nähe, an der ehemaligen Militärbaracke wohnen im Sommer Hirten), der Abzweig befindet sich etwa 600 m nach dem Sattel 8 an der ersten Kreuzung. – **Thethi:** Siehe Seite 153.
Variante: Vom Qafa e Pejës 9 ist eine Besteigung des Arapi, 2217 m, möglich (siehe Tour 32). 3.30 Std. Gehzeit sollten für die Besteigung inklusive Rückweg zum Pass eingeplant werden.
Hinweis: Dritte Etappe der Mehrtageswanderung Tour 38, 39, 43.

Vom **Qafa e Bordolecit** 1 wandern wir den Fahrweg links der Schule von Lëpushë Richtung Qafa James im Wald 1,5 km taleinwärts und zweigen dann nach rechts auf einen **Pfad** ab 2, der den Fahrweg dreimal kreuzt. Im Anschluss an eine lang gezogene Wiese queren wir ein Bächlein nach links, treten aus dem Wald und halten nach Südosten auf den felsigen Hügel mit einem weißen Kreuz zu. Wir passieren ihn auf der linken Seite und wandern rechts oberhalb der Hirtenhütten über die saftigen Wiesen der Gropa e Berizhdolit nach Südost zum **Qafa e James** 3.
Am Pass wählen wir nicht den Abstieg nach Nikç, der mit dem Zusatz »Thethe« versehen ist, sondern den oberen Pfad Richtung »Theth« nach links durch die Felsen auf den kurzen wiesenbewachsenen Rücken und gehen nach Südosten auf die Karstgipfel zu. Zwischen Felsen steigen wir in das schmale Karsttal ab und auf der anderen Seite an der linken Felswand des dunkel aufragenden Gipfels wieder auf. Es handelt sich nun um teils pfadloses, aber durchweg sehr gut markiertes, imposantes Felsterrain. Oberhalb schließt sich an einen felsdurchsetzten flachen Wiesenhang ein

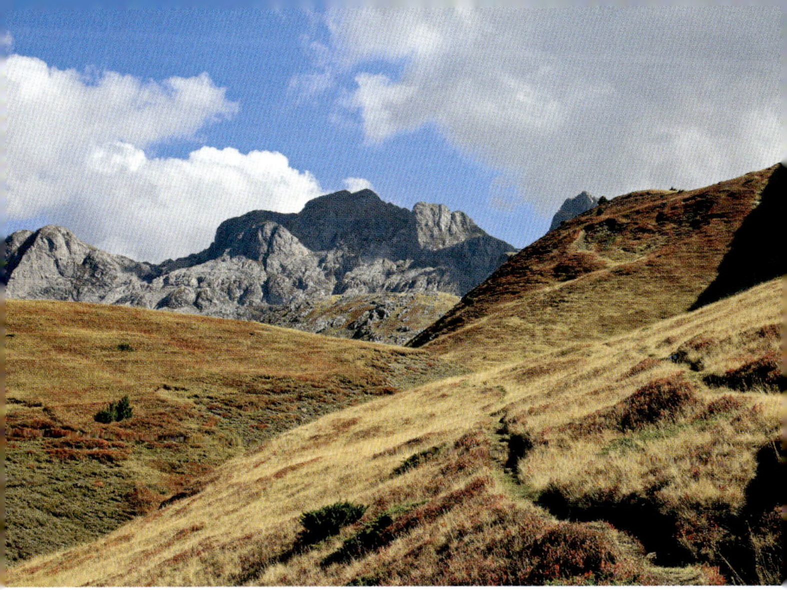

Die Gipfel der »Verwunschenen Berge« überragen die Gropa e Berizhdolit und den Qafa e James

kleines Tal an, das uns auf den **Qafa e Lagojve** ❹ leitet, die letzten Meter über Schotter.

Vor uns liegt nun ein großer Bergkessel, an dessen linkem Rand wir entlangwandern. Wir verlieren etwas an Höhe, bis wir dann in den Schotterfeldern an den Westhängen auf etwa 2090 m die Höhe halten. Das Fortkommen ist aufgrund des Schotters (insgesamt etwa 700 m) etwas mühsam,

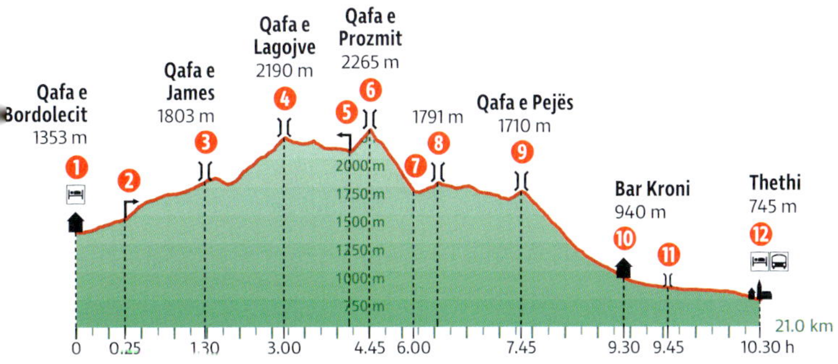

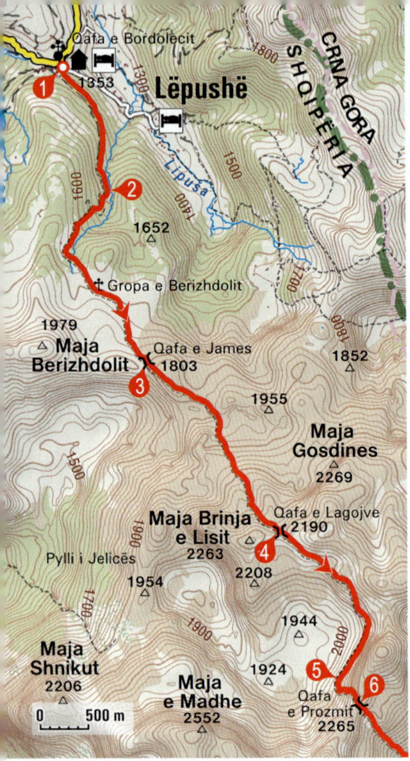

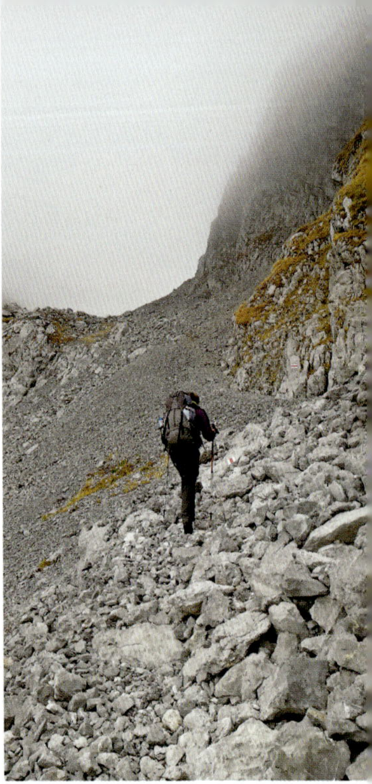

Der Anstieg zum Qafa e Lagojve führt über ein erstes Schotterfeld.

die Markierungen sind aber gut. Am Ende des Schotters erreichen wir eine **Kreuzung** ❺, wo auch der ebenfalls eng markierte Pfad von der Bjeshka e James über die Gropa e Koprishit auf den unsrigen stößt. Wir gehen hier links entlang der Felswand aufwärts. Es folgen einige steile Meter in einem Geröllfeld, das wir nach links in einen felsdurchsetzten Hang verlassen, um weiter steil im Zickzack anzusteigen (gut markiert, aber pfadlos). In dem Schotterhang oberhalb geht es erneut im Zickzack hoch zur Felswand auf der linken Seite und dann in gerader Linie zum **Qafa e Prozmit** ❻, 2265 m. Vom Pass steigen wir in der schmalen Rinne ab zum Schotterfeld, wo wir uns zunächst am rechten Rand halten; unten im flacheren Bereich queren wir zur linken Felswand. Den Abschluss dieses engen Kars bildet ein schneegefülltes Loch, an dem wir vorsichtig auf feinem Schotter links vorbeisteigen. Danach können wir in das Runicës-Tal blicken. Den felsdurchsetzten steilen Wiesenhang geht es dann im Zickzack abwärts, nur phasenweise kann man einen Pfad erkennen. Vor einer steilen Geländestufe ist ein Stein mit einem weiß-rot-weißen Linksbogen markiert. Rechts sehen wir bereits den Felssattel, über den wir hinübermüssen. Zuvor steigen wir aber, wie auf dem Stein markiert, links der Steilstufe ab und biegen dann unterhalb auf einer Höhe von ungefähr 1700 m nach rechts. Dieser **Rechtsknick** 7 ist leicht zu übersehen – einzelne rote Striche sind versteckt auf Steinen in der Wiese. Nach knapp 200 m folgt eine deutliche Markierung, entlang der steilen Felswände gehen wir bergan zum **Sattel** 8.

Nach etwa 600 m Abstieg erreichen wir dann eine erste Pfadkreuzung (Abzweig zu den Stanet e Pejës in Richtung Vusanje), 100 m weiter auf einer Kuppe eine zweite: Beide Male folgen wir der Angabe »Theth«. In grob südlicher Richtung leiten uns Steintürmchen und Markierungen, nach einer Wiesenfläche mit einem markierten Stein wird der Pfad immer deutlicher und dreht langsam in Richtung Südosten, bis wir auf den Pfad von Vusanje nach Thethi treffen. Jetzt steigen wir nach rechts letztmals an, um den **Qafa e Pejës** 9 zu erreichen.

Es schließt sich der 750 Hm lange, ausgetretene Abstieg ins Tal an: Zunächst in steilen Kehren zu einer überhängenden Felswand, dann in den Nadelwald, wo es flacher wird. Durch trockene Bachbetten nach Südwesten gelangen wir an eine Wasserquelle und kurz darauf zur **Bar Kroni** 10. Der Besitzer bietet einen Fahrservice ins Dorf an. Nach links wandern wir den Fahrweg talabwärts, zweigen nach 1 km bei einem Bunker vom Fahrweg ab, gehen näher am Flusslauf entlang und passieren die **Fußgängerbrücke** zum Ortsteil **Okoli** 11. Am Ostufer bleibend folgen wir dem Fahrweg und enden 3 km südlich in **Thethi** 12 an der nördlichen Autobrücke.

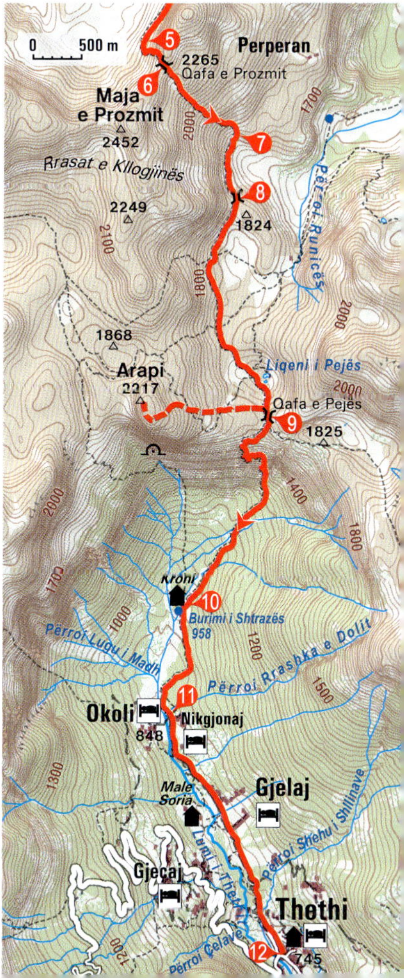

STICHWORTVERZEICHNIS

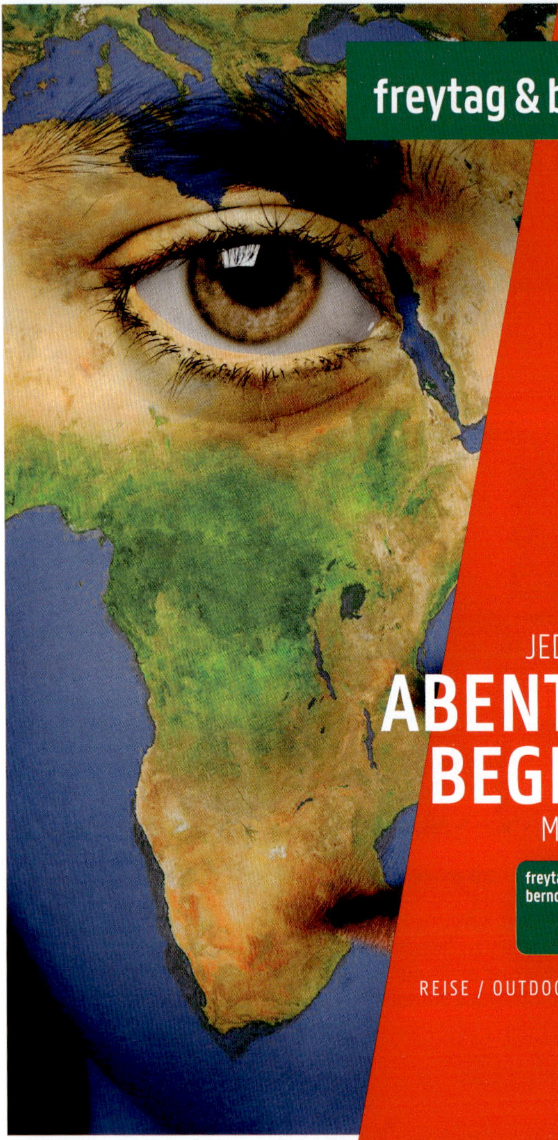

Umschlagbild: Aufstieg zum Ujëvara e Sopotit vor dem Nëmerçka-Massiv (Tour 16).

Bild im Innentitel: Abstieg nach Planair (Tour 24).

Bild auf den Seiten 46/47: Blick auf die Sankt-Andreas-Bucht (Gjiri i Shën Andreut) beim Qafa e Thelle (Tour 5).

Alle Fotos stammen von den Autor:innen, ausgenommen die Bilder auf den Seiten 16 unten und 144 oben (Georg Volpert) sowie auf Seite 26 (Agentur »Zbulo! Discover Albania«).

Kartografie:
43 Wanderkärtchen im Maßstab 1:50.000 und 1:75.000
Geodaten © OpenStreetMap und Mitwirkende,
Kartografisches Design: SHOCart (CZ), www.shocart.cz;
zwei Übersichtskarten im Maßstab 1:2.000.000 und 1:3.500.000
© Freytag & Berndt, Wien

Werk-Nr.: 4530

4., aktualisierte Auflage 2025

ISBN 978-3-7633-4530-4

FSC www.fsc.org MIX Papier | Fördert gute Waldnutzung FSC® C147178

Wir freuen uns über jeden Korrekturhinweis zu diesem Wanderführer!
Bitte per E-Mail an: leserzuschrift@rother.de

ROTHER BERGVERLAG · Keltenring 17 · D-82041 Oberhaching
Tel. +49 89 608669-0 · rother.de